大乗起信論 海東疏 血脈記 7

元曉思想 · 一心觀   大乘起信論 海東疏 血脈記

대승기신론 해동소 ___혈맥기
7

공파 스님 역해

운주사

The gift of Dharma excels all other gifts.

불법은 모든 선물 중에 가장 수승하다.

역해자의 변

혈맥론이라는 말을 들어봤을 것이다. 선종 초조인 달마대사의 법문을 후손이 모아 편찬한 책이다.

달마가 오기 전에 대승불교가 먼저 중국에 들어와 있었다. 그러다 달마가 중국에 와 **능가경**을 기준으로 선법을 폈다. 그것이 달마선법이다. 그 달마선법의 **혈맥론**이 조사선의 기틀이 되었다.

조사선은 **혈맥론**에다 도교의 신선사상을 가미해 만들어진 수행법이다. 그것이 육조에서 부흥하고 임제와 황벽에게서 꽃을 피웠다. 그 영향이 얼마나 컸던지 그 사상으로 대승불교에서 독창적인 조사불교가 출현하였다.

그 조사불교가 고려중기에 이 땅에 들어와 대승불교인 신라불교를 밀어내고 안착하였다. 거기에 다시 우리민족의 민속신앙이 합쳐진 것이 지금의 한국불교다. 그 불교가 근 1천년 동안 한국사회의 중심문화로 발전해 왔다.

세월이 가면 바람은 자고 세력은 꺾이기 마련이다. 그렇게 성성하던 조사불교도 서서히 쇠퇴하고 있다. 시절이 바뀌고 민심이 변해 사람들로부터 관심과 선호에서 점점 외면당하는 처지가 된 것이다.

위기는 기회다. 이제 사람들의 의식수준이 많이도 달라졌다. 그러므로 한 수 낮은 조사불교를 버리고 대승불교를 다시 일으켜 세워야 한다. 기도로 시작해 제사로 끝나는 조사불교의 신행에서 작복으로 시작해 회향으로 끝나는 대승불교가 절실히 필요할 때다.

혈맥론에 의해 조사불교가 일어났듯이 이 **혈맥기**로 인해 다시 대승불교를 일으켜야 한다. 그것이 우리에게 주어진 사명이다. 그래야만이 불교도 살고 중생도 살 수가 있다. 그 역할을 이 **혈맥기**가 단단히 해줄 것이다.

대승불교로의 회귀는 이 시기가 적기다. 이 기회를 놓치면 둘 다를 잃는다. 제불의 은혜를 갚고 보살의 가피를 말하는 자들은 이 **혈맥기를** 들고 대승불교를 일으키는 중흥의 대열에 과감히 앞장서야 한다.

그렇지 않으면 자기는 물론 타 중생들의 구제는 영원히 불가능하다. 불교가 없는 중생세계는 더없이 깜깜하고 암담하기만 하기 때문이다.

③증발심(6권에서 연속)

역해자의 변   5

4) 수행신심분   27

  (1) 자력신행   29

  ①4종신심   36

  ②5문수행   60

    가. 보시문   66

    나. 지계문   78

    다. 인욕문   117

    라. 정진문   121

    마. 지관문   145

      ㄱ) 소승지관   166

      ㄴ) 대승지관   193

      ㄷ) 지관합수   415

(2) 타력신행   436

①미타본원   443

②극락왕생   457

5) 권수이익분   552

3. 결론   583

후기   587

※**혈맥기** 7권은 6권에서 마무리 못한 제불현현에 대한 내용으로 시작된다. 모든 부처님은 우리와 함께 계신다고 하는데 왜 우리는 보지 못하는가에 대한 의문이다. 거기에 대한 **기신론**의 내용은 끝나고 **해동소**의 원효대사 풀이가 시작된다.

[海東疏] 次遣第二疑 答中言鏡若有垢色像不現

다음은 두 번째로 의심을 버리게 하는 대목이다. 답 가운데서 거울에 때가 있으면 색상이 나타나지 않는다.

첫 번째는 일체종지에 대해 질문하였고 두 번째인 지금은 부처가 왜 나타나지 않느냐 하는 질문이다.

모든 사람들이 이 질문과 같은 의문을 가진다. 도대체 부처는 있는 것인가 없는 것인가. 없다고 하면 차라리 그런가 하고 말 텐데 있다고 하면서도 보이지 않으니 어떻게 된 일이냐고 의아해 한다.

그 이유가 분명히 드러났다. 중생의 마음에 때가 끼어 있으면 부처는 나타나지 않는다는 사실이다. 부처가 보이지 않는가. 그렇다면 부처를 탓하기 전에 자신의 마음부터 먼저 닦아야 한다. 그 방법이 십선업이다. 십선업은 마음을 닦는 최고의 세제가 되기에 그렇다.

[海東疏] 如是衆生心若有垢法身不現者

그처럼 중생심에 만약 때가 있으면 법신이 나타나지 않는다고 한 것은 대통령은 있다. 그런데 집안에 TV가 없으면 대통령을 볼 수 없다. 있는 것은 확실한데 그 모습은 안 나타난다. 그처럼 복덕이 없으면 부처를 볼 수 없다. 있는 것은 확실한데 그 모습은 보이지 않는다.

돈을 모아 TV를 사면 바로 대통령을 화면으로 볼 수가 있다. 복을 지어 마음을 비우면 즉시 자연스런 부처의 행업을 볼 수가 있다.

TV에 나오는 대통령도 자기가 좋아하지 않으면 채널을 돌려버린다. 부처도 자기가 좋아하지 않으면 외면해버린다. 오로지 부처를 좋아하고 사모하는 자에게만 부처가 나타난다. 그러므로 먼저 부처를 싫어하는 마음을 닦아내야 한다.

마음을 닦는다고 해도 사실은 마음은 닦는 것이 아니다. 마음에 붙어 있는 이물질을 닦는다고 해야 하는데 편의상 그냥 마음을 닦는다고 한다. 많은 사람들은 자신을 닦는데 물로써만 씻는다. Udana우다나 말씀이다.

Not by water is One cleansed,
Many people bathe in this.
In whom in truth and Dhamma,
He is cleansed, he is a brahmin.

물로써 씻는 것이 아니다.
사람들은 물로써 씻는다.
진리와 법에 의해 씻어야
사람은 깨끗해진다. 그 사람이 수행자다.

잘 알아두셔야 한다. 부처는 어디서 오는 것이 아니다. 내 마음을 십선의 법으로 깨끗이 씻으면 거기에 부처가 나타난다. 사물이 와서 거울에 비치는 것이 아닌 것처럼 부처가 저 멀리 밖에서 와서 나에게 나타나는 것은 아닌 것이다.

海東疏 法身如本質 化身似影像 今據能現之本質 故言法身不現
법신은 본질과 같고 화신은 영상과 같으므로 지금 능현의 본질을 의거해 말하다 보니 법신은 나타나지 않는다고 한 것이다.

부처는 三身이 있다고 했다. 그중에서 중생이 볼 수 있는 대상은 화신과 보신이다. 법신은 전체기 때문에 육안으로 볼 수가 없다.

사실 이 셋은 불가분이다. 법신이 보신이고 보신이 화신이다. 물이 얼음이고 얼음이 수증기인 것처럼 법신이 보신이고 보신이 화신이다. 이 셋은 다르면서도 같다고 했다. 다른 것은 중생을 상대로 한 것이고 같은 것은 본체를 두고 한 말이다.

돈이 없으면 실물 대신 영화관에 가서 연기하는 배우를 봐야 한다. 복이 없으면 보신부처님 대신 영상처럼 나타난 화신의 부처를 봐야 한다.

복이 없으면 화신부처님 대신 스님을 봐야 하고 더 복이 없으면 가짜스님을 봐야 한다. 더 복이 없으면 이상한 화신부처를 모시고 있는 무당을 봐야 한다. 그처럼 자기 복만큼 그에 맞게 부처의 변현된 모습이 나타난다.

화신도 제대로 보지 못하는 복으로 어찌 보신을 보려 하며 더 나아가 법신을 보려 하겠는가. 그래서 법신은 나타나지 않는다고 한 것이다.

海東疏 如攝大乘顯現甚深中言 由失故尊不現 如月相於破器
섭대승론 현현심심 중에서 過失로 말미암아 세존이 나타나지 아니하신다. 그것은 깨어진 그릇에 달과 같다고 했다.

　섭대승론은 무착보살이 3권으로 지은 대승의 지침서다. 기신론에 버금갈 정도로 대단한 논서다. 특이하게 두 논서를 모두 진제스님이 번역하였다.
　대승불교만이 법신이 있다. 그 법신에 깊고 깊은 뜻이 12가지나 된다고 무착보살이 말하였다. 그러면서 그 12가지를 게송으로 읊어 놓았다. 그 12가지 중에 7번째가 바로 현현심심이다. 즉 법신이 나타나는 깊고 깊은 도리를 설명한 대목이다.
　부처님이 나타나시지 않는 이유는 중생들의 過失이라고 했다. 過는 내면에 쌓여 있는 죄과고 失은 원천적으로 갖고 있는 공덕이 사라진 것이다.

海東疏 釋日 諸佛於世間不顯現 而世間說諸佛身常住云何不顯現
해석하면 모든 부처님은 세간에 뚜렷이 나타나시지 않고 있다. 세간에서는 불신은 상주한다고 하는데 어찌해서 뚜렷하게 나타나시지 않으신가?

위 문장은 무착보살이 쓴 **섭대승론**의 두 구절을 그의 동생 세친보살이 **섭대승론석**에서 해석한 대목이다. 세친보살을 기억해 두시기 바란다. **기신론**을 공부하는 사람이라면 세친보살하고는 불가분의 관계에 있다.

스님들은 언제나 부처님은 시방에 상주하고 삼세에 작용한다고 한다. 그런 소리를 듣는 신자들은 말한다. 그런데 왜 안 보이는가. 우리에게 나타나 주시는 것은 아주 간단한 일일 텐데 왜 안 나타나 주시는가 한다.

그래서 어떤 인간은 부처도 사람처럼 죽으면 끝이라고 한다. 왜 이런 소리까지 듣게끔 우리에게 당신의 모습을 보여주지 않느냐는 것이다. 지금이라도 허공중에 턱 나타나시면 얼마나 좋을까 하고 볼멘 투정을 부린다.

이제 이해가 분명히 되었을 것이다. 부처가 나타나지 않는 것은 부처의 야속함이 아니라 나에게 문제가 있다는 사실을 이제야 알았을 것이다.

海東疏 譬如於破器中水不得住 水不住故 於破器中實有月不得顯現

비유하자면 깨어진 그릇에는 물이 담기지 않는다. 물이 담기지 않기 때문에 깨어진 그릇 가운데서는 실로 달은 있어도 그대로 나타나지 않는 것이다.

깨어진 그릇에는 물이 담기지 않는다. 물이 없는데 어떻게 달이 비치겠는가. 달이 없다고 한탄하기 전에 물부터 담아 놓으면 달은 즉시 나타난다.

　정말 의미있는 말씀이다. 부처님의 모습을 보려하거나 그분의 음성을 듣고자 하거나 아니면 그분의 놀라운 위신력을 체험하려면 지금 같은 이런 마음과 태도로는 절대로 그분의 실재를 볼 수가 없다.

　부처님은 밝은 태양보다도 더 찬란하고 그윽한 보름달보다도 더 아름다운 분이시다. 그분을 직접 친견하면 엄청난 환희와 희열에 휩싸인다. 그 강력한 기운으로 평소에 바라던 소원이 이뤄지고 고질병이 치유된다.

　좋아하던 연예인의 목소리를 직접 듣거나 마주쳐도 가슴이 울렁거려 밥을 먹지 않아도 얼마간은 배고픈 줄 모르고 기쁨에 젖어 산다.

　그처럼 부처님을 한번 뵈면 그 에너지가 넘쳐흘러 평생 밥을 먹지 않아도 배고픈 줄 모른 채 벅차오르는 환희심으로 살아갈 수가 있다. 그런데 어쩌나. 범부는 그분을 만날 수가 없다는 데 큰 슬픔이 있다.

海東疏 如是諸衆生 無奢摩他▲滑相續 但有過失相續 於彼實有諸佛亦不顯現

그와 같이 모든 중생에게는 사마타의 연활 상속이 없다. 대신 과실의 상속만 있다. 그래서 진실로 모든 부처님이 계시지마는 그런 중생들에게는 밝게 나타나시지 않는다.

　사마타라는 말은 인도어이다. 번역하면 止지가 되고 止息지식이 되며 적정이 된다. 즉 정지다. 止는 정지고 止息은 생각의 멈춤이다. 적정은 고요다. 이 세 가지 상태가 사마타다.

연활은 부드럽고 매끄러움이다. 이것은 물과도 같은 성질이다. 그런데 우리의 마음은 거칠고 껄끄럽기만 하다. 어디에도 물처럼 부드럽고 매끄러움이 없다.

그뿐만 아니라 우리 마음에는 한량없는 죄업의 過失이 가득 차 있다. 부드러운 공덕의 물을 담아야 하는데 대신 딱딱하고 굳어진 죄업의 잡석들만 가득 차 있다.

이런 중생들이다 보니 부처가 진실로 있어도 우리에게는 나타나지 않으신다. 눈부신 풍광이 화면에 끊임없이 나타나도 장님에게는 아무것도 보이지 않는 것과 같다.

海東疏 水譬奢摩他▲滑性故
물은 사마타의 연활성에 비유한 것이다고 했다.

滑은 활주로 활 자다. 활주로가 수평으로 매끄럽지 않고 울퉁불퉁하면 이착륙하는 비행기가 뒤집어진다. 수평으로 정지된 물은 울퉁불퉁하지 않다. 거기에는 구멍도 없고 틈새도 없다. 그러니 사물을 있는 그대로 비출 수 있다. 그래서 정지된 마음을 물로 비유하였다.

여기까지가 위 **섭대승론**의 두 게송을 세친보살이 풀이한 것이다. 사실은 **섭대승론** 원문에는 두 줄이 더 붙어 있다. 그것은

若佛不顯現

可無佛耶

이와 같은데 부처가 나타나지 않는다 하여

어찌 부처가 없다고만 할 것인가

하면서 부처는 언제나 우리와 함께 상주하고 있다고 하였다. 若은
만약 약이 아니라 이와 같을 若 자다.

海東疏 此二論文 同說佛現及不現義 然其所喻少有不同

이 두 논문은 동일하게 부처님이 나타나고 나타나지 않는 뜻을 말하고
있으나 그 비유한 것은 조금 같지가 않다.

지금부터는 다시 성사의 글이다. 두 논문은 **기신론**과 **섭대승론**이
다. 똑같이 부처가 중생에게 나타나지 않는 이유를 설명하고 있다.
그러니까 부처님은 죄업이 두텁고 공덕이 없는 중생에게는 나타나지
않는다는 사실이다.

그런 이유를 설명하기 위해 비유를 든 데는 약간의 차이가 있다고
하셨다.

海東疏 今此論中以鏡爲喻有垢不現者 約機而說

여기 이 논서에서는 거울로 비유를 삼아 때가 있으면 나타나지 않는다
고 하였는데 그것은 근기를 잡아 말한 것이다.

먼저 **기신론**이 나왔다. **기신론**에서는 부처를 뵙는데 거울로 비유
를 들었다.

근기는 불법을 받아들일 수 있는 능력이다. 그것은 성질과 기량이다. 성질은 수용의 자세고 기량은 받아들일 수 있는 그릇이다.

이 둘이 갖춰져야 비로소 부처님 말씀이 귀가 아니라 가슴에 들어온다. 그렇지 않으면 불법을 바가지로 퍼붓는다 해도 눈곱만큼도 가슴속에 들어가지 않는다. 평생 사찰에서 불법을 듣고 다녀도 아무 변화가 없는 보통의 신자들이 다 이런 경우다.

海東疏 見佛機熟 說爲無垢 有障未熟 名爲有垢 非謂煩惱現行 便名有垢不見

부처님을 뵙는 근기가 성숙한 것을 때가 없다고 하고 장애가 있어 성숙치 못한 것을 때가 있다고 말한 것이지 번뇌가 현행하는 것에 대해 곧 때가 있어서 뵐 수 없다고 말한 것은 아니다.

기신론에서의 때는 근기라고 했다. 다른 말로 하자면 근기가 되면 부처가 보이고 근기가 안 되면 부처가 안 보인다는 말씀이다.

근기가 온전히 만들어지려면 복덕과 지혜가 구비되어야 한다. 지혜보다 복덕이 많으면 부처를 본다고 해도 믿음이 일어나지 않는다. 지혜는 물론 세속지를 말한다.

때를 복에 대입시키면 쉽게 이해가 간다. 복이 없으면 부처를 볼 수가 없고 복이 있으면 부처를 볼 수 있다는 것이다. 그러나 복은 있어도 지혜가 없으면 상당한 문제가 생긴다.

오래 전에 누가 버버리목도리를 나에게 줬다. 연말에 인도에서 일본으로 들어오다 보니 너무 추웠다. 그때 미국친구 하나가 그것을 벗어 나에게 줬다. 그 목도리는 정말 따뜻하고 부드러웠다. 그런데 그때는 그것의 재질이 뭔지를 몰랐다. 그래서 통돌이세탁기에 넣고 돌리고 또 돌렸다. 그러자 이상하게 길이가 자꾸 짧아지고 촉감이 거칠어졌다.

몇 겹이나 목을 감던 길이가 마지막에는 겨우 한 번이 돌려졌다. 양털처럼 부드럽던 촉감도 어느새 고양이털처럼 드세어져서 더 이상 필요가 없었다.

그것을 받을 복은 되었다. 하지만 그것을 관리할 세속적인 지혜는 없었다. 즉 지혜가 없으면 줘도 가질 줄 모른다는 것이다. 그처럼 근기가 되지 않으면 복으로 부처를 보지만 부처를 모실 수는 없다는 것이다. 그러면 뻣뻣해진 목도리처럼 마지막에는 부처가 성가신 존재가 되어 버린다.

[海東疏] 如善星比丘 及調達等 煩惱心中能見佛故
선성비구와 조달 같은 자는 번뇌가 심중에 있어도 능히 부처님을 뵈었기 때문이다.

부처님 살아생전에 부처님의 속을 제일 많이 끓인 자들이 바로 선성과 조달이다. 이 둘의 공통점은 모두 부처님과 세속의 핏줄이 같다는 것이다.

선성은 멋진 별이라는 뜻이며 원명은 수나까따다. 영리하고 똑똑할 뿐만 아니라 생긴 것도 특출하게 잘생겼다. 젊은 나이에 출가해서 맹렬하게 정진했다. 그 결과로 번뇌를 끊고 사선정까지 올라가는 과

업을 달성했다.

하지만 魔마들이 그를 가만두지 않았다. 더 이상의 차원으로 올라가는 것을 막기 위해 손을 쓴 것이 쾌락주의자들과 여자를 미끼로 썼다.

그는 그들의 꾐에 넘어가 누르고 있던 번뇌를 다시 일으키고 술과 여자에 깊이 빠져 허우적거렸다. 그로 인해 사선정까지 힘들게 얻었던 선정도 완전히 깨져버렸다.

빗나간 자식이 허랑방탕한 삶을 살게 되면 부모에게 대들듯이 그도 아무 잘못 없는 부처님을 미워하고 원망하면서 그분의 가르침을 헐뜯고 폄훼하였다.

그것도 분에 차지 않았는지 틈만 나면 사람들을 모아놓고 인과라는 것은 없다. 석가모니의 말을 믿지 말라. 죽으면 죄도 없고 복도 없다. 윤회도 없고 영혼도 없다고 소리쳤다. 만취하는 날이면 수도원에 들어와 부처님께 갖은 행패와 악담을 퍼부었다.

그 죄과로 그는 살아서 무간지옥에 떨어지는 형벌을 받았다. 부처님은 그를 향해 너야말로 정말 하늘 아래 둘도 없는 闡提천제라고 하시면서 안타까워했다.

천제는 일천제의 준말이다. 일천제는 이짠티카의 음역이다. 뜻은 선근이 끊어진 자라서 성불할 기약이 없다는 말이다. 더 모질게 말하면 성불이 아예 되지 않는다는 뜻이다.

조달은 제바달다로 잘 알려진 인물이다. 부처님의 사촌동생이면서 아난다 존자와 형제간이다. 제바달다 이야기는 앞에서 한번 언급하였으므로 생략한다.

이 둘은 부처님을 뵙는 정도가 아니라 부처님과 가장 가깝게 있었다. 그러니까 번뇌가 있어도 근기가 된다면 부처님을 볼 수 있다는 것이다.

海東疏 攝大乘中破器爲喻
섭대승론 중에서는 깨어진 그릇으로 비유를 삼았다.

섭대승론에서는 깨어진 그릇으로 비유를 삼은 것이 **기신론**과 다른 점이다. 깨어진 그릇에는 아무리 물을 담으려 해도 담기지 않는다. 물이 담겨야 하늘의 달을 볼 수 있을 텐데 사람들은 그냥 달을 보려고 자꾸 헛수고만 한다.

지금도 부처를 보려고 기도하는 중생들이 부지기수다. 그런데 모두 다 깨어진 마음을 가지고 부처를 보고자 애를 쓰고 있다. 이것은 막무가내의 억지고 우김이다.

아함경에 복은 안락의 근본이며 지혜는 해탈의 문이라고 하셨다. 복이 있어서 마음에 안락함이 있어야 지혜가 열린다. 지혜가 있어야 부처를 봐도 부처로 보이지 그렇지 않으면 부처로 보이지 않는다.

그러므로 부처를 보려고 하기 전에 지혜부터 일으켜야 한다. 지혜는 복에 의해 생긴다. 그러면 자연적으로 부처가 보인다. 그것은 마치 돈을 엄청나게 많이 벌어놓으면 대통령이 스스로 다가오는 것과 같다.

海東疏 明有奢摩他乃得見佛者

거기서 사마타가 있어야 곧 부처를 볼 수 있다고 밝힌 것은

　세상에는 법이 있고 이치가 있다. 법을 배우고 이치를 따라야 한다. 법과 이치를 따르지 않는 한 부처는 나타나고 싶어도 못 나타나신다. 기도라는 매개로 억지로 부처를 보려 해서는 안 된다. 그것은 윗분에 대한 윽박이고 닦달이다.

　그러니 우선적으로 복을 짓고 사마타행을 해야 한다. 사마타행이 바로 깨어진 마음을 하나로 붙이는 작업이다. 거기서 지혜가 생기면 나타나지 말라고 해도 부처는 언제 나타나셨는지 모르게 나타나 있다.

　그러므로 부처는 절대로 복덕과 지혜가 없는 자에게는 나타나지 않으신다. 그런데도 간곡하게 기도하면 어떻게 될까. 그때는 魔가 부처로 변작해 그의 소원을 일순 들어준다. 하지만 각오해야 된다. 그것은 악덕사채업자에게 급전을 빌리는 것과 같다. 그 다음은 어떻게 되는지 잘 알 것이다.

　복도 없고 지혜도 없이 전국의 이름난 명소를 찾아다니며 부처의 가피를 구하는 자들은 이 말씀을 명심해야 한다. 그렇지 않으면 평생 헛고생으로 끝나든지, 아니면 후일 그 魔로 인한 재앙을 고통스럽게 받아야 한다. 하지만 어쩌겠나. 자기가 목메게 자초한 일인데 누굴 원망하겠는가.

[海東疏] 是明過去修習念佛三昧相續　乃於今世得見佛身

과거에 염불삼매를 수습한 것을 상속시켜 금세에 불신을 볼 수 있었다고 밝힌 것이다.

사마타에 들 수 있는 방법은 禪_선만이 아니라 염불을 해도 된다. 염불을 줄기차게 하면 부처를 만날 수 있다. 선정으로 삼매를 얻거나 염불로 삼매를 얻거나 삼매의 기능은 같다.

대품경에서 산란심으로 염불하여도 모든 고통을 면하고 복이 한량 없다고 하셨으며, **아함경**에서는 네 가지 공양을 사바세계 전체 중생 들에게 베풀지라도 송아지가 젖을 먹을 시간 동안 염불하는 것이 더 수승하다고 하셨다. 그만큼 염불하면 무량복이 된다는 것이다.

염불을 하는 이유는 두 가지다. 하나는 부처님을 사무치게 그리워 하는 것이고 둘은 부처님의 가피를 얻기 위함이다.

사무치는 염불은 상속을 만든다. 그 상속한 염불 때문에 화신부처 가 출생할 때 같이 태어나 그분을 뵙고 제도를 받는다. 석가모니불을 수많은 사람들이 보았지만 여기서 말하는 것은 부처를 보고 제도 받 는 경우를 말한다.

그렇다면 우리도 삼매에 들어 석가모니부처를 뵈려고 염불하는 것 인가. 아니다. 염불하는 목적은 같은데 뵙고자 하는 부처는 다르다. 그것은 뒤에 자세히 설명할 것이다.

[海東疏] 非謂今世要於定心乃能見佛 以散亂心亦見佛故

그러므로 금세에 반드시 정심이라야 부처를 볼 수 있다는 말은 아니다. 산란심으로도 또한 부처를 볼 수가 있기에 그렇다.

기신론은 꼭 그렇게 어려운 방법을 쓰지 않더라도 부처를 볼 수 있는 특별한 방법이 있다고 한다. 그것은 근기로 화신불을 보는 방법이다. 복덕은 근기를 향상시킨다. 그러므로 복덕만 많이 지으면 선성과 조달처럼 그것이 가능하다는 것이다.

복덕은 선정이 아니다. 거기에는 산란심인 번뇌가 있을 수밖에 없다. 그래서 정심이 아니어도 부처를 볼 수 있다고 한 것이다.

海東疏 如彌勒所問經論中言 又經說諸禪爲行處

저 미륵소문경론 가운데서 말하기를, 또 경에서 말씀하시기를, 선은 수행해야 하는 것이다.

부처님이 왕사성 기사굴산에 계실 때 미륵보살이 부처님께 어떤 법을 성취하여야 보디심에서 물러나지 아니하며, 또 보살행을 행할 때에 모든 魔와 怨敵원적을 항복받아 일체법의 자체상을 여실히 알 수 있겠습니까 라고 여쭈었다.

이 질문에 대하여 자세히 설법을 해 주신 것이 **미륵보살소문경**이다. 이 **미륵보살소문경**을 풀이한 것이 **미륵소문경론**이다.

성사는 **미륵소문경론**에서 **미륵소문경**을 풀이하는 대목을 인용하셨다. **미륵소문경론**은 누가 썼는지 확실치 않다. 단지 보리유지가 9권으로 번역하였다는 기록만 있다.

인도의 역경사 보리유지는 두 분이다. 후위의 보리유지와 唐代의 보리유지다. 후위의 보리유지는 **미륵소문경**을 번역하였고 당대의 보리유지는 **보적경**에 있는 **미륵보살소문회**를 번역하였다.

그런데 두 군데 다 위에서 성사가 말씀하신 대목이 나오지 않는다. 그렇다고 해서 성사가 誤引오인했다고는 생각하지 않는다. 분명 현재

유통되고 있는 경론 외에 또 다른 원본의 경전과 경론이 있었을 거라고 추측하기에 그렇다.

그 經에서 禪은 반드시 수행해야 하는 것이다고 하셨다. 그 경도 어떤 경인지 분명하지 않다. 어쨌거나 禪수행은 6바라밀 중에서 최상의 수행이므로 반드시 필요하다고 하신 것이다.

[海東疏] 是故得禪者 名爲善行諸行

그러므로 禪을 행하는 자는 모든 수행을 잘하는 자라고 할 수 있다고 하셨다.

禪은 봄이다. 아무런 작의 없이 그냥 보는 것을 말한다. 거기엔 선입견이나 정보성이 없다. 그냥 그대로 보는 것이다.

젖을 물고 어미를 보고 있는 아이는 더없이 아름답고 평화롭다. 거기엔 분별이나 작의가 없다. 그것이 禪이다. 그런 시각으로 세상을 본다. 그러면 세상의 진면목이 보인다. 물론 자기 자신의 진짜 모습도 보인다.

그러므로 선을 수행하는 자는 기본적으로 5문수행을 다 거쳐야 한다. 禪수행은 정신적으로나 경제적으로 모두 안정된 상태에서만 가능하다. 그래야만이 禪을 할 수가 있다.

그러므로 禪은 세상의 수행 가운데 제일 마지막 목차다. 팔정도에도 마지막이 正定이다. 이 정정을 거치지 않으면 그 누구도 한 계단 더 높이 신심을 성장시킬 수 없다. 그래서 선을 수행하는 자는 모든 선행을 잘하는 자라고 그 經에서 칭찬하셨다는 것이다.

海東疏 此論中不必須禪乃初發心

하지만 이 論에서는 반드시 선을 닦아야 초발심이 되는 것은 아니다고 하였다.

이 論은 **기신론**이다. 禪이 그렇게 좋은 수행법이고 사마타를 해야만이 부처를 볼 수 있다고 하지만 꼭 그렇지마는 않다는 것이다.

사실 禪은 닦기가 여간 어려운 것이 아니다. 더군다나 선정에 든다는 것은 범부로서는 아득하기만 하다. 그래서 선종 절에서 저급한 명상을 가르치고 있는지 모르겠다. **문수불경계경**에 보면 선정은 여덟 가지 착한 행위에 의해 이뤄진다고 되어 있다.

1. 늘 아란야에 살면서 고요히 사유해야 한다.
2. 쓸데없는 논쟁과 언어에 휘말리지 않아야 한다.
3. 바깥세상에 탐심을 내지 말아야 한다.
4. 몸이나 마음에 온갖 화려한 것들을 버려야 한다.
5. 음식에 대한 욕심이 없어야 한다.
6. 집착하는 것이 없어야 한다.
7. 말과 글자의 수식을 즐기지 않아야 한다.
8. 모범적인 수행으로 남들이 법락을 즐기게 하여야 한다

고 하셨다. 선은 이런 조건을 갖고 있기에 범부가 쉽게 할 수 있는 실천수행은 아니다.

그렇다면 그들은 어떻게 부처를 뵐 수 있었을까. 그것은 복덕 때문

에 그렇다. 선정으로나 염불삼매의 힘든 방법으로 부처를 보지 않고도 부처를 볼 수 있는 방법은 복덕이 있으면 된다는 거다. 그러면 번뇌로 인한 산란심을 갖고서도 화신의 부처를 볼 수 있다는 것이다.

海東疏 所以者何 佛在世時 無量衆生皆亦發心 不必有禪故
왜냐하면 부처님이 세상에 계실 때 무량한 중생이 다 발심하였지만 꼭 선을 닦아서 그런 것은 아니기 때문에 그렇다는 것이다.

부처님은 워낙 특출하고 위대하시기 때문에 그분께 직접 지도를 받으면 누구라도 바로 발심할 수가 있었다. 그런 자들이 꼭 禪을 통한 발심으로 부처를 뵌 것은 아니다. 그들 모두 전생부터 지어온 복덕 때문에 부처를 뵐 수 있었다는 것이다.

"복덕이 없는 사람이 부처를 보려면요?"
"기왓장에 얼굴을 들이대는 것이지요."

드디어 해석분이 끝났다. 해석분 속에는 현시정의인 一心과 二門과 三大가 있었다. 거기다가 대치사집과 분별발취도상이 있었다.
분별발취도상에서는 상근기가 자력으로 신성취발심 해행발심 증발심을 거쳐서 부처가 되는 과정을 설하였었다. 그 과정에 신심수행을 하는 범부와 노력수행을 하는 삼현보살이 있었고 자연수행과 임운수행을 하는 십지보살이 있었다.
범부는 불을 피웠다 껐다를 반복하는 신심수행이고 삼현은 계속해서 연료를 주입하는 노력수행이며 십지는 자체 동력으로 수행하는 자연수행을 한다. 10지 중에서의 법신보살은 자연수행을 하고 8지 이상 보살마하살은 임운수행을 한다고 했다.

부처는 왜 중생을 제도하는가. 우리는 왜 自利보다도 利他에 관심을 가져야 하는가. 부처와 중생의 관계는 어떤 것인가에 대한 의심까지 다 제거되었다.

여기까지가 해석분이다. **기신론**을 쓴 네 가지 의도가 있었다. 그 네 가지 중에 첫 번째가 의심을 제거해주기 위해서고 둘째가 삿된 집착을 버리도록 하기 위해서였다. 그것들에 대한 이론적 해설은 다 끝난 셈이 된다.

남은 것은 수행으로 나아가기 위한 올바른 믿음과 부처의 종맥을 이음이다. 물론 이 대목에서도 실천적인 삿된 집착이 있다. 그것을 어떻게 대치하는지는 아래 수행신심분에서 자세히 설해 줄 것이다.

4) 수행신심분

海東疏 △第四修行信心分中有三 一者擧人略標大意 二者就法廣辨行相

네 번째는 수행신심분이다. 거기에 셋이 있다. 첫째는 사람을 들어 간략히 대의를 표시하고, 둘째는 법에 나아가 행상을 가린다.

마음이라는 것은 도대체 무엇인가. 그것에 대한 존재를 실존으로 두고 여기까지 모든 이론을 동원해 분석해 왔다. 이제 실천으로 그

존재를 규명하고자 한다. 그것이 수행신심분이다.

기신론은 이론철학이 아니다. 그렇다고 해서 실존철학도 아니다. 그렇다면 존재철학인가. 아니면 실천철학인가. 다 틀렸다. 그러면서도 다 맞다. **기신론**은 명확히 이 모든 것들을 다 갖고 있으면서도 이 철학이라는 가두리를 완전 벗어나 있다.

기신론의 궁극적 목적은 중생을 깨달음으로의 길로 인도하는 데 있다. 그것은 중생들의 그 어떤 문자와 언어로도 설명할 수 없고 그 어떤 학문이나 이론으로도 증득할 수 없다. 오로지 믿음으로 나아가기 위해 사용한 문자와 언어를 버릴 때 거기에 깨달음의 길이 나타나는 것이다.

그 길은 이미 마음속에 잘 닦여져 있다. 그 길을 찾도록 하는 것이 **기신론**이 하는 일이다. 그렇게 하기 위해 이제 이론을 넘어 몸으로 실천하는 것이다. 까딱 잘못하다가는 형이상학의 말장난에 되레 갇히는 수가 있기에 그렇다.

실천을 한다고 해서 뭐가 완성되는 것은 아니다. 실천은 그 철학이라는 범주를 벗어나도록 하고 또 다른 세계로 가기 위한 방편인 것이지 이 단계에서 뭔가가 이루어지는 것은 아니다.

수행신심분이라는 말은 신심을 수행하는 분과라는 뜻이다. 즉 그런 마음을 믿도록 수행하는 대목이다. 여기에서의 마음은 진여자성이고 그 믿는 것은 자신이성이다.

"自信己性이 뭡니까?"

"띠웅. 또?!"

海東疏 三者示其不退方便

셋째는 불퇴방편을 제시하고 있다.

  이 대목을 눈여겨보고 마음에 깊이 담아두어야 한다. **기신론**의 백미는 여기에 있다. 이것을 제시하기 위해 **기신론**은 집필되었고 **해동소**가 나타났다. 그리고 이 **혈맥기**를 읽는다. 그만큼 이 대목은 중요하다.

起信論 已說解釋分

이미 해석분은 설했다.

  기신론은 다섯 분과로 되어 있다고 했다. 인연분 입의분 해석분, 그리고 수행신심분과 권수이익분이다. 앞 입의분에서 내세운 의제를 해석분에서 완전히 설하였다.

(1) 자력신행

起信論 次說修行信心分是中依未入正定衆生 故說修行信心

이제 수행신심분을 설한다. 여기서는 정정에 들어가지 못한 중생을 위하므로 수행신심이라고 한다.

  지금부터는 분과로 수행신심분이며 내용으로는 信四信이다. 여기서는 먼저 四信을 내세운다. 즉 네 가지 믿음이다. 누구를 위하는가

하면 바로 정정취에 들어가지 못한 중생을 위해서이다.

조론8유로 보면 네 번째가 여기에 해당된다. 그것은 선근이 미소한 중생들에게 신심을 수습케 하기 위하여 이 논서를 쓴다 라고 한 대목이다.

海東疏 初標大意 上說發趣道相中 言依不定聚衆生

처음은 대의를 말하고 있다. 위 발취도상 가운데서는 부정취중생을 상대로 말한다고 하였지만

대의는 말하고자 하는 큰 뜻이다. 그러니까 그 큰 뜻은 누구를 위해 설한 것이냐 하면 부정취중생을 위해 설한 것이라는 것이다.

조론8유 가운데서 세 번째가 부정취중생을 위해 설한 것이라고 하였다면 네 번째는 누구를 위해 설한 것이냐 하는 의문에서 한 말이다.

海東疏 今此中言未入正定 當知亦是不定聚人

지금 여기서는 정정취에 들어가지 못하는 중생이라고 하였다. 여기 또한 부정취 사람을 상대한다는 것을 마땅히 알라.

네 번째는 부정취 대신 未入定聚다. 미입정취는 정정취에 들어가지 못하는 중생이라는 뜻이다. 마명보살이 위 원문에서는 부정취라고 표현하였는데 여기서는 미입정취라고 썼다.

사람들이 거기에 대해 의아해 할까 싶어서 성사께서 그 부정취가

바로 미입정취라는 말이다고 풀이를 해 주셨다. 그러니까 부정취나 미입정취는 다른 글이면서 같은 뜻이 된다는 것이다,

海東疏 然不定聚內 有劣有勝 勝者乘進 劣者可退

그런 부정취 내에 열등한 자와 수승한 자가 있다. 수승한 자는 대승을 타고 나아가지만 열등한 자는 뒤로 물러나게 된다.

어떤 목적을 성취하기 위해 사람이 모이면 군중이 된다. 그 군중 속에는 반드시 우열이 있다. 우수한 자는 앞으로 나아가고 열등한 자는 뒤를 따라간다. 아니면 뒤쳐져 버리는 무리도 있다.

불교교도도 마찬가지다. 수많은 신도들 중에서 위로 나아가는 자가 있는가 하면 그 뒤를 따르는 자들이 있다. 아니면 그 상태로 끝없이 제자리를 맴도는 자도 있다. 또한 거기서도 더 아래로 떨어져 사도를 믿는 자도 있다.

음식에 이물질이 들어가면 기겁을 한다. 몸을 망하게 하기에 그렇다. 세상에 邪道사도를 믿는 邪徒사도가 있게 되면 큰일 난다. 마음을 망하게 하기 때문에 그렇다. 이물질이 들어간 음식은 버려야 하듯이 邪道가 있는 세상은 버려야 한다.

그런데 이 세상을 내던질 수가 없다. 그래서 우리는 그들을 피해 師道사도가 있는 곳으로 가야 한다. 邪道와 師道가 왜 발음이 같은지 알고 있다면 이 말이 무슨 뜻인지 금방 이해가 갈 것이다.

海東疏 爲彼勝人故說發趣

앞에서는 수승한 사람을 위해서 말하다 보니 발취라고 하였다.

분별발취도상을 설명하면서 첫 번째 대목에서 말한 수승한 자들은 앞으로 나아가는 자들이었다. 그래서 그들을 발취하는 중생이라고 하였다.

이가 흔들리거나 충치가 심하면 발치를 한다. 그리고 임플란트를 한다. 중생세계가 흔들리거나 탐진치가 마음을 파먹고 있다면 發趣를 한다. 발음이 비슷하다. 발치라는 말을 들을 때마다 발취를 생각한다면 자신에 엄청난 이익을 가질 수 있다.

海東疏 所謂信成就發心 乃至證發心等 爲令勝人次第進趣故也.

이를테면 신성취발심에서부터 증발심에 이르기까지의 사람들인데, 그들은 수승하기 때문에 차제로 앞으로 나아간다.

수승한 자들은 신성취발심의 수행에 올라선다. 그러면 신성취를 이루고 해행발심을 거쳐 증발심을 이룬다. 그리고 십지보살이 되고 법신보살이 되다가 마지막에 보살마하살이 된다.

그렇게 보살의 수행이 다하면 최후에 색구경천에서 부처가 된다. 그것을 차제라고 하였다. 즉 단계적으로 깨달음을 향해 나아간다는 뜻이다. 이런 부류들은 자력으로 부처가 되는 분들이다.

海東疏 爲其劣者故說修信 所謂四種信心五門行等 爲彼劣人信不退故也

열등한 자를 위해서는 믿음을 닦도록 한다. 이른바 네 가지 신심과 다섯 가지 부문의 수행이다. 그런 열등한 사람들이 이것을 믿으면 믿음에서 물러나지 않는다.

우리가 바로 열등한 자들이다. 즉 우리는 수승한 범부보다 지능이나 복덕이 확실히 떨어진 처지에 있다. 그러기에 우리는 정확히 이 등급에 속한다.

하지만 여기서도 또 상하가 갈라진다. 上은 이 대목에서 말하는 수행을 닦아 앞으로 나아가겠지마는 下는 또 뒤로 떨어진다. 그 떨어지는 부류에 정확히 우리가 있다.

어쨌거나 큰 틀로 보면 우리는 열등한 범부에 속한다. 그러므로 우리가 자력으로 이 고통의 세계를 벗어나려면 먼저 여기서 제시한 네 가지 믿음과 다섯 가지 수행을 해야 한다.

海東疏 若此劣人修信成就者 還依發趣分中三種發心進趣

만약에 열등한 사람이 신심을 닦아 성취하면 다시 발취분 중에 세 가지 발심으로 나아가게 된다.

유치원생은 학생이 아니다. 그들은 원생이다. 그들이 학생이 되려면 그들의 교육과정을 이수해야 한다.

하지만 그들은 공부하지 않는다. 공부는 학생 때부터 공부를 한다. 그들보고 공부하라고 하면 그것은 잘못이다. 그들의 공부는 그냥 잘 먹고 잘 노는 것이다. 그래야 몸도 마음도 학생이 되도록 성장한다.

마찬가지로 저열한 범부는 발심을 하지 못한다. 우선 믿음을 굳건히 하고 복덕을 지어나간다. 그러면 수승한 범부가 된다. 그래야 신성취발심을 하기 위해 앞으로 나아갈 수 있다.

海東疏 是故二分所爲有異 而其所趣道理無別也
그러므로 두 부문에서 위하는 바는 다르나 그 나아가는 도리는 별다름이 없다.

두 부문은 해석분과 수행신심분이다. 해석분은 수승한 범부를 위한 것이고 수행신심분은 열등한 범부를 위한 것이다. 그러므로 상대하는 대상이 다르다.

하지만 유치원생이 학생이 되듯이 열등한 범부가 잘 성장하면 수승한 범부가 되기 때문에 그들도 발취도상에 똑같이 나아가는 수행자라 할 수 있다. 그래서 그 나아가는 도리는 다름이 없다고 하였다.

그러니까 우리는 유치원생과도 같은 처지에 있다. 아직 발심을 하지 못하고 있는 단계지만 수행자가 될 가능성을 갖고 있다. 그래서 우리도 상가의 일원이 될 수 있다고 귀경술의에서 성사가 말씀하신 것이다.

海東疏 △ 以下第二廣釋 初發二問 後還兩答
이 밑으로는 두 번째로 널리 풀이하는 것이다. 처음에 두 질문을 일으키고 후에 거기에 대한 두 가지 답을 주고 있다.

두 번째는 위 과목에서 법에 나아가 행상을 가린다고 한 것이다. 널리 풀이하는 주제는 신심과 수행이다.

그러니까 법은 내적인 신심이고 행상은 외적인 수행이다. 법은 이론적인 것이 되고 행상은 실천적이 되므로 이 둘은 마땅히 상호로 보완관계에 있다. 그러므로 이 둘은 언제나 함께한다.

起信論 何等信心 云何修行

어떤 것들이 신심이며 어떻게 수행해야 하는 것인가.

신심은 자신의 진짜 마음을 믿는 것이다고 했다. 즉 어떻게 수행해야 자신 속에 들어 있는 진짜의 마음을 믿을 수 있는가이다.

자신의 현재 마음을 믿는 자는 어리석은 자다. 그 마음은 망념에 절어진 오염된 마음이다. 그러므로 그 마음이 원하는 대로 하다가는 진짜 큰 코 다친다. 그 마음은 자신을 어떻게든 파괴하는 마음이기에 그렇다.

남의 편이기 때문에 남편이라고 볼멘소리를 할 필요는 없다. 자기 자신도 이미 자신 편이 아니다. 그래도 세상천지에 믿을 자는 남편밖에 없듯이 믿을 것이라고는 자신의 마음밖에 없다.

그 마음을 잘 쓰면 그 속에 들어 있는 진짜의 마음을 찾아 천하제일의 부처가 될 수 있지마는 잘 못쓰면 자신도 죽이고 타인도 죽이다가 마지막엔 세상을 부숴버린다.

진정 자신을 사랑하는 자는 어떻게 자신의 마음을 가장 신성하고 가장 가치 있게 쓰는 것인지를 반드시 먼저 알아야 한다.

① 4종신심

略說信心有四種 云何爲四

간략히 말하자면 신심에는 네 가지가 있다. 이를테면 어떻게 네 가지
인가.

　자신에게 4寶가 있다. 그것은 자신의 진짜 마음과 3보다. 삼보는
진짜 마음에 속하니까 결국 1心인 1보가 되는 셈이다. 그게 나의 진
짜 마음이다. 보배 寶 자가 붙은 이유는 이 세상에서 가장 존귀하다
는 뜻에서다.

　보통 불자들은 부처님을 믿으므로 절에 간다고 한다. 그런데 여기
서는 부처님의 순서가 두 번째가 되었다. 부처보다도 더 먼저 믿어야
할 것이 바로 자신의 근본이기 때문이다.

　내가 김 씨 자손인 줄 알아야 김 씨의 시조를 모시듯이 내가 부처
의 자손인지 먼저 알아야 부처가 보이기에 그렇다. 하지만 먹고 살기
바쁘면 시조는 물론 부모조차도 모시지 않는다. 마찬가지로 먹고 살
기 힘들면 내 마음의 시조인 부처가 눈에 들어오지 않는다.

一者信根本 所謂樂念眞如法故

첫째는 信根本이다. 이른바 즐거이 진여법을 생각하는 것이다.

　신근본은 근본을 믿는다는 뜻이다. 그 근본이 1심이고 1보인 진여
법이다. 진여법은 대승이다. 대승은 나의 마음이 근원으로 환원하고

자 하는 작용이다고 했다.

세상의 모든 물상은 그 근원이 있다. 민족이라면 시조가 있고 물이라면 새암이 있으며 나무라면 뿌리가 있다. 그렇다면 마음의 뿌리는 없는 것인가. 마음이 존재한다면 마음의 뿌리인 근원이 분명 있을 것이다.

이것이 불교가 기필코 파헤치고자 하는 숙제다. 그 숙제를 푼 분이 부처님이다. 이 말을 믿지 않는다면 그는 자신의 적이다. 적은 내부에 똬리를 틀고서 밖에서 들어오는 지식과 중생으로 살아온 관습으로 자신을 진짜라고 가스라이팅 한다.

그것을 퇴치하려면 四信을 일으켜야 한다. 범부에게 가장 큰 재산은 바로 이 네 가지 믿음이다. 이게 있어야 자신이 산다. 이것을 잃으면 다 잃는다. 그래서 **아함경**에 여러 재물 중 믿음이 제일가는 재물이다고 하셨던 것이다.

起信論 二者信佛
둘째는 부처를 믿는 것이다.

부처에 대해서는 앞에 귀경게송을 설명할 때 한 번 언급했었다. 그러나 기억이 가물거리는 분들을 위해서 다시 설명해 드린다. 왜냐하면 부처는 우리가 모시는 위대한 스승이면서 동시에 자비로운 구세주이기 때문이다.

부처는 인도어 붓따Buddha의 음역이다. 이 말은 싯다르타 태자가 부처가 되기 전까지는 인도에 없었던 말이다. 싯다르타가 대각을 이루고서 당신을 부처라고 하신 것이 첫 어원이다. 그러니까 부처라는 말이 그때 이 세상에 처음으로 등장한 셈이다.

그러다보니 불교가 중국에 들어오기 전까지 한자에 부처라는 글자가 없었다. 그래서 새롭게 부처라는 단어를 만들어야 했다. 그렇게 만든 글자가 佛이다.

佛은 사람 옆에 털 弗 자로 조합되어 있다. 그러니까 사람으로 태어났지만 죄업과 번뇌가 완전히 털어진 분이라는 뜻으로 만들어졌다.

다른 뜻이 있다. 그것은 사람 옆에 달러 弗 자다. 세상은 US달러로 움직인다. 그러므로 달러를 많이 가진 자가 최고로 부자다. 그분이 부처라는 뜻이다. 그러므로 부처는 모든 것을 다 털어 없앴으면서도 가장 많은 재산을 가지고 계시는 분이 된다. 그래서 그분을 佛이라고 한다.

또 다른 뜻이 있다. 부처는 원어가 붓다라고 하였다. 붓다는 순 우리말로 퍼붓는다는 말이다. 사람들은 상대방에게 욕설과 쓰레기를 퍼붓지마는 부처님은 우리들에게 자비와 공덕을 퍼붓는 분이라는 뜻이다.

옛날 산골 오지에 미국에서 온 평화봉사단 한 명이 들어갔다. 거기 살던 사람들은 눈이 파랗고 머리가 노란 미국인을 처음 보았다. 그를 보기 전에는 그런 사람이 있는 줄 꿈에도 몰랐다.

그 사람에 의해 이런 미국인이 있다는 것을 알게 된 것처럼 석가모니에 의해 그분처럼 중생들을 제도하시는 분이 이 우주공간에 수없이 많다는 것을 알게 되었다.

대통령만을 대통령이라 부르듯이 부처만을 부처라고 부른다. 그러므로 미륵부처가 이 땅에 인격적으로 오시기 전까지는 그 누구도 이 땅에서 부처라고 할 수가 없다. 왜냐하면 부처는 이전 부처가 준 수기에 의해 부처가 되고 있기 때문이다.

그러므로 한 부처가 가면 그 다음 부처가 올 때까지는 부처가 없다. 그래서 소승불교에서 아라한이라는 이름이 나왔다. 똑같이 깨달은 자라 하지만 그들은 부처에게서 교육을 받은 자들이므로 부처라는 호칭을 쓰지 않는다.

석가모니불법이 이 땅에서 완벽하게 사라지고 나면 중생세계는 메마를 대로 메마르고 거칠 대로 거칠어진다. 모든 중생이 가뭄에 단비처럼 구세주를 애타게 기다리는 시기가 온다.

그렇다고 해서 중생과 부처가 완전히 단절되는 것은 아니다. 사람들을 싣고 떠난 열차라 하더라도 그 열차는 선로 위에 있는 것처럼 항상 부처는 중생과 함께 계신다. 그분이 보신불이다.

그 보신불의 화신인 미륵불이 지금 도리천 내원궁 정거장을 떠나 우리에게 다가오고 있다. 석가모니부처님의 열차를 타고 열반에 들어가지 못한 중생들은 이제 그 열차를 타고 열반의 집으로 돌아가야 한다. 그것을 놓치면 또 무량한 고통을 받으면서 삼계육도를 헤매다가 그 다음 열차를 목이 빠지게 기다려야 하는 것이다.

"미륵부처는 언제 오십니까?"
"정확히 56억 7천만 년 됩니다."

그 정거장에서 이 지상의 역사까지 걸리는 시간이 이렇다. 그분의 보살수명은 4천세다. 4천세 동안 십지보살로 지내다가 석가모니불처럼 색구경천에 올라가 부처가 된다. 그리고 노사나불에 섭입되었다가 지상에 오신다.

그 기간을 지구나이로 환산하면 56억 7천만 년이다. 그래서 **보살처태경**에 56억 7천만 년이 지나면 미륵부처가 온다고 하신 것이다.

"그때는 스승이 없으니까 연각이 되잖아요?"
"연각은 12연기로 깨치고 부처는 발원으로 오는 것입니다."

또 佛은 발음 그대로 불이다. 중생은 불 없이는 못산다. 그렇지만 잘못 건드리면 큰일 난다. 조심해서 다뤄야 하고 수시로 살펴야 한다. 그러면 우리가 그 불에 의해 엄청난 혜택을 입을 수 있다.

불은 빛이고 광명이다. 그러므로 불을 외면하면 바로 어둠이 찾아온다. 그때 귀신이 득세하고 곰팡이가 기승을 부린다. 그래서 **대교왕경**에서 불보를 외면하면 악귀가 들어온다고 하신 것이다.

그분을 모시면 무지와 고뇌가 없어진다. **보적경**에서 만약 날마다 부처의 이름과 공덕을 말한다면 능히 어둠을 떠나 점차로 온갖 번뇌를 불살라 버릴 수 있다고 하신 이유가 여기에 있다.

起信論 有無量功德 常念親近供養恭敬
부처에게는 무량한 공덕이 있기에 항상 생각하고 가까이 모시며 공양과 공경을 올려야 한다.

하류인간들은 힘 있는 자를 섬긴다. 중류인간은 지식인에게 고개를 숙인다. 그러나 상류인간은 공덕이 있는 자를 모신다. 이 세상에서 가장 공덕이 있는 분은 부처님이시다. 그래서 **태자서응본응경**과 **불본행집경 아함경**에서

吾爲此世之最上者

라고 하셨다. 즉 내가 이 세상에 가장 꼭대기다 라는 말씀이다. 그러므로 세상 천지에 그분을 능가하는 자는 없다. 그래서 그분과 가까이 하면 그 누구도 해칠 수 없다. 그런 까닭으로 **일장경**에서 어떤 사람이라도 부처님께 공경스럽게 귀의하면 백만 마군도 그를 해칠 수 없다 라고 하신 것이다.

땅을 기는 넝쿨이 조금이라도 더 높이 올라가려면 곧은 나무를 의지해야 하듯이 범부가 좀 더 크게 성장하려면 반드시 그분의 공덕을 힘입어야 한다. 그것은 햇볕을 쬐면 내 몸이 따뜻해지듯이 나도 모르게 그분의 음덕을 입게 되기 때문이다.

그분은 공덕뿐만이 아니라 자비도 절정에 있다. 그분은 단 한 번도 발을 씻은 적이 없다. **금강경**에 洗足이라고 하니 발을 씻었다고 풀이하는데 완전 난센스다.

그분의 발은 흙먼지로 더럽혀지지 않는다. 다니실 때 땅에다 발을 딛지 않으셨기에 그렇다. **처처경**에 보면 부처는 땅에서 10센티미터를 띄어서 다니셨다고 되어 있다. 그것은 다음과 같은 세 가지 이유에서다.

1. 地有蟲
2. 地有生草
3. 現神通力

지유충은 땅에 온갖 벌레들이 있기에 밟지 않으려 하신 것이고 지유생초는 풀이 자라나고 있기에 그렇다고 하셨다. 마지막 현신통력은 자유자재한 비행이다. 그래서 허공을 땅처럼 밟고 다니셨으므로 땅에 발이 닿을 일이 없다고 하셨다. 그렇게 부처는 중생들뿐만 아니라 벌레들까지도 자비로 보듬으셨다. 그래서 땅을 딛고 다니실 수가 없었다.

관무량수경에 부처님이 영취산과 왕사성을 오가는데 허공을 날아다니셨다고 하는 것만 보아도 알 수 있다. 그래서 우리는 목숨을 다해 그분께 귀의하는 것이다.

I take a refuge to the Buddha. No other shelter shall I need.
부처님께 귀의합니다. 저에게는 다른 귀의처는 필요가 없습니다.

그분은 우리가 궁극적으로 나아가야 할 방향을 제시한 표지판과 같은 분이시고 좌표를 찾아가는 나침판과 같은 분이시다. 또 북극성처럼 움직이지 아니하시고 언제나 우리를 지켜주시는 분이시기에 우리는 이 생명 다할 때까지 그분께 공경히 엎드리는 것이다.

起信論 發起善根 願求一切智故

그리고 선근을 발기하고 일체지를 구하기를 발원하여야 한다.

부처님을 믿는다면 두 가지 행을 반드시 해야 한다. 그것은 선근을 발기하고 일체지를 구하는 것이다. 선근은 복덕을 이루고 선정은 일체지를 이룬다. 복덕은 利他에서 오고 일체지는 自利에서 온다. 이것이 자리이타 행이다.

부처는 중생들이 심심해서 구경하는 조각상이 아니다. 더더군다나 중생들에게 존경을 요구하는 위인상도 아니다. 부처는 중생들의 거울이다. 부처를 볼 때마다 자신의 원래 모습이 저렇다는 것을 각지하라는 뜻이다.

그렇게 하려면 보디심을 발해야 한다. 보디심은 꿈속에서 깨어나겠다는 마음이다. 꿈이 아니면 어떻게 이런 삶을 살 수 있는가 하는 것이다. 그래서 **출생보리심경**에 보디심을 일으키는 것은 꿈을 깨는 씨를 뿌리는 것과 같다고 하셨다.

자식은 처음에는 오롯이 부모를 믿는다. 그러면서 어린이를 벗어나 어른으로 성장한다. 마찬가지로 불자들은 처음에 부처를 믿는다. 그러면서 부처가 되는 방법을 배운다. 그러다가 마지막에 부처가 되어 중생을 벗어난다.

그러므로 이 자리이타의 행으로 부처가 되려 하지 않고 부처를 믿는다고 백 날 떠들어봐야 전혀 쓸모가 없다. 그것은 꼭 평생을 부모에게 붙어사는 캥거루족과 같이 비루한 나약함에 머물러 있을 뿐이다.

起信論 三者信法

셋째는 법을 믿는 것이다.

법은 가르침이다. 뭘 가르치느냐 하면 무지로부터 탈출하는 방법이다. 무지가 생사를 만들기 때문이다. 일반인들은 학교에 가서 가르침을 받는다. 수행자는 불교에서 가르침을 받는다.

학교는 육신이 사는 방법을 선생이 가르치고 불교는 마음이 사는 방법을 선지식이 가르친다. 학생은 끊임없이 선생에게 질문하여 새로운 정보를 얻고 수행자는 끊임없이 선지식에게 침묵하여 축적된 정보를 버린다.

학교는 꿈을 꾸도록 하고 사원은 꿈을 깨도록 한다. 학교는 희망에 부푼 가슴으로 하루를 맞이하라고 하고 사원은 희망은 원래 신기루 같은 것이니 한시 바삐 그 망념으로부터 깨어나라고 한다.

배우는 것은 같은데 가르치는 내용은 다르다. 하나는 생사를 돕고 하나는 해탈을 돕는다. 생사를 해탈하고자 한다면 **삼혜경**에서 말씀하신 다섯 가지를 믿어야 한다.

그것은 부처님과 법, 그리고 僧과 계, 그리고 스승이다. 그러면 성스럽게 나아갈 길이 보인다.

기신론에서는 조금 다르게 제시하고 있다. 삼보 앞에다 진여를 두고 있다. 그러므로 네 가지다. 물론 더 줄이면 3보가 되고 마지막에는 1보가 된다. 그 1보가 일심이다.

"일심을 믿으라고요?"
"그 일심은 자신이성입니다."

44

起信論 有大利益

거기에는 큰 이익이 있다.

　세상에는 많고도 많은 법이 있다. 라면 끓이는 법부터 아이 키우는 법, 공부하는 법 또 뭐 뭐 교통법 민법 세법 형법 등 하고많은 법들이 있다. 그것들은 다 나름대로 자기들 세계를 이롭게 하기 위해서 만들어졌다.

　이런 것들을 지키면 세상 살아가기가 원활하고 일신이 편안하다. 그러나 어길 때에는 그에 상응하는 부작용과 그 과보를 받아야 한다. 그러므로 세상을 살아가려면 끊임없이 세상법을 배워야 한다.

　항차 세속의 법도 그렇게 사람을 편안하게 하는데 하물며 불법이겠는가. 不法이 아니고 佛法이다. 不法에는 큰 손해가 따르지마는 佛法에는 큰 이익이 있다. 잘만 지키고 따르면 일평생이 아니라 세세생생 안락을 보장받을 수 있다.

　아함경에 여래께서 설하신 법을 믿지 않는다면 어리석은 사람이다. 길이 괴로움과 고통을 받을 수밖에 없다고 하신 이유가 여기에 있다. 그래서 법보라고 하셨다. **심지관경**에서는 삼세여래가 설하신 묘법은 불가사의한 작용을 지니고 있다고 하셨다. 그 묘법이 법보다.

　법보는 날카로운 칼과도 같다. 그 칼로 생사를 끊고 모든 구속에서 벗어나게 한다. 법보는 아름답게 장식된 수레와 같다. 중생을 실어 화택에서 열반의 세계로 나아간다.

　법보는 밝은 등불과 같다. 어두운 세계를 비추기 때문이다. 법보는 험로의 인도자와 같다. 길 잃은 중생을 인도하여 해탈에 들게 하기에 그렇다. 그러므로 **대장엄경**에서 누구든 부처님의 이런 가르침인 법보에 信向이 있다면 결과적으로 다 해탈한다고 하셨다.

起信論 常念修行諸波羅密故

그러므로 항상 모든 바라밀을 수행하려고 생각하여야 한다.

자동차 핸들을 잡으면 안전운전을 생각한다. 그렇지 않으면 부지불식간에 사고가 난다. 그러면 나도 어려워지고 상대방도 힘들어진다. 그러므로 나와 남이 행복하려면 운전법규를 지켜야 한다. 그래야 무사히 집에 돌아갈 수 있다.

중생도 마찬가지다. 삶에서 모든 선행을 반드시 행하겠다는 생각을 가져야 한다. 그래야 자신을 놓지 않는다. 자신을 방치하면 자신도 죽게 되고 다른 중생도 상해를 당할 수 있다. 벽에다 써놔야 한다.

Dhamma's the best thing for people
in this life and the next as well.

불법은 금생뿐만 아니라 다음 생애에서도
사람들에게 가장 **훌륭**한 것이다.

불법으로 자리이타행인 선행을 닦아야 나도 나의 집에 돌아갈 수 있고 다른 중생도 무사히 그들의 집에 돌아갈 수 있다. 그 집이 열반이다.

어리석은 사람들은 열반은 허무의 세계라고 한다. 웃기는 소리다. 자기들이 허무의 세계에 살고 있으면서 도리어 열반을 허무의 세계라 한다. 이것은 마치 교도소에 오랫동안 수감되어 있는 죄수가 밖의 사람들에게 그쪽이 교도소라고 말하는 것과 같다.

법은 세상을 정확히 보도록 하는 안경과도 같다. 안경을 끼면 시력이 교정되어 사물을 명확하게 볼 수 있다. 중생의 마음은 늘 분분하다. 그러므로 법으로 초점을 맞추어야 한다. 사람들은 눈에다 안경만 낄 줄 알지 마음에다 법을 끼운다는 것은 상상도 못한다.

마음에다 법을 끼우면 평소에는 보이지 않던 경전이 보이기 시작한다. **열반경**과 **아함경**, 그리고 **대방등대집경**에서는 이것을 四依라고 하셨다. 四依는 네 가지 의존해야 하는 법이다.

1. 依法不依人
2. 依了義經不依不了義經
3. 依義不依語
4. 依智不依識

1. 불법에 의존하되 사람에 의지하지 마라. 그러나 인간들은 불법이 아닌 사람에 의존한다. 그러면 마지막에 다 실망하거나 허탈하게 된다. 죄는 미워하되 사람은 미워하지 말라고 한다. 그런 사람들은 스님들은 미워해도 불법은 미워하면 안 된다는 것도 알아야 한다.

2. 요의경에 의존하되 요의경이 아닌 것에 의지하지 마라. 즉 방편교를 버리고 실교에 들어가라는 뜻이다. 하지만 인간들은 거의 방편

교에 매달린다.

천지팔양신주경에 이 경전을 비방하면 문둥병에 걸려 온몸이 썩어 문드러질 것이라고 하셨다. 이거 믿는 사람이 있나. 있으면 바보다. 그럼 **법화경**에 관세음보살을 부르면 모든 소원이 성취된다고 하셨는데 이것은 믿는가. 믿는다면 그 사람도 바보다.

복 없는 사람들은 어떤 경전을 더 떠받드는가 하면 물론 위경이다. 아이들에게는 철학책보다 동화가 더 제격인 것처럼 근기 낮은 불자들은 **예수십왕생칠경 지장연명경 해원산왕경 환희조왕경** 같은 위경에 눈이 번쩍 뜨인다. 결국 불교에 허망함을 느껴 돌아선다.

위경들은 해 주겠다고 하고 진경들은 직접 하라고 한다. 즉 위경들은 엎드려 빌면 소원이 성취된다고 하고 진경들은 그럴 일은 없으니 아예 매달리지 마라고 한다. 진경과 위경의 차이점이 이것이다.

3. 뜻에 의존하되 언어와 문자에 의지하지 마라. 그러나 인간들은 핵심을 잡지 않고 언제나 주변을 두드린다. 버려진 유기견이 먹을 것을 구하려 길거리를 배회하는 것처럼 늘 불법의 가변으로만 맴돈다.

4. 지혜에 의존하되 지식에 의지하지 마라. 불교는 지식으로 알아지는 성질이 아니다. 이것은 지식을 버림으로 인해 알아지는 것이다. 그러므로 지식을 바탕으로 불법을 알려 해서는 안 된다.

세상 최고의 지식자는 컴퓨터다. 컴퓨터는 불교에 대해 모르는 게 없다. 사람보다 실수를 저지를 확률도 적다. 매우 빠르고 즉각적이다. 그러나 그것은 정보를 입력했을 때다. 정보를 입력하지 않으면 물건덩어리다.

사람도 마찬가지다. 숙세를 살아오면서 너무 많은 지식을 끌어 모았다. 그러다보니 온통 악성바이러스 투성이다. 이것을 새롭게 포맷하지 않으면 오작동이 계속되어 자신을 죽음의 세계로 끌고 간다. 그 오작동을 사람들은 지식인 줄 알고 있다.

불반니원경에서 옷에 때가 끼면 잿물로 빠는 것처럼 마음에 때가 끼면 불법으로 그 때를 씻어야 한다는 말씀이 있다. 마음에 때는 지식이다. 지식으로 불법을 알려 한다는 것은 오물 묻은 손으로 보석을 다루는 것과 같아 더 더러워지기에 그렇다.

I take a refuge to the Dhamma. No other shelter shall I need.
부처님의 가르침에 귀의합니다. 저에게는 다른 귀의처는 필요가 없습니다.

起信論 四者信僧
넷째는 스님들을 믿는 것이다.

불교를 믿는다는 사람이 모이면 집단이 된다. 그러면 세력화를 이뤄 정치적 이권단체로 변한다. 그들은 불교의 흥망에 관심이 없다. 오로지 불교를 등에 업고 세속적으로 출세하는 데 목적을 둔다. 그때가 되면 반대편의 무리들에게 엄청난 저항과 욕설을 듣는다.

보살영락경에 내가 열반에 들고 난 뒤에 법복을 걸치고 이익과 명예를 탐하는 자들이거나, 거짓되게 道心을 일으켜 정법을 손상시키거나, 또 청정한 불법을 오염시키는 이런 사람은 삼보 중에 승보라 할 수 없다. 비록 내 대중 속에 있다고 하여도 나와의 관계는 아주

멀다고 하셨다. 이 말씀은 앞에서도 한 번 언급했다. 龜鏡文구경문에

僧重則法重　僧輕則法輕

이라는 말이 있다. 스님이 지중하게 보이면 불법이 지중하게 보이고 스님이 가볍게 보이면 불법이 가볍게 보인다는 뜻이다. 사람들이 스님들을 욕하기 시작하면 불교의 지고한 권위와 가치는 땅에 떨어질 대로 떨어질 수밖에 없다.

僧은 상가의 줄임말이다. 상가는 수행자의 공동체다. 혼자 하는 것보다 여럿이 모여서 수행한다면 그 효과가 배가될 수 있다. 도시에 사람이 모이고 시장에 점포가 모이는 이유가 바로 이런 이치에서다.

상가는 믿는 집단이 아니라 순전히 수행을 하기 위해 모인 자들이다. 그래서 앞에 능 자가 붙어 있다. 능은 자발적이라는 뜻이다. 누구의 강압이 아니라 스스로 판단해서 상가의 일원이 되기에 그렇다.

혼자 힘으로는 억겁으로 얽혀져 있는 그 인과의 그물을 끊고 나올 수가 없다. 그럴 때 正信을 가진 같은 동료가 나타난다. 그들이 바로 서로를 돕는 구도자들이다. 마치 봉사와 앉은뱅이가 한 몸이 되어 세찬 탁류를 건너는 것과 같다.

그런 正信을 가진 자들이 보살들이고 그들의 공동체가 상가들이다. 正信은 부처의 세계로 들어가는 데 선결조건이고 목적은 깨달음의 도상에 오르는 것이다. 즉 어둠의 세계에서 밝음의 세계로 나아가고자 하는데 그 숭고한 목적이 있다.

그래서 누구든 이 상가를 깨뜨리면 오역죄를 짓는다고 **증일아함경**

은 경고하시고 있다. 오역죄는 다섯 가지 참회가 되지 않는 다섯 가지 중죄를 말한다.

起信論 能正修行自利利他

그분들은 자발적으로 올바르게 자리이타행을 수행하고 있다.

경찰은 도둑으로부터 사유재산을 보호해 준다. Sangha는 魔마로부터 중생들의 마음을 지켜준다. 경찰은 사람들의 재물을 보호한다. 재물을 잃으면 거지가 되어 떠돈다. 상가는 사람들의 마음을 魔로부터 보호한다. 마음을 잃으면 육도를 떠돈다.

Sangha는 지상최대의 군대다. 그들은 중생을 깨뜨리고 마를 부수며 혼미를 박살내는 막강전력의 조직이다. 그들은 중생 속에서 허세나 권력을 쫓지 않는다. 그들은 오로지 중생을 죽이는 생사를 깨부수는 특수요원들로 구성되어 있다.

그래서 **아함경**에 나아가라. 일어서서 나아가라. 부처님의 군대에 가담하라. 부처님의 군대는 코끼리가 대나무 숲을 부수는 것처럼 막강하여 그 어떤 악마의 세력도 깨뜨린다고 하셨다. 여기서 말씀하신 부처님의 군대가 바로 상가다.

중생들이 살아가려면 어디서든 商街가 꼭 필요하다. 모든 생활용품은 다 상가에서 구한다. 그래서 인간은 상가를 떠나서 살 수가 없다. 그러므로 인간들은 상가거리를 휴폐하지 않는다.

마찬가지로 영혼이 살려고 하면 한 차원 높은 Sangha에 가야 한다. 거기서 근기 따라 마음을 찾는 수행법을 돈 주고 구해야 한다.

그 상가를 찾아가지 않으면 물건 파는 상가에서 사람 죽은 喪家상가로 직진하게 된다. 그러면 거기서 밤새도록 술을 마시고 고스톱을 쳐야 한다.

요즘은 그렇지 않지만 과거에는 상가에 가면 떠들썩하게 해야 한다고 했다. 상주들의 슬픔과 분위기의 침울보다 자기들의 처지를 망각하게 만들고자 하는 데는 음주와 화투가 최고기 때문이다. 그렇게 해 문상객들은 자기들이 다음 차례라는 것을 까먹고 다시 일상으로 돌아갈 수가 있었다.

이 **혈맥기**에서 상가를 몇 번이나 강조하는 이유는 내가 상가가 되지 않으면 그 누구도 나의 상가가 되어주지 않는다는 것이다. 그러므로 내가 먼저 상가의 일원이 되어야 한다.

상가의 일원인 수행자는 그 어떤 자보다도 더 가치있고 더 위대하다. 그러므로 그분들께 공양을 드린다. **법구경** 말씀이다.

一年祈福
精誠貢物
暫恭行者
殊勝彼行

그 무엇에 한 해 동안
기도를 하고 재물을 올려 복을 빈다고 해도
불교수행자를 공경해서 얻는 복에 비하면
그것은 아무것도 아니다.

상가의 스님들은 정말 대단한 분들이다. 지구의 환경을 생각해서 머리도 기르지 않아 머리감는 물을 절약한다. 평생 샴푸도 쓰지 않고 머리염색도 하지 않는다. 의복은 날염 같은 화학섬유 대신 천연적인 단색이나 회색만을 입는다. 신발도 짐승의 피혁 대신 고무신이나 비닐털신을 신는다.

그뿐만 아니라 그분들은 2천 년이 다 되어가도록 무덤을 쓴 적이 없다. 보시다시피 산야에 즐비한 무덤 봉분들 진짜 어디 빠끔한 틈이 없다. 만약에 스님들이 화장을 하지 않고 산소를 썼다면 문화재사찰 주위는 울창한 산림 대신 스님들의 공동묘지가 산재해 있을 것이다.

그분들이 우리들에게 양으로 음으로 남기신 업적은 정신분야나 환경분야나 할 것 없이 지대하기만 하다. 지금도 그분들은 문화재청으로부터 돈 10원 받지 않고 산속 외진 곳에서 국가문화재를 지키고 있다.

거기다가 조석으로 불전에 나아가 국가와 민족에 이어 일체중생의 평안과 안락을 기도한다. 그런데도 세속사람들은 천 날 만 날 스님들을 욕하고 시비하고 트집 잡고 있다. 이건 뭔가가 잘못되었다. 확실히.

"절에 돈 내는 것보다 방생하는 것이 백배 낫다"
"웃기는 짬뽕 같은 소리다!"

대지도론에 보면 네 가지 가볍게 보지 말아야 할 것이 있다고 했다. 그것은 어린 태자와 새끼 독사 그리고 작은 불과 사미다.

태자를 함부로 얕보다가는 정말 절단이 난다. 독사새끼도 마찬가지다. 일단 크면 대단한 맹독을 지닌다. 작은 불도 소홀이 다루면 세상을 잿더미로 만들 수 있다. 사미는 비록 예비승려에 불과하지만 마지막에는 우주의 황제인 부처가 될 수 있기에 얕잡아 보지 말라고 했다.

그렇다면 이제 누구에게 밥을 사줘야 하나. 물론 배고픈 거지에게 밥을 사줘야 한다. 그것은 베풂이다. 그렇다면 누구에게 공양을 올려야 하나. 물론 스님이다. 그것은 베풂이 아니라 의무다.

한 명의 거지가 배부르면 거기서 끝나지마는 한 명의 수행자가 배고픔을 면하면 시방천지가 감동한다. 그러므로 복덕의 종자를 심으려면 이같은 비옥한 땅을 골라야 한다.

방생하지 마라. 다른 생명이 다친다. 둥지에서 떨어져 죽어가는 새끼 황조롱이를 키울 때 들판의 쥐들과 산야에 작은 새들이 잠을 이루지 못한다. 그들의 통곡소리를 들어야 한다. 그들의 생명도 외면해서는 안 된다. 그러므로 방생은 함부로 하는 것이 아니다.

그들과 원수 맺지 않고 방생하고 싶다면 자리이타를 행하는 스님들께 공양을 올려야 한다. 그러면 스님들이 그 원한 대신 공덕을 지어 준다. 그것이 중생세계를 살리고 공덕을 짓는 유일한 방법이다.

起信論 常樂親近諸菩薩衆 求學如實行故
그러면서 항상 기쁘게 모든 보살들의 무리를 친근하여 여실수행을 배우려 하기 때문이다.

능동적인 마음으로 수행에 임하면 기쁨이 일어난다. 그것은 자기가 원한 일이기에 그렇다. 그러므로 어떻게든 보살들의 무리와 하나가 되고자 한다.

왜냐하면 그런 보살들에게는 착한 행위가 있다. 언제나 德義를 세우고 남의 장단점을 찾지 않고 자신의 행위를 스스로 반성하며 진리를 즐긴다. 그리고 자신만을 생각하지 않고 남부터 구한다고 **미륵본원경**은 말씀하시고 있기에 그렇다.

Sangha는 10주에서부터 10지 마지막까지에 있는 수행자들이다. 말하자면 부처의 세계를 향해 나아가는 일체 수행자들 전체다. 즉 초심보살부터 관세음보살 대세지보살 문수보살 지장보살 같은 최상의 보살들이 다 이 상가에 속한다.

그분들은 여실수행을 한다. 한결같이 진실되게 깨달음의 고지를 향해 앞으로만 나아간다. 그러기에 말로 다할 수 없을 정도로 훌륭한 분들이다. 하지만 우리는 그분들을 지극히 존경은 하되 결코 숭배는 하지 않는다.

그런데 하물며 저급한 신장이나 토속 잡신들에게 예배를 드려서야 되겠는가. 정통의 스님들은 그렇게 하지 않는다. 오직 부처님께만 머리를 숙인다. 대보살들도 나의 귀의처가 아니다.

대승불교에서 보살이 신앙의 대상이 되면 기복신앙이나 신상신앙이 된다. 잘못하다가는 그분들이 이집트의 피라미드 문화 속 호루스 신과 오시리스, 고대올림픽의 주신인 제우스신과 아폴론 뭐 포세이돈, 그리고 고대로마의 주피터 베스타 야누스 비너스, 그리고 힌두교의 브라흐마 비슈누 시바 같은 신들과 천주교의 마리아 같은 격의 수준이 되어 버린다.

원시종교가 다 이런 경향을 띤다. 그들은 다신사상에 빠져 제각기의 신전을 세웠다. 무수한 신들과 무량한 신상들이 모두 그렇게 해서 태어나고 만들어졌다. 그런데 하물며 그 미신신앙을 부수고 나타난 불교이겠는가.

그런데 놀랄 일은 현대의 우리가 불법 속에 나타난 보살들을 또 그 직능신으로 대체해 모시고 있다는 사실이다. 단지 이름을 신 대신 보살로 바꿔놓고 자비는 무슨 보살, 지혜는 무슨 보살하면서 그렇게 맹신적으로 엎드리고 있다. 이런 신앙으로부터 빨리 벗어나지 않으면 후일 우리도 과거의 그 우매한 사람들과 같은 머저리취급을 받을 수 있다.

대승보살이 없으면 우리는 수행해 가는 방향을 잃는다. 우리에게는 그분들의 힘이 절대적으로 필요하다. 그분들이 앞에서 끌고 우리는 그 뒤를 따라간다. 그분들은 우리에게 사바를 건너가는 징검다리 역할을 해주고 신앙의 디딤돌 역할을 충분히 해 주기에 그렇다.

그렇다 해도 그분들이 우리의 특정한 귀의대상은 아니다. 우리의 귀의대상은 수행자 집단인 상가인 것이지 그분들만을 특별히 신앙의 대상으로 모시는 것은 아니다는 것이다.

I take a refuge to the Sangha. No other shelter shall I need.
상가에 귀의합니다. 저에게는 다른 귀의처는 필요가 없습니다.

사람들은 원효센터라고 하니 원효스님을 모시고 수행하는 줄 알지만 그렇지 않다. 원효성사도 우리 수행의 훌륭한 조력자로 기대고 있을 뿐 결코 신앙의 대상은 아니다. 우리의 신앙의 대상, 즉 귀의의 대상은 이 땅에서 단연코 석가모니부처님 한 분 밖에 없다.

答信中言信根本者 眞如之法 諸佛所歸 衆行之原 故曰根本也
믿음에 대한 답 중에서 신근본이라는 것은 진여의 법이어서 제불이
돌아간 곳이며 중행이 찾는 곳이다. 그래서 근본이라고 했다.

제불이 돌아간 곳은 어디인가. 그곳은 진여의 세계다. 그리고 진여
의 법이 작용해 나아가고자 하는 곳은 또 어디인가. 그곳 역시 진여
의 세계다. 그 세계는 근본 일심이다.

혈맥기 1권 귀경게송에서 귀명을 부처님께 목숨을 걸고 귀의하옵
니다로 시작했다. 목숨을 걸어서까지 왜 귀의하느냐 하면 내 목숨의
근원에 돌아가기 위함이라는 것이 드러났다. 내 목숨의 근원이 진여
의 법이기 때문이다.

진여의 법은 두 세계를 만든다. 순수진여는 부처의 세계를 만들고
오염진여는 중생의 세계를 만든다. 우주공간에 세상천지가 많고도
많이 있지만 이 두 곳을 제외하고는 그 어떤 세계도 없다. 땅과 하늘
이 맞닿은 세계. 과거와 미래가 교차하고 부처와 중생이 넘나드는
세계 전부가 이 진여의 세계다.

그런데 그것이 나의 진여세계지만 내 것이 아니라는 데 문제가 있
다. 넓고 넓은 평야에 저렇게도 곡식이 자라고 있지마는 내 것이 아
닐 때는 굶어죽을 수밖에 없다.

그래서 어떻게든 내 것을 만들어 놓아야 한다. 그러려면 무궁한
돈을 벌어 다시 회수해야 한다. 그것이 중행이다. 중행은 무수히 많

은 수행을 겹치고 겹쳐서 닦는 보살행을 말한다.

수행을 왜 하는 것인가. 바로 잃었던 진여의 근본을 찾는 데 있다. 그 근본이 바로 일심의 근원이다. 원문에서의 原은 근원이 아니라 찾을 원 자이다.

海東疏 餘文可知

나머지 문장은 가히 알 수 있을 것이다.

나머지 문장은 이 문단의 아래 부분인 불법승 삼보다. 그것들은 굳이 해석해 주지 않아도 잘 알고 있을 것이다는 말씀이다. 그럴까?! 아닌 것 같다. 수박 맛을 자세히 말해 주어도 자기가 직접 먹어보지 않으면 알 수 없듯이 삼보는 직접 공경하지 않으면 그 기분을 알 수가 없다.

심지관경에서 어떤 중생이든지 삼보를 존중하게 되면 업장이 소멸되고 복덕과 지혜가 증장되어 선근이 성숙된다. 그러면 영원히 생사로부터 벗어나서 깨달음을 증득할 것이라고 하셨는데도 많은 사람들은 이 삼보에 관심이 없다.

하기야 부모를 모시면 다섯 가지 무량복을 받는다고 **분별선악소기경**에서 말씀하셨는데도 부모조차 외면해 버리는 세태인데 **최무비경** 말씀처럼 삼보를 모시면 헤아릴 수 없는 복을 넘어 깨달음을 얻는다 해도 마음에 무슨 동요가 일어나겠는가.

복 없는 자들은 꼭 어울려도 이상한 스님들과 인연을 짓는다. 그런 결과로 마지막에는 스님들을 도매로 경멸하고 삼보를 무조건 비방한다. 그런 자들에게 삼보를 비방하면 무간지옥에 떨어진다고 **지장경**에서 말씀하셨다고 해도 눈 하나 까딱하지 않는다.

삼보는 외적 삼보와 내적 삼보가 있다고 했다. 육조는 마음을 깨달으면 부처가 되고 마음이 바르면 법이며 마음이 청정하면 승이 된다고 했다. 그러니까 마음속에 이 삼보가 들어 있다는 말이다.

그러므로 **육바라밀경**에 불법승을 제쳐놓고는 자기를 구해 줄 이가 없다고 하셨고, **제법집요경**에서는 삼계 속에서 으뜸인 것은 삼보다고 하셨다. 그렇기에 삼보는 결국 자신이다. 자신을 배신하지 마라. 사람들은 남의 배신을 욕하고 있지만 사실은 자신을 먼저 배신한 자는 자기다. 그러면 자신을 살릴 수 없다. 대신 자신 속의 삼보를 믿으면

무지에서 지혜로움으로,

어둠에서 밝음으로,

죽음에서 영원으로

나아가게 된다. 이토록 삼보의 힘은 막강하다. 그러므로 누구든 슬픔을 딛고 행복을 꿈꾸고 싶다면 삼보에 의지해야 한다. 그러면 금생에서조차 Before After가 확연히 달라진다. 그것은 절대적으로 확실하다.

귀부인은 어디를 가든지 항상 보석을 끼고 있다. 마찬가지로 자신이 귀한 사람은 언제나 삼보와 함께 움직인다. 그렇기 때문에 **입보리행론강해**에서 어디를 가든지 출발 전에는 마음속으로 삼보에 귀의하고 도착하면 삼보에 감사함의 정례를 하여야 한다고 하였다. 그렇게

한번 해 보시기 바란다.

海東疏 △答修行中 在文有三 一擧數總標 二依數開門 三依門別解
수행에 대한 답에는 셋이 있다. 첫째는 수를 들어 전체적인 것을 표시하고, 둘째는 수를 의거해 문을 연다. 셋째는 그 문을 의거해 개별적인 풀이를 한다.

근기가 저열한 범부가 신심을 닦는 데는 뭘 믿어야 되며 무슨 수행을 해야만 하는가 하고 물었다. 첫 번째 질문은 四信의 대답으로 끝났다. 四信, 그것은 信근본과 信불 信법 信승이었다. 이것을 지니고 있는 중생은 중생 중에서 가장 우뚝한 자다.
아비달마법집론에서는 믿음으로써 담을 쌓는다면 악한 외적의 침입을 막고 선법을 수행할 수 있다고 하였다. 악한 외적은 좋지 않은 환경과 魔의 방해다.
지금부터는 두 번째 질문에 대한 답이다. 즉 무슨 수행을 해야 한단 말인가에 대한 답변이다.
그것은 세 부분으로 나눠져 있다. 먼저 통틀어서 몇 개인지를 제시하고 둘째는 그 개수마다 어떤 수행인지를 말하고, 마지막에 그것을 하나하나 설명해 주는 것으로 되어 있다는 뜻이다.

②5문수행

起信論 修行有五門 能成此信

수행에는 다섯 부문이 있다. 그것들이 능히 믿음을 이룬다.

기억해 두어야 한다. 지금 이 대목이 누구를 위하여 쓰여졌는가를 꼭 먼저 알고 있어야 한다. 그것은 바로 우리같이 박복한 중생들을 위해 쓰여졌다는 사실이다.

범부 중에서도 우리처럼 하급범부가 발심하는 데는 반드시 위에서 말한 네 가지 믿음을 가져야 한다. 그렇지만 쉽게 이 네 가지 믿음이 일어나지 않는다.

그렇다면 어떻게 해야 이 四信이 일어날 수 있는 것인가. 그것은 지금 말하고자 하는 다섯 가지의 기초수행이다. 이것을 행해야만이 결국 네 가지 믿음이 일어난다. 이것은 절대적이다.

海東疏 初中言能成此信者 有信無行 卽信不熟
처음에 말한 능히 믿음을 이룬다고 한 것은 믿음만 있고 행위가 없으면 그 믿음은 익지를 않는다.

불교 믿는다는 사람들의 숫자가 얼마인지 아시는가. 만만한 게 불교라서 그런지 기독교도 아니면 거의 다 불교라고 한다. 아니면 불교에 가깝다고 한다. 하지만 그들은 신심도 없고 수행도 없다. 그저 이 절 저 절 구경하다시피 다니면서 대소불사에 한 번씩 참여하는 정도다.

이제 그 믿는다는 말이 얼마나 가볍고 경박한지 알게 될 것이다. 흔들리는 마음은 진짜 길거리에 나뒹구는 낙엽과 같고 신심의 정도는 들깨 반 되도 안 되는 무게를 갖고 있기에 그렇다.

海東疏 不熟之信 遇緣便退
익지 않은 믿음은 나쁜 인연을 만나면 즉시 퇴실해 버린다.

믿음은 씨요 고행은 단비이다 라고 **아함경**은 말씀하신다. 믿음의 씨가 있다면 고행의 단비가 있어야 한다. 그 단비가 바로 五行이다.

五行은 위에서 말한 다섯 가지 수행이다. 유치원생은 셈수를 익히고 초등학생은 산수를 배운다. 그리고 중등학생이 되면 이제 수학을 배운다. 배우는 것은 똑같은데 아이들의 수준에 따라 교과서 내용이 달라진다.

두메산골에서 태어난 아이는 누구에게도 공부를 배울 수가 없었다. 주위에 아무도 공부한 사람이 없었기 때문이다. 거기엔 유치원 같은 것은 아예 없었다. 오로지 국민학교에 들어가야 셈수도 배우고 한글도 익힐 수 있었다.

입학식 날 깨끗한 가제수건을 가슴에 단 아이는 그나마 형편이 괜찮은 집이었다. 거의가 낡은 검정고무신을 신고 콧물을 훌쩍거리며 헝겊쪼가리를 가슴에 단 채 국민학교에 입학했다.

문제는 학교에 들어갔다고 해서 다 공부를 배우는 것은 아니다는 것이었다. 다달이 월사금도 내야 했고 정기적으로 사친회비도 내야 했다. 월사금인 수업료를 내지 못해 아침마다 교실에서 쫓겨나는 아이들이 한두 명이 아니었다. 수업을 하기 전에 교사가 이것부터 먼저 체크해서 월사금을 안 가져온 아이는 사정없이 돌려보냈기 때문이다.

집으로 간다고 해서 딱히 돈이 나오는 것도 아니고 하여 쫓겨난 아이들은 자기들끼리 모여 냇가에서 피라미를 잡고 조리로 물레방아를 돌리면서 다른 학생들 수업이 끝나기를 기다렸다. 그리고는 하교하는 그들에게 묻어서 집으로 돌아오곤 하였다.

부모는 아침마다 아이를 학교에 보내고 아이는 선생의 성화에 다시 쫓겨난다. 그렇게 몇 개월이 밀리면 이제 스스로 포기하고 학교에 가지 않는다. 그러다가 아이는 더 이상 참지 못하고 가출해서 도회지로 나간다.

거기서 문전걸식하거나 식당 같은 곳에서 허드렛일을 한다. 아니면 신문팔이를 하거나 구두를 닦으며 온갖 고생을 다 한다. 그러다가 뜻밖에 전생에 지은 복이 순간 발복하는 순간을 맞는다. 그때 그 인생은 대박이 난다.

海東疏 故修五行以成四信也

그러므로 5행으로 四信을 이룬다 한 것이다.

말하고자 하는 포인트는 돈이 없으면 그 흔한 국민학교 교육조차도 제대로 못 받듯이 복이 없으면 설령 기초수행자가 된다 하더라도 그것조차 쉽게 따라가지 못하고 튕겨 나온다는 사실이다.

지금 거의 모든 불자들이 다 이 수준에 머물러 있다. 돈이 없어서 절조차도 제대로 다니지 못한다. 더군다나 공부한 것을 이행할 여력도 없다. 모두 다 기초교리를 배운 것으로 끝이 나버린다.

그런 사람들에게 인생이 대박나는 단 한 번의 기회가 있다. 바로 외국 선교사 같은 스승을 제대로 만나거나 아니면 엄청나게 큰 부잣집에 양자로 들어가 무한후원을 받게 되는 때다.

삼계의 길거리를 배회하는 복 없는 자들이 그 기회만 제대로 잡으면 진짜 인생에 대박을 친다. 그 기막힌 기회를 설해주기 위해 이런 말을 계속하고 있는 것이다. 그런 기회가 없다면 중생에게는 희망이 없고 보살에게는 구제가 없기에 그렇다.

起信論 云何爲五 一者施門 二者戒門 三者忍門 四者進門 五者止觀門

어떻게 다섯이 되는가. 첫째 시문이고 둘째 계문이며 셋째 인문이고 넷째 진문이며 다섯째 지관문이다.

五行을 보통 五行門이라고 한다. 문이라는 말이 흥미롭다. 이 다섯 가지 관문을 통과해야 믿음을 가진 온전한 수행자가 되기에 그렇다. 마치 인턴사원 생활이 끝나면 정식사원이 되는 것과 같다.

초등학생을 보고는 학생이라고 부르지 않는다. 그들은 아직도 어린아이다. 그래서 아동이라고 한다. 학생은 적어도 중고등과 대학이 되어야 그 이름이 붙여진다.

어린이가 커서 학생이 되듯이 이런 5문의 수행과정을 거쳐서 한 사람의 대승수행자가 된다. 그런데 문제는 우리도 과연 그렇게 될 수 있을까 하는 것이다.

다른 분들은 몰라도 나는 불가하다고 일찌감치 알아버렸다. 이 五行이 얼마나 어려운지 이제부터 한번 보시기 바란다. 자기가 감당해

낼 수 있는 수행인지 아닌지 직접적으로 부딪혀봐야 아는 것이다.

海東疏 第二開門中 言止觀門者 六度之中 定慧合修 故合此二爲止
觀門也

둘째로 문을 연 중에서 지관문이라고 한 것은 육도 가운데서 定慧는
합해서 닦기 때문에 이 둘을 합해서 지관문이라고 하였다.

6도는 육바라밀이다. 앞에서 한 번 말했었다. 범부는 바라밀을 닦
을 수 없다고 하였다. 하지만 여기서 어떻게 딱히 맞는 말이 없다
보니 언필칭 육도라고 하였다.

엄밀히 말하자면 범부는 육바라밀을 닦기 위한 공덕을 쌓는 것이
지 육바라밀을 수행하는 단계는 아니다. 그것은 수학을 배우기 위해
산수를 익히는 정도다.

육바라밀은 대승보살도의 수행이다. 일반적으로 성문은 사성제를
닦고 연각은 12인연을 닦으며 보살은 육바라밀을 닦는다. 그러니까
중학생은 성문이고 고등학생은 연각이며 대학생은 보살과도 같다.

그러므로 육바라밀은 수승한 대승의 수행자가 닦는 수행법이다.
그렇기에 우리 같이 근기가 저열한 범부는 그것을 닦기 위해 복덕의
양식을 모으는 초등단계 정도로 보는 것이다.

海東疏 △第三別解 作二分釋 前四略明 後一廣說

셋째는 개별적인 해석인데 두 부분으로 나누어 풀이한다. 앞에 넷은
간략하게 밝히고 뒤에 하나는 넓혀서 설명한다.

수행신심분을 세 꼭지로 설명한다고 했다. 첫째는 사람을 들어서 대의를 표시하고 둘째는 법에 나아가 그 수행의 양상을 가린다고 했다.

이제 셋째다. 개별적인 해석은 五門을 하나하나 떼어서 설명하는 것이다. 거기다 이 5문을 두 부분으로 나누어 설명하는데, 즉 네 개와 한 개다.

네 개는 보시 지계 인욕 정진이고, 한 개는 선정과 지혜의 묶음이다. 앞 네 개는 간략하게 그 뜻을 밝혀주고 뒤에 한 개로 묶은 지관은 광범위하게 풀어서 설명해 주겠다는 것이다.

가. 보시문

起信論 云何修行施門

이를테면 어떻게 시문을 수행할 것인가.

시문은 보시문이며 5행문의 첫 관문이다. 이 행위는 훈련소에 들어간 병사가 제일 먼저 거수경례부터 배우는 것과 같다.

거수경례를 할 줄 모르는 군인은 군인이 아니듯이 보시행이 없는 수행자는 대승불교에 있을 수 없다. 보시도 제대로 하지 못하는데 무슨 복이 있어 다음 단계의 수행에 나아가겠는가. 그래서 대승불교의 신자는 반드시 이 보시를 행해야 한다.

사섭법에 대해서 들어보셨을 것이다. 보시를 늘이면 사섭법이고 줄이면 三施가 된다. 3시는 재물보시와 마음보시, 그리고 불법보시다.

또 보시에는 외적보시와 내적보시가 있다. 타인에게 하는 것은 외적보시고 자신에게 하는 것은 내적보시다. **구사론**에 여덟 유형의 보시가 나오는데 앞 다섯 가지는 남을 위한 보시고 뒤의 세 개는 자신을 위한 보시다.

1. 친한 사람에게 보시.
2. 없어지거나 못쓰게 될 때를 대비한 보시.
3. 빌렸던 것에 대한 보답으로 보시.
4. 있을 때 보험용으로 하는 보시.
5. 조상으로부터 배워 하는 보시.
6. 하늘에 태어나기 위한 보시.
7. 자기의 이름을 은근히 날리기 위한 보시.
8. 마음을 장엄하고 열반의 즐거움을 얻기 위한 보시

라고 하였다. **유가사지론**에는 보시를 베풀어야 할 네 부류가 나온다.

1. 빈궁자 걸식자 장애인 질병자 무의탁자들에 베풀어야 한다.
2. 은혜를 입은 자에게 베풀어야 한다.
3. 부모나 가족에게 베풀어야 한다.
4. 스승이나 존장에게 베풀어야 한다

고 되어 있다. 가난한 범부의 입장에서 보면 설령 복이 되는 보시라 해도 손수 어떻게 하지를 못한다. 그러니 그저 그러려니 하고 듣는 것으로 끝이 난다. 하지만 한 수 위로 올라가면 완전 다르다. 보시를 행할 때 받게 되는 상대방이 그렇게 고마울 수가 없다. 그것은 상대방이 나의 공덕을 이뤄낼 논밭이 되어주기 때문이다.

결과적으로 보면 보시를 행하는 것은 자신을 위해서 하는 공덕행이다. 적어도 이 정도를 생각하는 자는 10주에 올라간 삼현보살이다. 그런 분들은 계속해서 보시로 자신을 비우지만 여전히 남에게 줄 수 있는 풍요로움을 가진다. 마치 샘물을 퍼서 목마른 자들의 갈증을 해소해 주지만 그 샘물은 결코 마르지 않는 것과 같다.

起信論 若見一切來求索者
만약 누구든지 애써 구하는 것이 있어서 자기를 찾아오면

타인을 상대로 한 외적보시는 크게 세 가지로 나눈다. 재시와 무외시와 법시다. 재시는 물건이다. 무외시는 정신적인 것이고 법시는 그 위에 있는 불법이다. 이것들을 위에서 마음보시와 불법보시라고 표현했다.

재물이 먼저 나왔다. 재물은 다른 보시보다 쉽고 간단하면서도 가시적이다. 그러면서 대단히 효과적이고 반동적이다. 그래서 보시 중에서 제일 앞에 있다.

베푸는 차원은 여러 가지다. 첫째는 그냥 좋아서다. 둘째는 지금 안 베풀면 도리어 빼앗길 수 있다는 급박한 사정에서다. 세 번째는 탐욕을 부린다는 것은 자신에 대한 공격적인 태도라고 생각하는 것이고 네 번째는 진짜로 재물에 대한 탐착심이 없어서이다.

어쨌든 보시하는 분들은 대단한 분들이다. 자기 것을 남에게 그냥 준다는 것은 결코 쉬운 일이 아니다. 그분들은 진정 가지는 것보다 줄 때 기뻐하는 자들이다. 그렇지 않다면 그렇게 할 수가 없다. 둘에서 하나를 빼면 하나가 줄어들듯이 하나에서 하나를 주면 자기 것이 없어지는데 어떻게 남에게 선뜻 내줄 수 있다는 말인가. 그래서 대단한 분들이라고 했다.

태자쇄호경에서 남의 재물에 탐심을 일으키지 않는 사람은 후생에 富樂을 얻는다고 하셨으니 분명 다음 생애에는 그에 상응한 대가를 받을 것이다.

그런데 참 희한한 사람들도 있다. 보시를 받는 쪽에서 도리어 권리를 내세울 때다. 즉 우리가 받으니 당신들이 복을 짓는 것이 아니냐 한다. 분명히 말하지만 고마워할 줄 모르는 사람에게는 보시할 필요가 없다. 도리어 원망과 조소를 듣는다. 그러므로 그런 사람들에게는 절대로 보시의 자선을 베풀어서는 안 된다.

짐승도 고마워하지 않으면 먹이를 줘서는 안 된다. 후일 반드시 물어뜯는다. 인간도 은혜를 모르는 자에게 계속 베풀면 마지막에는 반드시 공격당한다. 그러므로 절대로 도와줘서는 안 된다.

利不從天來
좋은 것은 하늘에서 떨어지는 일이 없다.

세상에 공짜는 없다. 반드시 그 보시를 갚아야 하는데 그들은 그것이 공짜라고 생각한다. 범부의 세계는 인과의 연기로 움직인다. 그

연기의 고리를 벗어나지 못하는 한 받은 것은 반드시 갚아야 한다. 그게 천리고 법칙이다. 공짜를 좋아하는 자들은 이 말을 깊이 기억해야 한다.

起信論 所有財物隨力施與
가지고 있는 재물을 힘닿는 대로 나누어 줘라.

자신을 향한 내적보시는 자신의 구제행위다. 보통 외적보시가 익으면 내적보시로 전환된다. 도와야 할 객체가 타인이 아니라 자신이라는 사실을 그때서야 깨닫기 때문이다.

그러면 이제 자신을 위해 기도도 하고 선정에 든다. 그리고 행위적으로는 외적보시가 내적보시가 된다. 그때 타인을 살리는 것이 나를 살리는 것이 된다는 것을 비로소 알게 된다. 그러면 모든 신행이 자신을 위해 타인을 위한다. 그게 바로 보살행인 이타자리가 되는 것이다.

의사가 친절하면 평판이 좋아 결국 자신에게 이익이 돌아오고 고객에게 친절하면 그 소문에 의해 사업장이 잘 되는 것과 같다. 그렇다면 누구에게 어떻게 보시를 해야 가장 효과적인 과보가 돌아오는가. **제경요집**과 **대명삼장법수**에 나오는 말이다.

1. 베푸는 것은 많은데 복이 되지 않는 경우다. 그것은 술을 사거나 가무를 즐기거나 여색을 제공하는 것 따위다.
2. 베푸는 것은 적은데 복이 엄청 되는 경우다. 덕이 있는 존장이

70

나 수행자에게 공양을 올리면 비록 베푸는 것은 적을지라도 그 복덕은 극대화 된다.

3. 베푸는 것도 적고 그 결과도 적은 경우다. 욕심이 많거나 장사 마음이거나 사견을 갖춘 외도에게 베풀면 이런 결과가 나온다.

4. 베푸는 것도 많고 복덕 또한 무량한 것은 진정한 구도자를 위해 공양을 올리거나 불사를 위해 무주상 보시를 하는 경우다 고 하였다.

起信論 以自捨慳貪 令彼歡喜

그러면 자신은 간탐을 버리게 되고 타인은 매우 기쁘게 된다.

보시는 버리는 물건이 되어서는 안 된다. 빈 박스를 노인에게 줬다고 해서 보시가 되는 것은 아니다. 그것은 버리는 것이다. 그것을 치워주는 사람에게 도리어 고맙다고 해야 한다. 보시의 물건도 아무 것이나 보시하지 못한다. 어떤 것들이 보시하면 안 되는 것인지 한번 살펴보자. **아함경**의 말씀이다.

첫 번째는 물건이 부정한 경우다. 도리에 어긋나는 방법으로 구한 재물이 여기에 속한다. 세칭 한탕 한 금액 중에 얼마를 떼어낸 것은 보시가 아니다. 그것은 고수레 같은 던짐이다.

남의 것을 뺏어와 감사의 표시로 일정부분 납부하는 것도 보시는 아니다. 그것을 받으면 받는 자도 죄과에 걸린다. 그래서 보시는 삼륜이 청정해야 한다고 했다. 삼륜은 주는 자와 받는 자, 그리고 그 물건의 청정이다.

두 번째는 중생의 마음을 혼란하게 하는 물건이다. 즉 술과 독약 같은 것들이다. 이것은 산천에 깔려 있어도 남에게 주어서는 아니된다.

세 번째는 중생을 괴롭히는 물건이다. 짐승을 잡는 덫이나 그물 같은 것들이 여기에 속한다. 이것은 나눠가지지 못한다. 나눌수록 그 죄는 깊고 크기만 하다.

네 번째는 중생의 생명을 다치게 하는 것들이다. 즉 칼이나 화살 같은 무기류다. 이것은 나눔의 보시가 아니라 살생방조에 해당된다.

다섯 번째는 중생의 마음을 어지럽게 하는 것들이다. 음악과 여색 같은 것들이 여기에 속한다. 더러 덜떨어진 여자가 몸 보시라는 말을 쓰고, 또 일부 무당들이 액땜으로 몸 보시를 강조하는 것 따위는 결코 보시라 할 수 없다.

起信論 若見厄難恐怖危逼 隨己堪任 施與無畏
만약 액난과 공포와 위험과 핍박에 처한 자를 보거든 반드시 능력에 따라 무외를 베풀어 주라.

액난은 자연재해다. 공포는 사람이 만드는 재앙이다. 전쟁이나 무정부상태 같은 비상사태를 말한다. 핍박은 정치나 권력 또는 깡패나 힘 있는 자에게 인권이 유린당할 때이다.

그런데 어쩌나. 자연재해를 당한 이웃에게 할 수 있는 것이 뭐가 있는가. 고작 일 년에 적십자회비 얼마를 내는 것으로 내 할일 다 하는 것밖에 없다. 쫓아가서 리어카를 끌고 바가지로 물청소라도 해주고 싶지마는 그럴 형편이 아니다.

전쟁이 났다고 해도 내가 뭘 어떻게 해 줄 수 있나. 전쟁터를 누비면서 서로 총 쏘지 말라고 두 손을 휘저을 수도 없다. 정치를 잘못해 수많은 사람들에게 스트레스를 주어도 어떻게 할 도리가 없다. 그냥 속으로 끙끙 앓고 있을 수밖에 없다.

힘이 없어서 누가 얻어터지거나 내가 억울함을 당해도 어떻게 할 수가 없다. 법은 멀고 주먹은 가까워 잘못하다가는 내가 도리어 피의자가 될 수가 있다. 그러고 보니 아무것도 할 수가 없다.

원문에서 능력에 따라 해 주라고 하는데 정말 나의 능력이 이것밖에 되지 않는다는 데 대해서 너무 싫다. 이게 모두 다 나의 능력 한계를 넘어가기에 그렇다.

복은 지어야 되는데 그렇다고 두 손 놓고 가만히 있을 수도 없다. 어떻게든 복은 쌓아야 한다. 복이 곧 城이다. 성이 낮으면 짐승이나 도둑이 쉽게 들어오지만 복이 높으면 그 높이만큼 평화와 안정을 보장 받는다. 그렇다면 가진 것도 없고 능력도 없는 사람이 어떻게 복을 지을 것인가. **아함경**에 가난한 자가 할 수 있는 일곱 가지 복 짓는 방법이 나온다.

1. 捨身施: 손발과 몸으로 움직여라.
2. 心慮施: 한 마음이 되어 주라.
3. 和顔施: 화평어린 표정을 주라.
4. 慈顔施: 자애로운 인상을 주라.
5. 愛語施: 말을 부드럽게 하라.
6. 房舍施: 누울 자리를 양보하라.

7. 座床施: 앉을 자리를 내어 주라.

내가 그랬었다. 아무것도 가진 것이 없다보니 너무 살기가 힘들었다. 움막 같은 토굴이라도 하나 있었으면 거기서 비비고 살았을 텐데 그것조차 없었다. 진짜 쥐뿔도 없었다.

그때부터 나는 하나의 신조를 가졌다. 그것으로 나는 오랫동안 대소승의 수도원을 무탈하게 넘나들었다. 그것은 바로 덴마크 속담이다.

If you have no money, be polite

다. 즉 돈이 없으면 처신을 신사같이 하라는 뜻이다. 위에 것들이 딱 나에게 맞는 보시였다. 돈이 없으니 어디서든 손발을 부지런히 썼다. 사원청소도 열심히 했고 동료들 발우도 깨끗이 닦았다. 그들의 말도 공손히 들었고 그들의 움직임도 세심히 살폈다. 그들의 일상을 방해하지 않았고 그들의 기분도 건드리지 않았다. 그래서 난 살아남았다.

빈자의 보시로 가장 기초적인 것이 사원청소다. 수행하는 스님들의 거주지를 닦고 쓸면 복덕이 생긴다. 그걸 알면서도 빈자는 그렇게 하지 못한다. 그 노력 대신 그들은 세속에서 손발로 돈을 벌려고 한다.

근본설일체유부비나야잡사에 보면 청소에는 5덕이 있다고 했다.

1. 自心淸淨. 죄업을 닦아내는 심청정을 얻는다.

2. 令他心淨. 타인들 마음도 깨끗하게 한다.
3. 諸天歡喜. 모든 하늘이 칭찬하고 기뻐한다.
4. 植端正業. 교만을 버려 단정한 정업을 심는다.
5. 當生天上. 천상에 태어나는 복을 짓는다.

이런 공덕이 있는데도 빈자는 사찰 주위를 빈둥댄다. 그러면서 이 사바세계의 고통으로부터 벗어나고 싶다고 한다. 꿈도 야무지다. 하지만 너무 기죽을 필요는 없다. 왜냐하면 그런 사람들이 인간의 태반을 넘어가는 보통사람들이기 때문이다.

부처님은 그런 보통사람들을 버리지 않으신다. 이미 그런 사람들의 기본 근기를 잘 알고 계시기 때문이다. 기다려보시기 바란다. 또 다른 획기적인 방법이 탈 많은 당신 같은 사람들에게 분명 주어질 것이다.

起信論 若有衆生來求法者 隨已能解 方便爲說
만약에 누가 법을 구하러 오거든 반드시 능력을 따라 해설해 주어라. 방편으로 설해 주되

누가 불법에 대해 묻는 자가 있다면 아는 대로 성심성의껏 설해 주어야 한다. 분명히 말하자면 여기서도 능력을 따라 해설해 주라고 했다. 능력도 안 되면서 불법을 설하면 내용은 없어지고 말만 어려워진다. 그러면 시끄럽기만 시끄러울 뿐 둘 다에 이익이 없다.

모르는 불법을 물으면 모른다고 해야 한다. **아비달마집이문족론**

에 네 가지 성스런 말이 있다고 했다.

　不見言不見. 보지 못했으면 못 봤다고 하고
　不聞言不聞. 듣지 못했으면 못 들었다고 하라.
　不覺言不覺. 깨닫지 못했으면 못 깨달았다고 하고
　不知言不知. 알지 못하면 알지 못한다고 하라.

　불법은 세속법과 다르기 때문에 세속법으로 불법을 설하면 안 된다. 불법으로 세속법을 설해야 하는데, 그것을 모르면 자기의 스승께 인도하여야 한다. 스승은 후득지를 갖고 교묘한 방편으로 불법을 설해 준다.
　스승이 없다면 경전에 기준하여 설해야 하며 율장에 의거하여 말해야 한다. 그렇다면 우선 경전부터 제대로 배워야 한다. 경전을 배우는 자세는 **매의경**에 잘 나온다. 반드시 여러 경전을 배워야 한다. 그러면서 공덕을 많이 쌓아야 한다. 경을 배우되 정확하게 이해해야 한다. 남을 위해 설법하는 목적은 둘 다 윤회를 끊고자 하는 데 있어야 한다고 하셨다.
　법을 해설하는 데 많은 말은 필요 없다. 불경 앞에 중생은 꼭 사람 앞에 리트리버 개의 수준이다. 그러므로 많은 말을 하면 헷갈린다. 하는 사람은 입이 아프고 듣는 사람은 귀가 따갑다. 그들에게는 짧고 간단한 한 말씀이 제격이다.
　머리 둔한 주리반특가가 부처님으로부터 받은 단 한 게송으로 깨달음을 얻었다는 말씀을 상기하고 그렇게 짧고 간단하게 설해 주어야 한다.

起信論 不應貪求名利恭敬 唯念自利利他 廻向菩提故

명리와 공경을 탐하지 말라. 오직 자리이타를 생각해 보디에 회향토록
하라.

　명리는 명예와 이익이며 공경은 공손과 존경이다. 설법하는 자는
개인의 이익을 위하면 안 된다. 불법은 모든 중생들에게 똑같이 혜택
이 주어져야 하는데 불법을 자기 이익을 도모하는 데 쓰면 안 된다는
것이다.

　불법으로 장사를 하면 안 된다. 장사는 거래고 거래는 이익을 남긴
다. 불법은 이익의 거래대상이 아니다. 그러므로 명리와 공경을 기대
해서는 안 된다.

　불법은 자리이타를 기준으로 설해져 있다. 설하는 사람은 설하면
서 신심을 다지고 듣는 사람은 들음으로써 환희와 신심을 일으킨다.
그러므로 설법을 하면 할수록 불법이 더욱 깊어지고 들으면 들을수
록 신심이 더욱 고양된다.

　누차 말하지마는 불법은 인문학이 아니다. 말 따먹기 놀음도 아니
다. 잘못하다가는 교만만 늘어난다. 교만을 꺾기 위해서 절에 다니는
사람이 도리어 불교의 교만에 빠질 수 있다. 교만이 뭔가.

自擧曰憍 자거왈교

凌他曰慢 능타왈만

자신을 높이는 것이 교이고
타인을 얕보는 것이 만이다.

학위증을 많이 갖고 있다고 허세와 교만을 부리는 사람들, 참 어리
석은 자들이다. 화장터에 줄을 지어 들어가는 주제에 뭐가 잘났으면
얼마나 잘났고 뭐를 알면 얼마나 많이 안다고 거들먹거리는지 차마
그 꼴을 눈뜨고 볼 수가 없다.

불법이야말로 그런 생사의 노름을 벗어나게 하는 위대한 가르침이
다. 그러므로 불법을 잘만 설하고 잘만 받아들이면 상호가 무한이익
을 받을 수 있다. 그게 바로 보디에 회향한다는 것이다.

나. 지계문

起信論 云何修行戒門
이를테면 어떻게 계문을 수행할 것인가.

계문은 지계다. 지계는 계율을 가진다는 뜻이다. 계율이라고 할
때 계는 금지의 뜻이고 율은 조복의 뜻이다. 이 둘이 身口意의 三業
을 다스린다.

부처님이 성도하신 후 12년까지는 계율을 제정할 필요가 없었다.
모두 다 모범적으로 수행에 임하였기 때문이다. 그래서 부처님은 제
자들에게 보름마다 다음 게송만 외우라고 하셨다.

입을 관리해 말을 조심히 하고

스스로 그 생각을 깨끗이 하며

몸으로 나쁜 행동을 하지 않는다.

능히 이렇게 삼업의 도를 맑히면서 수행한다면

올바른 대선인의 제자가 된다.

대선인은 부처다. 이렇게 간단한 교칙이 12년을 넘게 이어갔다. 그러나 세월이 지나고 다양한 사람들이 앞 다투어 출가를 하다 보니 온갖 문제가 발생하게 되었다.

대표적으로 수디나 스님이 음행을 하고 단니가 스님이 도둑질을 하였다. 미기란디카 스님이 살인을 하고 바구강변의 스님들이 큰 거짓말을 해서 사람들의 원성이 자자하였다.

그래서 부처님은 제자들을 통제하고자 계율을 제정해야 되겠다고 작정하셨다. 그래서 열 가지 이유를 내세워 대중들에게 선포하셨다. 이 십구의 말씀은 **사분율**과 **일체유부비나야 오분율**과 **십송율** 등에다 동일하게 나온다.

1. 대중을 통솔하기 위하여

2. 대중의 화합을 위하여

3. 대중을 편안하게 하기 위하여

4. 다스리기 어려운 자를 다스리기 위하여

5. 뉘우치는 사람의 안락을 위하여

6. 믿지 않는 사람을 믿게 하기 위하여

7. 믿는 사람의 신심을 증장케 하기 위하여

8. 현재의 번뇌를 끊기 위하여

9. 후세의 욕망을 끊기 위하여

10. 정법이 오래토록 머물게 하기 위하여

불교의 계율은 다른 종교와 완전히 다르다. 이것은 명령보다는 권고 성격이다. 즉 Commandments 아니라 Precepts다. 그러므로 부처님의 요구가 아니라 수행자의 수칙이다. 그것은 부처님 당신을 위한 것이 아니라 당신의 제자를 보호하는 데 목적을 두고 있기 때문이다.

그러기에 이것은 학교의 학칙과도 같고 국가의 법령과도 같다. 그러므로 이 계율은 절대적이지 않다. 언제든 수행자의 조건과 환경에 따라 바뀌어질 수가 있기에 그렇다.

어떤 약이든지 약은 병을 고치기 위해 만들어진다. 그런데 그 약을 남용하거나 그 약에 중독되면 그 약의 본래 효능은 없어진다. 또한 약은 계속해서 신약이 나온다. 그러면 그 시대와 상황에 맞게 신약을 복용해야지 과거부터 있어온 약이라고 해서 그것만을 고수해 복용할 수는 없다.

불교의 계율이 그렇다. 계율은 환자에게 약과도 같아서 수행자를 보호하고 지켜주는 역할을 하는 것이지 계율을 무조건 신봉하는 데 그 목적이 있는 것은 아니다. 그런데 사람들은 불교의 계율이 완전 목적인 줄 알고 있다. 그래서 수행자를 소나 말처럼 계율의 말뚝에 꽁꽁 묶어 꼼짝 못하도록 하려 한다.

부처님은 2천5백 년 전에 이미 불교의 주체를 부처가 아닌 수행자로 두셨다. 그만큼 신권이 아닌 인권에 혁신적이셨다. 그런데 사람들은 아직도 계율 자체를 부처의 명령이나 요구로 생각한다.

세월은 자동차를 우선시하던 시대로부터 보행자를 우선시하는 시대로 바뀌어 육교 대신 횡단보도를 설치하였다. 따르릉 따르릉 비켜나세요 하던 자전거 노래도 자전거보다 사람이 먼저라는 시대를 맞아 사라졌다.

그런데 불교의 계율은 아직까지 그때의 신설목적과 사용목적으로부터 한 발자국도 벗어나지 못하고 있다. 그러다 보니 이제 그 계율이 도리어 수행자를 옥죄는 시빗거리가 되어 버렸다.

부처님 당시 때의 계목으로 된 수계를 받지 않으면 문제가 없는데 공연히 지키지도 못할 그때의 계율을 받아서 거기에 깊이 갇혀진 형국이 되어버린 것이다.

起信論 所謂不殺

말하자면 살생하지 말고

승려는 크게 예비승려와 정식승려로 나뉜다. 예비승려는 사미들이고 정식승려는 비구들이다. 그들은 자기 신분에 맞는 계를 받고 수행자 조직의 한 구성원이 된다.

분파마다 약간씩 다르지마는 **사분율**에 근거하면 戒에는 기본5계와 사미10계 비구250계와 더불어 비구니348계가 있다. 예비승려의 사미10계가 더 확장되고 더 세분화되면 정식승려가 받는 구족계인

250계가 된다. 비구니는 348계로 더 확대된다. 거기다가 대승의 수행자는 보살계가 다시 보태어진다.

보살계는 10중대계와 48경구의 계목으로 이루어져 있다. 이것들을 모두 받아야 한 명의 정식 승려가 탄생된다. 정말 많고도 많다. 다 배우기도 버거울 뿐만 아니라 기억하기도 어렵다.

계율이라는 말은 규범과 율의다고 했다. 쉽게 말하자면 계목과 행위다. 계만 해도 허리가 휠 정도로 한 짐 가득하다. 거기다가 율을 보태면 소금을 잔뜩 실은 당나귀처럼 걸음조차 옮기기 어렵다. 그만큼 받아야 할 계목도 많고 지켜야 할 율의도 많다.

사람이 한 국가에 태어나 그 국민이 되려면 그 국가에서 공표된 일체의 법령을 알던 모르던 의무적으로 다 수용해야 한다. 그 법령은 국민을 위해 있는 것이지 국가를 위해 있는 것은 아니다. 그 법령이 얼마나 많은지 아는 사람도 없고 다 지키는 사람도 없다.

그처럼 불교에서 한 스님이 태어나면 불교에서 제정된 일체의 계율을 알던 모르던 의무적으로 다 받아야 한다. 그 계율 또한 수행자를 위해 있는 것이지 불교를 위해 있는 것은 아니다. 그 계율이 얼마나 많은지 아는 스님도 없고 다 지키는 스님도 없다.

스님은 국가가 공표한 일체의 국가법과 불교가 제정한 일체의 계율을 다 받아 한 분의 수행자가 되는 셈이다. 짊어지고 있기에 심히 과하고 힘이 든다. 그런데도 사람들은 그런 스님들에게 국가법에다 4대 의무, 그리고 불교법까지 모두 다 지키라고 요구한다. 스님들이 뭐 슈퍼맨인 줄 아는가 보다.

세속에는 법률가가 있고 도덕선생도 있다. 그들이 바로 법과 도덕을 지키는 자들이다. 그러나 경제인 내지는 보통사람들은 부지불식 간에 국가의 법령을 다 어기고 살아간다. 그들에게 모든 국가법을 지키면서 살아가라고 하면 그들은 과연 무어라고 할까.

사원에는 계사가 있고 율사가 있다. 그분들이 법과 율의를 지키는 분들이다. 그러나 행정에 있는 스님이나 보통스님들은 부지불식간 에 불교의 계율을 다 어기고 수행한다. 그들에게 불교의 계율을 다 지키면서 살아라 한다면 그분들은 무어라고 할까.

국교가 불교가 아닌 나라에서는 계율을 지키기가 사실 불가능하 다. 국교라면 나라에서 스님들의 수행을 온전히 뒷받침해 주지마는 그렇지 않으면 자급자족으로 독자생존 해야 한다. 그런 조건에 처해 져 있는 상황이 한국불교다.

한국불교 스님들이 공통으로 지켜야 하는 기본 10계를 간단히 살 펴보자. 초등학교에서 배운 도덕이 평생을 가듯이 이 예비승려들이 받는 계율이 일체 수행의 기초가 된다.

첫째는 살생하지 말라. 살생은 중생의 생명을 빼앗는 일이다. 직접적인 행위는 물론 간접적인 사주와 방조에 이어 부추김, 그리고 그 행위를 보고 좋아하는 마음 모두를 다 살생으로 규정하고 있다.

자살은 어떤가. 자살도 똑같이 살생죄에 해당된다. 그러니까 불교 의 살생관은 일체중생들은 말할 것도 없고 자신의 생명까지도 죽여 서는 안 된다는 것이다. 이론적인 면에서는 모두 다 동의한다. 하지 만 현실 속으로 들어오면 이 계율은 우리하고 전혀 맞지를 않다.

일찍 출가한 스님들은 군대를 가야 한다. 출가를 했다고 해도 예외는 아니다. 국방의 의무를 피할 수 없다. 가늠좌를 조절하고 가상의 적을 향해 사격을 가한다. 제대를 하고 나면 일정기간 세속인들과 똑같이 총을 메고 예비군 훈련도 받는다.

그런데 스님들의 이런 병역의무가 생명을 죽이지 마라의 계목에 잘못되었다고 말하지 않는다. 이것을 사람들은 너무나 당연하게 받아들인다.

스님들이 농사를 짓는다. 땀을 흘리며 삽질로 흙을 파헤친다. 거기다 모종을 하고 때에 맞춰 농약도 친다. 다 살생하는 일이다. 스님들은 땅을 갈고 씨를 뿌려서는 안 된다고 **사십이장경**과 **열반경**에서 강하게 그 행위를 금지시켰다.

그뿐이 아니다. 부처님이 열반에 드시면서 최종적으로 남기신 유훈에도 스님들은 논밭을 일구고 씨를 뿌려 농사를 지어서는 안 된다고 엄하게 규정하셨다. 그런데도 사람들은 농사짓는 스님들을 보고 뭐라 하지 않는다. 그 행위를 지적하지 않고 오히려 노동으로 힘드시겠다고 격려를 한다.

起信論 不盜

도둑질하지 말며

둘째는 도둑질하지 말라다. 주지 않는 것을 가지지 마라는 계목이다. 우리 같은 북방불교의 스님들은 모든 경제를 신자들에게 의존한다. 그래서 거주처와 필수품을 위해 신자들에게 손을 벌린다. 그것이 직접 걸식하지 않고 살아가야 하는 우리들의 생활방식이다.

신도들이 자발적으로 내는 시주금만으로 불사와 교화를 해결하기에는 절대적으로 부족하다. 어쩔 수 없이 그들에게 재정적 지원과 도움을 구하는 내색을 한다. 그 내색은 일종의 도둑질이다. 주지 않는 것을 가지려 하는 무언의 압박이 되기에 그렇다.

사실 스님은 오로지 거리로 나가 걸식으로 연명해야 한다. 걸식은 무엇을 요구하지 않는다. 더 달라고도 하지 않는다. 그냥 주는 대로 받아 생활할 뿐이다. 그것이 부처님 법이다. 그러면 무소유로 살아갈 수 있다. 왜냐하면 생활의 모든 것을 걸식으로 의존하기 때문이다.

그런데 우리는 걸식하지 않는다. 절에다 솥을 걸어놓고 직접 삼시 세끼 밥을 해 먹으면서 삶을 영위한다. 거기에 대해서도 사람들은 아무 말도 하지 않는다. 왜냐하면 환경과 시절이 바뀌었기 때문이다.

起信論 不婬
간음하지 말고

셋째는 간음하지 말라다. 이 계율이 제정될 때 상대의 여성은 다른 여인이 아니라 출가한 승려 본인의 전 부인이었다. 그러니까 전 부인도 그런데 다른 여자들이야 말할 게 없다는 것이다. 그러므로 아예 스님은 이성과의 성생활을 하면 안 된다는 것이다.

하지만 한국에 불교 종파가 700여 개가 넘는다. 그중에서 조계종만이 종법으로 독신을 고수하고 있다. 그 외의 종파는 거의 다가 부인과 함께 산다.

여기에 대해서도 사람들은 다 뭐 그러려니 하고 넘어간다. 시대가 바뀌고 세월이 그러니 하면서 그냥 다 무시한다. 참 관대하다고나 할까. 무관심하다고나 할까.

起信論 不兩舌 不惡口
두 말하지 말며 악한 말하지 말고

넷째는 거짓말하지 말라. 이 계목 속에 두말하는 것과 악한 말, 그리고 발림말과 함께 이간질이 들어 있다.

이런 말들은 정말 위험하다. 자기의 이익을 위하여 상대에게 손해를 입히거나 위험에 빠뜨리기 때문이다. 급기야는 말로 인해 사람을 죽일 수도 있다. 그러기에 **아함경**에서는 중생들은 혀에 도끼를 감고 있다고 하셨다.

또 있다. **제법집요경**에서 입은 날카로운 도끼와 같다. 차라리 날카로운 칼로 혀를 자를지언정 조금만큼이라도 나쁜 소리를 내어서는 안 된다고 엄중히 경고하셨다. 그뿐만이 아니다. **보은경**에서는 중생의 입이야말로 몸을 해치는 도끼요 몸을 죽이는 칼날이다고 섬뜩하게 말씀하셨다.

"스님들은 욕 안 하십니까?"
"나는 말방질방 합니다."

그렇지만 중생을 제도하는 입장에서 선의의 거짓말은 필요악이다. **보살본연경**에서 차라리 진실한 말을 해서 적을 만들지언정 비위를 맞추어 친구를 삼지 말라고 하셨지만 때에 따라 신자들의 비위를 맞추는 말을 할 수밖에 없다.

아이들에게 나쁜 행위를 하면 망태할아버지가 잡아가고 착한 일을 하면 산타할아버지가 선물을 준다고 하는 말처럼 다 선의의 거짓말로 아이들을 훈육한다.

우리도 그렇다. 나쁜 죄를 많이 지으면 염라대왕이 잡아가고 좋은 일을 많이 하면 부처님이 가피를 내려 주신다고 한다. 이것이 선의의 거짓말이다.

사실 이 계율이 정해진 이유는 스님들이 자기가 깨우쳤다는 거짓말로 사람들을 속여 이익을 편취했기 때문이다.

한국에 지금 많은 사람들이 깨달은 사람의 흉내를 내고 있다. 자칭 부처라는 자부터 보살 법사라는 호칭으로 곳곳에서 순진한 신도들을 후리치고 있다. 그런데도 사람들은 세속의 형법에 저촉되지 않은 한 민감하게 반응하지 않는다. 다 뭐 그러려니 한다.

그런데 그것도 도를 넘으면 방편이라는 미명하에 정당화될 수 있다. 그래서 소승장경에서는 아예 방편이라는 말이 없다. 거짓말이 정당화되는 것을 막기 위해서라고 했다.

起信論 不妄言 不綺語
거짓말하지 말며 발림말 하지 말라.

말로 인해 친구를 만들었다가 말로 인해 적을 만든다. 말로 인해 사랑을 하다가 말로 인해 원수가 된다. 그러므로 인간은 정말 말을 조심해야 한다. 그래서 **보은경**은 사람이 세상에서 일으키는 재앙은 다 입에서 나온다고 하셨다.

지도론에 보면 거짓말에는 열 가지 좋지 않는 과보가 뒤따른다고 했다. 즉 인간계에 태어나도 늘 비방을 받는다. 명령을 내려도 남이 말을 들어주지 않는 것 등이다.

정법념처경에서는 말 많은 자들은 남들이 두려워하고 있다. 그중에서도 가장 두려워하는 것은 이간질하는 말이다고 하셨다. 이간질은 입으로 끼칠 수 있는 가장 잔인한 행위가 되는 셈이다. 이간질이 바로 거짓말과 악한 말을 물고 있다.

제법집요경에서는 악한 말 때문에 사나운 마음을 일으킨다. 그러므로 온갖 괴로움을 늘려 모든 재앙을 낳게 된다고 하신 것이 있다. 우리말에도 얼마나 거짓말에 학을 떼었으면 거짓말하면 엉덩이에 뿔 난다라는 말까지 나왔다.

"스님도 누굴 싫어하십니까?"
"거짓말하는 사람을 싫어합니다."

부처님이 벌을 준다든지, 부처님이 도와준다든지, 산신과 독성이 가호한다든지 하는 말들은 다 거짓말이다. 그렇게 방편을 써야 하는 스님들의 거짓말은 일반인들도 다 이해한다.

다섯째가 뭔지 아시는가. 이것 잘못 건드리면 죽자고 달려들고 떼거리로 난리를 친다. 이게 뭔지 상상이 가시는가. 사람들은 이 계목만은 결코 그냥 넘어가려 하지 않는다. 그것은 바로 불음주라는 계목이다.

지금 여기서 콕 집어서 이야기하고자 하는 계목이 이것이다. 뒤에 자세히 분석할 것이니 일단 넘어간다.

이미 말한 기본 5계에다 남은 5계를 더하면 사미10계가 된다. 사미는 앞에서도 말했다시피 예비승려들이다. 그렇다면 정식 승려가 되면 이 십계를 지키지 않아도 되느냐 하면 그렇지 않다. 이 십계를 바탕으로 250계가 벌어져 있기 때문이다. 그러니까 이 5계와 10계는 점차적으로 제정된 계율을 한 묶음으로 규격화시킨 것이다.

여섯째는 꽃다발을 걸지 말고 몸에 향수를 바르지 말라. 꽃다발 건 스님들 많이 보았을 것이다. 어디서나 흔히 목격되는 장면이다. 꽃다발을 거는 것은 어떤 모습을 장엄시키는 것이다. 그런데 스님은 그 무엇과도 바꿀 수 없을 정도로 이미 장엄된 수행자의 신분이 되어 있는 상태다.

그러므로 그런 가식적인 외적 장엄이 필요하지 않다. 그런 의미에서 이 계율이 제정되었다. 그런데 지금은 축하행사 때마다 목에다 꽃다발을 걸고 가슴에다 꽃을 다는 것이 일반화되어 있다.

북방지역에 사는 우리는 겨울에 스킨이나 로션을 발라야 한다. 그렇지 않으면 얼굴이 터서 아리고 따갑다. 그래서 겨울에는 다 냄새 나는 스킨을 바른다. 이거 안 바르는 스님은 없다. 그런데 원래는 이것도 엄격히 금지된 계율이라는 사실이다. 그렇지만 사람들은 이 계율에 대해 아무 태클도 걸지 않는다. 너무도 당연시하면서 잘도

넘어간다.

일곱째는 노래하고 춤추고 풍류잡지 말고 그런 데 가서 보고 듣지
도 말라다. 요즘은 유행처럼 절에서 산사음악회를 연다. 아주 대놓고
수행처소가 문화공간 노릇을 자진해서 하고 있다. 그런데 누구 하나
그것을 지적하는 사람이 없다. 모두 다 그러려니 한다.

수행자가 정도에 지나친 노래를 하면 다섯 가지 허물이 생긴다고
아함경은 경고하셨다.

1. 자기 스스로의 음성을 사랑하고 탐착하게 된다.
2. 듣는 자들이 그 소리를 사랑하고 탐착하게 된다.
3. 듣는 자로 하여금 그 노래를 배우고 익히게 한다.
4. 세속인들이 자기들의 노래와 같다고 비웃는다.
5. 다른 곳에서 고요히 선정에 든 수행자를 어지럽게 한다.

대비바사론에 보면 500선인이 흥겨운 가무를 보다가 자신도 모르
게 신통력을 잃었다고 한다. 그만큼 불교에서는 이 가무를 엄격히
금하고 있는데도 요즈음은 전혀 문제가 되지 않는다. **사미율의요략**
에 보면

음악소리가 들리면 刀劍도검처럼 피하고
낄낄대고 웃는 소리는 곡소리로 들어라.
노래와 춤은 미치광이 짓이다.

외경에 기웃거림 없어야 내심이 자적하다.

고 하였다. 그래서 **보운경**에 수행자는 가무나 기악이 있는 곳에는 출입을 하지 말아야 한다고 하셨다. 하지만 사원마다 다 TV는 설치되어 있고 그런 가무 풍토는 이미 절 안에 깊이 들어와 버렸다. 그런데도 누구하나 문제 삼지 않는다. 다 뭐 그러려니 한다.

여덟째는 높고 넓은 큰 평상에 앉지 말라. 평상의 높이는 정확히 50센티미터다. 평상은 단순해야 한다. 치장을 하거나 장식을 해서는 안 된다. 거기서 좌선이나 일상생활을 한다. 하지만 설법할 때는 완전 예외다. 그것은 그 스님보다 불법이 우선이기 때문이다.

그러므로 높은 법좌에 앉을 때는 반드시 불법을 설해야 한다. 거기 앉아서는 개인사나 개인의 소견을 말해서는 안 된다. 그것은 법상이기 때문이다. 가끔가다 경전에 위배되는 개인 소견을 불법처럼 말하는 스님이 있다. 청중이 그를 법상에 올린 것은 부처님의 심오한 가르침을 듣고자 함이지 그 스님의 시답잖은 개똥철학을 들으려 앉힌 것은 아니다.

평상이 이 치수보다 더 높으면 문제가 있다. 오르고 내리는데 스님의 아랫도리가 보이기 때문이다. 비구는 내복이 없다. 즉 팬티와 셔츠를 입지 않는다. 三衣를 제외하고는 입을 수도 없고 가질 수도 없다. 그래서 높은 자리에 올라갈 수 없다. 하지만 북방불교에는 이것이 맞지를 않는다. 그렇게 입다가는 겨울에 다 얼어 죽는다. 어쩔 수 없이 철마다 갈아입고 때마다 걸칠 옷들을 쌓아놓는다.

모자 안 쓴 스님을 본 적이 있는가. 비구는 어떤 모자든 쓰면 안 된다. 양말도 신으면 안 된다. 목도리를 해서도 안 된다. 여기에 대해 그 어느 누구도 시비하지 않는다. 그런 계목이 있는지조차 모른다. 안다고 해도 어쩔 수 없다.

부처님은 물론 비구들도 다 맨발로 다니셨다. 그게 법이다. 그런데 지금은 남쪽나라 스님들도 걸식할 때를 제외하고는 모두 샌들을 신고 다닌다. 환경이 다르고 기후가 달라졌기 때문이다.

아홉째는 때가 아닌 때에 먹지 말라. 스님들은 원래 정오 이후는 완전 금식이다. 이 계율은 물론 **12두타경**에 강력하게 준수하도록 되어 있다.

내가 남쪽나라 비구로 있으면서 가장 힘들었던 게 바로 이 계율이다. 세상에 굶주린 창자를 누르고 쪼그려 자는 것만큼 서러운 일은 없다. 라훌라존자가 출가해서 배가 고파 울었다는 일화는 그냥 전해오는 이야기만은 아니라 실재라는 것을 실감했다.

그러나 우리나라 불교는 저녁도 먹는다. 떡도 먹고 과일도 먹는다. 거기다가 밤에 배가 고프면 라면까지 끓여 먹는다. 여기에 대해서도 세상 사람들 그 어느 누구도 탓하지 않는다. 그것이 너무나 당연한 줄 안다.

열째는 금은 보물을 손에 쥐지 말라. 스승과 제자가 산속의 오솔길을 걷다가 제자가 금덩어리를 주웠다. 그리고선 산속이 무서우니 빨리 가자고 재촉했다. 스승은 그 금덩어리를 버려라. 그러면 무섭지 않다고 했다. **처처경**의 말씀이다.

누구든지 이 말씀을 모르는 자는 없다. 사람들은 스님들이 돈을 가지면 안 된다는 것이다. 그러나 현실은 그렇지 않다. 금은에는 돈도 포함된다.

스님들도 불사를 하거나 일상생활을 하거나 간에 돈을 떠나서는 살 수가 없다. 병원을 가거나 목욕탕을 가더라도 돈은 내야 한다.

독거노인은 자식 없이 홀로 사는 일반인이다. 그 신세도 처량한데 상좌 없이 홀로 늙어버린 스님은 말할 것도 없다. 거기다가 돈까지 없으면 완전 천덕꾸러기다.

스님이 돈이 없으면 신자들이 주위에 없다. 왜냐하면 더 늙고 병들면 자기들 돈이 들어갈까 겁내기 때문이다. 그때가 되면 평소에 스님들이 왜 돈을 탐내느냐고 달려들던 인간들은 천리만리 도망가 버리고 없다.

어느 순진한 스님이 그랬다. 젊을 때부터 돈하고는 거리가 멀게 살았다. 사람들은 저 스님이야말로 진짜스님이라고 자랑하고 무소유스님이라고 떠벌렸다. 그런데 막상 늙고 보니 아무도 없다. 병원비도 없고 수발할 사람도 없다. 완전 깨어진 쪽박이다.

자기 부모도 모시지 않는데 누가 연고도 없는 바짝 마른 노승을 모시고 이 병원 저 병원을 다니면서 치료비를 내어 주겠는가.

어느 스님은 흔들리는 이를 뽑고 임플란트를 몇 개 해야 하는데 돈이 없어 못한다고 했다. 이 없이 웃는 모습이 휑하다. 이제부터 아는 사람들에게 손을 벌려야 하는 신세가 되었다.

죽으면 옛날 같으면 불이라도 질러줄 텐데 요즘은 그러지도 못한다. 오래 전에는 그랬었다. 움직이는 기운이 있을 때 자기가 사는 토굴에다 장작을 켜켜이 쌓아두고 죽으면 다른 스님이 거기다 불을 질러주었다. 그것이 끝이었다.

그러나 요즘은 그렇게 해 주다가는 큰일 난다. 신고 없이 함부로 불을 놓다가는 벌금을 물거나 행정당국에 잡혀가는 수가 있다. 그러므로 장례식장을 이용해야 한다. 그러면 돈이 필요하다. 돈이 없으면 행려병자로 취급되어 그 사람들을 짜증나게 한다.

나도 그렇게 될까봐 열심히 돈을 모았다. 그런데 모이질 않는다. 누가 주는 사람이 없다. 자기들 조상제사도 안 지내주고 자기들 잘 되라고 기도도 안 해 주는데 누가 돈을 주겠는가. 거기다 자기들이 최고라고 발림말도 안 해 주는데 누가 피 같은 돈을 주겠는가.

그래서 나 같은 사람은 돈을 모으고 싶어도 모을 수가 없다. 아무래도 어느 날에는 가짜스님처럼 요령을 들고 주택가를 돌아다니며 동냥을 하든지 아니면 중고 리어카라도 하나 사서 골목길을 배회하며 폐지라도 주워야 될런지 모르겠다.

이런 문제를 스님들이 공통적으로 안고 있다 보니 거의가 다 자기의 통장과 사유재산이 있다. 이것에 대해서도 누가 크게 말하지 않는다. 다 그럴 수 있다고 한다.

그런데 유독 위에서 말한 다섯 번째 계목만은 죽어도 용납하지 않으려 한다. 그것은 스님들은 술을 마시지 말라는 것이다.

起信論 遠離貪嫉欺詐諂曲瞋恚邪見

그리고 탐심과 시기하지 말고 꾸밈말로 속이지 말며 아첨이나 곡악하지 말고 성질내지 말며 사견을 일으키지 말아야 한다.

　불음주계는 스님들은 술을 마시지 말라고 하는 계율이다. 이 계율을 스님들이 어겼다고 해서 무슨 큰일이라도 일어난 것처럼 방송에서나 신문에서 요란하게 떠들던 것을 본 적이 있을 것이다.

　그 뭇매질의 여론에 못 이겨 종단 행정의 최고 책임자가 사태를 무마한답시고 황망히 국민들에게 사과하는 모습도 보았을 것이다.

　스님들의 가벼운 음주가 한국사회의 정신세계와 민족정서를 파괴하고 더 나아가 국민의 민심을 뒤집어버릴 정도로 경악스런 문제라도 되는 것인가.

　스님들이 오래간만에 동료들을 만나 신도들과 합석한 자리에서 맥주 한잔 하는 모습이 뭐 그렇게 대단한 뉴스거리가 되어야 하는지 실로 의아스럽다.

　그러니까 스님들이 술을 마시고 추태와 주사, 그리고 폭력과 행패를 부린 것도 아닌데 도대체 왜 그렇게 세상 사람들이 거기에 알러지 반응을 격하게 일으키는 것일까.

　위에서 말한 10계들 중에서 다른 계율은 세상이 바뀌었으니 다 그럴 수 있다고 묵인하고 또 관대하면서도 술 한잔 하는 스님들 꼴은 죽어도 못 봐주겠다는 그 희한한 세속의 민심은 도대체 언제 어디서 누구로부터 시작되었는지 한번은 정확히 살펴볼 필요가 있다고 생각한다.

"술을 곡차라 하고 마시면 된다면서요?"
"궁색한 변명이다 진짜."

이거 빨리 깔끔하게 정리하지 않으면 언젠가 또 스님들이 음주하
는 장면을 무슨 특종기사 취재하듯이 몰래 카메라로 잡아 방송국에
제보하고 또 난리법석을 떨 것이다.
　그러면 종단에서 급급하게 사과하는 악순환이 계속해서 일어나게
될 것이다. 사르트르가 인간은 자유의 형벌을 받았다고 했는데 잘못
하다가는 스님들이 계율의 형벌을 받을 수가 있다. 그런 염려에서
이 불음주라는 계율을 과감히 한번 파헤쳐 보고자 한다.

　세속에서도 음주의 폐해는 말로써 다 할 수 없다. 그런데도 술이
있다. 그것은 술 자체가 문제가 아니라 술을 누가 어떻게 마시느냐에
달려 있기 때문이다.
　칼도 마찬가지다. 칼은 아이들에게는 대단히 위험한 물건이다. 그
렇다고 해서 칼을 없앨 수는 없다. 그것은 어른들에게 반드시 필요한
도구이기에 그렇다.
　술이 그렇다. 칼을 사용하는 어른처럼 술을 잘 다뤄 마시면 인생에
이익이 된다. 문제는 안이나 밖이나 자제력이 부족한 인간들이 술을
마셨을 때다. 그것이 문제라는 것이다. **양생자경**에서는 그런 사람들
이 음주를 하면 여섯 가지를 잃는다고 하셨다.

　1. 재물을 잃는다.

2. 병을 얻어 건강을 잃는다.

3. 싸움을 하므로 품위를 잃는다.

4. 악명이 유포되어 명예를 잃는다.

5. 성질과 원한으로 평정심을 잃는다.

6. 어리석음이 쌓여 나날이 지혜를 잃는다.

고 하셨다. **선생자경**에서는 첫 번째인 재물을 잃게 되는 여섯 가지 유형을 말씀하시고 있다. 첫째는 술에 빠지는 것이고 둘째는 도박과 유희고 세 번째가 방탕이고 네 번째가 가무이며 다섯 번째가 악우고 여섯 번째가 게으름이다고 하셨다.

그뿐만이 아니라 **대살차니건자경**이나 **윤전오도경** 같은 데서도 실례를 들면서 음주를 강력하게 제지하셨다. **선악소기경**에서는 술의 폐해가 36가지나 된다고 하셨다. 그만큼 음주의 문제는 덜 떨어진 사람들에게는 정말 심각하기만 한 것이다.

起信論 若出家者 爲折伏煩惱故

만약에 출가자라면 번뇌를 꺾어 눌러야 한다.

계율은 무겁고 가벼운 것으로 구성되어져 있다. 제일 무거운 죄는 4바라이다. 이 네 가지는 참회가 되지 않는다. 그러므로 이 죄를 지으면 승단에서 축출된다.

둘째가 승잔 13개다. 이것은 모든 대중들이 다 용서해 주어야 한다. 그 다음에 부정법 2개가 있다. 이것은 소문만 있지 그 범계가 확실하게 드러나지 않는 경우다.

그 다음이 단제 120개인데 이것은 참회를 하면 끝이 난다. 단제에 또 두 부분이 있다. 앞에 좀 심각한 것은 사타인데 30개가 있고 뒤에 덜 심각한 것은 단타인데 90개가 있다. 30사타는 주로 의복에 관한 것이고 90단타는 대체로 먹는 것과 일상생활에 관한 것이다. 이것들을 모아 120단제라고 한다.

연결해서 보면, 바라이죄 4개. 승잔 13개. 부정법 2개. 단제 속에 사타 30개. 단타 90개이다. 그럼 비구계 250계 중 어디에 불음주가 들어 있느냐 하면 단제 후편인 단타 90계 속에 있다. 그 90계 중 51번째가 바로 불음주다.

그러니까 순서적으로 보면 250계율 중에 정확히 100번째 되는 계목이 되니 그렇게 중요한 계목이 아니라는 것은 확실하다.

참고로 비구니스님은 좀 다르다. 바라이 4개에다 승잔이 17개다. 거기다 사타는 30개가 같은데 단타는 무려 178개나 된다. 이 178개 가운데 36번째가 불음주다. 그러니까 순서적으로는 87번째 되는 셈이다. 참고로 불음주가 들어 있는 단타 90 계목에 들어 있는 항목들을 부분 열거해 보면,

1. 작은 거짓말이라도 하지 말라.
2. 욕하지 말라.
11. 살아 있는 나무나 풀을 베지 말라.
12. 물을 걸러 먹어라.
37. 때 아닌 때 먹지 말라.

38. 뒀던 음식을 먹지 말라.

우리는 된장도 담가 먹고 고추장도 묵혀 먹는다. 김도 그렇고 김치도 다 뒀다가 먹는다. 남쪽나라 비구들은 그날 얻어온 음식은 일단 오전까지 다 먹고 거침없이 버린다. 절대로 음식을 두고 먹지 못한다.

39. 주지 않은 음식을 먹지 말라.

우리는 남방스님들처럼 걸식해서 먹지 않는다. 이것들은 왜 시비걸지 않는지 모르겠다. 이런 계목들이 술 마시지 마라보다 더 위에 있는 계목들인데 말이다. 이렇게 죽 내려가다 보면 51번째에

술 마시지 말라.

는 계목이 나온다. 말했다시피 상당히 뒤쪽에 있다. 그렇다면 이 계율이 왜 제정되었는지 알아보자.

부처님이 지타국에 계실 때 편발범지라는 바라문이 있었다. 그리고 그 나라에 사가타비구라는 스님이 계셨다. 편발범지는 거대한 코브라를 키웠다. 그 코브라가 얼마나 크고 길었는지 사람들은 그 뱀을 용이라고 불렀다.

범지는 그 코브라를 길들였다. 그리고 불교승려들을 위협하였다. 스님들이 아침마다 걸식을 나가는데 아예 그 집 쪽으로는 방향조차 잡지 못하도록 하였다.

그 소식을 들은 사가타비구가 그 집을 방문해 하룻밤 유숙하기를 청하였다. 범지는 오늘 너의 제삿날이다고 음흉한 미소를 지으며 그

스님을 안으로 받아들였다.

그런데 이튿날 멀쩡하게 걸어 나온 사가타비구의 발우에는 그 코브라가 물뱀처럼 잡혀 있지 않는가. 범지의 신호로 사가타비구를 공격하였지마는 그 비구의 신통력으로 꼼짝없이 잡히고 말았던 것이다.

이것은 마치 일본이 사명대사를 태워죽이고자 방바닥을 불로 달구었지만 아침에 고드름을 수염에 매단 모습을 보인 것과 같다. 그런 일로 인해 편발범지는 그 사가타스님의 진실한 신자가 되었다.

어느 날 사가타비구가 멀리 만행을 떠났는데 하필 그때 부처님이 그 마을을 지나가시게 되었다. 편발범지는 나무 밑에서 쉬고 계시던 부처님을 찾아가 간절히 자기 집으로 초청하였다. 부처님은 그의 정성을 받아들여 대중들과 함께 그 범지의 집으로 가서 쉬시었다.

오고가는 상인들에 의해 멀리서 그 소식을 전해들은 사가타비구는 편발범지 집에 계시는 부처님을 뵙기 위해 한걸음에 달려갔다. 하지만 며칠 계실 줄 알았던 부처님은 하루만 주무시고 바로 제자들과 같이 벌써 다른 곳으로 떠나시고 없었다.

사가타는 너무 허탈하였다. 그래서 슬피 울었다. 그것을 본 범지가 그의 기분을 달래주려고 술을 내왔다. 사가타비구는 그 술로 허탈감을 달래야 했다.

그런데 문제는 그 술을 너무 많이 마셨다는 것이다. 그때 비구는 아침 한 끼만 먹었다. 그런 빈속에 밤새도록 들이킨 술은 그를 결국 인사불성으로 만들고 말았다. 그는 술에 완전 취했다. 머리가 어지럽고 속이 울렁거렸다. 눈앞도 어질하고 가슴도 답답하였다.

벌써 아침이 되어 사람들이 분주하게 움직였다. 그 인파를 헤집고 사가타비구는 사찰로 비틀거리며 걸어갔다. 몸도 제대로 가누지 못하였다. 사람들이 그를 흘깃거리며 이리저리 피해 갔다.

그는 마침내 길거리에서 구토를 하였다. 머리를 깎고 황색가사를 걸친 스님이 술에 취해 길가에 엎드려 꿱꿱거리는 그 행태는 차마 봐서는 안 될 더럽고 추잡한 볼썽사나운 모습이었다.

불교가 일어나기 전에 모든 외도의 수행자들은 머리를 기르고 흰 옷을 입었다. 그래서 부처님은 그들과 구별하도록 특별히 당신 제자들에게 황색가사를 입히고 머리를 깎도록 하였다.

그런 불교의 수행자 하나가 술에 취해 흐느적거리는 그 모습은 사람들에게 더 없이 흉스럽고 해괴하게 보였다. 길을 가던 사람들이 모두 다 욕을 하고 손가락질을 하였다. 결국 그 소리는 얼마 뒤 부처님께 들어갔다. 부처님은 사실 확인을 위해 그를 불렀다.

"사가타비구여. 들리는 소문이 사실인가?"
"사실입니다. 부처님이시여."

부처님은 대중들에게 말씀하셨다. 그런 행위는 수행자의 위의가 아니다. 부처의 제자가 행하는 위의가 아니다. 이제부터 내 제자는 술을 마셔서는 아니 된다. 품위와 체통을 지켜라. 누구든지 술을 마시면 니살기바일죄에 걸린다. 명심하라.

이렇게 해서 불음주라는 계율이 니살기바일죄인 단타로 내려지게 되었던 것이다.

술은 원래 군자가 마시는 음식이다. 졸장부가 마시면 반드시 문제를 일으킨다. 그것은 권력과도 같다. 군자가 권력을 가지면 만백성이 편안하지만 소인이 권력을 가지면 천하가 위태롭다.

풀린 동공 게슴츠레한 눈빛, 흐트러진 옷매무새, 불그스름한 얼굴, 횡설수설하는 말투, 꼬인 혀, 역한 입 냄새, 술을 마셔서 무엇 하나 좋은 것이 없다. 이런데도 술을 마실 것인가 하고 묻는다면 어떻게 대답하실 것인가. 어느 정도만 마시면 되지 않습니까 라고 대답하겠지. 좋은 말이다. 제대로만 마시면 분명 삶에 활력을 얻을 수는 있다.

칸트가 말했다. 술은 입속을 경쾌하게 한다. 술은 마음속을 터놓게 한다. 이리하여 술은 하나의 도덕적 성질이며, 마음에 솔직함을 운반하는 물질이다고 했다. 그도 술을 잘만 마시면 생활에 활력을 넣을 수 있다고 하였는데 전적으로 동감한다.

사찰은 절이다. 절은 절도가 있고 절제가 있는 곳이다. 그렇게 내려진 금주라도 절도 있는 자세로 절제 있게만 마시면 그렇게 문제 될 것이 없다.

현우경에 부처님이 빔비사라왕과 술에 대해 대화하는 것이 나온다. 거기에 부처님이 어느 정도만 마시면 이것은 하나의 음식이 된다고 하셨다.

그런데 문제는 위에서도 언급했듯이 소인들이 술을 마셨을 때다. 그가 술을 마신 것이 아니라 술이 그를 마셨을 때 문제가 일어난다. 절에다 불을 지르던지 고래고래 소리를 지르던지 하는 꼴볼견의 추태와 망신적 행태를 부린다.

그런 인간들이야 세상에도 다 있는 법이다. 그렇다고 해서 다른 정상적인 인간들에게 술을 금지시키지 않듯이 그런 이상한 하류스님들 때문에 다른 스님들의 자유까지 얽어맬 필요는 없는 것이다.

起信論 亦應遠離憒鬧 常處寂靜

그러려면 반드시 시끄러운 곳을 멀리 떠나 적정한 곳에 살면서

남쪽나라 스님들은 고기를 먹고 담배를 피운다. 일본스님들은 거기다가 술까지 마신다. 그래도 모두 존대하고 존경한다. 자기들 불교가 그렇기 때문이다.

그렇다면 우리나라 불교는 어떠한가. 사실 우리나라 불교는 없다. 신라와 고려에 이어 이조까지 중국불교의 지류에서 벗어나지 못하였다. 그것이 지금까지의 한국불교다.

그럼 왜 우리나라 사람들이 그렇게도 스님들이 술을 마시는 데 대하여 난리블루스를 치는지 그 이유를 간단히 설명하겠다.

이씨 조선을 세운 정도전과 권근 같은 성리학자들은 사대사상과 충효정신을 건국이념으로 내세웠다. 그들은 반역의 정당성을 내세우기 위해 기존 왕조에 있던 모든 제도와 관습을 성리학의 기준으로 새롭게 일으키려고 하였다. 그렇게 하려면 신라와 고려를 지탱해 온 불교의 정신문화와 사상기조를 완전히 뒤엎어야 했다.

그들에게는 규격화된 틀로부터 자유를 부르짖고 부모의 효를 넘어 중생을 구제하겠다는 조사불교의 기치가 눈엣가시처럼 보였다. 그래서 불교의 씨를 말리려고 이조 500년간 줄기차게 모질고도 악독하게 불교를 탄압하였다.

5년도 아니고 50년도 아니다. 무려 500년 동안 불교를 아작내려고 작정했었다. 마지막에는 스님들을 팔촉 천민으로까지 끌어내려 출가의 자유는 물론 도성출입도 못하도록 만들어 버렸다.

그런 숭유억불 정신과 계급사회로 인한 하대사상이 사람들의 피에 은근히 녹아들었고 그들과 함께 생각했던 잔여의식으로 스님들을 멸시하다보니 이제까지 스님들이 공개적으로 술 한잔 마시는 것조차 마뜩찮게 여기게 된 것이다.

이조의 사대부들이 낳은 대표적 폐해는 누가 뭐래도 양반의식이다. 그 시각으로 평민들이나 노비들을 감시하고 천시했다. 즉 너것들이 감히 라는 우월의식 속에 그들은 500년이나 거침없이 군림했다.

그래서 무당이 정상으로 행동하면 무당주제에 라고 핀잔하고 백정이 신사답게 행동하면 백정주제에 하면서 꼴 보기 싫어하였다. 그처럼 스님들이 뭘 하면 감히 중 주제에 하면서 경멸부터 해 왔던 것이다.

지금 나름대로 뼈대 있는 집안이라며 아직도 양반타령하는 사람이거나 아니면 뒤늦게 양반의 족보로 옮겨 타 본관을 논하는 사람들의 피가 다 그런 경우다. 그런 사람들은 양반행세를 동경하거나 아니면 거기에 한이 맺힌 사람들이다.

그들은 땟거리가 없어도 조상은 굶길 수 없다 하여 제사만은 어떻게든 꼭 지냈다. 그것도 시각을 지켜야 한다면서 깊고 깊은 한밤 자시에 제사상 앞에 엎드렸다.

그런데 지금 조상제사를 지내지 않는 국민이 천만을 넘는다. 안 지내는 사람들이 국민의 절반 가까이 된다. 제사에 목숨을 건 후예들 인데도 그렇다. 그런데도 그들은 나름대로 잘 살고 있다.

양반 의식을 가진 자들은 그것을 보면서도 계속해서 그 황당스런 제사를 지내고 있다. 밤에 지내는 것이 불편하다고 초저녁에 지낸다. 시대가 바뀌었다고 피자를 올리고 복숭아를 놓는다. 그러면서도 홍동백서를 논하고 조율이시를 말하고 있다.

그런 사람들이 주로 스님들의 음주문제를 들고 일어난다. 아직도 자신들이 양반인 줄 착각하고 있기에 그렇다. 그래서 만만하게 보이는 스님들을 끝까지 붙잡고 되도 않은 시비를 걸어 직성을 풀려고 한다. 참 못되고 한심한 작자들이다.

세상은 급속도로 변하고 있다. 장유유서의 사고가 박힌 어른들, 즉 꼰대사고를 가진 어른들 앞에 젊은이들의 맞담배는 참을 수 없는 모욕이었다. 그래서 그걸 보고 길길이 날뛰었다.

이제는 길거리에서 여성도 당당하게 담배를 피운다. 교복 입은 학생들도 숨어서 피우려들지 않는다. 이제 어떡할 것인가. 아직도 어디 감히 여자가, 아니면 학생 놈들이 라는 말을 할까.

젊은 여성들의 옷을 보면 안다. 치마를 입다가 바지를 입을 때 참 말이 많았다. 하기야 상투를 자르느니 목을 치겠다던 자들이었다. 그러다 어떤 여인이 미니스커트를 입고 공항에 내릴 때 전 국민이 야단법석을 떨었다. 결국 시대가 변해서 그 미니스커트를 유행처럼 입었다.

이제는 허연 다리가 문제가 아니다. 더 나아가 배꼽티까지 입고 있다. 조금 있으면 언더붑까지 유행할 것 같다. 이번 여름에는 틀림없이 젖꼭지만 가리는 그 언더붑이 유행할 것이다.

그것뿐이 아니다. 광대라고 무시하던 신분이 인기절정의 연예인이 되어 있고 무당이라고 하대하던 신분이 방송가를 누비고 있다. 어떤 사이비 교주는 국정을 움직이는 자리까지 올라가 있다고 한다.

거기다가 갖바치라고 냉대하던 신분이 장인이라는 명장으로 다시 태어나 당당하게 국가의 보조금과 후원을 받고 있다. 그런데도 스님들을 대하던 그 태도는 예나 지금이나 똑같으려 한다. 웃기는 일이다.

起信論 修習少欲知足頭陀等行
소욕과 지족 두타 등의 수행을 수습해야 할 것이다.

더러 별난 사람들은 말한다. 절에 돈을 가져다주니 승려들이 술 마신다고 한다. 공짜로 절에 돈 가져다주는 사람 보았는가. 신자들도 다 보통사람들이다. 그들이 왜 손해 보는 거래와 장사를 하겠는가. 다 돈 낸 거만큼 정신적인 위안과 보험적인 미래의 약속을 받아간다.

음악회나 전시회 같은 데 돈 주고 들어가도 아까워 않듯 절에 다니는 사람들도 그만큼의 대가를 충분히 가져가므로 그 돈은 결코 공짜로 낸 돈이 아니다. 그러므로 그런 말도 안 되는 헛소리는 그만둬야 한다.

요즘 스님들은 이조시대에 천시 받던 그런 스님들이 아니다. 못 배우고 조실부모해서 오갈 데 없어 출가한 사람들이 아니다. 사랑이나 사업에 실패하여 숨어든 나약한 자들도 아니다. 세상에 적응 못해 회피성 도망자의 신분들은 더더구나 아니다.

다 고등교육을 받고 집안이 좋은 자제들로 구도열에 불타는 분들이 출가하여 승단을 이루고 있다. 그들에게 옛날 시선으로 감시하고 통제해서는 안 된다.

그들은 그들의 인생을 걸고 수행에 임하고 있다. 세속인들이 그런 스님들에게 음주 계목 하나를 가지고 감 놔라 대추 놔라 할 정도로 무르고 약한 스님들이 아니라는 것이다.

위에서 언급했지만 스님들도 국방 납세 교육 근로 의무인 사대의무를 다 행하고 있다. 조금도 국가로부터 혜택을 받지 않는다. 그래서 그들은 시장경제로 사찰을 운영하고 그에 합당한 보수를 받아서 생활한다.

그 보수에는 세금이 있다. 그래서 스님들도 세금을 낸다. 그 나머지 돈으로 반가운 동료를 만나 술 한잔 마시면서 정담을 나눈다. 사찰의 돈으로 산 술이 아니라 개인 돈이기 때문에 뭐라 할 수가 없다.

그러므로 스님들이 술을 한잔 마시는 거 보면 그저 보통사람들처럼 그냥 자기 월급으로 사서 마시는 갑다 하고 넘어가면 된다. 뭣 한다고 홀아비 과부 감시하듯이 그리 관심을 가지는지 모르겠다.

자기돈 주고 술 사먹는 사람을 자꾸 쳐다보면 싸움이 일어난다. 그러면 얻어터지는 수가 있다. 스님들치고 싸움 못하는 스님이 없다. 평생 동안 짓눌러놓은 성격이 한꺼번에 욱하고 분출하면 감당이 불감당이다. 조심해야 한다.

起信論 乃至小罪 心生怖畏

비록 작은 죄라도 겁내고 두려워해

그럼 술을 권장하고 장려하는 것인가. 마시라고 해도 안 마신다. 머리 아프고 속 아프고 돈 낭비하고 시간 허비하는데 누가 찾아서 마시겠는가. 줘도 안 마신다. 더군다나 북엇국 끓여줄 사람도 없는데 뭐 좋다고 찾아서 마시겠는가.

담배 안 피우는 사람에게 담배 피우라고 해 보면 잘 알 것이다. 머리가 핑 돈다. 목구멍에 연기가 들어가면 바로 기침에 눈물과 콧물이 쏟아진다.

아무리 맛있게 보여도 당뇨병 환자들은 자신들의 건강을 위해 수박을 무턱대고 먹지 않는다. 그처럼 스님들도 자기들의 수행을 위해 술을 절도 없이 마시지 않는다. 그러니 걱정하지 마시기 바란다.

사십이장경에 너희들 비구들이여. 마땅히 머리를 만져보라고 하셨다. 그들은 아침마다 세수를 할 때 머리까지 손이 올라간다. 그러므로 자기들의 신분을 너무나 잘 알고 있다. 그러므로 절제 없이 술을 마시면서 주어진 시간을 축내지 않는다.

그러니까 스님들은 강압적으로나 물리적으로나 외적 힘에 의해 술을 못 마시는 것이 아니라 스스로의 수행을 위해 안 마시고 있다는 사실을 이번 기회에 좀 알아 두었으면 한다.

起信論 慚愧改悔

참괴하고 회개해야 하며,

그렇다면 불음주가 있는 단타 속 51번째 뒤의 계목들은 어떤 것들이 있는지 한번 알아보자.

52. 물속에서 장난치지 마라.
53. 간지르지 마라.
56. 반드시 15일 만에 목욕을 하라.
57. 바깥에다 장작불을 피우지 마라.
81. 대궐에 들어가지 마라.
82. 보물을 손에 쥐지 마라.
83. 솜 넣은 방석을 쓰지 마라.

로 90번째까지 이어진다.

그 중간에 비구는 앉아서 소변을 보라 하는 계목까지 나온다. 그래서 원효센터 회원들은 소변기가 없는 가정일 때 반드시 앉아서 소변을 보라고 한다.

일반사람들은 서서 소변보는 스님들보고 뭐라 하지 않는다. 보름이 아닌데 목욕하는 스님을 보고도 아무 말 안한다. 밖에 장작불을 피우거나 솜 넣은 방석을 사용하는 스님이라 해도 뭐라 하지 않는다. 그런데 왜 술만 그렇게 시비하는지 이제 이해할 때가 되었다.

이것 외에 또 팔경계라는 계율이 있다. 비구니를 만드는 조건으로 내려진 여덟 가지 계율이다. 그 첫 번째가 백세 먹은 비구니라 하더라도 방금 비구계를 받은 비구스님의 발에 예배를 다하라고 되어 있다. 요즘 세상에 누가 그렇게 하는가. 아무도 그것을 지키지 않는다.

구담미경 사분율 선견율 비바사율 아함경에 그렇게 하라고 강력하게 나와 있지만 이미 사장된 지 오래된 계율이다. 그만큼 시대가 변하고 환경이 달라졌다는 것이다.

起信論 不得輕於如來所制禁戒 當護譏嫌
여래가 제정한 금계를 가볍게 여기지 말고 나무람과 싫어하는 것으로부터 마땅히 보호해

혈맥기 1권에서도 언급했듯이 부처님의 **유언경**에, 내가 열반에 든 후에는 계율을 받들어 수행하라고 하셨다. 그러면서 그 계율은 어둠속에 등불과 같고 가난한 자에게는 보물과 같으니 이것으로 스승을 삼아 수행하라고 하시면서 내가 이 세상에 있어도 이와 다를 바 없이 가르칠 것이다고 하셨다. 그러시면서 계율을 존중하게 생각하는 내 제자들은,

물건을 판매하거나 무역하는 일을 해서는 안 된다.
논밭과 집을 소유해서는 안 된다.
노비나 가축을 길러서는 안 된다.
씨 뿌려 농사를 짓거나 채전을 가꿔서는 안 된다.
재물과 금전을 보면 불구덩이처럼 멀리 피하라.

벌목하거나 초목을 베지 말라.
개간하거나 땅을 파지 말라.

탕약을 조제하는 의료행위를 하지 말라.
관상을 보거나 점을 보아 길흉을 말하지 말라.

별을 보고 점을 치지 말라.
달을 보아 세상의 운세를 보지 말라.
주역으로 세상의 흐름을 말하지 말라.

세속의 일에 참여하지 말라.
통치자와 친분을 쌓거나 정당 생활을 하지 말라.

주술행위를 하지 말라.
신선되는 방법을 익히거나 비술을 통한 약을 조제하지 말라.
놀기 좋아하는 사람들이나 정치하는 고관들과 우의를 다지지 말라.

단정한 마음과 올바른 생각으로 불도를 닦아라.
자신의 잘못이 있다면 부끄러워하고 그것을 포장하지 말라.
대중을 속이거나 기이한 행동을 하지 말라

고 유언하셨다. 이런 말씀에 안 걸리는 스님이 과연 몇이나 되겠는가. 그런데도 그놈의 술만 걸고넘어진다. 그들이 아는 것은 고작 그것만 알고 있기에 그렇다.

起信論 不令衆生

중생으로 하여금

그러면 여기서 대승의 계율은 어떤 것이 있는지 보겠다. 스님들은 사미10계를 받고 비구 250계를 받는다. 거기다가 보살계까지 받는다고 했다. 이 보살계가 대승의 계율이다. 스님들을 보고 보살이라고 하는 이유가 바로 여기에 있다.

이 대승계율은 점계가 아닌 돈계다. 돈계는 일괄적으로 한꺼번에 내려진 계율이라는 뜻이다. 그러니까 소승계율은 점계고 대승계율은 돈계가 된다.

대승계율에는 열 가지 무거운 죄와 48가지 가벼운 죄가 있다. 무거운 죄를 十重大戒라 하고 가벼운 죄를 48경계라고 한다. 먼저 10중대계다.

1. 살생하지 말라.
2. 도둑질 하지 말라.
3. 간음하지 말라.
4. 거짓말하지 말라.
5. 술을 빚지 말라.
6. 대중의 허물을 말하지 말라.
7. 자기를 칭찬하고 남을 헐뜯지 말라.
8. 욕심 부리지 말라.
9. 화내지 말라.
10. 삼보를 비방하지 말라.

다. 이곳에서도 다섯 번째로 술이 나온다. 그러나 특이하게도 여기서는 불음주가 아니고 不沽酒불고주로 되어 있다. 沽는 술 빚을 고 字다. 즉 술을 빚거나 술을 팔지 말라 라는 뜻이다.

그러니까 대승계율인 10중대계에서는 불음주가 아닌 불고주로 계목을 정해 놓으셨다. 불음주는 따로 48경계 중에 있다. 대승불교 역시 승려들의 음주를 중죄가 아니라서 48경계 가운데 두었던 것이다.

48경계 중에 첫 번째가 스승과 벗을 공경하라. 2. 술을 마시지 말라. 3. 고기를 먹지 말라. 4. 오신채를 먹지 말라. 이런 형식으로 48번까지 이어진다.

이왕 말이 나왔으니 고기 문제도 짚어줘야겠다. 스님들이 고기를 먹지 말라는 것은 대승계율이다. 부처님 당시 때나 지금이나 불교수행자들은 고기와 생선을 음식의 하나로 섭취해 왔다.

그런데 **범망경**의 대승계율인 48경구계에 不肉食이 있다. 그래서 스님은 고기를 먹으면 안 된다는 법이 나왔다. 그래도 공식적으로 육식을 할 수 있는 조건이 있다. 바로 건강이 좋지 않거나 병이 들었을 때다. 그때 삼정육은 먹어도 된다고 하셨다. 삼정육은 세 가지 종류의 깨끗한 고기라는 뜻으로 **십송율**에 나온다.

1. 죽이는 것을 내 눈으로 보지 않은 것.
2. 죽이는 것을 내 귀로 듣지 않은 것.
3. 자연사했거나 다른 짐승이 뜯어먹다 남은 것이다.

이제 식당에서 스님들이 고기를 먹고 있어도 그런가 하고 넘어가야 한다. 그들도 분명 그 식당의 손님이고 자기들 돈 내고 고기를 사먹고 있다. 그 스님들이 정진하다가 건강을 잃어 단백질을 섭취할 수밖에 없는 처지에 있다면 누가 감히 뭐라 할 수 있겠는가.

"담배는 어떤가요?"
"불교에는 담배 피우지 마라는 계율은 없다."

부처님이 제정하신 계율에 금연 계목은 없다. 이것은 우리 스스로 만들어 놓은 것이다. 꼭 국가의 법령이 아니라 지방자치의 조례와도 같다. 그러므로 소승불교에서는 비구들이 어디서든 당당하게 담배를 피운다. 결코 계율로써 지탄받을 일이 아니라서 그렇다.

起信論 妄起過罪故
망녕되게 과오와 죄업을 짓지 않도록 하여야 한다.

미성년자는 술을 마시면 안 된다. 마찬가지로 정식승려가 아닌 예비승려, 즉 사미가 마시는 것은 엄격히 통제해야 한다. 하지만 비구는 누구에게 간섭을 받거나 인격적으로 침해를 받아야 하는 나이브한 분들이 아니다. 그분들은 이미 성장할 대로 성장한 그들 세계의 어른들이다.

가끔가다 동료를 만나 술 한잔에 안부를 묻고 우정을 나누는 일이라면 전혀 이상할 것이 없다. 도리어 삭막한 수행생활에 활력을 넣어 주는 시간이 될 수가 있다.

사회통념상 그렇다고 한다. 사회통념이 무엇인가. 유교적 사고와 시선인가. 그렇다면 유교적 공간에 맨발걷기를 못하게 한다고 투덜거릴 필요는 없다. 맨발은 왕과 조상에 대해 심대한 불경이기에 그렇다.

불교는 어떤가. 불교성지에는 신발을 신고 들어가지 못한다. 신발을 신고 들어가는 것 자체가 부처님이나 불교적 공간에 큰 실례가 된다. 그래서 남쪽나라 불교성지에는 언제나 맨발로 들어가야 한다.

그처럼 불교는 유교적 통념을 뛰어넘어 있다. 머리도 깎고 괴색옷을 입었다. 결혼도 안 하고 자손도 잇지 않는다. 출가한 서양여성처럼 성씨도 바꿔버렸다. 그렇게 스님들은 이미 사회적 통념을 뛰어넘어 인간사회의 굴레를 벗어나 있다. 그게 그들의 삶이다. 그러므로 사회 일반적 시각으로 그들을 재단해서는 안 된다.

"세속을 버린 스님들이 세속의 술을 마시니 그렇지요?"
"뭔 소리?! 누가 세속을 버렸다고."

스님들이 세속을 버렸는가. 천만의 말씀이다. 부모형제와 일체중생이 세속에서 생사의 고통을 받고 있는데 어떻게 세속을 버릴 수 있단 말인가?! 그들을 가출자나 도피자로 만들지 말라. 세속을 너무나 사랑한 나머지 그들을 구제하고자 길을 찾아 나선 분들이다. 그래서 그들의 출가가 숭고하고 그들의 신분이 고상하다는 것이다.

보통의 성직자들이라 하더라도 그들의 사생활을 간섭해서는 안 된다. 그런데 하물며 성직자의 신분을 뛰어넘는 수행자의 사생활을 갑론을박해서야 되겠는가. 그렇게 해서는 안 된다. 그들을 상대로 하는 감시와 주시는 몰인격적이고 그들을 상대로 하는 시비와 관찰은 대단히 비문화적이다.

정리하자면 스님들은 술에 대한 금치산자도 아니고 덜 자란 미성년자도 아니다. 술 조금 마셨다고 그들을 무슨 범죄인 취급하듯이 세상이 법석을 떤다면 거기에 문제가 있다는 것이다.

정말 오래 전에 일이다. 기억이 가물거리는 거 보니 벌써 반세기가 넘었는 것 같다. 함양 교당에 주지로 간 스님이 해인사 율원에 SOS를 보냈다. 양파를 먹어야겠는데 별난 신도들이 오신채라며 한사코 그것을 먹지 못하도록 한다는 것이다.

율주인 일타스님께 허락을 받고 율원에서 작정하고 내려가 그들에게 말했다. 오신채에 양파는 없는 것이니 먹어도 된다고 선언해 버렸다. 그때부터 그 보림사에서는 공식적으로 양파를 먹을 수 있게 되었다.

이미 편견으로 굳어진 세속인들의 인식을 돌려놓을 수는 없다. 우리를 알아달라고 하기에는 세상 민심이 너무나 각박하고 박약하다. 그러므로 우리가 먼저 현시대에 맞게 불음주의 계목을 개차법으로 새롭게 재정해 버리는 것이다.

말하자면 정식 승려들은 장소와 분위기에 따라 소량의 술을 마실 수 있다고 위의 양파처럼 선제적으로 선언해 버리는 것이다. 그러면 사람들의 편견이 없어져 감시와 관찰의 대상으로 벗어나 공격받을 빌미가 없어진다.

그렇지 않으면 승려들은 또 음지나 폐쇄된 장소에서 음주하게 되

고 언론과 방송은 그런 스님들을 찾아내 대책없는 비난을 퍼부을 것
이다.

그런 병폐와 피해를 없애기 위해서 불음주가 어떤 계율인지에 대
해 전반적으로 살펴보았으니 사부대중은 이에 참고하시기 바란다.

다. 인욕문

起信論 云何修行忍門 所謂應忍他人之惱 心不懷報

이를테면 어떻게 인문을 수행할 것인가. 말하자면 응당히 타인의 괴롭
힘을 참되 마음에 보복하고자 하는 생각을 품지 말아야 한다.

인문은 인욕문이다. 평생을 살아가면서 아주 다양한 사람들이 나
를 거쳐간다. 더러는 엄청난 고통을 주고 더러는 더없는 기쁨을 준
다. 그 외의 사람들은 그냥 바람같이 스쳐 지나간다.

기쁨을 준 사람보다 고통을 준 사람들이 잊히지 않는다. 앙금과
복수심이 저 밑 가슴에 남아 있는가 보다. 큰일이다. 그것들이 쌓이
면 결국 업이 되고 그러면 내 자신이 힘들어진다. 나에게 고통을 준
자들은 다 가버렸는데 나만 그 고통을 껴안고 있으니 그렇다. 그래서
조용필의 Q 라는 노래가 나왔는지 모르겠다.

운전하다 보면 한 번씩 시비를 거는 운전자가 있다. 그래도 보복운
전을 하면 큰일 난다. 그런 인간과 싸워서 좋을 게 하나도 없다. 빨리
도망가야 한다.

화가 나서 죽을 것 같으면 **육바라밀경**의 말씀을 되새긴다. 참지

못할 것을 참으면 만복의 근원이 된다고 하신 말씀이다. 그것을 중얼거리면서 분을 삭여야 한다. 그렇게 참고 참으면 여섯 가지가 자유로워진다고 **법집경**은 말씀하시고 있다.

1. 누가 욕하더라도 메아리같이 느껴진다.
2. 누가 때리더라도 거울에 물상처럼 느껴진다.
3. 누가 귀찮게 하더라도 도깨비의 작난으로 생각된다.
4. 누가 성나게 하더라도 마음이 평화로워진다.
5. 세상과 사람에 대해 마음이 가볍게 움직이지 않는다.
6. 번뇌에 마음이 크게 요동하지 않는다.

노자는 남을 이기는 자를 힘 있는 자라 하고 자기를 이기는 자를 강한 자라고 하였다. 강한 자만이 남을 용서한다. 그래서 **법구경**에

미움은 미움으로써 해결되지 않는다. 사랑으로써만 해결된다

고 하셨지만 이 수준까지 올라가려면 적어도 대인 이상은 되어야 한다. 현실에 쫓기는 보통의 소인들은 이 말을 들으면 대번에 미쳤나 그런다. 그래도 어쩌겠나. 사랑은 못하더라도 원한은 맺지 말아야 한다.

그러니 참아야 한다. 어떻든 참아야 한다. 이를 악물고 참아야 한다. 분통이 터져도 참아야 한다. 참는 자에게 복이 있다고 했다. 그러니 참아야 한다.

起信論 亦當忍於利衰毀譽稱譏

또한 마땅히 이익과 손해, 비난과 명예, 칭찬과 꾸지람

　세상에 어디 좋은 일만 있던가. 좋은 일이 있으면 반드시 안 좋은 일이 따라붙는다. 그러므로 좋은 일이라고 무턱대고 좋아만 할 일은 아니다.

　손자가 태어났다. 이것보다 세상에 더 좋은 일이 있던가. 하지만 노년의 황금시간과 맞바꾸어야 한다. 그 손자들 다 키우고 나면 진짜 노인이 되어 버린다.

　장사가 되지 않아 죽을 것만 같다. 꿈을 꿔도 가게가 텅 빈 꿈만 꾼다. 정말 스트레스가 장난이 아니다. 도저히 안 되겠다 싶어 가게를 접었다. 그런데 술 취한 화물트럭이 그 가게를 정면으로 들이받았다고 연락이 왔다.

　세상은 한 쪽으로만 기울지 않는다. 그러면 세상은 엎어져 버린다. 그런데 아직 세상은 멀쩡하다. 그러므로 반드시 반대쪽으로 다시 기운다. 그래서 세상은 새옹지마라고 하지 않았던가.

　그러니 좋다고 좋아하지 말고 슬퍼도 너무 슬퍼하지 말라. 좋음 속에 슬픔이 있고 슬픔 속에 또 다른 좋음이 찾아온다. 그러므로 지금 현재 어렵고 힘들어도 좀 참아야 한다. 그 참음에도 세 가지가 있다.

　1. 사람에 대한 복수를 하지 않는 것. 전생에 내가 했던 만큼 이제 받는 것이라고 생각하며 분노를 참는다.

2. 생활의 고통을 참는 것. 외적으로는 사람과 환경에 대한 갈등과 괴로움을 참으면서 내적으로 욕망과 욕구 같은 번뇌를 참는다.

3. 세상에 의해 참는 것. 사바세계에 살고 있는 이상 자연재해와 천재지변에 대해 고통을 참는다.

일반인들도 그런데 수행자는 말할 것도 없다. 그래서 수행자는 인욕의 갑옷을 입어라고 **아함경**은 말씀하셨다. 어떻게든 참을 데까지 참는 것이다. 더러워도 참고 기가차도 참고 어이없어도 참고 성질나도 참는 것이다. 속으로 욕을 바가지로 퍼부으면서도 참는 것이다.

起信論 苦樂等法故
괴로움과 즐거움 등의 법을 참아야 한다.

안 참고 어떻게 살 수 있나. 인간은 어머니 뱃속에서부터 오랫동안 참는 법을 배워왔다. 그러므로 참아야 산다. 참지 못하는 자는 도태된다.

세상의 불합리를 고치려 하지 말라. 세상은 원래 그렇다. 지위가 높은 사람이건 낮은 사람이건 사람은 다 똑같다. 그럴 수가 있느냐고 한탄하지 말라. 스트레스 받아서 일찍 죽는다. **대장엄경론**은 몸은 마른 나무 같고 노여움은 불같다. 남을 해치기 전에 자신이 먼저 탄다고 했다. 진짜 그들보다 먼저 죽는다.

차라리 수억만 개의 탐심을 일으킬지언정 하나의 노여움을 일으키지 말라고 **결정비니경**은 경고하시고 있다. 욱하는 노여움을 참지 못하면 생애 돌이킬 수 없는 큰 죄를 짓게 될 수가 있다.

세상을 보면 사실 화딱지가 나서 견딜 수가 없다. 하지만 온 세상 다 덮을만한 가죽신을 어떻게 구할 수 있겠는가. 가죽신발 하나만 신는다면 세상의 가시밭을 다 덮은 것과 같다고 **입보살행론**은 말하고 있듯이 내가 나의 분노를 관리하면서 살아갈 수밖에 없다.

경전에 자리이타행으로 참음을 몸소 실천해 주신 분이 두 분이 계신다. 하나는 **금강경**에 나오는 인욕선인이고 또 하나는 포교를 떠나는 **현우경**의 부루나존자다.

인욕선인은 자신의 수행을 위하여 사지가 찢겨지는 고통을 감내하였다. 반면 부루나존자는 타인을 위한 전법으로 기꺼이 목숨을 걸었다. 자리이타행의 대표적인 인내수행자들이다.

포교를 하는 데는 부루나 정도의 전법정신은 각오하고 있어야 하는데 사실 내 자식에게도 전법이 되지 않는다. 그런데 누굴 교화한단 말인가. 그런데도 불교의 부흥을 바라고 있다. 면목이 없다. 부루나 같은 인욕의 전법사분들께 한없는 미안한 마음이 든다.

라. 정진문

起信論 云何修行進門 所謂於諸善事 心不懈退

이를테면 어떻게 진문을 수행할 것인가. 말하자면 선행을 행하는 일에 게으르거나 회피하는 마음이 없어야 한다.

진문은 정진문이다. 정진이라는 말은 앞에서 한 번 말했지마는 근원으로 향해 나아가는 노력이다고 했다.

중생의 근원은 어디인가. 거슬러 올라가고 또 올라가면 그 끝이 있을 것이다. 거기가 중생의 근원인 열반이다. 거기에 다다르기 위해서는 선행을 닦아야 한다. 선행은 양식이고 바탕이다고 했다. 정진은 信行이다. 마음으로 믿고 몸으로 실천하는 것이다.

구도는 결단이다. 껄렁대고 있는 아이들 속에서 유일하게 책가방을 들고 도서관에 가는 학생이 되어야 한다. 그러므로 오직 소수의 용기 있는 자만이 근원을 향해 정진한다.

그들은 진짜의 자신을 찾기 위해 가짜의 자신을 버리는 것이다. 가짜의 자신을 제물로 바치지 않으면 결코 진짜의 자신을 찾을 수가 없기에 그렇다. 그들은 이제 가짜의 자신에 끌려 다니는 삶은 진절머리가 나고 신물이 난다고 생각하는 것이다.

그래서 그들은 정진한다. 한 올 한 올로 이어지는 뜨개질이 끝내 옷이 되듯이 조금씩 조금씩 모여지는 정진은 마지막에 큰 위력을 발휘한다. **월등삼매경**에 보면 정진 십종공덕이 있다. 마치 한 송이 한 송이 내리는 눈송이가 연약하지만 모이면 큰 무더기가 되는 것과 같다.

정진에는 크게 다섯이 있다. **유가사지론 현양성교론 아비달마집론**에 나오는 공통적인 내용이다.

1. 먼저 용맹하고 강렬한 발원을 한다. 그 힘으로 정진의 갑옷을 입고 마의 세계를 돌파해 나간다.
2. 흐트러지고 나약해지는 마음을 다잡고 자신을 책려해 나간다.

3. 스스로 약하다고 생각하지 않는다. 두려워하지도 않는다. 겁내거나 나약한 마음을 갖지 않은 상태로 정진한다.

4. 혹한과 혹서 같은 기후나 어려운 환경을 만나더라도 끝까지 변함없이 정진한다.

5. 조그마한 결과에 만족하지 않고 최상승의 공덕을 바라보며 앞으로만 나아간다.

起信論 立志堅强 遠離怯弱

그리고 입지를 견고하고 굳세게 세워 비겁함과 나약함으로부터 멀리 벗어난다.

입지는 발원이다. 한평생을 살아가는데도 젊은 날에 목표를 세워 밀어붙이는데 명색이 부처가 되겠다는 사람이 허약한 입지를 세워서 되겠는가.

나약한 자와 겁약한 자는 불교에서 사양한다. 불교는 자기의 인생은 자기가 해결한다. 그리고 그 결과도 자기가 받는다. 신에게 빌고 신에게 의지하지 않는다. **법구경** 말씀이다.

It is you who must make the effort.

The great of the past only show the way.

Those who think and follow the path

become free from the bondage of Mara.

힘써 수행해야 할 자는 바로 너희들이다.

나 부처는 오로지 그 길만 제시할 뿐이다.

이 가르침을 깊이 새겨듣고 힘써 수행하는 자는

모든 마군의 묶임으로부터 완전히 벗어날 수 있다.

자신이 자신을 해결하지 못하는 자들은 신을 모셔야 한다. 그들은 노예근성을 가지고 있다. 나약할 대로 나약하고 겁약할 대로 겁약하다. 그래서 신이 다 알아서 해주길 바란다.

불교만이 대장부의 종교라고 한다. 그런데 막상 절에 가보면 엎드려 비는 여인네들만 가득하다. 뭔가 잘못되었다.

起信論 當念過去久遠已來 虛受一切身心大苦 無有利益

과거 수많은 세월을 살아오면서 일체의 몸과 마음으로 헛되게 큰 고통을 받아 이익이라고는 없었다고 마땅히 생각하여야 한다.

카지노에 올인하는 사람들을 보면 안타깝다. 결코 딸 수 없는 도박을 계속하고 있기에 그렇다. 그들은 어쨌든 대박을 칠 기회라도 있지마는 인생은 그런 게 없다. 평생을 조르고 당겨도 그런 기회는 없다.

머슴은 주인집을 위해 일한다. 그리고 세경을 받는다. 그런데 평생을 뼈 빠지게 일했는데 아무러한 대가를 받지 못한다면 어떻게 하나. 그러면 인권위가 나서고 노동부가 해결해 준다.

인간은 자신을 위해 일한다. 그런데 일생을 등골 빠지게 일했는데 빈털터리로 이 땅에서 쫓겨난다. 그때 누가 내 인생의 노동에 보상을 해 주나. 아무도 나서주는 기관이나 위원회가 없다. 일생 동안 내가 만든 나와 내 재산에 대한 상관관계는 어떻게 될까. **대비사론**의 말이다.

1. 수명은 다했는데 재물은 그대로 있다.

2. 수명은 있는데 재물이 없다.

3. 수명도 끝나고 재물도 없어진다.

4. 수명도 길고 재물도 있다.

당신은 어디에 속하시는가. 어디에 속하든 죽어버리면 결과적으로 내 것은 하나도 없다. 임금을 못 받고 쫓겨나는 외국인 노동자만 불쌍한 것이 아니다. 우리가 진짜 불쌍하다. 그런데도 또 다시 이 땅에 무비자로 입국해 돈을 벌려고 한다.

해우경에 탐욕이 다함없고 윤회가 가없다 보니 개미처럼 돌고 돌아 끝날 줄 모른다고 하신 말씀이 진짜 가슴에 와 닿는다. **원각경**에 生死와 涅槃이 마치 꿈과 같다고 하셨지만 그 속에서 느끼는 삶의 무게는 언제나 처절하다. 그냥 꿈이라고 하기에는 가슴에 패인 상처가 너무나 깊고 쓰리기 때문이다.

어쨌거나 **법원주림**에 보면 한정된 시간 속에 고락으로 살다가 떠나가는 유형들이 있다. 나는 여기 어디에 속할까. 아무래도 세 번째인 것 같다. 진짜 싫다.

先苦後樂者. 먼저는 힘들게 살아도 뒤에 즐거운 자.

先樂後苦者. 먼저는 즐겁게 살아도 뒤에 힘든 자.

先苦後苦者. 먼저와 후에 다 힘들게 사는 자.

先樂後樂者. 먼저와 뒤에 다 즐겁게 사는 자.

네 번째는 복이 많은 사람들이다. 그런 사람들은 다음 생애가 걱정이다. 갖고 있는 돈을 다 써버리면 그 다음은 불을 보듯 뻔하기에 그렇다.

起信論 是故應勤修諸功德 自利利他 速離衆苦

그러므로 응당히 모든 공덕이 되는 자리이타 행을 부지런히 닦아 수많은 고통으로부터 속히 벗어나야 한다.

산골노인이 지게로부터 해방될 때는 도시로 나갈 때다. 잘 키운 자식이 모셔가거나 자기가 직접 돈을 모아 시내로 나갈 때라야만이 어깨를 짓누르는 등짐은 벗겨진다.

그처럼 남을 돕는 이타행을 하거나 자신을 위한 이기행을 할 때라야만이 모든 고통으로부터 벗어날 수 있다. 利他行은 자식을 공부시킨 것이고 利己行은 돈을 모은 것이다.

자신을 위한 이기행이 무엇인가. 마약도 자신을 위해서 하고 노름도 자신을 위해서 한다. 그런 것들은 자신을 위한다고 하지만 결국 자신을 파멸시키듯이 사람은 자신을 위한 삶을 산다고 하지만 결국 자신을 죽이는 것으로 끝맺는다.

애벌레는 나방으로 우화하기 위해 고치를 만들어 죽는다. 하지만

126

인간은 이 삶에서 끝내려 한다. 조금도 상향하지 않으려 한다. 그러고 보면 인간은 애벌레보다도 더 못한 존재인지 모른다.

진짜의 이기행은 자신을 찾아나서는 것이다. **보성론**에서 진짜로 자신을 위하는 것은 번뇌장과 소지장을 벗어나 해탈하는 것이다고 하였다. 새장에 갇힌 새가 진짜로 자신을 위한다면 극도의 다이어트로 살을 빼 창살을 뚫고 창공으로 날아오르는 것이다.

그렇지 않고 새장에 갇혀 사육되다가 생을 마친다는 것은 날개를 가진 새가 할 짓이 아니다. 마찬가지로 죄업에 의해 사육되다가 허망하게 생을 마친다는 것은 부처의 종자를 가진 중생이 할 짓이 아니다.

起信論 復次若人雖修行信心 以從先世來多有重罪惡業障故 爲邪魔諸鬼之所惱亂

또 사람이 비록 신심을 수행하나 오랜 세월 이전부터 중죄와 악업을 많이 지은 장애 때문에 사마와 모든 귀신의 괴롭힘으로 혼란을 당하게 된다.

조론8유에서 다섯 번째가 이것이다. 즉 악업장을 소멸시키는 방법을 제시해서 그 마음을 잘 보호하여 어리석음과 교만으로부터 멀리 떠나 삿된 그물로부터 벗어나도록 이 논서를 쓴다 한 대목이다.

복이 없는 스님은 출가를 해도 불법공부를 하지 않는다. 출가자의 신분으로 산더미 같은 경전들을 버려두고 세속의 문물을 찾아다니거나 세속학문을 뒤적거린다. **아비달마법온족론**에 네 부류의 출가승이 있다고 했다.

1. 身離非心. 몸은 출가했으나 마음은 아니다.
2. 心離非身. 마음은 출가했으나 몸은 아니다.
3. 身心俱離. 몸과 마음이 같이 출가한 자다.
4. 身心俱不離. 몸도 마음도 함께 출가를 못한 자다.

복이 없는 신자는 불교 속으로 들어와도 불법공부를 한 스님이 눈에 보이지 않는다. 수행하고는 영 딴판인 위 1. 2. 4 같은 스님을 좋아하고 그들을 따르며 그들과 한 패가 된다. 희한하게도 딴 짓을 하는 이상한 스님을 좋아하고 그들에게 마음이 끌리는 것이다.

그것은 겨우 불교에 들어왔지만 죄업장이 두꺼워서 완전히 불교를 믿지 못하기 때문이다. 그래서 신심 없이 불교 주위를 빙빙 돌고만 있다. 그런 자들은 사마와 귀신들의 표적이 된다.

사마는 삿된 가르침과 마구니들이다. 원문에 귀신의 괴롭힘은 불상을 모셔두고서도 박수나 무당노릇을 하는 행위다. 그들은 귀신을 모셔야 한다. 그렇지 않으면 귀신이 그냥 두지를 않는다. 그런 자들이 주로 인과를 믿지 않는 신심 없는 사람들을 후려친다.

起信論 或爲世間事務種種牽纏 或爲病苦所惱 有如是等衆多障礙
혹은 세간의 온갖 사무에 끌려 다니거나 얽혀지기도 하며, 혹은 병고로 괴로움을 당하는 등의 무량한 장애에 부딪힐 수 있다.

업장이 두꺼운 자들은 내적 수행보다는 외적인 일을 좋아한다. 내적 수행은 진전이 보이지 않지만 외적 일들은 결과가 눈앞에 쉽게 나타나기에 그렇다.

그래서 그들은 포교와 전법이라는 방편으로 끊임없이 일을 벌인다. 정치판을 기웃거리거나 광대노릇을 하면서 이리저리 사람들과 얽히고설킨다. 그래놓고 눈코 뜰새없이 바쁘다고 죽는 시늉을 한다. 자기가 벌인 일에 자기가 걸려들어 소득없이 버둥거리는 꼴이다.

또 죄업이 두꺼운 사람들은 병고에 시달린다. 죄업이 그냥 좌시하지 않는다. 어떻게든 신심을 괴롭혀서 수행에 못 나가도록 한다. 병이 들어 평생을 골골하는 스님들이나 불자들이 다 여기에 속한다.

그들이 지은 죄가 형상이 있다면 시방허공을 다 채우고도 남을 것이다. 그런데도 그 사람들은 자기를 탓하기 이전에 세상을 원망하고 시절을 한탄하고 있다.

`起信論` 是故應當勇猛精勤 晝夜六時 禮拜諸佛 誠心懺悔 勸請隨喜
이런 까닭으로 응당히 용맹스럽게 주야 6시로 부지런히 정진해야 하며 모든 부처님께 예배하고 성심으로 참회하며 권청하고 수희해야 한다.

사람들은 몸이 아프고 마음이 괴로우면 만사가 귀찮다고 신행을 멀리한다. 하지만 그럴수록 더 용맹스럽게 달려들어야 한다.

아픈 몸이 더 망가지기 전에 한 번이라도 더 많이 부처님께 예배하고 참회하여야 한다. 그리고 법문을 청하고 기뻐해야 한다. 그것이 몸과 마음이 부서지기 전에 할 수 있는 최고의 가치행위이다.

주야 6시는 밤낮을 말한다. 옛날 시각은 두 시간을 한 시각으로 보았다. 그러니까 낮 6시는 낮 12시간이고 밤 6시는 밤 12시간이니 하루 종일이다.

참회한다고 해서 죄과가 없어지는 것은 아니다. 죄가 없어지는 데는 딱 한 가지 방법밖에 없다. 그것은 인위적으로 없애는 것이 아니라 자연적으로 없어지게 하는 것이다. 그 단계까지 가지 못하면 천하없어도 지은 죄는 없어지지 않는다.

몇 번이나 말했지마는 자기 때문에 피해를 입은 피해자가 엄연히 있는데 어떻게 죄를 면할 수가 있겠는가. 죄를 없애려 기도하지 말고 고통받고 있는 피해자를 찾아가 용서를 빌어야 한다. 그래야 그 죄가 없어진다.

불교 속에서의 참회는 지나간 일을 기도로 없애는 것이 아니라 앞으로는 절대로 그렇게 하지 않겠다는 서원이다고 했다. 그것이 진정한 참회다.

起信論 廻向菩提 常不休廢 得免諸障 善根增長故

수행의 목적을 깨달음에 두고 늘 휴폐하지 아니하면 모든 장애를 벗어나 선근이 증장되어지게 된다.

수행의 목적은 깨달음이다. 그쪽으로만 매진한다. 비가 쏟아지면 저절로 비를 피하기 위해 뛴다. 머뭇거리거나 두리번거릴 여유가 없다. 비를 피할 수 있는 곳을 향해 앞뒤 가리지 않고 달려가는 것처럼 정진은 그렇게 뒤도 돌아보지 않고 앞으로만 나아가는 것이다.

懸頭刺股현두자고란 말이 있다. 머리를 매달고 허벅지를 찌른다는 뜻이다. 한나라에 손경이라는 사람은 공부할 때 하도 잠이 많이 와서 상투를 대들보에 매달고 글을 읽었다.

또 전국시대에 소진이라는 사람은 나태해지는 자신을 다그치지 위하여 송곳으로 무릎을 찔러가며 공부했다는 고사다. 외간남자가 그리워서 허벅지를 찌르는 수절과부 얘기만 들었는데 이런 나태의 경각고사도 있다니 놀랍다.

海東疏 初中亦二 一者別明四種修行 復次若人以下 第二示修行者 除障方便

처음 가운데 두 가지가 있다. 첫째는 따로 사종수행을 밝힌 것이고, 부차약인 이하는 둘째로 수행자가 장애를 제거하는 방편을 보인 것이다.

처음은 간략하게 밝힌다고 한 대목이다. 그 간략함에 4종수행이 들어 있다. 4종수행은 보시 지계 인욕 정진이다.

원문에서 부차약인 이라고 한 대목은 신심을 일으키나 숙세에 지은 죄업 때문에 진취하지 못한다.

그러므로 그 죄업을 소멸시키는 것이 우선이다. 그렇다면 어떻게 해야 그 죄업을 소멸시킬 수가 있는가하는 의문에 대한 대답이 이 대목이다.

海東疏 此第二中 亦有二句 先明所除障礙 後示能除方法

그 다음 두 번째 가운데 또한 두 구절이 있다. 먼저는 제거해야 하는 장애를 밝혔고 후에는 제거하는 방법을 내보였다.

물길이 막히면 길을 틔워준다. 그러면 물이 흐른다. 흐르는 물은 썩지 않는다. 마찬가지로 신행이 정지되면 안 된다. 그러면 신심이 썩는다.

신행을 하다가 그만두게 될 때 사람들은 조금도 미안한 생각을 가지지 않는다. 무슨 친목계 모임에서 탈퇴하는 것쯤으로 생각한다.

자신의 죄업과 업장으로 더 이상 신행하지 못하는 것은 타인들에게 대단히 부끄럽고 죄스러운 일이다. 왜냐하면 자기의 과거 행위가 얼마나 나빴는지 그대로 드러나기 때문이다.

거기서 좀 더 나아가면 자신에게 그렇게 미안하지 않을 수 없다. 그것은 평생 오지랖 넓게 자기보다 세상에 관심을 더 많이 가져왔기 때문이다. 제대로 하려면 내 자신을 먼저 살피고 세상을 챙겨야 하는데 그러질 못했다. 그러다보니 내 진짜 마음의 원성으로부터 피할 수 없다.

何面目見之

내가 좋아하는 말 중에 하나다. 유방에게 쫓기던 항우가 해하에서 오강을 건너자는 정장의 말을 듣고 내뱉은 말이다. 무슨 면목으로 고향사람들을 볼 것인가 하는 자책어다.

나이를 먹으면 자신의 얼굴을 보지 않으려 한다. 젊었을 때는 거울과 함께 살았는데 언젠가부터는 거울을 피하려 한다. 거울에 보이는 자신이 싫어서다.

활기차고 싱싱하던 홍안의 미소년은 어디로 가고 흰 머리에 주름진 얼굴, 윤기 없는 피부에 굽은 체형이 나를 퀭하니 되레 보고 있다. 정말 내가 봐도 내 자신이 혐오스럽다. 그나마 평생 씻고 다듬어 온 내 모습도 저렇게 추해졌는데 던져놓다시피 방치해 둔 내 마음은 얼마나 흉하고 고약스러울까.

그래서 사람들은 자신의 마음을 보지 않으려 한다. 마음 이야기만 하면 어떻게든 그 자리를 피하려 한다. 무슨 면목으로 자신을 볼 것인가. 자신의 목에 칼날을 들이댄 항우의 기개가 아니라면 무슨 낯으로 자신의 마음을 보려 하겠는가.

海東疏 方法中言禮拜諸佛者 此總明除諸障方便

방법 중에서 말한 제불에 예배를 드린다는 것은 모든 업장을 제거하는 방법을 총괄적으로 밝힌 것이다.

사람에게 대항하고 공격하는 개는 볼썽사납다. 대신 사람에게 순종하고 엎드리면 쓰다듬고 싶다. 사람이 부처님께 맞서거나 저항하면 참 보기가 싫다. 대신 그분께 엎드리고 순종하면 버들같이 부드럽게 보인다.

오직 마음이 착한 자만이 손해보고 양보한다. 그들의 마음은 곱고 여리다. 인과를 알기에 그렇다. 그들은 겁내고 있다. 이러다 죄받으면 어떡하지 하는 두려움을 갖고 있다.

대신 못된 사람들은 고집이 강하고 겁이 없다. 그래서 불교에 저항한다. 그들은 결코 자신을 굽히지 않는다. 차라리 자기 주먹을 믿겠다고 한다. 인과를 믿지 않고 쓸데없는 꼬장이나 오기를 부린다. 그것이 자기의 힘이라고 여긴다.

불교는 이런 사람들을 좋아하지 않는다. 그래서 영악하고 이악스러운 사람과 무지하고 괴팍한 사람들은 불교를 믿지 못한다. 그들의 심성에는 사이비나 사법이 제격이다.

그들이 설령 불교에 들어온다 해도 정법을 이해하지 못한다. 그런 중생들에게는 세 가지 못된 심성이 있다. 그것을 **대법거다라니경**에서는 三惡心이라고 하셨다.

1. 심성이 황폐하여 좋은 말을 듣지 아니하며
2. 교만을 품고 남이 자기보다 훌륭하면 미워하고
3. 남의 훌륭함을 알면서도 가까이 가지 않으려 한다.

이게 못된 범부들의 별난 심성이다. 이런 자들은 정법하고는 거리가 멀다. 불법은 중생이 가야 하는 길을 제시하고 중생의 고통을 없애주는 방법을 가르친 것이므로 이것을 등지면 세세생생 무한한 고통을 당하고 무량한 괴로움을 받아야 한다.

그러므로 죄장이 두꺼워 못된 심성을 없애고자 하는 자들은 무엇보다도 먼저 부처님을 친근히 예배하고 그분을 받들어 공경해야 한다. 그것이 모든 죄업장을 녹이는 가장 이상적인 방법이다.

海東疏 如人負債依附於王 則於債主無如之何

그것은 마치 고리 빚을 진 사람이 왕에게 의탁하는 것과 같다. 그러면 채주가 어찌할 수 없다.

가난한 서민들은 탐관오리나 고리대금업자들에게 시달리기 마련이다. 먹고 살려면 어쩔 수 없이 비싼 이자로 돈을 꾸어야 하고 빌린 곡식으로 삶을 연명해야 한다.

해마다 돈을 갚고 곡식을 갚아도 형편이 나아지는 것은 아니다. 갚으면 갚은 것만큼 또 빚을 지고 살아가야 되니 어떻게 그들의 횡포로부터 벗어나겠는가.

그때 큰마음을 먹고 고향을 떠나 왕이 있는 서울로 간다. 그리고 어떻게 어떻게 해서 왕이 사는 궁궐로 들어간다. 그 속에서 일자리를 얻는다. 이제 그의 신분은 왕궁의 식구가 된 것이다.

한편 그에게 고리로 돈을 빌려주고 양식을 빌려준 채무자는 황당해한다. 어느 날 홀연히 사라져 버렸기 때문이다. 어떻게 어떻게 수소문하여 찾아보니 그가 놀랍게도 왕궁에 들어가 있지 않는가.

그럼 이제 그 채무자는 어떻게 해야 하는가. 아무것도 할 수가 없다. 잘못하다가는 자기의 잘못이 드러나 도리어 잡혀들어 갈 수가 있다. 그래서 맥없이 돌아설 수밖에 없다.

왕정시대에는 왕이 곧 절대자다. 거기에는 법도 필요없고 규칙도 완전 예외다. 왕의 한마디에 모든 법이 바뀌고 규칙이 틀어진다.

탐관오리와 고리대금업자는 가난한 사람들을 괴롭히는 邪魔와 악귀들이다. 그들은 평생 중생들의 목에 빨대를 꽂아 고혈을 빨아먹고 있다.

왕이 사는 곳은 불교의 세계고 갈 곳은 사찰이다. 그래서 불교신자가 되어 부처님께 의탁해 버리면 사마와 모든 마귀는 더 이상 어떤 횡포를 부릴 수 없다.

그래서 부처님께 귀의해 버리면 모든 것이 해결된다는 뜻에서 총괄적인 방법이라고 하였다.

海東疏 如是行人禮拜諸佛 諸佛所護 能脫諸障也

그처럼 사람이 제불께 예배를 드리면 제불이 보호하여 능히 모든 업장으로부터 벗어나게 한다.

제불께 예배를 드린다는 말은 귀의를 말한다. **아함경**에 이런 말씀이 있다. 여래를 받들어 섬기며 정성껏 예배하면 다섯 가지 공덕이 이뤄진다. 자태가 예쁘고 음성이 맑으며 청아하다. 부귀하게 되고 좋은 집안에 태어난다. 그리고 목숨을 마치면 천상에 태어난다고 하셨다.

얼음은 물의 죽음이다. 전혀 움직이지 않는다. 그러나 그것은 자유롭게 흐르고자 하는 속성을 가지고 있다. 흐르려면 햇빛을 받아야 한다. 그렇지 않으면 더 단단하게 굳어진다.

죄업으로 단단히 굳어 있는 중생이 진여의 세계로 흘러들어가려면 자신을 녹여야 한다. 그때 중생을 녹이는 따스한 햇빛이 바로 부처님이 갖고 있는 자비와 광명이다. 그것을 받아야 한다. 그러면 지성으로 부처님께 귀의하고 예배코자 하는 마음이 일어난다.

136

No other refuge do I seek, The Buddha is my refuge true.

다른 귀의처는 찾지 않겠습니다. 부처님만이 저의 진실된 귀의처
이옵니다.

海東疏 懺悔以下 別除四障 四障是何

참회 이하는 따로 네 가지 장애를 제거하는 방법이다. 네 가지 장애가
무엇인가.

불교에서는 한 번 지은 죄는 없어지지 않는다고 했다. 함무라비법
전처럼 눈에는 눈 이에는 이로 갚아 버리지 않는 한 그 잔여의식은
고스란히 피해자에게 남아 있다.

그러므로 이것은 어떻게 할 수가 없다. 절대로 없앨 수가 없다.
그 결과를 받아야 한다. 죄를 지어놓고 그 결과를 안 받겠다고 하면
진짜 도둑놈 심보고 안 받도록 어떻게 해 준다고 한다면 완전 사기꾼
이다.

아니, 돈 빌려준 사람은 있는데 돈 꾸어간 사람이 돈도 안 갚고
이제 그만하자고 하면 그게 말이 되는 법인가. 그러므로 죄는 참회한
다고 해서 없어지는 성질이 아니다. 기도한다고 용서를 받지는 못한
다. 잘못을 저질렀다면 고통을 받아야 한다.

그러니 참회한다고 시간을 낭비하지 마라. 당신이 악을 행하든지
선을 행하든지 즐거움과 고통은 그림자처럼 그대를 뒤쫓는다는 것을
알아야 한다. 그것이 인과의 법칙이다.

불교의 참회는 과거에 지은 죄업으로 너무 많은 고통을 받아왔기

에 이제는 그런 고통이 싫다는 전제하에 그런 행위로부터 벗어나겠다는 다짐이라고 했다.

친구와 비슷한 남자를 보았다. 반가워서 뒤통수를 쳤다. 그런데 아니다. 그 사람이 가만히 있겠는가. 그도 신경질이 나서 나의 뒤통수를 쳤다. 이제 인과는 없어졌다.

그런데 이번에는 거의 확실하게 친구의 뒷모습이 보였다. 반가워서 또 뒤통수를 쳤다. 그런데 저번의 그 아저씨다. 그도 신경질이 났고 고의도 아닌 나도 신경질이 났다. 둘 다에 미움의 인과가 맺혀졌다

여기서 끝이 나야 했다. 그런데 그것이 그리 되지 않는다. 이번에는 정말 확실한 친구의 뒷모습이다. 그래서 자신있게 또 뒤통수를 쳤다. 그런데 아뿔싸! 이번에도 아니다. 그 사람이다.

잡히면 맞아 죽는다. 그래서 냅다 도망가 버렸다. 그 사람은 분명히 이렇게 이를 갈았을 것이다. 이건 고의다. 잡히기만 잡혀봐라. 아작을 내 놓을 테니까. 그렇게 해서 그 사람에게 복수의 인과가 심어졌다. 그것을 어떻게 지울 수가 있단 말인가.

진정한 참회는 여기서 일어난다. 이제 절대로 먼저 뒤통수를 치지 않겠다. 확실히 알고 난 뒤에 그때 반가움을 표현해야겠다 라고 다짐하는 것이다. 그게 바로 불교의 참회라는 것이다.

海東疏 一者諸惡業障 懺悔除滅
첫째는 모든 악업의 죄장을 참회로 없애는 것이다.

138

악업은 악한 행위로 인한 죄업이다. 이것은 또 다른 죄업을 일으킨다. 그러므로 이것을 없애야 한다. 그런데 참회로 제거해야 한다고 하셨다. 참회의 대상은 표면상에 나타난 거친 악업이다. 그 거친 악업이 있으면 또 다른 악업을 짓게 된다. 그러므로 그 싹을 잘라버려야 한다.

죄업은 상대적이다. 그런데 일방적인 것도 있다. 즉 상대방은 잊어버렸는데 나 혼자 속앓이를 하고 있는 죄다. 이것은 참회로 없애는 것이 가능하다. 그러나 상대가 있는 인과는 어쩔 수 없다. 단 마음속에 응어리져 있는 거친 죄업을 털어내면 갈 길이 가벼워진다.

그래서 항상 사정근을 닦아야 한다. 이 사정근은 앞 37조도품을 설할 때 이미 설하였다.

海東疏 二者誹謗正法 勸請滅除
둘째는 정법을 비방한 것은 권청으로 소멸시켜 없애야 한다.

정법은 正路다. 정로를 이탈하면 헤매게 되어 있다. 그러면 무진 고생을 한다. 그러다 결국 정로로 다시 돌아온다. 그러므로 목적지가 분명 정해지면 정로로 나아가야 한다.

그런데 사람들은 정로를 좋아하지 않는다. 그 자신이 비뚤어져 있기 때문에 굽은 길이나 재미있는 길을 좋아한다. 굽은 길로 들어가면 길을 잃고 재미있는 길로 들어가면 탐착하게 되어 있다.

거기에 인생 사이비가 있다. 그 사이비는 정로를 비방한다. 노세 노세 젊어서 노세라든가, 공부해서 뭐하나. 청춘을 즐기자. 신행자도 사람이다. 즐길 건 즐기는 것이지 신행이 다냐 하는 식으로 신행자의 신심을 흩트러 버린다.

또 종교는 똑같다. 진리는 다 같다는 소리로 정법을 비방한다. 맞는 말이다. 길은 다 같고 학생은 다 같은 학생이다. 그러나 길이 똑같다고 해서 시장가는 길과 등산하는 길이 같을 수는 없고 학생이 똑같다고 해서 모범학생과 불량학생이 같을 수는 없다.

그처럼 똑같은 종교라 해서 불교와 외도가 같을 수는 없고 똑같은 길이라고 해도 그 좌표가 분명 다르게 되어 있다.

골인지점을 향해 힘차게 달려가는 선수를 옆 선수가 고의적으로 넘어뜨리면 분노가 치민다. 완전 반칙이고 완전 불법이다. 그 사람은 몸으로 밀었지마는 혹 당신은 불교의 진리를 찾으러 다니는 사람들을 입으로 밀지는 않는지 여기서 한번 되새겨 봐야 한다.

불교는 불교를 모르는 자가 비방한다. 불교를 아는 자는 비방하지 않는다. 불교는 비방의 표적이 될 수 없다. 그것은 중생의 심지를 설해놓았기 때문에 객관적인 비방의 상대가 되지 않는다. 그런데도 불교를 비방하고 그 신행자를 조소한다.

그랬던 사람은 勸請으로 참회해야 한다. 권청에는 두 뜻이 들어 있다. 권은 사람들에게 설법 듣기를 권하고 청은 법사에게 설법해 주기를 청하는 것이다.

海東疏 三者嫉妬他勝 隨喜對治
셋째는 타인의 훌륭함을 질투한 것은 수희로 대처하고

사람마다 다 장점과 단점이 있다. 완벽한 자는 아무도 없다. 완벽하다면 그는 이미 사람이 아니다. 그러므로 내가 상대방의 장점을 찾는다면 상대방도 나의 장점을 찾는다.

내가 상대방을 헐뜯으면 상대방도 나를 헐뜯는다. 내가 상대방을 칭찬하면 상대방도 나를 칭찬한다. 반드시 그렇다. **자경문**에 남을 헐뜯는 소리를 들을 때는 부모를 헐뜯는 소리로 들어라고 했다. 그 밑에 경구는 이렇다.

今朝雖說他人過
異日回頭論我咎

오늘 아침에 비록 타인의 허물을 말하고 있지마는
다른 날에는 머리를 돌려 나의 허물을 말하고 있을 것이다.

섬뜩한 말이다. 나와 함께 남을 흉보는 자들이 언제 모여서 나를 흉볼지 모른다. 그래서 마키아벨리는 적에게 하지 못하는 말은 친구에게 말해서는 안 된다고 했다.

그러므로 남에 대해 좋은 말을 하라. 더더구나 자신과 가족, 그리고 사회와 중생계를 위해 절에 다니는 친구를 보고 입을 모아 삐죽거리는 행위는 삼가야 한다.

자신이 하지 못하는 일을 그들이 하고 있다. 그러므로 그들의 신행을 격려하고 그들의 신심을 보호해야 한다. 후일 자신이 위험에 처했을 때나 아니면 길을 잃고 방황하게 될 때 그들이 반갑게 손을 내밀어 나를 이끌어줄지 모른다. 입 뒀다가 뭐에 쓸 것인가. 지금 바로 절에 다니는 그런 사람에게 전화해서 칭찬해 보시기 바란다. 이거만큼 효과 빠른 공덕은 없다.

海東疏 四者樂著三有 廻向對治
넷째는 삼유에 즐거이 집착하는 것은 회향으로 대치해야 한다.

삼유는 삼계다. 둥지는 벗어나야 하고 품은 떠나야 한다. 고향은 떠나야 하고 부모는 이별해야 한다. 그렇지 않으면 결코 더 큰 세계로 나아갈 수 없다. 그래서 어른이 되면 부모 곁을 떠난다. 거기다 스님들은 부모와 이별해 출가를 한다. 세속을 떠나고 더 나아가 삼계까지 떠나고자 수행한다.

모래밭에서 태어난 거북이가 드넓은 바다로 달려가지 않으면 새들에게 잡아먹힌다. 큰 나무 구멍에서 태어난 원앙이 바닥으로 뛰어내리지 않으면 드넓은 호수의 세계로 나아가지 못하고 거기서 죽고 만다.

다 큰 자식이 독립하지 못해 집에서 빈둥거리는 모습을 보는 부모의 속은 말이 아니다. 다 큰 범부가 삼계의 세계를 벗어나지 못하고 6도의 세계에 눌러 앉아 있는 모습을 보는 부처의 속은 답답하기만 하다.

집을 나가야 한다. 그래야 출세한다. 삼계를 벗어나야 한다. 그래야 부처가 된다. 남자는 집을 떠나야 하고 범부는 삼계를 떠나야 한다. 그렇지 않으면 말 많고 탈 많은 방구석 독립투사밖에 되지 못한다.

由是四障 能令行者不發諸行 不趣菩提

이와 같은 四障이 수행자로 하여금 모든 수행을 일으키지 않게 하여 보디에 진취하지 못하게 한다.

앞에서 말한 네 가지 장애를 가진 신행자는 수행으로 나아가지 못한다. 그 네 개의 밧줄이 자신을 묶어놓기 때문이다.

수행자의 목적은 보디에 진취하는 데 있다. 진취는 목적을 향해 앞으로 나아감을 말한다. 그러려면 계속해서 성장해야 한다. 그런데 이 네 가지 장애에 묶이면 바위에 눌린 초목처럼 더는 성장하지 못한다.

많은 사람들이 불교를 배웠어도 깨달음을 위해 수행에 나아가지 못하고 있는 이유가 여기에 있다. 그런데도 그 사람들은 거기에 묶여 있는 줄 모른다. 그게 문제라는 것이다. 알면 풀려고 할 텐데 그것을 알지 못하고 있다는 데 비극이 있다.

海東疏 故修如是四行對治 是義具如瑜伽論說

그러므로 이와 같은 네 가지 수행을 닦아 대치해야 한다. 이러한 뜻을 자세하게 설해 놓은 것은 유가론이다.

절에 다니지 못하는 이유가 앞에서 밝힌 것처럼 네 가지 장애에서다. 악업과 정법비방, 그리고 질투와 집착이 자신을 붙들고 있다. 설령 절에 갔다고 하더라도 다시 세속으로 끌려 나간다. 그래서 오래 다니지 못한다.

악업은 참회로 다스리고 정법비방은 권청으로 속죄한다. 질투는 선근을 닦는 자들을 끊임없이 찬탄하고 집착은 무슨 수를 써서라도 그 올가미로부터 벗어나고자 한다.

이런 네 가지 장애와 그 장애로부터 벗어나는 방법에 대해 더 자세히 알고 싶으면 성사가 말씀하신 **유가론**을 보면 된다.

海東疏 又此懺悔等四種法 非直能除諸障 亦乃功德無量

또 이 참회 등 사종 법은 직접 모든 장애를 제멸할 뿐만 아니라 또한 공덕이 무량하게 된다.

덫에 걸린 짐승이 덫을 벗어나면 자유롭게 된다. 그때 마음껏 산야를 누빈다. 덫을 벗어남과 동시에 얻어지는 자유다. 이와 같이 네 가지 장애가 벗겨지면 무량한 공덕이 일어난다.

어둠이 걷히면 밝음이 나타나는 것처럼 장애를 없애면 무량한 공덕이 나타나게 되어 있다.

무량한 공덕을 일으키고 싶은가. 그렇다면 앞에서 말한 네 가지 장애를 없애면 된다. 죽어도 못한다고?! 그렇다면 맨 땅에 헤딩하는 삶을 살아야지 어쩌겠는가.

"이 방법 말고 무량한 공덕을 일으킬 수 있는 방법은 없습니까?"
"꿈도 야무지다. 하지만 방법이 있다."

海東疏 故言免諸障善根增長 是義廣說 如金鼓經也

그러므로 모든 장애를 면하고 선근이 증장된다고 한 것이다. 이러한 뜻을 광범위하게 설해 놓은 것은 금고경이다.

돈이 없으면 금광을 발견했다 하더라도 어떻게 할 수가 없다. 마찬가지로 선근이 없으면 불교를 만났다 하더라도 거기서 아무런 이익을 얻을 수 없다.

불교 속에서 천만 번 법문을 듣고 수십 년을 절로 쫓아다녀도 선근이 없으면 결코 자신이 변혁되지 않는다. 그러므로 불교의 이익을 보려면 어쨌든 선근을 증장시켜야 한다.

선근이 증장되면 어떻게 되는가. 그러면 자연적으로 내면에 숨죽이고 있던 대승이 움직인다. 그렇게 되면 염생사고 구열반락하는 마음이 일어난다.

그것이 일어나야 생사로부터 벗어나고자 하는 강력한 신심이 발동하고 발심이 솟구친다. 그때 불교가 그 사람에게 필요하다. 이런 말씀은 성사께서 **금고경**에 자세히 설해져 있다고 하셨으니 더 깊이 알려고 하면 그 경전을 찾아보시면 된다.

마. 지관문

海東疏 △止觀門中 在文有二
지관문을 설한 글에는 두 부분이 있다.

이 지관문은 조론8유 중에서 여섯 번째다. 지관을 수습하는 것을 보여 범부와 이승들이 갖고 있는 마음의 잘못을 대치하고자 이 논서를 쓴다는 대목이다.

지관이라고 할 때 止는 일체의 분별을 끊는 것을 말한다. 그리고 觀은 인연이 화합하고 생멸하는 모습을 직관하는 것이다. 이 둘을 모아서 止觀이라고 한다.

잠 속에 들어가면 세상은 완전히 없어진다. 아무것도 없다. 깨고 나면 온갖 것들이 다 눈에 들어온다. 잠 속에 있는 상태를 止라고 하고 깬 상태에서 눈앞에 보이는 것을 觀이라고 한다.

자식이 나에게 태어나기 전에는 자식이 없었다. 그런데 지금 저렇게 있다. 없던 상태를 止라고 하고 있는 상태를 觀이라고 한다. 그런데 사람들은 지금 있는 상태만 인식하고 있다. 그래서 거기에 집착하고 분별한다.

海東疏 一者略明 二者廣說

첫 번째는 간략히 밝힌 것이고 두 번째는 널리 설명한 것이다.

불교에서 지관은 수행의 꽃이다. 식물이 꽃을 피우기 위해 뿌리와 줄기가 있듯이 지관수행을 하기 위해 앞에 네 가지 수행이 있다. 그것은 보시와 지계 인욕과 정진이다.

이 네 가지 기초수행이 갖춰지지 않으면 지관의 세계에 들어갈 수 없다. 그것은 절대적이다. 결코 지관의 수행을 닦을 수 없다. 다른 말로 하자면 지관문에 들기 위해 앞에 네 가지 수행을 하는 것이다.

장거리 수영을 하려면 물에 들어가기 전에 몸부터 풀어야 한다.

그 준비운동이 앞에서 말한 네 가지 수행이다. 몸만 풀고 죽음의 강물에 뛰어들지 않는다면 이 사바세계의 화마에 타 죽고 만다.

起信論 云何修行止觀門

이를테면 어떻게 지관문을 수행할 것인가.

止는 정지고 멈춤이라고 했다. 뿌연 강물의 밑바닥은 모른다. 망념이 흐르는 우리의 마음 밑바닥을 아는 자는 없다. 영화가 멈추면 무엇이 나타나는가. 커다란 은막만 나타난다. 거기에 아무것도 없다. 그렇다면 움직이는 마음이 멈추면 무엇이 나타나는가?

범부는 그것을 알 수가 없다. 한 번도 그 마음을 정지시켜 본 적이 없기 때문이다. 움직이는 마음이 정지되는 순간 세상의 실체가 드러난다. 영화같이 만들어진 죄업의 영상들이 사라진 자리에 그 바탕인 실체가 있다. 곡식이 거둬지면 들판이 보인다. 그게 들판의 실체다.

그 실체를 보여주기 위해 止수행이 나타났다. 止수행은 우리가 잘 아는 참선이다. 참선으로 선정에 들면 세상을 만드는 마음의 실체를 볼 수가 있다. 실체를 왜곡하는 것은 중생의 마음이다. 실체를 보면 마음이라는 것은 없다. 그런데도 중생은 마음을 쓰고 있다. 그래서 그 마음이 가짜라는 것이다.

마음이 사라진 그 자리는 지혜만 있다. 지식은 마음에서 나오고 지혜는 무심에서 나온다고 했다. 무심이 선정이다. 실체를 왜곡하고 사실을 뒤집는 마음이 사라지는 그 자리가 선정이다. 거기서 지혜가 발광한다.

그 발광의 광채는 햇빛보다도 더 찬란하고 달빛보다도 더 교교하다. 크기는 천지보다도 넓고 우주보다도 광대하다. 깨끗하기는 연꽃보다 청초하고 별빛보다 초롱하다. 색채는 봄날의 새싹들보다 더 싱그럽고 지는 석양보다 더 아름답다. 그 본체를 무어라 표현할 수 없어서 실체라고 한다. 그 실체가 진짜의 자신이다.

그 실체를 찾으려고 사람들은 온갖 방편들을 고안해 내었다. 불교에서는 禪이라는 방법을 내세웠다.

禪은 **대장법수**에 十禪이 있다고 했다. 초보에서 고도의 선정에 이르기까지 십종 단계를 두었다. 열거해보면 출가청정선 근선지식청정선 아란야처선 이희론궤뇨선 신심유연선 지혜적정일체음성선 칠각팔도선 이미착제번뇌선 통명청정선 내지방편유희신통선이다. 참 종류가 많기도 하다.

선원제전집에서는 범부선 외도선 조사선 여래선 최상승선 소승선 대승선이 있는데 최상승선에 여래선과 조사선을 넣었다.

다른 종교나 외도는 보통 이런 수행을 묵상이나 명상으로 표현한다. 그들은 마음에 집중한다. 토끼를 잡으려고 할 때 그들은 토끼의 뒤를 쫓는다. 토끼가 굴속에 들어가면 놓칠세라 바로 그 뒤를 따라붙는다.

조사불교는 토끼가 굴속에 들어가면 급하게 굴을 파헤친다. 화두라는 도구로 담방 잡으려 한다. 대단히 모험적이고 도전적이다. 대승불교는 완전히 다르다. 굴로 들어갈 것이 아니라 밖으로 나오도록 유도한다. 복이라는 먹이를 밖에다 두고 토끼가 자연적으로 나오게 한다.

　그래서 명상과 조사불교, 그리고 대승불교의 수행은 다르다. 물론 목적도 다르다. 명상은 마음에 대한 집중력을 요하고 조사선은 공격적으로 마음을 찾지만 대승의 선은 어떤 테크닉이나 방법을 쓰지 않는다. 단순히 복에 의해 자신이 드러나기만을 기다린다.

　명상은 삶에 지친 자들이 심신안정을 도모하기 위해서 하므로 거기에는 나我라는 주체가 있다. 조사선은 무모한 용기로 자신을 찾으러 덤비는데 거기에도 파헤쳐지는 我라는 주체가 있다. 그러나 대승의 선은 주체가 없다. 거기에는 깨달아야 하는 대상이나 치유해야 하는 병고는 물론 힐링해야 하는 마음이 없다.

　그래서 대승의 선은 자신을 포기한 자들이 닦는다. 자신을 재무장하고자 하는 명상이나 겁 없이 자신을 찾고자 도전하는 조사선보다도 자신을 놓아버리는 포기가 더 위대하다는 사실을 아는 사람만이 이 의미심장한 대승의 선을 수행한다.

起信論 所言止者 謂止一切境界相 隨順奢摩他觀義故

말한 바 止라는 것은 이를테면 일체경계의 모습을 그치는 것이다. 그것은 사마타관을 수순하는 뜻이라서 그렇다.

　止는 그친다는 뜻이다고 했다. 그치는 대상은 먼저 눈앞의 경계상이다. 욕망으로 일으킨 세상을 완전히 포기할 때 선정이 이루어진다. 그것을 사마타라고 한다. 사마타는 **대지도론**과 **십주비바사론**, 그리고 **금강삼매경론**에서 약간씩 다르게 설명하고 있다. 그렇기에 보통

성유식론요의등에서 밝힌 7종 定名을 기준으로 삼는다.

1. 삼마히따 等引
2. 삼마디 等持
3. 삼마파띠 等至
4. 단냐 靜慮
5. 치따이카그라따 心一境性
6. 사마타 止
7. 드라스타 달마 스카 비하라 現法樂住

이런 이름으로 요동하는 마음을 정지시킨다. 마음이 요동하면 가짜 세상이 나타난다. 그것은 진짜가 아니다. 그것은 미친 마음이 만들어 낸 미친 세상이다.

분노가 치솟아 정신이 살짝 가버리면 자기 집에다 불을 지른다. 그러면 멀쩡한 집이 불타오른다. 그러면 방화죄로 경찰서에 잡힌다. 신경질이 나서 옆에 사람을 때려버리면 교도소에 갇힌다. 이것이 바로 미친 마음이 미친 세상을 만든다는 것이다.

자기가 만들어 낸 미친 세상에서 또 다른 미친 짓을 한다. 그 미친 행동으로 또 다른 미친 세상이 나타난다. 그런 세상에 우리가 살고 있다.

요동치는 마음을 정지시키면 미친 세상이 없어지는 것인가. 즉 이런 세상 말고 또 다른 세상이 있다는 말인가. 그렇다. 정상적인 마음으로 보면 정상적인 세상이 보이고 미친 마음으로 보면 이런 미친 세상이 보인다는 것이다.

정상적인 세상을 보고 싶은가. 그 세상이 정토라는 세계다. 악몽을 꾸다가 깨고 나면 폭신한 침대에 누워 있다. 악몽은 미친 세상이고 침대는 정토다. 그러므로 止수행을 해서 미친 세상으로부터 벗어나 자는 것이다.

起信論 所言觀者 謂分別因緣生滅相 隨順毗鉢舍那觀義故

말한 바 관이라는 것은 인연으로 생멸하는 모습을 분별하는 것이다. 그것은 비발사나관을 수순하는 뜻이라서 그렇다.

觀은 직관이다. 인연으로 일어나 없어지는 모든 현상을 직관하는 것이다. 한자로 분별이라고 썼지만 여기에서는 직관이 더 맞는 말이다.

직관은 사마타에서 얻어진다. 즉 마음이 가라앉으면 비로소 사물이 정확하게 보인다는 뜻이다. 그것은 마치 파도가 정지되면 깨어진 달이 동그랗게 비춰지는 것과 같다. 조건은 원만한 달을 보고 싶다는 마음이 간절하게 있어야 한다는 것이다.

그 간절함이 사마타를 있게 만들고 사마타에 의해 원만한 달이 보이게 된다. 그러므로 이 둘의 작용은 서로 상호하고 보완한다.

起信論 云何隨順 以此二義漸漸修習 不相捨離 雙現前故

이를테면 어떻게 수순하는가. 이 두 뜻을 점점 수습하게 되면 서로 벗어나거나 떨어지지 않고 쌍으로 나타나 나아간다.

그렇다면 어떻게 해야 이 지관의 세계에 수순할 수 있는 것인가. 즉 어떠한 방법으로 이 정지와 직관을 할 수 있는가. 그것은 쉬지 않고 계속해서 선정과 지혜를 닦아나가면 된다. 그러면 이 둘은 별개의 수행이 아니라 하나의 수행이 된다. 그때 두 가지 작용이 한꺼번에 나타난다.

원문에서 쌍으로 나타나 나아간다는 말이 바로 이 뜻이다. 여기에 前은 앞 전이 아니라 나아갈 전이다. 그러니까 사마타와 비발사나는 이름만 다를 뿐 그 작용은 같은 것이라고 봐야 한다. 거울에 비친 영상은 하나인가. 둘인가.

Neither the same Nor the different.
같은 것도 아니고 다른 것도 아니다.

스리랑카 캔디에 미국스님 방에 붙어 있던 글이다. 이 한 글귀 속에 모든 진리가 다 들어 있다고 했다. 그 진리를 찾으려면 바로 지관을 쌍으로 닦아야 거기에 계합한다. 참 의미있는 글이라 싶어서 오랫동안 기억하고 있다.

海東疏 初略中言謂止一切境界相者　先由分別作諸外塵
처음에 간략히 말한 가운데서 이를테면 일체경계의 모습이라 한 것은 먼저 분별로 모든 외진을 지어 왔다.

분별은 실재의 모습을 왜곡되게 만든다. 분별은 망념에서 시작된다. 범부의 생각이 망념이다. 망념이 있는 한 세상은 분별된다. 분별된 세상이 다시 망념을 일으킨다. 그 망념이 겹쳐서 다시 새로운 세상을 만들어 낸다.

이 중생세계는 없다. 그런데 이렇게 있다. 이것은 중생의 보편적 망념이 만들어 낸 분별세계다. 그런데 한 번 더 나아가면 치매의 세계가 또 나타난다. 그처럼 중생은 분별이 겹치고 겹친 세상을 만들고 있다. 그것이 분별로 외진을 짓는 것이다. 외진은 바깥세상이다.

海東疏 今以覺慧破外塵相 塵相既止 無所分別 故名爲止也

이제 각혜로 그 외진의 모습을 깨뜨리는 것이다. 외진의 모습이 완전히 없어지면 분별할 바가 없어진다. 그래서 이름을 止라고 한다.

드라마 화면은 연속적으로 움직인다. 그 때문에 시청자의 넋을 뺏어 화면 속으로 끌어들인다. 만약에 연속성이 없으면 그것이 드라마인 줄 알아버린다. 영화가 상영될 때 필름이 끊어지면 즉각 현실이 드러나는 것과 같다.

마음도 마찬가지다. 하나의 망념은 또 다른 망념을 연속적으로 물고 일어난다. 거기에 간격은 없다. 간격이 있으면 그것이 망념인 줄 금방 알아차린다. 그러므로 **인왕경**에 범부의 망념 가운데 90찰나가 있다고 하셨다.

범부는 그 망념의 간격을 깰 수가 없다. 그 망념의 연속성을 마음이라고 한다. 필름이 연속해서 영화가 만들어지듯이 망념이 연속해서 마음을 만들어 내기 때문이다.

그것을 알 수 있는 지혜는 각혜다. 각혜는 직관의 작용이다. 그것은 마음이 정지될 때 나온다. 마음이 움직이면 지식이 나오고 마음이 정지되면 지혜가 나온다고 수차례 언급하였다.

그러므로 각혜는 마음이 정지될 때 나온다. 그 각혜로 세상을 보면 세상은 망념의 소산물이라는 걸 깨닫는다. 그러므로 마음이 만들어낸 세상에 대해 분별할 것이 없게 된다.

海東疏 次言分別生滅相者 依生滅門 觀察法相 故言分別

다음에 말한 생멸상을 분별한다는 것은 생멸문에 의거해서 법상을 관찰하는 것이기에 분별이라고 하였다.

원문에는 인연생멸상을 분별한다고 하였다. 인연으로 일어난 생멸상은 생멸문에 의거해 봐야 한다.

진여문은 아예 인연도 없고 생멸상도 없다. 그러므로 이 대목은 생멸문 쪽에서 보는 관찰이기에 분별이라고 하였다.

법상은 경계다. 즉 눈앞에 나타나 있는 세상천지다. 그것을 자세히 살펴보는 것이 분별이다. 분별을 하기 위한 분별이 아니라 분별을 없애기 위해 분별하는 것이다. 그것을 위에서 직관이라고 표현하였다.

海東疏 如瑜伽論菩薩地云 此中菩薩 卽於諸法無所分別 當知名止

유가론보살지에서 말하기를, 이 중의 보살은 제법에 대해 분별할 바가 없으니, 마땅히 그것을 止라고 함을 알아야 한다.

성사는 **유가론**을 인용하셨다. **유가론**은 **해심밀경**의 해설서다. **해심밀경**과 **유가론**은 유식사상의 대표적인 경론이다. 유식에 관심을 둔 성사는 이 경론을 한편으로 무척 좋아하셨던 것 같다.

그 **유가론** 중 보살지 대목에 위 글이 나온다. 이 중에 있는 보살은 거기서 37조도품을 닦는 보살들이라고 말하고 있다. 그 보살들은 세상에 대해 분별하지 않는다. 아니 분별할 무엇이 없다. 왜냐하면 그분들은 止의 수행을 하고 있기 때문이다. 그래서 그것을 止라고 한다고 하였다.

海東疏 若於諸法勝義理趣 及諸無量安立理趣世俗妙智 當知名觀

제법의 승의이취에 이어 제법의 무량한 안립이취에 나아가는 것은 세속의 묘지니, 마땅히 그것을 관이라고 함을 알아야 한다고 했다.

승의이취는 글자 그대로 수승한 뜻의 도리로 향하는 것이다. 승의는 제일의제이며 진제며 진리다.

승의는 중생들이 보지를 못한다. 물고기가 물을 보지 못하고 사람이 공기를 보지 못하듯이 이 승의의 이치는 범부가 알 수 있는 경계가 아니지만 중생과 더불어 움직이고 있다.

안립이취는 여래장식의 전변에 의해 나타난 삼라만상과 중생세계다. 모두 다 제각기의 인연과 인과로 건립되어 있다. 안립이란 겉으로 보기에 그대로 안정되게 건립되어 있다는 뜻이다.

승의이취는 실재고 본질이기에 여실진지로 보아야 한다. 여실진지는 한결같고 진실된 참 지혜다. 이것은 십지보살과 부처님의 근본지다. 이 지혜로만이 승의이취를 볼 수가 있다.

그런데 위 글에 보면 안립이취는 세속묘지로 본다고 했는데 승의이취는 무엇으로 본다는 글이 없다. **유가론**의 원문에는 승의이취 다음에 여실진지가 있다. 그러니까 성사가 **유가론**을 인용하시면서 이 네 글자를 빠뜨렸는지 아니면 판각할 때 빼먹었는지는 분명하지가 않다. 어쨌거나 원문은 그렇다.

안립이취 또한 승의이취처럼 범부와 함께 움직이지만 범부는 보지 못한다. 범부는 그저 안립은 알지만 이취는 모른다. 그것은 꼭 사람의 겉모습은 알지만 그 내면은 모르는 것과 같다. 그것을 알려면 후득지를 얻어야 한다.

후득지는 세속의 세계와 중생의 마음을 꿰뚫어보는 지혜다. 그러니까 수행이 깊어갈 수록 이 후득지는 또렷하게 드러난다. 부처는 여실진지로 살면서 후득지로 중생을 제도하신다. 이 후득지가 여기서 말한 세속묘지다. 즉 세속을 아는 오묘한 지혜라는 뜻이다.

정리를 하자면 승의이취나 안립이취는 모두 다 직관으로 그 세계를 정확히 본다는 것이다. 그 세계는 진리의 세계나 중생의 세계라고 했다. 그 직관이 바로 觀이고 각혜다.

海東疏 是知依眞如門 止諸境相 故無所分別 卽成無分別智
이 말은 진여문에 의해 일체 경계상을 그치면 분별할 바가 없어져서 무분별지를 이루고

잠자지 않고 계속해서 일하면 몸이 죽는다. 사람들은 여기까지만

안다. 쉬지 않고 마음이 계속 움직이면 마음이 미친다는 것도 알아야 하는데 그것까지는 생각지 못한다. 그래서 중생의 마음이 미쳐 있다.

그렇지 않고서야 어떻게 나날이 이렇게 많은 것들을 만들어 내는데 모두 다 하나같이 불량품일 수가 있겠는가. 인간도 물상도 모두 다 불량품덩어리로 세상에 나타나 있다.

그러므로 쉬어야 한다. 육신이 쉬는 것이 아니라 마음이 쉬어야 한다. 그 쉼이 그치는 것이다. 주정뱅이가 술 마시는 것을 그치면 세상이 똑바로 보이는 것과 같다. 그 전에는 천하없어도 세상을 있는 그대로 정확히 보지 못한다.

海東疏 依生滅門 分別諸相 觀諸理趣 卽成後得智也

생멸문에 의해 모든 경계상을 분별함에 일체의 이취를 직관하면 후득지를 이룬다는 것을 알아라는 것이다.

욕망으로 흥분한 눈에는 앞이 보이지 않는다. 지옥도 마다않겠다는 태세로 달려든다. 그 결과 그들이 바라는 대로 모두 다 지옥에 가 처박힌다.

정치 100단들이 무더기로 정치를 하고 화성에다 빌딩을 짓는 과학자들이 즐비하여도 이 중생세계에는 궁극적인 안락과 평화가 없다. 있다고 하는 자가 있다면 그는 바보다. 그저 안락과 평화를 구하는 설레발을 요란하게 치는 것으로 끝난다. 왜냐하면 범부들의 마음이 원천적으로 비뚤어져 있기 때문이다.

그러므로 무엇보다도 우선 그 마음의 기준부터 똑바로 교정해야 한다. 그때 세상에 대한 정확한 분별이 나오고 이취가 직관된다. 그것이 바로 후득지다. 그 후득지로 세상을 상대해야 평화와 안락이 이뤄진다. 그래서 범부는 반드시 진여문에 의거해 지행을 닦고 생멸문에 의거해 관행을 닦아라고 하는 것이다.

海東疏 隨順奢摩他觀義 隨順毗鉢舍那觀義者 彼云奢摩他 此翻云止 毗鉢舍那 此翻云觀

사마타를 수순한다는 뜻과 비발사나의 뜻을 수순한다는 뜻은 저쪽에서는 사마타인데 여기 말로 바꾸면 止가 되고 비발사나는 여기말로 바꾸면 觀이 된다.

사마타는 Samatha의 음역이고 비발사나는 Vippasana의 음역이다. 수순한다는 뜻은 그 방법을 따른다는 말이다. 그러니까 수순사마타행은 사마타의 방법을 따르는 수행이라는 뜻이고 수순비발사나행은 비발사나의 방법을 따르는 수행이라는 말이다.

세상에는 수많은 사마타행이 있고 비발사나의 수행이 있다. 어느 것이 정도이고 어떤 것이 최고라고 말할 수 없다. 모두가 다 자기 기준에 맞는 스승을 모시고 수행한다.

그렇다면 이 사마타행과 비발사나의 수행으로 깨달음을 이룰 수 있는가. 천만의 말씀이다. 결코 깨달음을 이룰 수 없다. 그런데도 이 것을 가르치는 자는 이것을 수행하면 부처가 된다고 한다. 완전 코미디다.

그러면 왜 이것들을 수행하여야 하는가? 그것은 딱 하나 선근을

쌓기 위해서이다. 다른 말로 하자면 복덕을 갖추기 위함에서다. 이것
외에 그 어떤 효과도 없다. 그렇다면 왜 선근을 쌓으려 하는가. 그것
은 위에서 말한 四信을 일으키도록 하는 동력이 되기에 그렇다.

海東疏 但今譯此論者 爲別方便及與正觀 故於正觀仍存彼語
다만 지금은 이것을 번역하신 분이 방편과 정관을 구분해 놓고 정관을
저 두 말에 같이 붙여 놓았다.

번역하신 분은 진제삼장이다. 그분이 **기신론** 원문을 번역할 때 특
별히 사마타에도 관을 붙여 놓고 비발사나에도 관을 붙여 놓았다고
성사가 말씀하시는 것이다. 즉 방편은 사마타와 비발사나고 정관은
뒤에 觀을 붙여 놓았다는 것이다.

갑자기 소화가 되지 않는다. 이상하다. 살이 빠지고 복부가 답답하
며 피부가 퍼석해졌다. 제대로 몸을 살펴본 것이다. 이게 觀이다. 그
럼 이제 어떡해야 하나. 위내시경인 止를 해봐야 한다.

위내시경은 몸이 정지된 상태에서 한다. 그래야 그 속을 볼 수가
있다. 그게 止다. 위염이 심하다. 속병이 있다. 밖의 관찰과 안의 내
시경으로 속병의 근원을 알아내었다. 이게 止觀의 작용이다. 이 둘은
다 正觀을 일으킨다. 그래서 止觀이라고 하고 正觀이라고 한다 한
것이다.

아무리 止를 잘 해도 觀이 나오지 않으면 그것은 송장이다. 송장은
가만히 있다. 완전 止다. 觀이 없다. 觀이 없기에 그것은 죽은 송장의
止다. 觀이 없으면 인연된 현상을 분별하지 못하고 止가 없으면 실재

인 본질에 계합하지 못한다. 그러므로 지관은 쌍으로 닦아야 한다는 것이다.

海東疏 若具存此語者 應云隨順止觀義 及隨順觀觀義

만약에 여기 말로 번역할 것 같으면 지관을 수순하는 뜻이며 관관을 수순하는 뜻이라고 해야 한다.

여기 말은 한자어이다. 사마타를 止라고 하고 비발사나를 觀이라고 했다. 그러니까 인도 말인 사마타와 비발사나를 지관이라고 번역하게 된다. 그래서 止에도 관을 붙여 놓았고 觀에도 관을 붙여 놓았다고 한 것이다.

그러므로 원문에는 사마타를 수순하는 뜻이며 비발사나를 수순하는 뜻이라고 했는데, 그것을 한자로 번역하고 그 뒤에다 관을 붙이게 되면 자연적으로 지관을 수순하는 뜻이 되고 관관을 수순하는 뜻이 된다는 말이다.

海東疏 欲顯止觀雙運之時卽是正觀 故言止觀及與觀觀

지관을 쌍으로 운용하게 되면 곧 정관이 된다. 그래서 지관과 관관이라고 하였다.

止觀은 쌍으로 닦아야 한다. 계속되는 말이지마는 止가 되었을 때 觀이 나온다. 止가 이상하게 되면 邪觀이 나온다. 止가 완벽하면 정관이 나온다.

止는 관이 나오도록 하는 바탕이 되고 觀은 止의 결과가 된다. 그러므로 이 둘은 같이 작용한다. 그것은 꼭 거울과 같다. 말끔한 거울은 止가 되고 거기에 비춰지는 물상은 觀이 된다.

보이는 영상이 뚜렷하지 않으면 거울 면의 상태를 살펴봐야 한다. 그러므로 觀을 하면 止가 보인다. 이 둘은 같이 작용한다. 그러니까 觀이 오염되면 止가 오염된 것이고 止가 오염되면 觀이 오염되게 보이는 것이다.

海東疏 在方便時 止諸塵相 能順正觀之止 故言隨順止觀

방편에 있을 때에는 모든 번뇌의 모습이 정지된다. 그것은 정관의 止를 따르기 때문이다. 그것을 止를 수순한 관이라고 한다.

방편은 止 수행이다. 止에 있으면 번뇌가 일어나지 않는다. 이것을 원문에서는 일체경계의 모습이 정지된다고 했다. 일체경계는 세상천지다. 그것은 번뇌로 인해 일어난다. 그러므로 번뇌가 없으면 세상이 나타나지 않는다.

止와 觀은 하나로 이루어진다. 그러므로 둘 다 正觀이 된다. 물과 달은 하나다. 고요한 물이 止고 밝은 달이 觀이다. 이것을 앞에서는 거울로 비유를 들었다. 이 둘의 작용을 正觀이라고 했다. 그러므로 正觀을 하는 止를 따르면 번뇌의 모습이 사라진다고 한 것이다.

海東疏 又能分別因緣相故 能順正觀之觀 故言隨順觀觀

또 인연상을 분별한다. 그러면 정관의 관을 따르게 된다. 그것을 觀을 수순하는 관이라고 한다.

세상은 자기 마음의 그림자이지 실재한 법이 아니다. 그러나 중생은 그것을 부여잡고 그로 인해 일어나는 주관적인 망념을 자기의 마음으로 착각한다. 흡사 고양이가 자신의 꼬리라는 것을 모르고 그것을 잡으려고 빙빙 도는 것과 같다.

고양이가 가만히 있으면 꼬리가 움직이지 않는다. 돌면 꼬리가 움직인다. 그때 그 꼬리는 자기 꼬리가 아니라고 착각한다. 그래서 그것을 잡으려고 한다. **금강삼매경**에서

心若無妄 卽無別境
마음에 망념이 없으면 별다른 세계가 없다

고 하신 말씀이 이것이다. 중생세계가 있다면 이미 망념이 작용했다는 말이다. 그것을 직관하는 것이 바로 인연상을 분별한다는 것이다. 이 인연상을 正觀으로 분별하지 않으면 백천 년을 살아도 세상의 실체를 모른다.

흔들리는 건물이 있다. 그러면 건물이 위험하다는 것을 알고 대책을 세운다. 그때 止의 설계도를 본다. 건물을 보는 것과 설계도를 봐야 건물을 정확히 파악할 수 있다.

이 대목은 현상적인 세상을 보는 것이기 때문에 觀을 수순하는 觀이라고 한 것이다.

海東疏 云何隨順以下 正釋此義 漸漸修習者 是明能隨順之方便 現在前者 是顯所隨順之正觀也

운하수순 이하는 정확히 이 뜻을 풀이한 것이다. 점점 수습한다는 것은 바로 수순의 방편을 밝힌 것이고 현재전이라는 글은 수순한 정관을 나타낸 말이다.

원문에 이를테면 어떻게 수순하는가 한 그 이하는 이제까지 앞에서 설명한 내용이다. 그 내용이 이 뜻을 정확하게 풀이한 것이다.

점점 수습한다는 말은 계속해서 지관을 줄기차게 수행해 나아가면 이라는 뜻이다. 망념은 경계의 주변을 훑는다. 연속해서 그 주위를 배회한다. 결코 경계의 실재를 보지 못한다. 실재를 보려면 그 망념을 멈추면 된다. 그 멈추는 작업을 장구하게 하면 지관 속으로 들어간다. 그것을 수순이라고 한다.

해동소의 現在前은 **기신론** 원문에 現前으로 되어 있다. 현전은 정관이 일어나 같이 나아간다는 말이다. 그러니까 止觀을 계속해서 함께 수행해 나아가면 正觀이 같이 나타나 동시에 작용하게 된다는 뜻이다.

海東疏 此中略明止觀之義 隨相而論 定名爲止 慧名爲觀 就實而言 定通止觀慧亦如是

여기서 간략히 止觀의 뜻을 밝혔는데, 그 양상을 논해보면 定은 止고 慧는 觀이다고 하지만 실제는 定은 止觀에 통하는 것이며 慧 또한 그러한 것이다.

양상은 개체다. 그러니까 따로 떼어보면 지와 관으로 분리된다. 하지만 그 실제는 하나로 통한다. 꼭 성명과 같다. 성명을 떼어보면 성과 이름이지만 실제는 이 둘이 같이 물고 있다.

남자와 여자는 양상으로 보면 다르다. 생리학적으로 남자는 분명 남자고 여자는 분명 여자다. 하지만 실제로 보면 모두 다 사람이다. 개체로 보면 성별이 나와서 차별이 되지만 실제로 보면 동일한 사람이고 다 같은 인격체다.

이 둘은 분명 다르지만 결코 떨어져서는 살 수가 없다. 하나라도 없으면 인간세상이 없어진다. 이 둘은 같이 작용한다. 그럴 때 가정이 아늑하고 사회가 평화롭다. 그것이 현전이다. 그처럼 지관은 같이 작용해야 한다. 그런데 범부의 마음은 이 둘 다를 놓치고 있다.

海東疏 如瑜伽論聲聞地云 復次如是心一境性 或是奢摩他品 或是毗鉢舍那品

저 유가론 성문지에 이르기를, 이와 같은 심일경성은 사마타품이 되기도 하고 비발사나품이 되기도 한다.

유가론은 미륵보살이 설한 것을 무착보살이 엮었다고 했다. 100권이나 되는 방대한 논서다. 그것을 우리가 잘 아는 삼장법사 현장이 번역하였다. 거기에 보면 성문지의 대목이 나온다. 거기에 소승들이 닦는 지관의 수행법이 있다.

선정을 하고 지혜를 닦는 이유는 바로 심일경성을 이루기 위함이다. 심일경성은 마음을 본성의 자리에 머물게 한 상태다. 즉 요동하는 마음이 止가 되는 것을 심일경성이라고 한다.

　그러니까 심일경성이 되면 止가 되고 止가 되도록 觀이 돕기 때문에 그 심일경성은 사마타라 할 수도 있고 비발사나라고 할 수도 있다는 말씀이다.

[海東疏] 若於九種心住中心一境性 名奢摩他品 若於四種慧行中心一境性 名毗鉢舍那品

만약 구종심주 가운데라면 심일경성은 사마타품이 되고 만약 사종혜행 가운데서라면 심일경성은 비발사나품이 된다.

　참선은 선정을 참구하는 방법이다. 그러니까 선정은 이름이고 참선은 행위다. 참선을 하면 선정에 이른다. 선정은 지혜를 일으킨다. 지혜가 일어나야 선정이 여일하게 된다.

　거울의 본성은 비춤이다. 비추지 못하는 거울은 거울이 아니다. 마찬가지로 선정의 본성은 지혜다. 지혜를 내지 못하는 선정은 입 다문 고릴라와 같다. 이런 참선수행자들이 너무 많다.

　그러므로 지혜가 없는 수행자는 선정에 들어 있는 자가 아니다. 그런 수행자는 그냥 우두커니 앉아 있는 돌장승이다. 돌장승은 그냥 앉아 있는 것으로 자기 몫을 다하기에 그렇다.

　참선을 하면 심일경성에 도달한다. 그것이 바로 사마타품인 止의 觀이 된다. 마찬가지로 지혜로 심일경성에 도달하면 그것이 觀의 觀이 된다. 이 둘은 사실 이름만 다를 뿐 심일경성에 도달해서 正觀을 내는 것은 동일한 작용이다는 것이다.

ㄱ) 소승지관

云何名爲九種心住

이를테면 어떤 것이 구종심주인가.

범부는 세상에 대하여 너무나 많은 생각을 한다. 세상에 완전 마음이 점령당해 버렸다. 그러다보니 자신의 내부를 들여다볼 시간도 없고 여유도 없다. 그래서 범부는 내면을 들여다보는 반조의 기능을 완전히 잃어버렸다.

끝없이 흐르는 망념의 그 시초는 어떻게 생겼을까. 끊임없이 솟아올라오는 생각의 근원은 도대체 어디서 시작되었을까. 마음에서 생겼다고 하면 그 마음은 어떻게 생겼을까.

이제 그 망념의 밑바닥을 찾아보려 한다. 즉 망념이 피어오르는 그 근원인 마음을 찾아보는 것이다. 그것이 바로 구종심주의 수행법이다.

유가론에 비구가 참선을 해서 심일경성에 도달하는 과정이 있다. 거기에 들어가는 데는 아홉 단계가 있다고 했다. 그것을 구종심주라고 한다.

謂有苾蒭

이를테면 어떤 필추가

필추는 비구의 다른 번역이다. 비구는 범어다. 비구를 한자로 옮길

166

때 필추라는 글자를 선택한 것이 흥미롭다. 필추라는 말은 글자 그대로 향기 나는 풀이라는 뜻이다.

꽃이 아니라 왜 풀이라고 했을까. 꽃은 완성된 모습이다. 비구는 완성된 자가 아니다. 완성되기 위해 노력하는 자이다. 풀은 꽃을 피우는 바탕이다. 풀은 부드럽다. 그리고 더러운 공기를 정화해 산소를 내뿜는다. 산소 없이 살아가는 情識의 생명체는 없다.

풀은 세상을 푸르게 만든다. 그래서 풀이라고 했다. 푸른 색깔은 안정과 활기를 준다. 그리고 주위를 맑게 하면서 비옥하게 한다. 그래서 온갖 생명이 다 풀로 인해 살아간다. 그래서 풀을 비유로 들었다. **지도론**에서는 이런 비구는 다섯 가지 뜻을 갖고 있다고 했다.

첫째는 청정한 자활로 걸식을 하는 수행자다.
둘째는 번뇌를 깨뜨리고자 노력하는 자들이다.
셋째는 수행하기 적합하게 출가를 한 자들이다.
넷째는 신분에 맞는 계율을 지니고 있다.
다섯째는 魔들이 두려워하는 존재다.

그런 비구를 **십송율**과 **구사론**에는 네 가지 유형으로 나누었다.

첫째는 名想비구다. 즉 유명무실한 스님들이다.
둘째는 自言비구다. 증사 없이 자기 멋대로 스님이 된 자다.
셋째는 爲乞비구다. 모습만 걸식으로 생활하는 스님들이다.
넷째는 破煩惱비구다. 수행하는 진짜의 스님들이다.

비구라는 이름은 세상에서 가장 아름답고 청정한 이름이다. 이 비구라는 이름 외에 더 신성하고 거룩한 존칭은 그 어디에도 없다. 그러므로 신분이 스님이라고 해서 아무나 다 이 성스러운 명칭을 함부로 남용하거나 도용해서는 안 된다.

海東疏 令心內住 等住 安住 近住 調順 寂靜 最極寂靜 專住一趣 及與等持 如是名爲九種心住

마음으로 하여금 내주 등주 안주 근주 조순 적정 최극적정 전주일취 그리고 등지에 머무는 것이다. 이것들을 구종심주라 한다.

마음이 문제가 있는 것 같다. 마음이 계속 오작동을 일으킨다. 마음을 쓰면 쓸수록 자꾸 고통이 뒤따르니까 그렇다. 살려고 내 마음을 썼는데 결국 그 마음 때문에 내가 죽게 되었다. 그러면 어떻게 해야 하나. 그 마음의 바탕을 당장 살펴보아야 한다.

어리석은 사람들은 몸속에 그 바탕이 들어 있는 줄 알고 몸을 부수기 시작한다. 육체가 학대당할수록 그 속의 마음이 밖으로 튀어나올 줄 아는데 그것은 자신에 대한 학대다. 그러면 무서워서 그 마음이 더 깊이 숨는다. 그러면 어떻게 해야 하나. 그래서 이 구종심주의 방법이 나왔다.

海東疏 云何內住 謂從外一切所緣境界 攝錄其心 繫在於內 不外散亂 故名內住

이를테면 어떤 것이 내주인가. 밖의 일체 경계에 반연되는 그 마음을 다잡아 안에다 매어 놓으면 밖에 의해 산란하지 않게 된다. 그것을 내주라고 한다.

첫 단계에 들어왔다. 즉 선정에 드는 것이다. 그러기 전에 해야 할 일이 있다. 그것은 마음의 안정이다. 대상에 마음을 잘 안정시키는 것이 선정이라고 **육문교수습정론**은 말했다. 그래서 마음이 일단 안정이 되어야 선정에 들어갈 수 있다.

이런 글을 읽고 이해하는 것만 해도 머리가 지끈거리는데 이걸 또 실천해야 한다니 기가 막힌다. 이렇게 복잡하고 난해한 방법 없이 선정에 들어 심일경성에 도달하는 방법은 없는 것인가.

있다. 분명히 있다. 있지만 믿으려 하지 않을 것이다. 그러므로 먼저 자력으로 심일경성에 올라가는 과정을 살펴보아야 한다. 그래야 이것은 죽으면 죽었지 도저히 못하겠구나 하는 탄식이 나온다. 그때 이 방법 외에 다른 손쉬운 방법을 제시하면 거기에 관심을 기울이지 않겠느냐. 그러니까 일단 한번 읽어보시기 바란다.

심일경성에 올라가는 아홉 가지 과정 중에 첫 번째가 내주다. 내주는 밖의 세계를 향해 달려가는 그 마음을 잡아다 내 안에 가둬놓는 단계다.

수행을 하기 전에는 내 마음이 6진의 세계를 제 마음대로 훑고 다니면서 온갖 번뇌를 쉴 틈 없이 일으켰지만 이제는 더 이상 그렇게 못하도록 제어하는 것이다.

이것은 꼭 도시생활에 환멸을 느낀 자가 공기 좋고 물 좋은 산골로 들어간 것과 같다.

이제 그의 마음은 유행을 따라갈 일도 없고 사람과의 시빗거리도 없다. 그것이 바로 밖에 의해 산란하지 않게 된다는 뜻이다. 그 단계를 내주라고 한다는 것이다.

海東疏 云何等住 謂卽最初所繫縛心其性麤動 未能令其等徧住故

이를테면 어떤 것이 등주인가. 말하자면 처음으로 잡아 놓은 마음의 성질이 거칠게 요동하는데 그것은 아직 그 마음이 잔잔하게 가라앉지 않았기 때문이다.

밖으로만 내달리던 마음을 잡아놓으면 가만히 있을 것 같은가. 억겁을 두고 오로지 밖으로만 뛰어다녔는데 그것을 이제부터 그렇게 하지 못하도록 묶어두면 가만히 있을 것 같은가.

산골로 들어갔지만 도시에서 생활했던 습관과 사고가 몸에 배어 있다. 그러므로 틈만 나면 도시 생각이 나고 말만 하면 도시 이야기가 튀어 나온다. 그러다 보니 본능적으로 여기에선 못살겠다고 다시 도시로 나가자고 충동질한다.

그래도 그 욕망을 꾹 참고 눌러놓는다. 그러면 마음은 바구니에 던져진 숭어처럼 퍼덕거린다. 아니면 덫에 걸린 들개처럼 발광發狂한다. 정말 거세게 반항하고 저항한다. 자기를 그냥 예전 도시에서처럼 자유롭게 놔달라고 아주 사납게 요동친다.

海東疏 次卽於此所緣境界 以相續方便 澄淨方便 挫令微細 徧攝令住 故名等住

그래서 다음으로 그 반연되는 경계를 상속방편과 징정방편으로 미세하
도록 꺾어 두루 가라앉게 하는 것을 등주라고 한다.

중생의 마음은 밖으로 뛰어다녀야 정상이다. 그렇게 뛰는 마음이
중생의 마음이다. 그런데 그 마음을 잡아서 꽉 묶어두니 미치고 환장
할 노릇이다.

도시에서 보고 들었던 온갖 것들이 더 생생하게 살아난다. 온갖
사연들이 마음을 휘젓는다. 지나간 추억들이 비온 뒤 죽순처럼 시도
때도 없이 솟아오른다. 거기에 지면 다시 도시로 나가야 한다.

그러므로 그 반항의 기세를 꺾어 눌러야 한다. 그 솟아오르는 마음
의 잔영들을 희미하게 만들어야 한다. 그렇게 하려면 계속해서 꽉
밟아야 한다. 그것이 상속방편이다.

흙탕물은 가만히 두면 맑아진다. 그처럼 오염된 마음은 시간이 지
나가면 징정해진다. 징정은 맑고 청정하다는 말이다. 그렇게 눌러서
그 마음이 튀어 오르는 것을 옆으로 퍼지게 한다. 그것을 가라앉힌다
고 하는 것이다. 그러면 등주가 된다.

海東疏 云何安住 謂若此心雖復如是內住等住 然由失念 於外散亂
이를테면 어떤 것이 안주인가. 말하자면 만약에 마음이 비록 다시
그와 같게 내주와 등주를 하더라도 실념으로 인해 밖으로 산란하게
된다.

잡아놓은 마음은 가둬놓은 들개처럼 날뛴다고 했다. 들개를 확실

히 제압하지 못하면 위험하다. 어중간하게 가두거나 목줄로 매어두면 들개의 발버둥으로 창살이 부서지거나 목줄이 끊어진다.

그러면 자연적으로 들개는 밖으로 뛰어나간다. 그리고 온 산야를 더 신나게 돌아다닌다. 이제 더 이상 묶이지 않으려고 더 깊이 숨고 더 멀리 달아난다. 가까이 다가가면 다시는 잡히지 않으려고 사납게 짖고 겁나게 으르렁거린다.

많은 수행자들이 여기서 포기하고 만다. 다시 마음의 들개를 잡으려면 이전보다 더 많은 공력을 써야 하기 때문이다. 그래서 여기서 수행을 그만두어 버린다.

海東疏 還復攝錄安置內境 故名安住
그러면 다시 잡아와서 마음 안에다 안치해야 한다. 그것을 안주라고 한다.

하지만 결기가 있고 견고한 신심이 있는 자는 어떻게든 다시 잡아와 야무지게 매어놓는다. 물론 또 다시 감시가 소홀한 틈을 타서 또 뛰어 나간다. 그렇지만 다시 잡아온다. **사자침경**에서 명장이 병사를 조련하는 것처럼 기 싸움으로 그것을 완전히 제압한다.

그것을 몇 번 하고 나면 들개는 더 이상 밖으로 뛰어나가려 하지 않는다. 나가봐야 다시 잡혀오기 때문에 나가는 것을 일단 포기한다. 그리고 등등하던 기세가 한풀 꺾이어지고 조금은 온순해진다. 그 상태를 안주라고 한다.

海東疏 云何近住 謂彼先應如是如是親近念住

이를테면 어떤 것이 근주인가. 말하자면 마음이라는 것은 먼저 응당히 그렇고 그렇다는 것이다. 그래서 마음과 친근해야 되겠다는 생각을 한다.

마음이라는 것을 대강 알았다. 결코 쉽게 관리하거나 다스려지는 것은 아니다는 것이다. 그것은 오랫동안 나와 소원한 관계를 가졌기 때문이다. 그것을 알고 이제 마음과 친해지려고 노력한다. 그것이 친근하게 생각한다는 것이다.

들개는 원래 집에서 기르던 개였다. 그런데 주인이 무심하고 학대해서 밖으로만 돌아다녔다. 그래서 사납고 무섭게 변했다는 것을 알았다. 그러면 지금부터 살갑게 잘 대해줘야 되겠다는 생각을 한다.

海東疏 由此念故 數數作意內住其心 不令此心遠住於外 故名近住

이런 형식으로 자주 자신의 마음을 생각하고 그것을 안에다 둔다. 그리고 그 마음이 멀리 밖으로 가 있지 않도록 한다. 그것이 근주다.

들개에게 잘해주면 들개와 가까워진다. 들개도 믿고 따른다. 밖으로 도망가는 것보다 안에서 머물고자 한다. 그러면 들개와 내가 하나가 되어 간다.

그처럼 자기 마음하고는 친밀해야 한다. 그런데 이제까지는 가장 친하지 않았던 것이 자기 마음이다. 몸이 원하는 것은 다 들어줬는데 마음이 원하는 것은 무엇인지조차도 관심없이 살아왔다.

지금부터는 그래서는 안 되겠다는 생각을 한다. 이제 마음의 속성을 알고 마음이 원하는 것을 해줘야 되겠다는 생각을 가진다. 그러면 마음도 밖으로 쏘다니지 않고 안으로 들어오려고 한다. 그러면 친밀감이 더해진다. 그런 상태를 잘 잡아놓아야 한다. 그것이 근주다.

海東疏 云何調順 謂種種相 令心散亂 所謂五塵三毒男女等相

이를테면 어떻게 조순하는가. 말하자면 온갖 가지 형상이 마음을 산란하게 한다. 말하자면 오진과 삼독과 남녀 등의 모습들이다.

오랫동안 야생에 살던 들개는 집안에 누가 들어와도 사납게 짖고 위협한다. 달이 떠도 짖고 먹을 것이 있어도 으르렁거린다. 더군다나 사람을 봐도 바로 짖는다. 마음의 야성이 남아 있어서 그렇다.

조순은 그런 들개를 말 잘 듣게 길들인다. 즉 자신에게 순종하도록 훈련을 시키는 것이다. 찾지 않아도 주위에 있고 찾으면 바로 나타나도록 한다.

마음은 썩은 고기에 달라붙는 파리처럼 어떤 물상에든 달라붙는 성질이 있다. 그 물상들이 바로 오진이다. 오진은 색성향미촉이다. 즉 세상의 형상과 소리 냄새 맛과 느낌이다.

그뿐만 아니라 먹을 것에 집착하고 또 성질을 잘 내며 어리석기도 하다. 사물을 보면 형상에 집착하고 남녀를 보면 미추로 분별한다.

海東疏 故彼先應取彼諸相爲過患想

그러므로 마음이라는 것은 먼저 그런 형상을 취하면 응당히 과환이 된다는 생각을 가져야 한다.

마음이 육진을 쫓아다닌 결과가 죽음이다. 죽어도 그냥 죽는 것이 아니라 죄업을 안고 죽는다. 그 죄업은 다시 씨가 되어 내생에 또 나를 힘들게 하고 고통스럽게 한다.

그러므로 육진에 휘둘리지 않도록 한다. 그것은 꼭 멜로드라마를 보는 것과 같다. 가상의 현실에서 울고불고 하는 영상에 사로잡히면 제정신으로 헤어 나오지 못하기에 그렇다.

결국 시간만 뺏기고 마음만 어수선한 상태로 끝이 난다. 그러므로 이제 그런 돈 안 되는 드라마를 보지 않아야 되겠다는 생각을 한다. 그러면 그 어떤 드라마가 예고편을 띄워도 마음을 뺏기거나 흔들리지 않는다.

海東疏 由如是想增上力故 於彼諸相折挫其心不令流散 故名調順
그런 생각이 힘을 얻으면 경계상을 상대한 산란한 마음이 꺾이어져서 경계상에 휩쓸리지 않는다. 그것을 조순이라고 한다.

집안에 둔 개가 아무나 보고 달려가거나 짖으면 주인에게 나무람을 듣거나 쥐어 박힌다. 그것이 과환이다. 그렇게 자주 자주 꾸지람을 듣거나 쥐어 박히면 다음부터는 그렇게 하지를 않는다. 아무나 보고 짖는 것이 수그러진다. 그것이 원문에서 말한 증상력이다.

이제 누구를 보든지 무엇을 상대하든지 짖고자 하는 본능이 꺾이어진다. 즉 움직이는 세상에 민감하게 반응하지 않는다. 그것을 유산하지 않는다고 했다. 이게 조순의 단계에 올라서서 나에게 순종하고 잘 따른다는 의미가 된다.

海東疏 云何寂靜　謂有種種欲恚害等諸惡尋思貪欲蓋等諸隨煩惱令心擾動

이를테면 어떤 것이 적정인가. 온갖 욕망 신경질 그리고 해악 등 모든 나쁜 심사와 탐욕 蓋 등의 여러 수번뇌가 마음을 요동케 한다.

적정은 고요하고 평화로움이다. 부글대는 마음이 적정을 얻으려면 소요를 일으키는 원인을 없애면 된다. 그것이 바로 욕망과 신경질이다. 그것들은 남을 이기고자 하는 마음에서 일어난다. 거기서 원망과 분노가 생긴다.

蓋개는 덮는다는 뜻이다. 선심이 나오는 것을 막는다는 의미다. 개를 잘못 기르면 개가 상전이 된다. 사람이 개를 데리고 사는 것이 아니라 개가 사람을 데리고 산다. 거기서 주인이 누군지 확실하게 하지 않으면 dog가 거꾸로 God이 되어 나를 노예화해 버린다.

개dog에게 빠지면 뭐든 주는 것이 아깝지 않다. 그때는 자신을 희생한다. 많은 사람들이 거기서 그쳐버린다. 안타까운 일이다. 개를 보듬는 수준을 넘어 인간을 보듬으면 엄청난 공덕이 일어나는데 그들은 거기서 끝나고 만다.

수번뇌는 몸과 마음을 따라 일어난다고 해서 수번뇌라고 한다. 번뇌를 일으키는 요인은 많고도 많다. 구사종에서는 19개가 있고 유식

종에서는 20개나 된다고 하지만 사실 번뇌는 무량하고 무변하기만
하다.

海東疏 故彼先應取彼諸法爲過患想 由如是想增上力故 於彼心不
流散 故名寂靜

그러므로 먼저 저런 모든 법들은 과환이 된다는 생각을 해야 한다.
이와 같은 생각이 힘을 얻으면 그 마음이 유산되지 않게 된다. 그것을
적정이라고 한다.

내가 살기 위해서 일으킨 그런 모든 것들이 도리어 나를 죽인다고
알게 된다. 탐욕의 불길에 내가 타고 신경질 부림에 공덕이 무너지고
어리석음 때문에 뭐를 해도 맨날 힘겨운 나날들이 연속된다는 것을
깊이 인식하게 된다.

거기다가 앉으면 번뇌를 일으키고 누우면 망념 속을 헤매니 어떻
게 마음이 고요해 평안할 수가 있겠는가. 이제 그런 욕망과 분노,
그리고 어리석음은 나를 위하는 것이 아니라 나를 상하게 하는 것이
라는 것을 알게 된다.

그래서 그런 마음을 일으키지 않아야 되겠다는 생각을 한다. 그런
생각들이 무르익으면 이제 과환 쪽으로 마음이 흩어져 흐르지 않는
다. 그것이 적정이다.

海東疏 云何名爲最極寂靜 謂失念故 卽彼二種暫現行時

이를테면 어떤 것이 최극적정인가. 말하자면 실념하게 되면 곧 두

종류의 번뇌가 잠깐 만에 현행한다.

적정보다 더 적정한 것이 최극적정이다. 밤이라도 새벽이 오기 전의 밤이 더 고요하고 더 적막하듯이 적정을 넘으면 최극적정에 들어간다. 그러다가 어떤 외부의 인연에 의해 그 定念이 흩어지게 되면 바로 번뇌가 들어온다. 굳어가던 옥상바닥이 갈라지면 즉시에 빗물이 스며드는 것과 같다.

두 종류의 번뇌는 나쁜 심사와 수번뇌다. 나쁜 심사는 내적으로 품고 있던 것이고 수번뇌는 상황에 따라 일어나는 잡번뇌다.

隨所生起 然不忍受 尋即反吐 故名最極寂靜
그때 소생해서 일어나는 그 번뇌를 눌러 받아들이지 않고 정념의 마음으로 버려버린다. 그것을 최극적정이라고 한다.

벽에 틈이 생기면 바람이 들어온다. 마찬가지로 정념의 마음에 틈이 보이면 바로 번뇌가 일어난다.

담배를 끊었다. 그런데 누가 와서 좋은 담배다 하면서 한대 피우자고 한다. 금연한 의지가 굳으면 안 된다고 하지만 의지가 약하면 즉시 흔들린다. 그 틈을 타서 담배의 유혹은 강하게 도발한다.

그때 과감하게 그 유혹을 눌러버린다. 忍이 바로 이 뜻이다. 그 힘은 정념에서 비롯된다. 정념을 굳건히 하여 그 담배를 던져버린다. 원문에 吐는 토할 토 자가 아니라 버릴 토 자다.

그것을 버리면 이제 방안에 담배연기가 끼질 못한다. 방안의 공기는 더없이 상쾌하고 입안은 한없이 깨끗해진다. 그것이 최극적정이다.

海東疏 云何名爲專住一趣 謂有加行有功用無缺無間

이를테면 어떤 것이 전주일취인가. 말하자면 가행과 공용으로 틈이
생기거나 간격이 없도록 한다.

전주일취는 오로지 마음을 한 곳에다 두고 앞으로 나아가는 것을
말한다. 그때 가행과 공용이 필요하다. 가행은 용맹스런 정진을 말하
고 공용은 그것을 받드는 복덕이다. 그러면 그 수행이 전주일취하게
된다.

구멍 난 그물은 고기를 잡지 못한다. 그처럼 마음이 구멍 나면 마
음이 도망간다. 마음이 조밀하지 못하면 간격이 생긴다. 그러면 번뇌
가 일어나 선정을 흐트려 버린다. 그러므로 번뇌에 의해 마음이 벌어
지는 것을 집중 단속하는 것이다.

海東疏 三摩地相續而住 故名專住一趣

그런 삼마지가 상속되도록 마음을 머무르게 한다. 그것이 전주일취다.

양치질도 계속해야지 그렇지 않으면 충치가 생긴다. 귀찮아 양치
를 하지 않으면 이가 흔들리다가 결국 발치를 하게 된다.

마음도 마찬가지다. 계속해서 집중 단속하지 않으면 번뇌를 일으
켜 죄업을 짓는다. 그러므로 선정으로 마음을 단속해 삼마지에 두어
야 한다. 삼마지는 사마디의 다른 음역이다. 그것은 마음을 한 군데

에 계속해서 확실히 붙잡아두는 것이다. 그것을 전주일취라고 한다.

海東疏 云何等持 謂數修數習數多修習爲因緣故 得無加行無功用 任運轉道 故名等持

이를테면 어떻게 등지하는가. 말하자면 자주 닦고 자주 익힌 그 수습이 인연이 되어 가행도 없고 공용도 없이 임운으로 전도되는 것을 등지라고 한다.

자주라는 말은 끊임없이 계속이라는 뜻이다. 닦는다는 말은 마음을 닦는 것이고 익힌다는 말은 공덕을 쌓는 것이다.

그렇게 닦고 익힌 인연의 힘으로 드디어 가행도 없고 공용도 없는 수행에 들어간다. 그 수행이 임운수행이다. 이제 가만히 있어도 심일경성에 들어가는 것이다. 그래서 전도라고 했다. 전도라는 말은 깨달음의 길에 올라탐을 말한다.

여기까지가 소승들이 심일경성에 도달하는 수행의 점차적인 과정이다. 이런 과정은 불교뿐만이 아니라 도교에서도 있다. 그것이 十牛圖다.

십우도는 원래 도교에서 만들어진 것이다. 그것을 12세기에 조사선을 닦던 곽암선사가 인간의 본원으로 돌아가는 과정을 尋牛圖심우도로 해설하여 불교 속에 밀어 넣었다.

보통 소를 등장시키는데 중국에서는 가끔가다 말을 그리는 수가 있다. 티벳불교에서는 코끼리를 내세워 마음을 훈련하는 대상으로 삼기도 한다.

海東疏 又如是得奢摩他者 復卽由是四種作意 方能修習毗鉢舍那
故此亦是毗鉢舍那品

또 이와 같이 사마타를 얻는 자는 다시 이로 말미암아 4종의 작의로
비발사나를 수습한다. 그러므로 이 또한 비발사나품이라고 한다.

유가론 성문지의 인용은 계속된다. 작의는 어떤 목적을 두고 일으
키는 생각이다. 그러니까 四種의 작의는 네 가지를 일으키는 의도적
생각이라 풀이할 수 있다.

그러니까 심일경성에 도달하기 위해 사마타로 9종심주를 수행하
는 자는 사종수행을 겸해서 닦아야 한다는 것이다. 그러므로 그것은
사마타품도 되기도 하고 비발사나품도 되기도 한다는 말씀이다.

그렇다면 네 가지 작의는 무엇일까. 이상하게 이것이 **해동소**에서
빠져있다. 성사가 보시기엔 그 사종작의가 다음에 나오는 사종 비발
사나로 대체가 되기 때문에 반복할 필요가 없다고 생각하셨던 것 같
다. 그러므로 이것에 대한 설명은 생략한다.

海東疏 云何四種毗鉢舍那 謂有苾蒭依止內心奢摩他故

이를테면 어떤 것이 4종비발사나인가. 말하자면 어떤 비구가 내심으로
사마타를 의지한 상태로

비구는 부처님을 따르기 위해 출가한 남자 독신수행자다. 그들은
그때 반드시 네 가지 조건에 의해 살아갔다.

첫째는 간소한 의복차림이다. 즉 가사와 상의, 그리고 하의가 전부

다. 이것은 떨어져 너덜너덜할 때까지 입어야 했다.

둘째는 항상 걸식해야 한다. 비구는 음식을 만들어 먹어서는 안 된다. 반드시 걸식으로 생계를 유지해야 한다.

셋째는 나무 아래에 머물러야 한다. 단체생활을 하는 수도원을 떠났을 때는 언제나 나무 밑에서 생활해야 한다.

넷째는 부란약을 먹어야 한다. 부란약腐爛藥은 뭘까. 글자 그대로 보면 썩어 문드러진 약이다. 비구가 몸이 아플 때는 이 부란약을 먹어라고 되어 있다. 이것은 **사분율 사분율개종기 마하승기율 유부비나야약사 구사론** 등에 나온다.

내가 아는 어떤 스님은 이 부란약을 소변으로 생각하고 있었다. 그래서 몸이 아프다며 자신의 소변을 매일 일정량 마시고 있었다. 그걸 보고 세상이 지금 어떤 세상인데 아직도 그런 우매한 짓을 하는가 하고 핀잔을 줘 버렸다.

"부처님 말씀이잖아요?"
"그럼 앞에 세 가지는 왜 안 지키는 거요?!"

다 같은 세속인이라 하더라도 생존하는 방법이 다른 것처럼 **대지도론**에는 다 같은 스님이라도 살아가는 방식이 다르다고 했다. 그중에서도 부정하고 정당치 못한 방법으로 삶을 도모하는 스님들이 있다고 했다.

1. 下口食. 논밭을 일궈 씨를 뿌리고 수확하며 전원을 가꾼다. 그

리고 탕약을 짓는다. **衣食**을 구하기 위해 직접 노동을 한다.

2. **仰口食**. 하늘을 올려다보며 별점을 치고 천기를 보며 일월 풍우 뇌전 등을 연구하여 의식을 구하며 산다.

3. **方口食**. 재력가나 세력가에게 교언영색으로 그들의 기분을 맞춰주고 감언이설로 기도나 제사를 지내게 해 생활한다.

4. **維口食**. 방위나 풍수를 보고 주술이나 점술로 길흉을 말해 먹고 사는 행위다.

이런 삶들은 스님들이 해야 할 짓이 아니니 하루빨리 그런 생활에서 벗어나야 한다고 하였다. 사실 명색이 스님이라고 하면 이 지관수행은 필히 닦아야 하는데도 지관수행은커녕 수행자의 기본자질도 갖추지 못하고 있는 스님들이 있다. 언제 어디서나 짝퉁은 있기 마련이다. 그런 짝퉁의 스님에게 속지 말라고 **지도론**에 진짜와 가짜의 스님을 구분해 놓았다.

1. **有羞僧**. 부끄러움을 아는 스님.
2. **無羞僧**. 아예 부끄러움이 없는 스님.
3. **啞羊僧**. 뭐가 뭔지도 모르는 어리석은 스님.
4. **實僧**. 진실로 수행에 힘쓰는 스님.

이다. 이것을 좀 더 세분화해서 **아비달마장현종론**에서는 오종승을 말하고 있다.

1. 無恥승. 계율을 훼손하고 몸에는 법복을 걸치고 있는 스님.
2. 瘂羊승. 경률론을 배우지 않아 설법이 없는 스님.
3. 朋黨승. 붕당을 지어 투쟁과 모사를 일삼는 스님.
4. 世俗승. 세속의 시류를 쫓는 지극히 세속적인 스님.
5. 勝義승. 불철주야 정진하면서 중생을 제도하는 스님.

이다고 했다. 이렇게 다양하고 복잡하게 스님들을 구분해 놓은 것은 예나 지금이나 문제 많은 스님들이 자기 본분을 잊고 도처에서 불교를 갉아먹고 있기 때문이다.

그러니 불교신자가 어디서 어떤 스님을 만나느냐는 것은 순전히 자기 복이다. 뭐 끼리끼리 논다고 다 성향이 비슷한 사람끼리 뭉쳐서 사는 거겠지만 그게 그렇다. 나도 혹시 그 속에 들어 있지나 않나 하고 덜컥 겁이 난다.

海東疏 於諸法中 能正思擇 最極思擇 周徧尋思 周徧伺察 是名四種 모든 법을 상대하되 능정사택 최극사택 주변심사 주변사찰을 해야 한다. 그것이 네 가지다.

사마타의 수행자는 반드시 이 네 가지 비발사나를 함께 수행해야 한다. 그래야 소정의 목적을 이룰 수 있다.

세상에 모든 것은 짝이 있다. 우주만물은 모두 다 짝을 가지고 있다. 해가 있으면 달이 있고 산이 있으면 물이 있다. 그것들은 다르면서도 같은 작용을 한다.

밥을 먹을 때도 숟가락이 있으면 젓가락이 있다. 밥이 있으면 국이 있다. 마찬가지로 사마타 혼자서는 심일경성에 도달할 수 없다. 응당히 그에 수반되는 비파사나를 함께 수행해야 한다.

그런데 사람들은 참선만 알고 있지 이 네 가지 관법에 대해서는 별도로 신경을 쓰지 않는다. 그러므로 지금부터라도 이 관법을 써야 한다. 그래야 두 발이 앞으로 나아가듯이 지관의 수행에 진전이 있게 된다.

海東疏 云何名爲能正思擇 謂於淨行所緣境界 或於善巧所緣境界
이를테면 어떤 것이 능정사택인가. 정행으로 인연된 바의 경계나 선교로 인연된 바의 경계나

비발사나의 수행은 두 가지 문제를 같이 직관해야 한다. 하나는 내적인 마음이고 둘은 외적인 환경이다.

능정사택은 일단 세상을 정확히 본다는 것이다. 세상은 인연으로 화합되어 있다. 그러므로 조금도 실체가 없다는 것을 직관하는 것이다.

경계는 환경으로 처해진 상태다. 먼저 좋은 상태를 들었다. 정행은 내가 수행을 잘 할 수 있게 보이는 주어진 조건이다.

예를 들자면 수행하기 좋은 장소가 보인다. 머무르기 좋은 나무가 있고 시냇물이 흘러서 발우와 발을 씻을 수 있다. 거기다가 마을이 큰 것을 보니 걸식하는 데 아무러한 문제가 없을 것 같다면 정행이 가능하다.

선교는 교묘한 수단과 방법이다. 그러니까 나의 수행을 도와주기

위해 스승이 내리는 가르침과 지도다. 그러므로 수행자는 어디에 있든 반드시 스승을 모시고 있어야 한다고 하는 것이다.

[海東疏] 或於淨惑所緣境界 能正思擇盡所有性

청정과 미혹으로 인연된 바의 경계에 대해 그것들은 모두 그 성질이 정확하게 없어진다는 것을 사택하는 것이다.

청정은 좋은 것이고 미혹은 좋지 않은 상태다. 수행에는 좋은 것만 나에게 다가오는 것은 아니다. 전혀 뜻하지 않게 나쁜 문제도 다가온다는 것도 잘 알고 있어야 한다.

장소는 여기서 가야 하는 것인지 여기 머물러야 하는지, 행위로 말하면 이것을 해야 하는지 말아야 하는지를 자세히 분석하고 냉철히 판단해서 그에 맞는 움직임을 해야 한다는 것이다.

[海東疏] 云何名爲最極思擇 謂卽於彼所緣境界 最極思擇如所有性

이를테면 어떤 것이 최극사택인가. 말하자면 저 인연된 경계에 대하여 최극으로 그 성질이 한결같음을 판별하는 것이다.

세상은 모두 마음이 지어 낸 것이라는 것을 안다. 그것이 인연이고 무상이 된다. 그렇다면 인연이 무엇인지를 관한다. 어떤 인연에서 내가 여기가 있는지를 깊이 생각해 보는 것이다. 그것이 최극사택이다.

일단 능정사택으로 세상을 보는 시각과 수행의 장소가 주어지면 이제 최극사택을 한다. 최극사택은 능정사택을 좀 더 세밀히 분석하고 파악하는 것이다.

외적 조건으로 마을이 있다고 해도 이 사람들이 바라문마을인지 아니면 코브라를 믿는 마을인지를 알아야 한다. 그리고 살아가는 수준과 형편도 미리 파악해야 한다.

시냇물이 있어도 마찬가지다. 갑자기 비가 쏟아질 때 홍수가 나는 지점이 아닌지, 또는 이미 누가 그 자리를 차지해서 수행에 임하고 있는 것은 아닌지 점검해야 한다.

큰 나무라고 해서 다 그 밑에 앉을 수는 없다. 나무 위에 표범이 있는지 아니면 원숭이 무리가 자는 곳인지도 알아야 한다. 또는 독충이 많은 나무거나 모기가 유별나게 많이 모이는 장소인지도 먼저 살펴보아야 한다.

海東疏 云何名爲周徧尋思 謂卽於彼所緣境界 由慧俱行 有分別作意 取彼相狀 周徧尋思

이를테면 어떤 것을 주변심사라 하는가. 말하자면 인연된 경계에 지혜를 갖춘 행을 하되 분별과 작의로 그 모양과 형상을 가려 취하는 것을 주변심사라고 한다.

세상이 보인다. 그것은 인연으로 만들어진 것이다 까지 생각해 왔다. 이제 그 인연을 만드는 마음은 무엇인가를 살펴보아야 한다.

선을 행하면 좋은 인연이 일어나고 악을 행하면 나쁜 인연이 일어난다는 것을 직관한다. 그래서 이제는 마음으로 선을 일으키고 행동으로 악을 멀리한다. 그것을 주변심사라고 한다.

주변은 두루두루라는 뜻이고 심사는 잘 살핀다는 뜻이다. 그러니까 두루두루 인연에 의한 세상을 잘 살펴서 수행에 필요한 부분만 잘 가려 취하는 것이 주변심사다.

인연된 경계는 처해진 상태를 말한다고 했다. 어디에 머물든 참선을 하려 할 때는 반드시 지혜를 갖춘 수행을 해야 한다. 각혜는 지혜다. 각혜 없는 수행은 절대로 좋은 결과가 나타나지 않는다.

발심수행장에서 성사가 지혜로운 수행은 쌀을 쪄서 밥을 짓는 것과 같고 지혜가 없는 수행은 모래를 쪄서 밥을 짓는 것과 같다고 말씀하셨는데, 그 지혜가 각혜다. 그 각혜로 수행을 하면서 생멸문으로 일어난 일체의 인연에 대해 분별과 작의로 잘 대처해 나가는 것이다.

海東疏 云何名爲周徧伺察 謂卽於彼所緣境界 審諦推求 周徧伺察 乃至廣說

이를테면 어떤 것을 주변사찰이라 하는가. 말하자면 인연 된 바 경계의 이치를 잘 살펴 구하는 것을 주변사찰이라 한다면서 널리 설하였다.

세상과 인연에 이어 마음까지 넘어섰다. 그렇다면 마음의 근원은 어디냐는 것을 생각해 보아야 한다.

그러니까 주변사찰이라는 말은 자신을 세심히 살핀다는 뜻이다. 주변심사는 마음의 작용을 살피는 것이고 주변사찰은 그 마음의 실체를 궁구한다는 것이 다르다.

그러므로 주변심사보다 한 단계 더 높은 수준이 주변사찰이다. 그러기에 이 혜행은 진여문에 입각한 수행이다. 거기서 진여의 이치를 참구하는 것이다. 그래서 주변사찰이라고 한다.

伺察사찰이라는 말은 엿보아서 살핀다는 뜻이므로 사찰의 어원이 여기에서 나왔다고 했다. 즉 자신을 엿보고 살피는 곳이 사찰이라는 곳이다. 그러므로 사원에 들어오면 자신의 상태를 항상 엿보아야 한 다.

엿본다는 말은 남몰래 가만히 본다는 뜻이다. 어리석은 사람들은 숨어서 남들을 엿보려고 하지마는 똑똑한 사람들은 밝은 곳에서 자 신의 상태를 엿보듯이 점검한다. 그래서 寺刹이 伺察의 어원을 가지 고 있다고 했다.

여기까지가 구종심주와 사종혜행을 설명하기 위해 **유가론**에 있는 성문지의 내용이다.

마지막에 널리 설하였다는 것은 **유가론**에서 미륵보살이 이 문제에 대해서 많고도 많이 설하였다는 말씀이다.

`海東疏` 尋此文意 乃說聲聞止觀法門 然以此法趣大乘境 即爲大乘 止觀之行

찾아 본 이 글의 뜻은 성문에게 설한 지관법문이지만 이 법을 대승의 경우로 보면 곧 대승의 지관수행이 된다.

소승의 지관이나 대승의 지관수행은 그 목적이 같다. 그렇지만 수 행하는 과정이 조금은 다르게 보인다. 하지만 대승 속에도 성숙치 못한 소승의 수행자들이 있고 소승 속에도 성숙한 대승의 수행자가 있다.

그러므로 소승의 수행법이 대승의 지관법이 되고 대승의 지관법이 소승의 수행법이 될 수도 있다.

조사선을 모토로 하고 있는 한국불교는 사실 대승의 수행보다도 소승의 성문수행에 더 가깝다. 이름만 그저 대승일 뿐이지 자력으로 수행해 깨달음을 얻으려하거나 그 기대치를 아라한의 경지인 조사로 보고 있어서 그렇다.

海東疏 故其九種心住 四種慧行 不異前說
그러므로 구종심주와 사종혜행은 앞에서 설한 것과 다르지 않다.

앞에서 설한 것은 마명보살이 쓴 지관문이다. 그 지관문과 지금 미륵보살이 설한 구종심주와 사종혜행은 다르지 않다고 성사는 말씀하시고 있다.

근래 들어와서 불교가 전성기를 누린 때가 있었다. 지난 80년도에서 90년도 초반까지라 생각한다. 그 시절 많은 사찰이 시내에다 불교대학을 열고 큰 사찰마다 선원을 곳곳에다 개설할 정도로 포교의 붐을 일으켰다.

그때 내가 유심히 본 것이 있다. 개설한 선원들의 이름들이다. 그런데 어느 선원도 구종심주에 나오는 이름과 같은 것이 없었다. 모두 특색없고 내용없는 그렇고 그런 밍밍한 간판들만 내걸었다.

그것을 보고 **해동소**의 **유가론**을 보지 않은 사람들이 선원을 연 이상 아무리 북을 치고 장구를 쳐도 불교의 교세가 그리 오래가지 못하겠구나 하는 걱정을 했다. 결국 그 우려대로 그렇게 활발하던 전법이 있었는데도 불교의 교세는 안타깝게도 빠르게 시들어져가고 있다. 슬픈 일이다.

海東疏 大乘境者 次下文中當廣分別依文消息也 止觀之相 略義如是

대승의 경우는 다음에 나오는 아래 글 중에서 마땅히 넓게 글을 의거해 분별해 풀어줄 것이다. 지관의 양상에 대한 뜻은 간략히 이와 같은 것이다.

결론적으로 지관은 같이 가야 한다. 두 발이 있어야 앞으로 나아가 듯이 두 가지 수행이 겸비되어야 진전이 있다. 그렇지 않으면 제자리에서만 뱅뱅 돈다. 그러면 돈 자국이 깊게 파인다. 잘못하다가는 자기 스스로 그 패인 구덩이에 빠질 수가 있다. 사실 많은 수행자들이거기에 빠져 헤어나지 못하고 있다.

그러므로 사마타행으로 천날만날 석불처럼 앉아 있는 것만이 능사가 아니다. 비발사나의 사종혜행으로 그 사마타행을 도와 도약해야 하고 향상해야 한다.

보다시피 성사가 이 지관 부분에서 **유가론**의 내용을 상당히 많이끌어오셨다. 간단히 말해도 되는 부분인데도 그분은 후세에 수행하는 자들을 위해 특별히 이렇게 긴 문장을 인용해 주신 것이다. 그분의 자비를 이런 데서 느끼지 못한다면 구제가 사실 불가능하다.

海東疏 △以下第二廣辨 於中有二 先明別修 後顯雙運 別修之內先止 後觀

이 아래는 두 번째로 널리 판별하는 것이다. 그중에 둘이 있다. 먼저는 별수를 밝히고 뒤에는 쌍운을 나타내었다. 별수는 먼저 止고 후에는 觀이다.

이 아래는 대승의 지관을 설명하는 부분이다. 이것은 두 번째다. 첫 번째는 간략히 지관을 밝히는 대목이었다. 그것을 이제 널리 판별해서 설한다는 것이다.

별수는 각각의 수행이다. 즉 지와 관을 떼어서 수행하는 것을 밝힌다는 뜻이다. 별수를 설명하는 데는 먼저 지에 대해서 설명하고 그 뒤에 관에 대하여 풀이해 주겠다는 거다.

쌍운은 같이 닦는 것을 말한다. 運은 운반하다는 뜻을 가지고 있다. 그러니까 지와 관을 쌍으로 닦아 그 수행을 향상일로 시킨다는 의미다.

海東疏 先明止中 卽有四段 一明修止方法 二顯修止勝能

먼저 지를 밝힌 것 중에 네 문단이 있다. 첫째는 지를 닦는 방법을 밝혔고, 둘째는 지의 수승한 공능을 나타내었다.

먼저 밝힌 것은 止다. 止는 참선의 목적이다. 그러니까 참선은 止를 얻기 위한 방법이다. 선정은 상태고 참선은 방법이다. 선정은 참선을 해야 얻을 수 있다. 그러니까 참선을 하는 이유는 선정인 止를 얻는 데 있다. 그것을 설명하는 데 네 문단이 있다는 거다.

첫째는 어떻게 참선을 하는지 그 방법을 밝힌 것이고, 둘째는 왜 참선을 해야 하는지 그 이유를 나타내었다.

三辨魔事 四示利益

셋째는 마에 대한 일을 분별하였고 넷째는 이익을 보이고 있다.

　셋째는 魔에 대해서 설명하였다. 참선에 魔가 없으면 그것은 참선
이 아니다. 반드시 마가 달라붙는다. 곡식에 벌레가 붙지 않으면 그
곡식은 이미 썩었거나 독이 있는 것이다.

　그러므로 참선에는 마가 붙게 마련이다. 농사꾼이 벌레를 어떻게
퇴치하느냐 하는 것이 관건인 것처럼 수행자도 그 마를 어떻게 퇴치
하느냐 하는 것이 관건이다. 그에 대해 설명한 것이 이 대목이다.

　넷째는 참선을 하면 어떤 이익이 있는지를 내보인다. 이익이 있어
야 참선을 하지 이익 없는 참선은 할 필요가 없다. 거기에는 합당한
이익이 분명 있어야 하는 것이다.

ㄴ) 대승지관

起信論 若修止者

만약에 참선을 하고자 한다면

　禪의 어원은 팔리어 Jhan이다. 부처님은 이 단어를 쓰셨다. 이것
이 지식층의 언어인 산스크리트에서 Dhyan으로 바뀌었다.

　이 Dhyan이 변형되어 Dhyana가 된다. 그 Dhyana를 달마대사가

중국으로 갖고 와 禪那로 음역하였다. 그것이 한국으로 들어와 禪이 되고 일본으로 건너가 Zen이 되었다. 결국 일본에서 팔리어 쟌과 비슷한 발음으로 귀결되었다.

Jhan은 마음을 넘어서 있다. Jhan은 마음이라는 의식을 떠난 상태다. 그런 무아의 상태로 세상의 실체를 직접 보는 것이다. 세상은 진여며 본성이며 진리의 본체다.

Jhan은 하나의 거울과 같다. 거울과 같이 되는 것을 쟌의 수행이라고 한다. 이것은 세상을 보는 방법이 아니라 세상이 그대로 나타나도록 그 바탕을 만드는 것이다.

그러므로 Jhan은 상대성을 떠나 있다. 나와 객체가 따로 있을 수 없다. 비춰야 할 대상도 비추는 주체도 없다. 하나로 움직인다. 그러므로 쟌은 마음의 분별과 취사를 떠나 있다고 하는 것이다.

참고로 조사선은 마음을 참구하는 것이다. 그러나 원래의 Jhan은 참구의 대상을 두지 않는다. 조사선의 禪은 어떤 목적을 갖고 있지만 Jhan은 목적이 없다. 선은 결과를 얻고자 하지마는 Jhan은 얻어지는 것이 아니라 드러남을 말하고 있기 때문이다.

起信論 住於靜處 端坐正意
정처에 거주하라. 그리고 단정하게 앉아라. 그리고 올바른 의도를 가져라.

禪을 공부하는 것이 참선이다. 참선으로 止에 들어간다. 참선에는 크게 5종이 있다고 **선원제전집**은 말했다. 거기에 있는 여래청정선이 조사선이다. 이 조사선은 화두를 잡고 깨달음을 이룬다. 즉 취지가 교외별전이고 불립문자며 직지인심이고 견성성불이다.

그런데 이걸 어쩌나. **기신론**에서 말하는 禪은 이 선과 같지를 않다. **기신론**에서의 선은 중국에서 다듬거나 변형된 선이 아니다. 즉 순수 인도의 선을 말한다. 기억해 두어야 한다.

그 禪을 참구하려면 우선적으로 정처를 찾아야 한다. 정처는 고요한 곳이다. 그렇지 않으면 아무리 용을 써서 참선을 해도 선정에 들 수가 없다.

저잣거리에서는 공부가 안 된다. 공부를 하려면 학교에 가든지 도서관에 가야 한다. 그런데 저잣거리에서 공부를 하려 한다면 이것은 올바른 의도가 아니다. 이것은 남에게 보여주기식 모습밖에 안 된다.

단정하게 앉아야 한다. 무슨 일을 하든지 간에 그 결과를 좋게 가지려면 몸과 마음의 자세가 발라야 한다. 그 어떤 경우도 자세가 나쁘면 결과가 비뚤어진다. 마찬가지로 참선도 반드시 올바른 자세로 임해야 한다.

起信論 不依氣息 不依形色
기식에 의거하지 말고 형색에 의거하지 말며

기식은 기공과 호흡이다. 참선을 하는 사람은 기공훈련으로 선정에 들려 해서는 안 된다. 기공은 몸의 운기조화를 위한 수련법이다. 물론 호흡법도 마찬가지다. 단전에 힘을 모아 그 힘으로 건강을 유지하고 수명을 연장시키는 도가의 양생법이 이런 것이다.

형색은 형체와 색채다. 형체는 골쇄관이고 색채는 청황적백 등의 색깔이다. 골쇄관을 백골관이라고도 한다. 이것들은 탐욕을 없애고 죄업을 멸하려고 자신의 몸을 백골로 직관하는 것이다. 백골만 드러난 내 몸은 그 어디에도 탐욕과 죄업이 붙을 곳이 없다는 뜻으로 무상관을 수행할 때 주로 이 관법을 쓴다.

색채는 자기에 맞는 색깔을 관하는 것이다. 나의 체질에는 어떤 색이 맞거나 어울린다는 색관이다. 그 색깔을 주위에 걸어놓고 관하다 보면 결국 흰색으로 나아가 아무런 색이 없다는 것을 깨닫게 되는 것이다.

起信論 不依於空 不依地水火風 乃至不依見聞覺知
공에 의지하지 말고 지수화풍에 의지하지 말며 이어 견문각지에도 의지하지 말아야 한다.

空은 텅 빔이다. 세상은 공하다는 전제하에 자꾸 空도리를 생각하면 결국 세상이 空으로 뻥 뚫리는 상황을 직면하게 된다. 거기에서 선정을 찾으려 해서는 안 된다는 것이다.

지수화풍도 색깔과 마찬가지다. 주역에서 당신의 체질은 뭐하고 가깝다는 말을 듣고 거기에 매달린다. 즉 당신은 土하고 잘 맞다거나 水하고 잘 맞다거나 하는 것 따위다.

水하고 잘 맞으면 물가에다 참선의 장소를 정하고 土하고 잘 맞다고 하면 산속에다 토굴을 지어 거기서 선정에 드는 것을 말한다.

견문각지는 세상에서 보고 듣고 또 깨닫고 아는 것 등으로 참선을 행해서는 아니 된다는 것이다. 그런 것들은 마음을 일으키도록 하는 불쏘시개인 것이지 마음을 정지시키는 참선에는 전혀 도움이 되지 않기에 그렇다.

禪은 세속에서 배운 학문이나 철학, 아니면 종교적 지식으로 덤벼들어서는 안 된다. 그런 것을 버리기 위해 禪을 하는데 잘못하다가는 그런 것을 더 덧칠하는 수가 있다. 그래서 견문각지에 의지하지 말라고 하였다.

起信論 一切諸想隨念皆除

일체의 모든 망상들은 생각을 따라가면서 모두 다 제거해야 한다.

절을 하는 이유는 자신을 낮추는 동작이다. 그것을 3천 번을 연속하면 나我라는 아만이 꺾일 수밖에 없다. 그런데 그렇게 했다는 것을 잊어야 하는데 그것이 그렇게 되지를 않는다. 어디서든 자랑하고 싶어서 안달이 난다.

그래서 틈만 나면 절했다는 무용담을 펼치려고 한다. 마치 마라톤 42.2km를 풀로 뛰었다고 자랑하는 것과 같다. 이것이 바로 버려야 하는 것을 도리어 덧칠한다고 하는 것이다.

起信論 亦遣除想

또 제거했다는 생각마저 다 버려야 한다.

모든 상념들을 다 제거하는 것도 어려운데 그 제거했다는 생각마저 버려야 한다는 것은 초보자에게 너무 가혹한 요구다.

내가 어디 가서 봉사를 했거나 못사는 사람들을 위해 후원금을 내었다. 그런데 그 선행한 것을 다 잊으라니 미칠 노릇이다. 임금님 귀는 당나귀 귀라고 소리치고 싶은 이발사 마음처럼 나도 그런 것을 했다고 남몰래 소리치고 싶다.

그런데 그것을 잊으라고 한다. 과연 범부가 그렇게 잊어버릴 수 있을까. 그게 그리 쉽게 되는 것일까.

起信論 以一切法本來無相 念念不生 念念不滅 亦不得隨心外念境界 後以心除心

일체 법은 본래 형상이 없다. 염념이 불생하고 염념이 불멸하다. 그렇기에 마음이 밖의 세계를 생각하는 것을 허락하지 말아야 한다. 뒤에 마음으로써 마음을 제거해야 하기에 그렇다.

일체 법은 본래자리다. 거기에는 어떤 모습도 없다. 그래서 無相하다. 마치 전원이 꺼져 있는 TV브라운과도 같다. 아무것도 없다.

그것은 하얀 눈으로 덮여 있는 대지다. 아무것도 없다. 산도 들판도 없다. 꽃도 없고 풀도 없고 물도 없다. 그런 밖의 세계가 없는데 어떻게 분별의 마음이 일어나겠는가. 그래서 마음이 일어났다고 하면 그것이 문제라는 것이다.

일체 법은 실상이다. 실상은 형상이 없다. 눈에 보이는 형상이 없는데 무슨 생각이 일어날 건더기가 있겠는가. 인연에 의해 잠시 일어난 경계를 실재라고 생각한다면 그 생각에 문제가 있다. 없는 것을 있다고 하기에 그 있다는 생각마저 결국에는 없애야 한다는 것이다.

위 문장에 隨수 자는 따를 수 자가 아니라 허락할 수 자다. 참고하시기 바란다.

起信論 心若馳散 卽當攝來住於正念

그런데도 마음이 만약 밖을 향해 뛰어나가면 마땅히 끌어와 정념에 두어야 한다.

아무것도 없는 것을 보고 짖는 개를 보고 주인은 시끄럽다고 한다. 보이지 않은 귀신을 보고 귀신이다고 소리치는 노인을 보고 아들은 정신 좀 차리라고 한다.

無相한 일체 법에 대해 온갖 망념들을 일으켜 형상화시킨 것들을 좇아다니는 범부들을 보고 부처는 좀 깨달아 라고 한다.

다 마음이 제 궤도를 이탈해 생기는 착시현상들이다. 그러므로 그 마음을 제 궤도에 갖다 두어야 한다. 그것이 바로 정념에 두어야 한다는 말이다.

起信論 是正念者 當知唯心 無外境界 卽復此心亦無自相 念念不可得

정념은 마땅히 오직 마음뿐이어서 마음 밖에 경계가 없다는 것을 아는 것이다. 다시 마음도 또한 자상이 없어서 생각생각에 찾을 수가 없다.

범부가 이 세상에 구하는 것이 두 가지다. 정신적인 것과 물질적인 것이다. 정신적으로 구하는 것은 애착이고 물질적으로는 구하는 것은 탐욕이다.

그런데 애착의 대상과 탐욕의 대상은 원래 없다. 사랑도 그 사람이 나에게 나타나기 전에는 없었고 다이아몬드도 내가 가난했을 때는 몰랐다. 그런 것들은 다 나에 의해서 시각화되고 정형화된 것이다.

그것을 이제 똑바로 이해한다. 내 마음 밖에는 그 어떤 경계도 진실로 있는 것이 아니라 다 내 마음이 만들어 낸 것이라는 사실을 자각하는 것이다.

그렇다고 해서 내 마음이라는 것이 있느냐 하면 그렇지도 않다. 마음은 자체적인 형상이 없기에 아무리 찾아도 그것을 찾을 수가 없다.

起信論 若從坐起 去來進止 有所施作 於一切時 常念方便 隨順觀察 久習▲熟 其心得住

앉고 서고 가고 오고 나아가고 머물고 뭘 하든 모든 때에 항상 방편을 생각하고 수순하고 관찰하는 것을 오래도록 닦고 익히면 그 마음이 안주하게 된다.

일상생활 속에 뭘 하든 간에 언제나 방편을 생각해야 한다. 방편은 실체 없는 삶을 항상 직시하는 것이다. 이 삶은 허망하지만 그렇다고 해서 안 살 수도 없는 일이기 때문이다. 그러므로 언제나 방편을 생각해야 한다.

그 삶 속에 어떤 것이 내 진짜 마음인 진여와 맞는 것이고 어떤 것이 그 반대로 내 마음을 병들게 하는 것인지를 잘 관찰해 가치있는 삶을 살아야 한다.

그런 생각을 갖고 오래도록 복덕을 쌓고 지혜를 닦으면 正道의 궤도에서 이탈한 내 마음이 드디어 정상의 궤도에 올라서서 안주하게 된다.

起信論 以心住故 漸漸猛利 隨順得入眞如三昧
마음이 안주하면 점점 맹리로 수순하여 진여삼매에 들어간다.

마음이 궤도에 오르면 이제 달리는 것이다. 연못물이 강물에 들어가면 그대로 흐르는 것처럼 그렇게 바다로 달리는 것이다. 그것을 맹리라고 한다. 맹리는 뒤도 돌아보지 않고 앞으로 나아가는 것이고 수순은 걸림없는 흐름이다.

모든 물은 바다로 들어간다. 그럼 우리는 어디로 갈까. 우리는 어디로 가기 위해 이렇게 분주히 움직이는 것일까.

"부모는?"
"돌아가셨습니다."

어디로 돌아가셨을까. 그럼 온 곳이 있을 텐데 그 온 곳이 어디인가. 당신은 아는가? 살아 있는 당신도 모르는데 죽은 부모가 온 곳이 어디라고 돌아간단 말인가.

우리는 어디로 돌아가야 하는가. 바로 진여. 거기에 들어가려면 진여삼매부터 닦아야 한다. 진여삼매를 닦으면 어떻게 되는가.

起信論 深伏煩惱 信心增長 速成不退

그러면 깊이 번뇌를 조복받아 신심이 증장되어 빠르게 불퇴의 지위를 얻게 된다.

진여삼매는 삼매의 근본이다. 삼매는 止의 연속이다. 그러면 번뇌가 꺾이어지고 마음이 잠잠해진다. 그것을 조복이라고 한다. 아주 중요한 대목이 하나 나왔다. 마음이 안주되어야 진여삼매에 들어간다는 사실이다.

마음이 안주되지 않으면? 삼매에 들 수 없다. 사람들은 참선을 해서 마음이 안정되기를 희망한다. 하지만 참선은 반드시 마음이 안정된 자가 해야만 된다는 것이다. 그래야만 참선의 효과를 기대할 수 있다. 그렇지 않으면 백날 앉아 있어도 결과가 헛방이다.

삼매가 이루어져 번뇌가 사그라지면 깨달음을 이루는 것일까. 천만의 말씀이다. 사람들은 또 오랫동안 참선을 해서 탐욕이 사라지고 화내지 않으면 견성했다고 하면서 부처대우를 한다.

하지만 분명히 알아야 한다. 삼매로 번뇌가 사라지면 신심이 증장된다는 것이다. 그로 인해 다만 믿는 마음이 더 강해지고 굳세어진다는 것뿐이다. 이것을 주목해야 한다.

신심이 증장되면 어떻게 되는가? 그러면 불퇴위에 올라가는 데 큰 발판이 된다. 불퇴위는 분별발취도상에서 분명히 말했었다. 10주가 불퇴위라고 했다.

그렇다면 신심의 증장으로 불퇴위를 얻는다는 말인가? 아니다. 불퇴위는 범부 중에서 상근기의 범부가 3心 개발을 하고 네 가지 수행을 1만겁 동안 행해서 얻어진다.

그렇다면? 여기서의 신심증장은 오로지 하근기의 범부가 상근기의 범부로 나아가는 데 필요한 신심견고에 도움이 된다는 것이다. 그것이 바로 진여삼매의 최고 효과라 할 수 있다.

起信論 唯除疑惑 不信
오직 의혹을 갖고 있거나 믿지 않거나

범부가 수행하는 이유가 무엇인가. 무슨 수행을 말하는 것인가. 앞의 네 가지 수행문을 닦는 이유가 무엇인가.

그것은 결과적으로 이 止觀을 닦기 위해서이다. 이 지관에 목적을 두지 않은 보시는 그저 주는 것으로 끝이 나고 지계는 사람이 응당 지켜야 하는 도리를 지키는 것으로 끝이 난다.

그리고 인욕 역시 참는 것으로 끝이 나고 정진은 그냥 원하는 것을 가지기 위해 매진하는 수준에 그친다. 세속에서도 더러 사람들이 이 수준까지는 한다.

하지만 지관에 나아가게 되면 앞의 네 가지 행위는 거룩한 수행이 된다. 그 수행은 결과적으로 이 지관수행을 하기 위한 바탕이 되기에 그렇다.

그러므로 보시없는 지계는 있을 수 없고 지계없는 인욕은 성립되지 않는다. 인욕없는 정진은 기대할 수 없다. 정진없는 지관수행은 되지 않는다는 말이 이것이다. 다른 말로 하자면 앞에 네 가지 수행문을 닦아야 복이 이뤄지고 마음이 안정되게 된다. 그때서야 지관수행이 가능하다는 것이다.

이 말에 대해 의문을 가진다면 그 사람은 불자가 아니다. 불자는 반드시 이 **기신론**의 잣대로 수행해야 한다. 그렇지 않으면 이름만 불자지 그 속은 사교도나 이교도다.

이교도는 **기신론**의 말을 믿지 않는다. 그러므로 그들은 진여삼매에 들어가지 못한다. 그들은 이 세간이나 내생에서 천국이나 천상 같은 향락을 누리고자 한다.

起信論 誹謗 重罪業障 我慢 懈怠 如是等人所不能入

비방하는 사람이거나 중죄로 업장이 두꺼운 사람, 아만에 차 있거나 게으른 자들과 같은 그런 사람들은 여기에 들어가지 못한다.

기신론을 비방하는 사람들이 있다. 이것은 부처님에 대한 도전이고 불교에 대한 저항이다. 왜냐하면 **기신론**은 몇 번이나 말했지마는 대승불교의 교과서이면서도 지침서이기 때문이다.

몰라서 비방했다면 지금부터라도 그 비방을 멈추어야 한다. 문제는 **기신론**을 잘못 배웠거나 죄업이 두꺼운 사람이다. 그런 사람들에게는 이 **기신론**이 똑바로 보이지 않는다. 그것은 이미 그들의 시각이 비틀어져 있기에 그렇다.

그것뿐만이 아니다. 아만에 차 있는 자들도 **기신론**은 하나의 논서에 불과하다고 평가 절하한다. 그러면서 자기가 좋아하는 경전 하나를 내세운다. **기신론**은 경전이 아니지마는 이미 모든 경전의 골수를 다 가지고 있다. 그리고 수많은 논서 가운데 하나의 논서가 아니다.

기신론은 그 논서들을 모두 탄생시킨 바탕이다.

거기다가 게으른 자들도 문제다. 자신을 구제하거나 자신을 변혁시키기를 꺼리는 자들이다. 그래서 止의 수행에 임하지 않는다. 그런 사람들은 이 **기신론**의 취지와 거리가 멀다. 이와 같은 사람들은 결코 진여삼매에 들어가지를 못한다는 것이다.

海東疏 初方法中 先明能入人 後簡不能者

처음 방법 가운데서 먼저 들어가는 사람을 밝혔고 뒤에는 가능하지 못한 자를 가렸다.

먼저 止를 닦는 방법을 제시했다. 그 내용 중에서 먼저는 진여삼매에 들어가는 자들에 대해 설명하였다. 원문에 能은 가능한 자들이면서도 능동적 수행자다.

그리고 뒤에 덧붙여서 진여삼매에 들어가지 못하는 자들을 열거했다. 그러고 보면 모두 다 참선한다고 해서 진여삼매에 들어가는 것은 아니다는 것이다. 예를 들면 죄업이 두꺼운 자들 같은 무리들은 아무리 참선을 해도 진여삼매에 들어가지 못한다는 것이다.

海東疏 初中言住靜處者 是明緣具 具而言之 必具五緣

처음 가운데서 말한 정처에 안주한다는 것은 바로 지를 닦는 인연의 갖춤을 밝힌 것이다. 갖추어 말하자면 반드시 다섯 가지 조건이 구족되어야 한다.

진여는 우리 마음의 근본이다. 즉 불순물인 불각이 없는 상태의 순수마음이다. 그것이 불성이며 법성이다. 그 진여가 완전체의 상태로 돌아가는 것을 진여삼매라고 한다.

물고기를 잡으러 나가도 마땅한 장소와 도구가 있다. 학교에 가더라도 공부할 수 있는 준비물과 학구열이 갖춰져야 한다.

그런데 항차 이 세상에서 가장 어렵다는 진여삼매에 들고자 하는데 어찌 조건과 마음자세를 따지지 않겠는가. 거기에 다섯 가지가 있다고 했다.

[海東疏] 一者閑居靜處謂住山林 若住聚落 必有喧動故

첫째는 편안하게 정처에 안거해야 한다. 말하자면 산림에 주거하는 거다. 만약 취락에 살면 반드시 시끄럽고 다투는 일이 있게 된다.

참선을 하려면 정처에 머물러야 한다고 했다. 정처는 고요한 곳이다. 이것이 무엇보다도 중요하다. 그런데 어디 천지에 조용한 곳이 있던가. 산림 속인가? 산림은 산과 숲이다. 옛날 말이지 요즘은 산림 속이라 해도 정처가 될 수 없다. 산림이 깊으면 깊을수록 더 많은 사람들이 찾아오기에 그렇다.

취락은 마을이다. 마을에 살면 어쩔 수 없이 사람들과 음으로 양으로 부딪힌다. 안 부딪힌다고?! 반드시 시비에 휘말리게 되어 있다. 그러므로 참선을 할 수가 없다. 여기에서 動은 움직일 동이 아니라 다툴 동 자이다.

그럼 아파트는 어떤가? 누가 그랬다. 아이들 다 결혼시키고 나니 자기 아파트가 절간 같다고.

"절간이라는 말 쓰지 말라고 했지?"
"TV에 나온 어느 스님도 절간이라고 하던데요."

이조시대에 성리학자들이 사찰의 품격을 완전 격하시켰다. 그들
은 사찰을 절간이라고 절하했다. 똥간 헛간 잿간 푸줏간과 같은 수준
으로 하대했다. 그 영향으로 아직도 어떤 사람들은 절간이나 절집이
라고 부른다. 그 스님도 마찬가지다. 미쳤는 모양이다.

맞다. 아파트. 그럴 수도 있겠다. 옆집과도 단절하고 산다는 도심
의 아파트라면 최고의 정처가 될 수가 있을 거도 같다.

海東疏 二者持戒淸淨 謂離業障 若不淨者 必須懺悔故
둘째는 계율을 청정하게 지켜야 한다. 말하자면 업장을 없애는 것이다.
만약에 청정하지 않는 자라면 반드시 참회를 해야 한다.

참선에 임하는 조건을 말하고 있다. 두 번째가 계율이다. 계율은
반드시 지켜야 한다. 남을 울렸거나 남에게 못된 짓을 했거나 남의
물건을 가져 왔거나 하는 자들은 바로 참선에 들어갈 수 없다.

그가 언제 찾아와서 나에게 달려들지 모른다. 그런 불안한 마음으
로는 참선에 임할 수 없다. 마음이 안정되지 않는다. 그러므로 죄
많은 사람은 죄부터 참회해야 한다. 삭발할 때도 머리가 길면 그 긴
머리부터 가위로 먼저 자른다. 기름이 잔뜩 묻은 빨래라면 애벌세탁

부터 먼저 하고 세탁기에 넣는다.

마찬가지로 죄업이 두꺼운 자는 일단 큰 죄업부터 털어내어야 한다. 그러므로 처음 참선에 임하는 자는 반드시 참회 기도하는 기간을 두어야 한다. 거기서 엉키고 흐트러진 마음을 정돈하는 것이다. 그래야 앉아 있어도 큰 번뇌가 일어나지 않는다.

해제를 하고 결제에 임하는 수좌들도 마찬가지다. 결제가 되었다고 해서 바로 참선에 임하는 것보다 세속에서 묻혀온 거친 번뇌를 털어내는 준비기간을 먼저 가져야 한다.

그렇지 않으면 해제 때 담아 온 세속의 여러 잔영들이 결제기간 내내 분분하게 일어나 아까운 시간만 허비할 수 있다.

海東疏 三者衣食具足

셋째는 의식이 구족해야 한다.

성사는 이 대목을 세 번째에 넣으셨지마는 나같으면 첫 번째에 넣는다. 참선을 하는데 사실 이것만큼 중요한 것은 없다.

먹고 입는 것이 해결되지 않는데 참선을 한다?! 이런 사람은 형체만 참선 모습이지 마음은 콩밭에 가 있는 사람이다. 결코 참선의 진전을 기대할 수 없다.

참선에 임하는 사람은 먹을 것과 입을 것이 우선적으로 충분해야 한다. 땟거리를 걱정하고 입을 옷을 걱정하는 사람은 참선할 수 없다.

먹을 것이 충분해도 먹도록 해주는 사람이 없으면 그것도 안 된다.

혼자서 수행한다는 토굴스님들의 일과를 보면 잘 알 것이다. 그 스님들 겉으로 보기에는 매우 한가해 보일지 몰라도 사실은 너무나 바쁜 사람들이다.

비가 오면 비가 오는 대로 바쁘고 눈이 오면 눈이 오는 대로 바쁘다. 계절이 오면 계절에 대비하기 바쁘고 계절이 가면 가는 대로 바쁘다. 쉴 새 없이 마을과 산속을 오르내리며 생활용품을 져다 나르고 채전을 가꾼다. 정말 공부할 시간이 없다. 토굴을 지키고 관리하는 것만으로도 힘에 부친다.

신선도에서 빠지지 않는 인물이 하나 있다. 그것은 신선을 시봉하는 동자다. 그 동자가 빠지면 신선도가 완성되지 않는다. 신선이 밥 해먹고 빨래한다면 그는 신선이 아니라 그냥 삶에 쫓기는 한 명의 장발노인과 같기 때문이다.

"빨래하고 밥해먹는 것도 도 닦는 일입니다."
"쓸데없는 소리!"

海東疏 四者得善知識

선지식이 있어야 한다.

선지식에게서 정법을 듣는다. 악지식에게서 사법을 배운다. 정법으로 깨달음을 얻으려 하면 선지식을 모셔야 한다. **성실론**에 보면 선지식을 모시면 네 가지 이익을 얻는다고 했다. 그것을 보통 사덕처라고 부른다.

1. 정법을 배워서 큰 지혜를 낸다.
2. 큰 지혜로써 일체법의 실체를 본다.
3. 육진의 세상에 마음이 부동해진다.
4. 번뇌를 끊고 공적한 이치를 깨닫는다.

마하지관에는 세 분의 선지식이 있다고 했다. 교수선지식 동행선지식 외호선지식이다. 교수선지식은 직접 가르침을 내리는 분이고 동행선지식은 공부하도록 만들어주는 분이며 마지막 외호선지식은 공부를 하도록 북돋아주는 분이다.

이 세 분이 주어지면 그 수행은 나날이 일진하고 다달이 상향할 수 있다. 하지만 복 없는 자들은 이 분들이 입이 닳도록 이끌고 손발이 붓도록 받치고 몸이 으스러지도록 밀어주어도 먼 산만 바라보게 된다. 그런 사람은 불교에서 어쩔 수 없다. 그래서 **유교경**에

又如善導 導人善道 聞而不行 非導過也

나는 길잡이와 같다. 사람을 좋은 세계로 데리고 가려는데 듣고도 따라오지 않는다면 그것은 길잡이의 잘못이 아니다 라고 하셨다.

스승과 제자 사이는 항상 긴장 상태에 있다. 제자가 이기면 제자는 불행해진다. 언제나 그 수준에 있다. 스승이 이기면 제자는 다른 세상을 보게 된다. 그때 축복이 내려진다.

그래서 나름대로 공부한다는 사람이 나를 찾아오면 꼭 묻는 말이 있다. 어느 스님을 모시고 수행하느냐고? 대다수가 혼자서 수행한다

고 한다. 그런 사람들하고 대화하면 입이 아프고 목이 마른다.

어린아이는 부모가 키우고 학생은 선생이 가르친다. 어른은 누구에게서 배우나? 가르침을 주는 어른이 없다고 한다. 그러니까 이 세상이 이 모양으로 엉망진창이다.

그렇다면 수행자는 누구에게서 배우나? 바로 스승이다. 그 스승이 선지식이다. 선지식이 아니면 아무나 다 참선을 시킨다. 그것은 단지 선원에 머리 숫자 채우는 경쟁에 지나지 않는다. 명심해야 한다. 선지식은 참선을 시킬 사람만 시킨다.

많은 사람들이 나에게서 불법을 배웠다고 한다. 나는 그들을 가르친 적이 없다. 그들은 내가 떠드는 소리를 듣고 간 자들이다. 그런데도 그들은 내 제자라고 한다. 난 내 제자를 둔 적이 없다.

그들은 회비를 내었고 나는 딱 그 회비만큼 떠들었다. 정확히 주고받았다. 그들과 나는 경제적 거래자들이었다. 그런데도 나에게 뭘 배웠다고 한다. 아니다. 그들은 나에게서 배운 적이 없다. 만약에 배웠다면 결코 내 회중을 떠나지 않는다.

다른 스님들은 제자가 출세하기를 기대한다. 나에게 오면 그 출세하고자 하는 의욕마저 꺾어버린다. 그런데 어떻게 내 제자가 되겠는가. 그래서 나에게는 제자가 없다. 어느 누가 자기 죽으려고 나를 모시겠는가. 바보가 아닌 다음에야.

海東疏 五者息諸緣務 今略擧初 故言靜處
다섯째는 해야 할 모든 일들을 다 마쳐야 한다. 지금은 간략히 처음 것을 들다 보니 정처라고 말했다.

소나기 잦은 여름날 장독을 열어놓고 외출하는 사람은 없다. 외출했다 하더라도 장독 생각에 마음이 늘 불안하다. 가스레인지 위에 된장찌개를 올려놓고 참선하는 사람은 없다. 그것부터 내려놓고 참선을 해야 한다.

남에게 빚을 진 자는 우선 빚부터 갚아야 한다. 남에게 잘못한 자는 먼저 그 사람에게 용서부터 받아야 한다. 그리고 꼭 해야 할 일은 마무리 지어야 한다. 그렇지 않으면 그 일이 머리에 맴돌아 백날 참선의 모습으로 앉아 있어도 내용은 하나도 없다.

간략하게 처음 것을 들었다고 한 것은 바로 정처를 말한 것이다. 정처는 앞에서 말한 다섯 가지를 다 갖춘 약어가 된다. 그러므로 참선하는 자는 다섯 개의 조건을 다 갖춘 후에야 비로소 가능하다는 것이다. 다섯 가지는 고요한 곳과 계율, 그리고 의식주 해결과 선지식의 지도, 그리고 해야 할 일을 다 마치는 것이다.

海東疏 言端坐者 是明調身
단정하게 앉아 라는 말은 조신을 밝힌 것이다.

단정은 흐트러짐이 없이 깔끔하고 반듯한 모습이다. 틈 없이 부드러우면서도 균형 잡히게 앉는 매무새다. 틈이 보인다는 말은 뭔가 어설프다는 말이다. 그것은 자세가 야무지지 못하고 허술해 보인다는 뜻이다. 그러므로 단정하게 앉아야 한다.

조신은 조심스럽고 품격 있음을 의미한다. 그러니까 참선에 임하는 몸의 자세는 진지하고 반듯한 모습을 가져야 한다는 것이다.

言正意者 是顯調心

정의라고 한 말은 조심을 나타낸 것이다.

조신이 몸가짐이면 조심은 마음가짐이다. 어떤 마음으로 참선을
해야 하는가이다.

참선을 하는 이유가 있어야 한다. 왜 내가 참선을 해야 하는지 그
이유부터 정확히 알고 임해야 한다는 것이다.

참선을 제대로 하면 온갖 魔들이 찾아온다. 그들과 협상해서 무엇
을 얻으려 할 것인지, 아니면 사람들에게 폼 나는 참선을 보여 어떤
이익을 얻으려 할 것인지를 먼저 생각해야 한다.

아니면 오래도록 참선을 한 이력으로 명예를 구하려 하는 것인지,
아니면 참선으로 공덕을 쌓으려 하는 것인지, 아니면 단순히 마음의
평온을 얻으려고 하는지 그 목적이 분명해야 한다는 것이다.

"깨달음을 얻고자 합니다."

"간도 크다. 정말!"

云何調身 委悉而言 前安坐處 每令安穩 久久無妨

이를테면 어떻게 조신하는가. 자세히 다 말하자면 먼저 앉는 곳이
편해야 한다. 안락하고 평온해서 오래도록 방해됨이 없어야 한다.

앞에서는 정처라고 했다. 즉 고요한 장소라고 했다. 여기서는 그
공간을 좀 더 줄여 자리를 말하고 있다.

자세하게 말한다는 것은 상세하게 말하겠다는 뜻이다. 앞에서는 그냥 앉는 것만 말했는데 여기서는 어디에 어떻게 앉아야 하는 것인지 세부적으로 다 말하겠다는 거다.

무엇보다도 먼저 참선을 하려면 앉는 곳이 편해야 한다. 그 조건은 안락과 평온이다. 즉 앉는 자리가 불편하거나 편안하지 않으면 안 된다는 것이다.

오래토록 앉아 있어도 방해됨이 없어야 한다는 것은 주위의 사정과 형편에 의해 내 참선이 산만해지거나 방해받지 않아야 한다는 뜻이다.

海東疏 次當正脚 若半跏坐 以左脚置右髀上 牽來近身 令左脚指與右髀齊

다음에는 마땅히 다리를 바르게 해야 한다. 반가부좌를 하려면 좌측 다리를 우측 허벅지 위에다 두고 몸 가까이 끌어당긴다. 좌측 다리의 발가락이 우측 종아리와 가지런하도록 해야 한다.

장소가 마련되었다면 이제 앉아야 한다. 앉을 때는 물론 다리를 바르게 해야 한다.

반가부좌는 가부좌의 반 모습이다. 보통의 사람들은 이 자세를 선호한다. 하지만 오래 앉아 있지를 못한다는 단점이 있다. 왜냐하면 왼쪽다리가 오른쪽 허벅지를 한쪽으로만 누르고 있기 때문이다.

잘못하다가는 옛날 양반들이 교만한 마음으로 다리를 한쪽으로 꼬아 앉아 아랫사람을 대하는 에헴 자세가 될 수도 있다. 그런 자세는 몸이 뒤틀릴 뿐만 아니라 오래가지도 못하기 때문에 참선자는 결코 취해서는 안 되는 최악의 자세라 할 수 있다.

海東疏 若欲全跏 卽改上右脚必置左髀上 次左脚置右髀上

만약에 온 가부좌를 하려면 곧 위에 우측 다리를 고쳐서 반드시 좌측 허벅지 위에다 두고, 다음에는 좌측 다리를 오른쪽 종아리 위에다 두면 된다.

전가부좌는 항마좌다. 부처님이 이 모습으로 魔들을 항복 받았기 때문이다. 이걸 보통 가부좌라고도 한다. 이것은 전가부좌다. 그래서 위와 같은 반가부좌가 나왔다. 이 자세는 사실 신체가 하중을 가장 적게 받는 이상적인 모습이다. 그러면서 가장 안정된 자세이기도 하다.

그래서 부처님은 이 장중한 자세로 수행하셨다. 그래서 앉아 있는 좌불의 모습도 다 이 모습으로 조성된다. 문제는 다리가 이렇게 되려면 오랫동안 그 자세로 습관화되어야 한다. 그러므로 일반인들은 흉내조차 내기 힘든 고난의 모습이라 할 수 있다.

이 글을 쓰신 성사의 시대에는 인도나 중국에서 선정에 들고자 하는 이는 모두 이런 자세로 참선을 하였다. 하지만 지금은 시대가 많이 변하였다. 좌식에서 입식으로 급격하게 생활이 변한 것이다. 그러다보니 사람들의 체형구조가 좌석보다 입식에 더 적합하도록 굳어져 있다.

보스턴대학에서 동양철학을 전공한 어떤 여자가 나를 찾아왔다. 그녀는 한국의 조사선을 체험해 보겠다고 했다. 그래서 비구니가 수행하는 선원에 소개장을 써서 보내 주었다.

일주일 뒤에 내가 그녀를 찾아갔을 때 그녀는 나를 보고 엉엉 울었다. 그 이유는 좌식으로 앉아 있는 그 상태가 너무 힘들고 고통스럽다는 것이다. 거기 열중스님은 우선적으로 참선자세부터 적응시키려는 듯했다.

지금은 선사들이 활개를 치며 제자들을 이끌던 그런 황금선 시대가 아니다. 사실 겨우 선의 명맥만 이어나가는 시점에 있다. 그러므로 무조건 선을 하는 데는 앉아야 된다는 그런 고정된 관념은 버려야 한다.

海東疏 次解寬衣帶 不坐時落
그 다음에는 의복의 띠를 느슨하게 하되 앉아 있을 때 떨어지지 않게 해야 한다.

의복의 띠는 허리띠다. 물론 허리띠는 느슨하게 해야 한다. 조인 상태로 있으면 답답해서 마음이 이완되지 않는다. 단순히 허리띠만이 아니다. 그 속에는 모자도 포함되어 있고 옥과 쇠붙이가 달린 장신구도 있다. 그런 것들이 방바닥에 떨어질 때는 고요와 정적이 깨어진다. 그러므로 조심해야 한다.

비록 베로 된 허리띠라 하더라도 일어설 때 잘 챙기지 않으면 바지가 훌렁 벗겨지는 일이 벌어진다. 그러면 자신은 물론 옆의 동료들까지도 분위기가 어색하게 된다.

모자는 반드시 벗어야 한다. 아무리 가벼운 모자라도 얼마가 지나면 그 무게가 천근처럼 느껴진다. 아니면 상기가 오를 때 덥고 갑갑해서 반드시 벗게 되어 있다.

次當安手 以左手掌置右手上 累手相對 頓置左脚上
다음에는 마땅히 손을 잘 두어야 한다. 좌측 손바닥을 우측 손 위에다 두고 손을 상대로 겹쳐서 왼쪽 허벅지 위에다 가지런히 둔다.

　반가부좌는 왼쪽 다리를 오른쪽 종아리 위에다 둔다고 했다. 전가부좌는 오른쪽 다리를 먼저 좌측 종아리 위에다 두고 좌측 다리를 오른쪽 종아리 위에다 둔다고 했다.

　그렇다면 밥을 먹을 때는 어떻게 해야 하는 것인가. 물론 밥을 먹을 때는 靜정이 아니라 움직일 때다. 그러므로 이와 반대로 해야 한다. 그러니까 오른쪽 다리를 왼쪽 종아리 위에다 두고 밥을 먹어야 한다는 것이다. 전가부좌 역시 마찬가지다.

　손도 이와 같다. 참선에 임할 때는 왼손이 오른손 위에 올라간다. 그러니까 靜이 動동을 누르는 동작이다. 하지만 손님과 대화할 때는 靜이 動으로 바뀌기 때문에 오른손이 왼손 위로 포개져야 한다.

　그러다 참선을 할 때는 왼손이 오른손을 누르는 동작을 취한다. 그래야만이 지관의 자세가 갖추어진다. 그러면 마음이 안정을 취할 수 있다. 그게 가장 이상적인 손과 발의 놓음이다.

牽來近身 當心而安
그리고 자신에게 몸을 끌어 당겨 마음을 편안히 가진다.

마지막으로 몸을 숙이고 엉덩이를 들어 뒤로 뺀다. 그러면 바닥에 닿는 부분이 넓어진다. 그러함으로 해서 오래 앉아 있을 수 있다. 몸의 하중으로 눌림을 최대한 적게 하기 위해서이다.

海東疏 次當正身 前當搖動其身 并諸支節

다음에는 몸을 바로 한다. 먼저 모든 지절을 사용하여 몸을 요동한다.

엉거주춤하게 앉으면 몸도 불편하고 마음도 안정치 못하다. 그러므로 단단히 앉아야 한다. 자루에 물건을 담을 때도 바닥에 툭툭 쳐가면서 담는다. 그래야 중간에 공간이 없어져 넘어지지 않는다.

그처럼 몸을 좌우와 앞뒤로 흔들어 가장 안전한 자세로 중심을 잡는다. 그것은 자체 안마법과 같다. 안마는 피의 순환을 돕거나 뭉친 근육을 풀어주는 일이지만 이 방법은 지절을 제자리에 편안하게 앉히는 방법이다.

海東疏 依七八反 如自按摩法 勿令手足差異

그렇게 7, 8번 반복하는데 그것은 자체 안마법이다. 그때 수족이 틀어지지 않도록 해야 한다.

흔드는 숫자는 일곱 번이나 여덟 번을 한다. 그렇게 하는 목적은 참선자세를 잡아놓았던 손과 발이 제자리를 잡아 서로 뒤틀리지 않도록 하기 위해서다.

운전도 운전석에 앉을 때 편안한 자세가 되도록 한 번쯤 고쳐 앉는다. 그래야 자동차를 안전하게 끌고 갈 수가 있다. 그처럼 참선도 제대로 앉아야 선정에 들어 마음을 고요하게 몰아갈 수 있다.

海東疏 正身端直 令眉骨相對 勿曲勿聳

바른 몸은 단정하고 똑바로 앉는 것이다. 그러려면 눈썹과 어깨뼈를 상대시키고 구부리거나 튀어나오게 해서는 안 된다.

正身은 올바른 몸의 자세다. 그것은 바르고 곧게 앉는 것이다. 제대로 앉으면 눈썹과 어깨뼈가 직선이 된다. 그게 바로 눈썹을 중심으로 상대시킨다는 말이다.

허리를 구부려서는 안 된다. 힘을 주어서 배를 앞으로 내밀거나 가슴을 내밀어서도 안 된다. 자연스럽게 아주 편안하게 그대로 앉는 것이다.

단학을 하는 사람들은 배꼽 밑에다 힘을 주라고 하지마는 불교의 참선법에는 그런 것이 없다. 그냥 아주 편안한 자세로 앉으면 되는 것이다.

海東疏 次正頭頸 令鼻與臍相對 不偏不邪 不仰不卑 平面正住

다음은 머리와 목을 바르게 한다. 코로 하여금 배꼽과 더불어 상대시킨다. 기울고 비틀어지거나 들고 숙이거나 하지 말고 평면으로 바로 두어야 한다.

이제 머리와 목이다. 먼저 머리 부분에서 코를 말한다. 코끝은 배꼽과 일직선으로 둔다. 그렇게 하면 자세가 굴곡지거나 한쪽으로 기울지 않는다.

그 다음은 머리다. 머리는 뒤로 넘기거나 숙이지 말아야 한다. 목은 바로 세워서 평면을 유지한다.

덧붙이자면 눈은 코끝을 넌지시 보아야 한다. 세게 보면 힘이 들어가고 약하게 보면 잠이 온다. 그러므로 보이는 둥 마는 둥 한 시각자세로 맞추어야 한다.

`海東疏` 今總略說 故言端坐也
이것을 모아서 간략히 설하였으므로 단좌라고 말하였다.

今은 시간의 지금이 아니라 무엇을 지칭하는 이 라는 뜻이다. 이것들이 모여서 단좌가 된다. 단좌는 단정히 앉는다는 뜻이다고 했다. 그 두 자를 자세하게 풀면 이렇게 다양하게 많아진다.

그러니까 이렇게 많은 뜻들이 단좌라는 간략한 언어에 다 들어가 있다는 말씀이다. 그것을 간략히 말하다 보니 단좌라고 하는 것이다고 하셨다.

참선하고자 흉내라도 내어보고 싶은 자를 위해서는 현 시대에 맞는 방법을 제시해야 한다. 일례로 의자에 앉히는 참선이라든가 걷는 참선, 또는 눕는 참선 같은 방법이다. 남방불교 쪽에서는 오래전부터 이런 참선을 도입하여 서구인들에게 큰 호응을 받고 있다.

"원효센터도 이 방법을 씁니까?"

"우린 이미 이 방법보다 더 좋은 방법을 씁니다."

海東疏 云何調心者 末世行人

이를테면 어떻게 조심해야 하는가 한 것은 말세의 수행인들은

말세는 세상이 끝나는 시기이다. **대집월장경**은 3천 년이 지나면 말세라고 했고 **금강경**에서는 2천5백 년이 지나면 말세라고 했다.

말세론은 아주 다양하다. 정법 상법 다문 탑사 투쟁시대같이 500년 단위로 나누기도 하고, 정법 상법을 천 년으로 하고 말법을 1만년으로 보기도 한다. 또는 정법을 천 년으로 하고 상법과 말법을 5천년으로 보기도 한다. 하지만 다분히 **아함경**처럼 말법을 1만 년으로보기도 한다.

말세가 되면 정법이 쇠퇴하고 邪法이 득세한다. 승풍이 혼란하고 품위가 타락한다. **법원주림**에 말세의 스님들이 저지르는 병폐가 잘 드러나 있다.

1. 스님이 불경보다 세속학문을 더 배운다.
2. 세속인이 스님들보다 더 윗자리에 앉는다.
3. 스님의 설법보다 세속인의 설법을 더 받든다.
4. 정법을 위법이라고 하고 사법을 정법이라고 한다.
5. 처자를 부양하고 노복을 부리며 재판에 몰두한다.

이때가 되면 불교의 정통 혼은 사라졌다고 봐야 한다. 그러면 불법

을 위하는 것보다 자신의 출세를 위해 불법을 어떻게 이용해 먹을까 하는 데 집중한다. 신약성서의 한 구절이다.

Turn off your sins, The kingdom of God is near.
회개하라. 천국이 가까워졌느니라.

마지막 단어 near 때문에 2천 년 동안 말세론이 끊이지 않고 있다. 가까워졌다는 말은 거의 다가왔다는 뜻이다. 그래서 2천 년부터 오늘 내일 하는 것이 지금까지 이어져 오고 있다.

그것은 앞으로도 계속 이어질 것이다. 거의 라는 말을 앞세운 사이비 선지자나 사이비 재림예수가 또 얼마나 많이 이 부정확한 말을 매개로 득세하여 설칠지 모른다.

그러나 불교는 그렇지 않다. 정확히 다음 부처가 올 시기와 시간을 못박아두었다. **보살처태경**에서 미륵부처는 앞으로 56억 7천만 년 뒤에 온다고 하셨다. 그것은 사이비 미륵에 속지 말라는 석가모니부처님의 노파심이셨다.

그런데도 자칭 미륵부처라고 나타난 가짜 미륵에 더러 어떤 사람들은 속고 있다. 부처님이 분명하게 년수로 미륵부처의 출현을 적시해 주셨는데도 가짜 미륵을 진짜라고 떠받들고 있다.

안타깝지만 어쩔 수 없는 일이다. 돈이 없으면 그럴싸한 짝퉁에 눈길이 먼저 가듯이 복이 없으면 진짜부처보다도 가짜부처에게 먼저 마음이 쏠리게 되어 있다. 그렇게라도 해야 그들의 마음이 편안할 수 있다면 무턱대고 나무라는 것만이 대수는 아닌 것 같다.

正願者少 邪求者多

정법을 원하는 자는 적고 사법을 구하는 자는 많다.

이것은 비단 참선하는 자에게만이 해당되는 내용은 아니다. 불교는 생사를 벗어나는 방법을 설하신 것이다. 그것이 목적이다. 그런데 사법은 그 반대다. 사법은 중생세계에 집착하도록 하고 중생의 삶을 사랑하도록 도와준다.

師法과 邪法은 혼돈스럽다. 발음은 같지만 뜻은 천양지차다. 師法은 스승의 법이다. 대대로 거슬러 올라가면 결국 부처님 법이 된다. 그러나 邪法은 자기들이 만든 법이다. 그것은 미혹에 기준한 법이다. 그래서 그것을 삿된 법이라고 한다.

스님들은 신자들에게 師法을 가르쳐 주어야 하는데도 더러 방편으로 邪法들을 쓴다. 외형적인 불사나 제사의식에 치중하다 보면 그렇다. 목적을 잃은 방편은 좋은 결과가 없다. 그런 불교는 앞날이 절망적이다.

사실 그 결과가 지금 나타나고 있다. 절은 곳곳에 지어졌는데 이제 그 절들을 관리하고 보존하면서 師法을 전법할 스님이 없다는 것이다. 절을 지을 때 절을 짓는 목적이 분명하였다면 이렇게 빨리 불교가 쇠퇴하지 않았을 것인데 너무 아쉽고 걱정스럽기만 하다.

海東疏 謂求名利 現寂靜儀

말하자면 명예와 이익을 얻기 위해 적정의 태도를 나타낸다.

참선을 하는 스님들도 답답해 보이기는 마찬가지다. 대승불교에서 참선은 깨달음을 얻기 위해서 하는 것이 아니다. 목적부터가 분명하지 않고 애매모호하다.

참선은 중국에서 처음으로 만들어진 것이 아니다. 참선은 원래부터 불교 속에 있었던 것이다. 그것이 중국의 도교와 혼합하여 조사선이 탄생했다. 거기서 참선을 하면 부처가 된다는 이론이 나왔다.

"그럼 왜 참선해야 되는데요?"
"단지 복덕을 생기게 하기 위함입니다."

분명히 알고 있어야 한다. 참선의 본래 목적은 복덕을 쌓기 위한 방법이다. 참선으로 깨달음을 얻는다는 것은 말도 안 된다. 그러므로 오로지 복덕을 쌓기 위해서 참선한다는 사실을 명심해야 한다.

그런데 가끔 이상한 스님들은 이 참선수행을 자신의 출세 이력으로 쓰고자 하는 자들이 있다. 아니면 참선을 많이 했다는 이유로 신도들에게 공양과 공경을 받고자 하는 자들이 있다. 이런 자들이 바로 명예와 이익을 얻기 위하여 참선의 폼새를 보여주는 자들이라고 말하는 것이다.

海東疏 虛度歲月 無由得定 離此邪求 故言正意
그런 사람들은 헛되이 세월만 보낼 뿐 선정을 얻을 수 없다. 그 잘못된 길을 떠나 정도를 구해야 하기 때문에 정의라고 했다.

어떤 약이든지 약은 그에 맞는 용도를 떠나서는 쓸 수가 없다. 그처럼 참선의 용도도 오로지 복을 짓는 것 말고는 써서는 안 된다. 명예와 이익은 참선의 용도가 아니다. 그 용도로 쓰는 자가 있다면 그는 邪道者다. 사도자는 邪道를 행하는 자들이다.

佛法과 不法은 같은 발음이면서도 다른 뜻이다. 不信과 佛信도 마찬가지다. 祖師와 釣士조사 역시 그렇다. 완전 반대어다. 祖師는 제자를 낚고 釣士는 고기를 낚는다. 하나는 살리기 위해 낚고 하나는 죽이기 위해 낚는다.

원래 그렇다. 나쁜 것들은 다 좋은 것과 함께하고 있다. 그러므로 까딱 잘못하다가는 좋은 것보다 나쁜 것을 취할 수 있다. 복이 없으면 좋은 것보다 나쁜 것에 더 매력을 느낀다. 그런 사람을 낚아채기 위해서 眞假진가의 구별을 애매하게 만들어놓았다. 그때 스승이 진가를 가려준다.

참선하는 흉내를 내면서 邪法을 구하는 자는 세월만 헛되이 보내지 결코 선정은 얻을 수 없다. 그렇게 의미없이 버린 세월을 그들은 명예를 구하는 이력의 무기로 쓴다.

대집경에 사견을 지녀 깨달음을 얻는 것은 있을 수 없고 정견을 지녀 깨달음을 얻는다는 것은 있을 수 있다고 하신 말씀을 가슴에 새겨두어야 한다. 그러므로 그런 못된 마음으로부터 벗어나야 하는 것이기에 正意라고 하였다.

海東疏 直欲定心與理相應 自度度他至無上道 如是名爲正意也

선정에 들고자 하는 마음이 이치와 더불어 바르게 상응하면 자기도 제도되고 타인도 제도되어 무상도에 이른다. 그와 같은 마음을 정의라고 한다.

정심은 선정의 마음이다. 그러니까 정심이 진리와 더불어 상응하면 공덕이 쌓이고 후득지가 나온다. 그 공덕과 후득지로 중생을 제도하면 결국 본인도 제도되고 타인도 제도된다. 그런 생각이 正意다. 그런 생각을 갖고 참선에 임해야 한다는 것이다.

무상도에 이른다는 말이 의미가 있다. 무상도는 깨달음의 길을 말한다. 그러니까 정심으로 선정에 들고 자리이타의 행으로 공덕을 쌓아나가면 십주에 올라가는 데 도움이 된다는 말이다. 10주가 무상도다.

지금 공부하는 이 대목을 잊어서는 안 된다. 이 대목은 수행신심분이다. 신심을 수행해서 어디다 쓰려고? 하근기인 범부가 이 방법을 써서 복덕을 짓는다. 그러면 신심이 굳어진다. 그것을 바탕으로 상근기가 되어 10주에 오른다. 그렇게 하기 위해서 신심을 수행한다.

그러니까 부정취중생이 자력으로 복덕을 지어 정정취에 들어가는 제일 밑바닥의 수행을 지금 하고 있는 것이다.

"우리도 이 과정을 거칩니까?"
"아닙니다. 우리는 이런 자력이 아니라 타력수행을 할 겁니다."

海東疏 不依以下 正明修止次第 顯示九種住心
불의 이하는 올바르게 止를 닦는 차제를 밝혀서 아홉 가지 안주하는 마음을 나타내 보인 것이다.

　원문에 보면 不依라는 대목이 나온다. 즉 기식에 의거하지 말고 하는 문장이다. 그 문장 이하는 선정을 닦는 순서를 밝힌 것이다. 그것을 저 위 **유가론** 성문지에 대입시켜 대승의 止수행과 소승의 사마타수행은 결국 같은 것이다는 것을 성사는 말씀하시고 있다.
　말하자면 **기신론**을 지은 마명보살과 **유가론**을 지은 미륵보살이 비록 止수행의 과정을 다르게 표현하고 있지만 그 의도는 같은 것이다는 것을 밝혀 주고 있다는 것이다.
　대소승 속에 아홉 단계 수행은 마음의 근본으로 들어가는 차제다. 그 차제는 꼭 사람이 활쏘기를 하는 것 같다. 처음에는 잘 맞추지 못하다가 점점 과녁을 맞춰나가는 것과 같다.

海東疏 初言不依氣息 乃至不依見聞覺知者 是明第一內住之心
처음에 말한 불의기식 에서 불의견문각지자 까지는 바로 제일 내주의 마음을 밝힌 것이다.

　기식에 의거하지 말고 에서부터 마지막인 견문각지에 의거하지 말고 까지는 9종심주 가운데서 첫 번째인 내주와 그 뜻이 같다는 것이다.
　내주는 밖으로 튀어나가는 마음을 끌어와 내면에다 붙잡아 두는 것을 말한다고 했다. 그러니까 대승에서 의존하지 말고 라는 말은 결국 분란이 되는 문제의 해결은 밖에 있는 것이 아니라 안에서부터 시작하라는 것이다.

海東疏 言氣息者 數息觀境 言形色者 骨瑣等相
말한 기식은 수식관의 경계고 말한 형색은 골쇄 등의 모습이다.

기식은 운기조식에서 나온 말이다. 운기조식은 주로 무협소설에서 무사들이 쓰는 기공술로 기운을 조절하고 호흡을 고르는 수행법이다.

기식법 중에 하나가 있다. 호흡을 따라가면서 수를 세는 것이다. 즉 한 번 숨을 쉴 때마다 하나씩 셈을 세어나가면 100이 된다. 그 100에서 다시 하나씩 줄이면 마지막에 1이 된다. 이것을 반복한다.

그러면 잡념이 일어날 틈이 없다. 초심자들이 거친 망념을 가라앉히는 데는 제격인 수행법이다. 그런데 여기서는 그것을 권장하지 않고 있다. 그냥 조용히 있어라 한다.

海東疏 空地水等 皆是事定所緣境界
공과 땅 물 같은 것들은 사정이 되는 인연의 경계다.

空에 의거하지 말고 지수화풍에도 의거하지 말라고 한 이유가 나왔다. 그것은 事定으로 들어가는 원인이 되기에 그렇다는 것이다.

사정은 대상을 두는 선정이다. 그러니까 空을 대상으로 두면 무색정이 되고 지수화풍을 대상으로 두면 色定이 된다. 그러므로 그 어떤 대상도 의거하지 말아라는 것이다.

228

海東疏 見聞覺知 是擧散心所取六塵 於此諸塵推求破壞 知唯自心

견문각지는 마음을 어지럽힌다. 그것은 육진을 취하기에 그렇다. 세상 모든 것들을 추구하고 파괴하면 그것들은 오직 자심에 있다는 것을 알게 된다.

보았다든지 들었다든지 뭘 알고 있다는 것은 다 허무맹랑한 소리다. 止수행에 전혀 도움이 되지 않는다. 계속해서 해 오는 말이지마는 범부가 뭘 보았다는 것은 허깨비를 본 것이고 뭘 들었다는 것은 귀신소리를 들었다는 것이다.

뭘 안다는 것은 뭘 모른다는 뜻이다. 그러므로 전혀 그것들을 믿을 수 없다. 모두 다 밖의 대상에서부터 얻어진 정보들이기에 그렇다. 그 대상들은 이미 사라졌거나 벌써 변형되어져 있다. 그러므로 안다는 것은 내 마음이 그렇다는 것이지 그 물상들 자체하고는 전혀 상관이 없다.

추구는 분석이고 파괴는 분해다. 결국 그렇게 해 보면 그것들은 다 허상이고 그 허상을 취해 안다고 하는 것은 망념인 마음이라는 것이다.

海東疏 不復託緣 故言不依 不依外塵 卽是內住也

다시는 외연에 의탁하지 말라는 뜻으로 불의라고 했다. 그것은 외진에 의거하지 말라는 것이다. 그것이 바로 내주다.

외연은 외부세계의 모습이다. 거기에 의탁하지 말라는 것이다. 그것은 다 허무하고 무상한 것이기에 마음이 의거할 대상이 아니다. 그래서 의거하지 말라고 하였다.

외진은 외연이다. 즉 일체만물이다. 참선하는 자는 절대로 그런 것에 마음을 두지 말고 자기 속에서 움직이는 동요에 초점을 맞추어야 하는 것이다. 그것을 내주라고 한다.

海東疏 次言一切諸相隨念皆除者 是明第二等住之心

다음에 말한 일체의 모든 형상들은 생각을 따라 모두 다 없애야 한다는 것은 바로 두 번째인 등주의 마음을 밝힌 것이다.

밖을 훑고 다니는 마음을 붙잡아 두면 밖에서 들어오는 경계가 없어진다. 그러면 이제 내면에 묵혀 두었던 모든 것들이 터져 나온다. 마치 다람쥐가 먹을 것이 없으면 숨겨놓은 먹이를 찾아먹는 것처럼 마음은 숨겨놓았던 과거를 헤집기 시작한다.

정말 가만히 앉아 있으면 온갖 생각들이 다 떠오른다. 마음속 깊이 묻어 두었던 잡다한 과거들이 다 일어난다. 기억에도 없이 묻혀 있던 수많은 것들이 봄비를 만난 초목처럼 끊임없이 솟아오른다.

그러면 그것을 따라가면서 다 없애야 한다. 다 허망하고 무상한 것이다고 지워야 한다. 지우개로 하나 하나 지워나가듯이 생각나는 대로 다 지워나가야 한다. 그것이 등주다.

海東疏 前雖別破氣息等相 而是初修 其心麤動 故破此塵 轉念餘境

앞에서 비록 기식 등의 모습을 각각 깨뜨렸으나 그것은 초수라서 그 마음이 거칠게 움직인다. 그래서 외진을 부수었다는 생각이 또 다른 경계로 남아 있다.

불교에서 가장 기초적인 수행이 외풍에 요동하지 않는 마음가짐이다. 외풍은 외진이다. 그것은 가짜며 허상이기 때문에 그렇다. 그러므로 거기에 끄달리지 않도록 하는 것이 기초수행이다. 그것이 초수다.

그러면 마음이 고요해지는 것인가. 천만에 말씀이다. 더 크게 저항하고 더 크게 반항한다. 으르렁거리며 아주 길길이 날뛴다. 아니면 엎드려 빌면서 제발 좀 놓아달라고 한다.

거기서 네가 이기나 내가 이기나 치열한 사투를 벌인다. 몸을 아프게 하든지 그 마음에 의심을 내게 하든지 온갖 방법으로 그 선정을 이어가지 못하게 한다.

그러다 내가 점점 주도권을 잡으면 내가 대단하게 느껴진다. 그것이 또 다른 마음의 주체적 경계가 되는 것이다.

[海東疏] 次卽於此一切諸相 以相續方便澄淨方便 挫令微細 隨念皆除
다음엔 그 일체의 모든 모습을 상속방편과 징정방편으로 꺾어 미세하게 한다. 그러면서 생각나는 대로 다 없애나가는 것이다.

일체의 모습은 마음에 인식된 구조적 형상들이다. 그것들이 밖으로 튀어나가 밖에 있는 물상과 교합해서 또 다른 망념의 법을 만들어낸다. 그러므로 내 안에 묻어둔 물상의 모습들을 부수어야 한다. 부수는 방법은 상속방편과 징정방편이다.

상속방편은 계속해서 야무지게 요동치는 마음을 붙들어 매어두는 것이다. 그러면 점점 그 기세가 수그러진다.

징정방편은 그 요동하는 성격을 죽이고 달래나가는 방법이다. 그러다가 또 제 성격에 못 이겨 달려들면 그때마다 다시 꺾어 누르는 것이다.

海東疏 皆除馳想 卽是等住也

그렇게 하여 밖으로 뛰어나가는 생각을 다 없애면 곧 등주가 된다.

그렇게 오랫동안 밖을 향해 뛰어나가는 마음을 달래고 꺾어 누르면 그 드센 성격이 서서히 죽어서 점점 조용해진다.

이것이 사실 범부에게는 가장 힘든 과정이다. 이 과정을 몸으로 못 참으면 산문 밖으로 뛰쳐나가는 것이고 마음으로 못 참으면 止수행하고는 인연이 없다. 다행히 이 과정을 잘 참아내면 이제 그 마음은 등주의 자리에 오르게 된다.

海東疏 次言亦遣除想者 是明第三安住之心 前雖皆除外馳之想

다음에 말한 또한 제거했다는 생각까지 제거해야 된다는 것은 세 번째인 안주의 마음을 밝힌 것이다. 앞에 비록 밖으로 내달리는 생각을 제거하였다 하더라도

일례로 누굴 오랫동안 도와 온 사람이 있다. 그런데 그 사람이 기

대와 같이 움직이지 않는다. 사람들은 그만 잊어버리라고 위로한다. 그도 그렇게 해야 되겠다고 생각하고 그 사람과 도움 준 것을 잊었다 한다.

나라를 지키기 위해 전쟁터에 나갔다. 그런데 군번이 없어 확인이 안 된다고 하며 나라가 자기의 공적을 외면한다. 사람들은 국가를 위해 한 일이니 잊어라고 한다. 어쩔 수 없이 서운한 마음으로 잊어야 되겠다고 생각한다.

`海東疏` 而猶內存能除之想 內想不滅 外想還生 是故於內不得安住
그 생각이 오히려 안에 남아 있게 된다. 안에 그 생각이 없어지지 않으면 밖을 생각하는 마음이 다시 일어나므로 안에서 안주하지 못하게 된다.

그런데 나에게 도움을 받은 사람이 엉뚱한 짓을 한다. 잊었다고 했는데 그 소식을 들으니 기분 나빠 잠이 오지 않는다. 조건없이 도와준 것인데도 그것이 완전하게 잊혀지지 않았던 것이다.

목숨을 바쳐가면서 지켰던 나라가 잘 발전하면 다행인데 정치인들 때문에 그렇게 나아가지 않는다. 자기의 공적을 잊었다고 하면서도 분통이 나서 울분을 터뜨린다.

이런 것들이 바로 내면에서 완전히 없어지지 않으면 밖의 반연에 의해 다시 그 생각이 거세게 일어난다는 것이다. 잊었다 하면서도 마음속으로 편안히 안주를 못하게 하는 상속망념들 때문이다.

이것은 마치 물로써 그릇을 씻지만 닦지 않고 그냥 두면 물때가 끼어 세균이 일어나는 것과 같다. 그 물때까지 수건으로 완전히 닦아야 깨끗한 그릇이 되는 것이다.

海東疏 今復遣此能除之想 由不存內 則能忘外 忘外而靜 卽是安住也

이제 다시 그 능히 없앴다는 생각마저 없애야 한다. 안에 두지 않으면 곧 밖을 잊게 되고 밖을 잊으면 고요해진다. 그것이 안주다.

그러므로 어떻게든 그 잊었다는 생각마저 없애야 한다. 이것은 구정물을 제거하는 것과 같다. 가만히 그렇게 장구하게 놓아두면 구정물을 일으키는 오염물질은 가라앉게 된다.

그때 그것을 버리면 이제 두 번 다시 구정물이 되지 않는다. 아무리 흔들어도 정류수의 깨끗한 물로 그대로 있다.

내가 잊었다는 생각을 마음에 두지 않으면 밖에서 어떤 소리가 들려와도, 또는 어떻게 나를 대하든 흔들리지 않는다. 그러면 마음의 평온을 얻는다. 그것이 안주다.

海東疏 次言以一切法本來無相 念念不生念念不滅者 是明第四近住之心

다음에 말한 일체법은 본래 무상하여 염념이 불생하고 염념이 불멸하다는 것은 바로 제4 근주의 마음을 밝힌 것이다.

일체법은 진여법이다. 즉 진리의 법이다. 그것은 형상이 없다. 영화 스크린에 나타난 모든 형상들은 다 허상이다. 그것은 가짜다.

그처럼 중생의 눈에 보이는 세상은 다 가짜다. 그것은 진짜의 모습이 아니다. 영사기 필름에 의해 가짜 모습이 나타나듯이 중생의 망념에 의해 가짜 세상이 나타난다.

영화 속의 가짜는 진짜처럼 무엇이 생겨났다 사라졌다 한다. 하지만 그것은 생긴 것도 아니고 사라진 것도 아니다. 거기에는 원래 그런 것들이 없다. 그러므로 은막은 불생불멸하다.

범부의 망념도 끊임없이 생겼다 없어졌다를 반복하고 있지만 그것은 사실 없다. 마치 구름은 끊임없이 일어났다 사라졌다를 반복하고 있지만 하늘에 구름은 원래 없는 것과 같다. 그런 마음과 친해지는 것이다. 그것이 근주다.

海東疏 由先修習念住力故 明知內外一切諸法 本來無有能想可想

앞에 안주를 수습하는 힘으로 안팎의 일체 모든 법이 본래 생각할 수 있는 것도 생각할 만한 것도 없는 줄 분명하게 알게 된다.

안주는 망념을 꺾어 눌러 놓은 상태다. 그러면 망념은 점점 그 기세가 수그러진다. 그런 상태로 시간이 지나면 그 망념은 세력을 잃고 그 속에 들어 있던 진짜의 마음이 드러나기 시작한다.

망념으로 보면 세상은 모두 생각해야 할 대상이고 생각되어져야 할 개체인데 진짜의 마음으로 보니 생각할 수 있는 것도 아니고 생각할 만한 것도 없다는 것을 비로소 알게 된다.

海東疏 推其念念不生不滅 數數作意而不遠離 不遠離住 卽是近住也

그 생각생각이 나지도 않고 멸하지도 않는다는 것을 받들어 자주자주 그 생각을 일으켜 멀리 떠나지 않는다. 멀리 떠나지 않고 머문다 하여 근주라고 한다.

범부의 의식에서 일어난 분별된 생각이 망념이다. 망념이 이 생사를 하는 고통의 세계를 만들었다. 이제 알았다. 그러면 망념하고는 결별해야 한다.

망념은 나를 끌고 다니며 무수한 생멸과 무수한 고통을 안겨 주었다. 그래도 못 벗어났던 것은 그것이 내 주인인 줄 알았기 때문이다. 그래서 여태까지 그 망념을 따라다녔다. 이제 보니 전혀 아니다.

납치를 당해 오랫동안 남의 집에서 일을 하게 되면 자신을 잊어버린다. 집주인이 진짜 주인이 되고 자기는 완전 노예가 된다. 그러다 어느 날 문득 내가 왜 여기서 이런 고생을 하고 있는 거지 하는 각혜의 마음이 일어난다.

그런 마음이 일어나면 어떻게든 그 고통스런 곳에서 해방되어야 한다는 생각을 한다. 그게 바로 한쪽으로 미뤄놨던 내 진짜의 마음이라는 것을 알게 되는 순간이다.

그렇게 틈나는 대로 자신을 찾는 생각을 한다. 그리고 이제 결코 내 진짜 마음을 버리지 않을 것이라는 다짐을 둔다. 그것이 근주다.

海東疏 次言亦不得隨心外念境界者 是明第五調順之心 諸外塵相 念心散亂

다음에 말한 또한 마음을 따라 밖의 경계를 생각하지 않는다는 것은 다섯 번째인 조순의 마음을 밝힌 것이다. 세상의 모든 모습은 마음으로 하여금 산란케 한다.

다시는 가짜 마음인 망념이 이끄는 대로 밖을 쫓아나가지 않는다. 그것이 경계를 생각하지 않는다는 말이다.

이제 거칠고 사납던 망념이 점점 온순해지고 있다. 그것이 조순의 마음이다. 조순은 고분하게 따른다는 말이다. 이 정도 되면 내 마음이 나에게도 관심을 가지는 수준까지 올라온 것이다.

그것은 병행한다. 오랫동안 진여와 망념이 거의 같은 힘으로 평행하게 된다. 그 전에는 망념이 완전 주인이었는데 이제는 신심수행으로 진여가 힘을 얻어 망념과 거의 대등한 위치가 된 것이다.

마지막 문장에 念은 舍이라고 해야 맞다. 장경을 판각할 때 실수를 한 것 같다. 참고하시기 바란다.

海東疏 依前修習安住近住 深知外塵有諸過患 卽取彼相爲過患想
앞의 안주와 근주로 수습한 결과로 바깥의 세상이 모든 과환이라는 것을 깊이 알게 되었다. 즉 세상을 취하면 과환이 된다는 것을 생각하는 것이다.

그 전에는 결코 알지 못했다. 안주와 근주로 내 마음을 닦아서 보니 세상은 고통덩어리라는 것이다. 도박이나 마약 같이 세상은 결코 손을 대면 안 되는 것들이었다. 그런데 내 자신은 무지해서 그것을 취하고자 하였다.

그 결과로 세세생생 무진고통을 받으면서 끝없는 윤회의 삶을 살았다. 이제 똑똑히 알았다. 그것들은 마약보다도 더 무섭고 독사보다도 더 위험하다는 것을 확실히 알았다. 허상의 세상은 건드리면 건드리는 것만큼 손해고 잘못이라는 것을 깊이 생각하는 것이다.

由是想力折挫其心令不外散 故名調順也

이 생각의 힘으로 그 마음을 꺾어 밖으로 산란하지 않기 때문에 조순이라고 한다.

담배를 피울 때는 몰랐는데 금연교실에 들어가 흡연에 대해 알아보니 보통 심각한 문제가 아니다. 처음 얼마간은 중독성 때문에 너무 힘들었다. 정말 뛰쳐나가고 싶었다. 얼마나 견디기 힘들었는지 환청이 들리고 환각의 세계를 헤매었다. 그런데도 용하게 참아내었다.
이제 니코틴에 찌든 습관의 마음이 내 마음이 아니라 원래 그 속에 들어 있던 상쾌한 마음이 내 주인이라는 사실을 알게 되었다.
그러므로 담배만 보면 저것이 나에게 엄청나게 많은 해를 입혔구나 하고 생각한다. 그런 결과로 담배가 보여도 거기에 마음이 더 이상 끌리지 않는다. 이제 내 진짜 마음이 가짜 마음을 이기는 단계까지 왔다. 그러면 점점 내가 내 마음을 조절하게 된다. 그게 조순이다.

次言後以心除心者 是明第六寂靜之心

다음에 말한 나중에 마음으로써 마음을 제거한다는 것은 여섯 번째로 적정의 마음을 밝힌 것이다.

가짜와 진짜는 양립할 수 없다. 하나만 남아야 한다. 밝음과 어둠이 양립할 수 없듯이 망념과 진여는 결코 같이 있을 수 없다. 같이 있으면 중생이고 하나만 있으면 부처다.

중생의 과환이 이렇게 심한 것은 부처와 중생이 같이 있기에 그렇다. 그러므로 한쪽은 반드시 버려야 한다. 보통의 범부들은 이럴 때 모두 부처를 버린다. 하지만 좀 더 성숙한 범부는 부처를 찾기 위해 자신을 버린다.

드디어 진짜 마음이 가짜의 마음을 버려야 한다는 단계까지 왔다. 가짜는 여기까지 진짜의 행세를 해 온 셈이다.

海東疏 諸分別想令心發動 依前調順 彌覺其患 卽取此相爲過患想
모든 분별하는 생각이 마음을 발동시킨 것이라는 것을 아는 것은 조순에 의해서다. 그래서 그 허물을 더욱 깨달아 세상의 모습을 취하면 과환이 된다는 생각을 한다.

조순은 자신이 자기 마음을 직접 관리하는 단계라고 했다. 그 전에는 자기의 마음이라고 해도 어떻게 할 수가 없었다.

조순의 단계까지 와서 보니 그 마음을 방치했다는 생각이 든다. 진여는 나를 살리려고 하고 망념은 나를 죽이려고 하였다. 마치 입에 쓴 약은 나를 살리고 입에 단 것은 나를 죽이는 것과 같은데도 난 어떻게든 쓴 것은 피하고 단 것만 찾았다.

그래서 당뇨에 걸려 무진 고생을 하고 있다. 이제부터는 가짜의 내가 좋아하던 단 것을 버리고 진짜의 내가 좋아하는 쓴 것만을 먹어야 되겠다고 다짐한다.

그래도 자꾸 단 것이 당긴다. 그렇지만 그것을 먹으면 죽는다는 생각을 강하게 한다. 그 단 것이 과환이라는 것이다.

．

海東疏 由此想力轉除動心 動心不起 卽是寂靜也

이 생각으로 요동하는 마음을 점차로 없애어서 그 움직이는 마음이 일어나지 않도록 한다. 그것이 적정이다.

망념과 진여가 싸울 때 언제나 망념의 편에서 살아왔다. 이제 망념으로써는 결코 마음의 안락과 평화가 오지 않는다는 사실을 알았다. 그래서 망념을 버리고 진여와 손을 잡는다.

술을 마시면 꼭 없던 문제를 일으킨다. 제정신이 아니라서 그렇다. 망념은 소요와 요동을 일으킨다. 철없던 젊은 시절에는 그 망념으로 그렇게 덤벙대며 살았다. 그런데 지금 나이가 들어보니 그게 아니었다.

그래서 동적인 움직임보다 정적인 삶으로 방향을 바꾼다. 정적인 삶은 조용한 삶이다. 그러면 마음에 분란이 없다. 분란이 없는 마음은 평온하다. 거기에는 과환이 없다. 공덕만 있다. 조용하면 공덕이 일어나고 시끄러우면 과환이 일어나는 법이다.

그러니까 청년이 지나고 어른이 되면 고요를 좋아한다. 그렇게 계속 성장하면 몸은 수행자가 되고 마음은 적정에 머물고자 한다.

海東疏 次言心若馳散 乃至念念不可得者 是明第七最極寂靜之心

다음에 말한 마음이 만약 치산하면 에서부터 가히 얻을 수 없다 까지는

240

일곱 번째로 최극적정의 마음을 밝힌 것이다.

생각에는 정념과 망념이 있다. 정념은 부처가 쓰고 망념은 범부가 쓴다. 망념은 자신을 점점 타락시키고 세상을 더욱 더 황폐시킨다. 반대로 정념은 자신을 더욱 더 맑게 하고 세상을 더욱 더 밝게 한다.

망념을 쓰면 중생세계가 나타나고 정념을 쓰면 부처세계가 나타난다. 망념을 쓰는 사람이 정념의 세계를 꿈꾼다는 것은 있을 수 없다. 그런데도 범부들은 언제나 맑고 깨끗한 세계를 구현해야 한다고 설레발친다.

정념에 안주하려면 세상은 유심이라는 것을 분명히 알아야 한다. 그래야 세상의 물상과 민심에 휘둘리지 않는다. 그럴 때 가장 깊은 안정이 온다. 그 안정이 최극적정이다.

[海東疏] 於中有二 初言心若馳散卽當攝來 乃至唯心無外境界者
그 가운데 둘이 있다. 먼저는 만약에 마음이 어지럽게 산란해지면 곧 마땅히 끌어오라 에서부터 오직 마음이라서 밖에 경계가 없다 까지는

세상은 다 마음먹기에 달렸다고 한다. 그것이 唯心이다. 하지만 복덕이 없고 근기가 약하면 그렇게 생각되지 않는다. 모든 불행과 설움이 다 세상 때문이라고 생각한다.

그래서 세상에 불만을 품고 성질을 낸다. 거기에 유심이라는 말은 통하지 않는다. 내가 주체가 아니라 세상이 주체가 되어 나를 들었다

났다를 한다. 그러니까 내가 힘이 없으면 내가 세상에 끌려다니는 것이다.

그런데도 사람들은 쉽게 말한다. 세상은 마음먹기에 달렸으니 그렇게 마음을 먹으라고 한다. 그것을 받아들이는 사람은 적어도 이 수준까지 올라와야 그것이 가능하다. 즉 자기의 마음을 임의대로 조절하고 자유로이 관리하는 수준까지 올라와야 그것이 가능하다는 것이다.

그때가 되어서야 오직 마음이라는 유심을 이해할 수 있다.

海東疏 是明失念暫馳散外塵 而由念力能不忍受也

실념하면 잠깐 밖을 향해 치산하지만 정념의 힘으로 그것을 눌러 바깥 경계를 받아들이지 않는다.

겉으로는 나에게 순종하지만 그 망념의 마음은 내면에 아직도 야성이 살아 있다. 그러므로 조금만 방심하면 바로 밖으로 튀어나간다.

술을 완전히 끊기 위해 금주클리닉 병원에 있다. 그런데 알코올의 내성이 아직도 살아 있다. 언제든 다시 마실 수 있는 위험소지가 있다. 무심코 밖을 내다보니 저 멀리 멋진 술집이 보인다.

그때 순간적인 정념이 흐트러진다. 그것이 실념이다. 그러면 음주의 유혹에 밖으로 나간다. 그것이 치산이다. 치산은 어지럽게 정신이 산만해진다는 뜻이다.

결국 홀리듯이 술집에 들어갔다. 마담이 술을 권한다. 한 모금 넘기려는 찰나 정념이 일어났다. 이것을 마시면 나는 죽는다는 강한 거부감이 일어난다. 그것이 바로 눌러 받아들이지 않는다는 뜻이다.

海東疏 次言卽復此心亦無自相念念不可得者　是明失念還存內心

다음에 말한 곧 다시 이 마음 또한 자상이 없어서 염념이 가히 얻을 수 없다고 한 것은 정념을 잃는다 해도 마음은 도리어 내면에 있음을 밝힌 것이다.

　의지가 약한 사람은 금주훈련 중에도 술을 마시려고 한다. 그런 사람들은 약물치료와 금주교육을 계속해서 받아야 한다. 그렇게 교육을 받아나가면 알코올로 살아온 그 마음이 점점 세력을 잃고 그 안에 숨어 있던 진짜의 마음이 힘을 얻게 된다.

　마음은 自相이 없다. 자상은 자체적인 모습이다. 그런 자상이 없기 때문에 아무 것에나 다 올라탄다. 그러면서 아무 곳에나 다 들어간다.

　그것은 물과 같다. 아무 것에나 달라붙고 아무 곳에나 스며들며 아무하고나 작용한다. 하지만 가짜 마음인 망념은 자상이 있다. 크기와 규격, 그리고 기준과 성격을 갖고 있다.

　아이들이 색깔을 좋아하듯이 범부들은 모양 있는 것을 좋아한다. 하지만 공기와 물, 허공과 거울은 어떤 특정한 모양과 색깔이 없다. 그래서 수준 높은 범부들은 한정된 색채를 벗어난 무채색과 무상성을 찾아 나선다. 그 정점에 진짜의 마음이 있다.

　그런 마음은 자상이 없기에 찾을 수가 없다. 허공을 가지려면 물상을 치우면 되듯이 마음을 가지려면 망념을 치우면 된다. 그 망념을 치우는 작업이 지금 이 지관공부다.

海東疏 而由修力尋卽反吐也
그것은 수행의 힘에 의하여 마음이 드디어 버려지는 것이다.

금주해야 되겠다는 모진 마음이 허물어진다고 해도 마음이라는 것이 없어진 것이 아니다. 진짜의 마음은 내면에 있다.

가짜 마음이 망념을 일으킨다. 망념은 심사와 수번뇌로 일어난다고 했다. 이제 그것들의 작용이 멈춰 버리면 가짜 마음이 작용할 언덕이 없어진다. 그러면 자동적으로 진짜 마음이 드러난다.

가짜의 마음이 있을 때 진짜의 마음이 있다. 가짜가 없어지면 진짜조차 없다. 종기가 빠진 자리에 새 살이 차오르면 진짜의 모습이 드러난다. 그러면 종기도 사라지고 그것을 걱정하던 마음도 사라진다. 모든 것이 버려진 상태다. 그것이 反吐라는 것이다.

海東疏 能於內外不受反吐 是故名爲最極寂靜
그렇게 내외의 경계를 받지 않으면 마음은 저절로 없어지게 된다. 그것이 최극적정이다.

마음은 방심하면 밖으로 뛰쳐나간다. 그러므로 그것을 붙들어 매어놓는 장치가 필요하다. 그 장치가 계속되는 수행이다. 이제 닦아온 수행의 힘 때문에 설령 마음이 튀어나간다 해도 육진경계에 잡히지 않는다.

사나운 들개는 이제 조련이 되어 목줄이 없다. 가끔가다 밖으로 나가지만 멀리 도망가지 않는다. 찾으면 언제든 순순히 달려온다. 이제 주인과 한몸이 된다. 그러다 보니 누구에게든 짖지 않아 걱정의 마음이 없다. 집안이 조용하다. 그게 최극적정이다.

海東疏 次言若從坐起去來 乃至淳熟其心得住者 是明第八專住一趣

다음에 말한, 앉고 일어나고 가고 오는 것으로부터 순수하게 익어 그 마음이 안주하게 된다는 것은 여덟 번째로 전주일취를 밝힌 것이다.

여기에 두 가지 수행이 있다. 하나는 행위고 둘은 관찰이다. 전반에는 행위를 말하고 후반에는 관찰을 말한다.

마음은 근본적으로 두 기능을 가진다. 지혜와 자비다. 수행으로 이제 드디어 지혜가 일어나니 자비심 역시 움직이기 시작한다.

야생마를 마구간에 가둬놓고만 있을 수 없듯이 마음도 언제나 눌러놓고 있을 수는 없다. 즉 그 마음을 고요하게 한다고 언제나 선원에만 앉아 있을 수 없다는 것이다.

수행자도 마찬가지다. 그러므로 움직여야 한다. 그 움직임은 행주좌와에 이어 중생구제다. 그 가운데서 항상 자신의 마음을 잃지 않고 잘 관찰하는 것이 바로 전주일취가 된다.

海東疏 謂有加行有功用心 故言常念方便隨順觀察也 無間無缺定心相續

이를테면 가행도 있고 공용도 있는 마음이다. 그래서 항상 방편을 생각하고 관찰로 수순해 간격도 없고 빠짐도 없는 선정의 마음을 이어간다.

가행은 내적 수행이고 공용은 외적 수행이다. 가행은 자신의 마음을 더욱 더 정밀하게 관찰하여 진여에 수순하도록 하고 공용은 중생은 원래 없지만 緣起에 의한 것이므로 그들을 제도한다는 생각을 가진다.

이런 두 마음은 틈 없이 계속되어야 한다. 조금이라도 틈이 생기면 그 사이로 魔가 침범하여 닦아온 수행을 깨뜨린다. 그러므로 빈틈도 없고 성김도 없이 그 선정의 마음을 이어나간다.

[海東疏] 故言久習▲熟其心得住 卽是專住一趣相也
그렇게 오랫동안 수습하면 순수하게 익어 그 마음이 안주하게 된다. 그것을 전주일취의 상태라고 한다.

이제는 망념보다 정념이 완전 주도권을 잡고 망념을 다스리는 단계가 되었다. 그것은 드디어 진여 쪽으로 힘이 온전히 실렸다는 뜻이다. 그것이 바로 전주일취다.

이 상태는 오로지 한 곳으로만 나아간다. 망념이 힘을 가지면 중생 쪽으로 가고 정념이 힘을 가지면 부처 쪽으로 간다고 했다.

범부는 이 두 마음을 동시에 갖고 있다고 했다. 그래서 범부는 어떤 때는 부처처럼 보이다가도 어떤 때는 악마처럼 행동하는 하는 것이다.

이 앞에까지는 마음을 놓지 못하였다. 어디로 튈지 모르는 상태기 때문에 일단 붙들어 매놓고 훈련시키고 있었다. 그것이 최극적정에서 끝이 났다.

이제는 어디에 가도 사람들을 이익되게 하는 단계까지 왔다. 사람들이 내 마음을 좋아서 만지고 나를 싫어해 밀쳐도 나의 마음은 거기에 바위처럼 흔들리지 않는다. 오로지 나의 갈 길로 간다. 그게 전주일취다.

海東疏 次言以心住故漸漸猛利 隨順得入眞如三昧者 是明第九等持之心

다음에 말한 마음이 안주하므로 점점 맹리하게 수순해서 진여삼매에 들어간다는 것은 바로 아홉 번째인 등지의 마음을 밝힌 것이다.

마음이 안주한다는 것은 이제 흐름을 탄 것이다. 더 이상 망념과 정념이 대립하는 일은 없다. 이제 망념은 완전히 기세가 꺾이어졌다. 그러면 정념이 이끄는 대로 따라갈 수밖에 없다.

그 흐름은 가면 갈수록 더욱 더 탄력을 받는다. 그것이 맹리다. 맹리는 행동적으로 용맹하고 정신적으로는 예리함을 뜻한다. 그러므로 맹리한 기세로 더욱 더 정진하여 진여삼매에 들어가는 것이다.

그럼 등지가 수행의 끝인가. 아니다. 이 수준은 단지 쇠에 슬어있는 녹을 말끔히 닦아낸 것과 같다. 이런 수행이 계속되지 않으면 부지불식간에 쇠에 녹이 슬듯이 망념이 슬며시 일어나게 된다.

쇠에 다시 녹이 슬지 않으려면 강철로 제련되어야 하듯이 망념이 완전히 없어지려면 계속해서 수행에 나가야 한다. 풀무질이 연속되는 쇠에는 녹이 생겨나지 않는다. 그렇게 담금질을 부단없이 계속해서 해나가는 것이다.

海東疏 由前▲熟修習力故 得無加行無功用心 遠離沈浮任運而住 故名等持

앞서의 푹 익힌 수습의 힘에 의하여 가행도 없고 공용도 없는 마음을 얻는다. 그래서 부침을 멀리 떠나 자연스럽게 안주하기 때문에 등지라고 한다.

앞에 전주일취의 수행이 푹 익으면 그 힘 때문에 자연적으로 나아간다고 했다.

자동차에 탄 사람이 가는 것이 아니다. 자동차가 감으로 해서 사람이 가는 것이다. 그러므로 전주일취의 수행이 익으면 자동적으로 앞으로 나아가게 되어 있다. 그때는 가행도 없고 공용도 없다. 그냥 나아가는 것이다.

그렇게 되면 부침이 없다. 부침은 마음의 뜨고 가라앉음이다. 이것은 마음의 요동을 다른 말로 표현한 것이다. 이제 마음은 임운한다. 임운은 자연적이다. 아무런 인위적인 힘을 가하지 않고서도 자연적으로 정념에 머문다. 그래서 등지라고 한다.

海東疏 等持之心住眞如相 故言得入眞如三昧

등지의 마음은 진여상에 머무는 것이다. 그래서 진여삼매에 들어간다고 한 것이다.

등지라는 말은 전체를 가진다는 뜻이다. 等은 고루 등 자다. 그러므로 전체라고 말할 수 있다.

뭘 전체라고 말할 수 있느냐 하면 바로 진여다. 범부의 진여는 쪼개진 진여다. 그것은 망념에 붙어 있다. 망념이 진여에 붙어 있으면 수행의 진전단계에 있고 진여가 망념에 붙어 있으면 중생의 삶 속에 있다.

그런 진여가 독립적이 되면 전체가 된다. 그것을 진여상이라고 한다. 그래서 등지가 되면 진여삼매에 들어간다고 하는 것이다. 진여삼매는 요동없는 마음의 연속이라고 했다. 즉 완전히 정지된 마음이라는 뜻이다.

[海東疏] 深伏煩惱信心增長速成不退者
깊이 번뇌를 항복받고 신심이 증장되어 빠르게 불퇴위를 성취할 수 있다고 한 것은

소승 성문들이 닦는 구종심주의 목표는 심일경성이고 대승수행자들이 止를 닦는 목표는 진여삼매다.

심일경성도 마음을 하나의 자리에 모으는 것이고 진여삼매도 진여를 한곳에 정지시키는 것이다. 둘 다 말은 다르지마는 뜻은 같다. 그래서 성사가 소승의 구종심주가 대승의 진여삼매가 되는 것이다고 하셨다.

그럼 진여삼매에 들면 어떻게 되는가? 그것은 신심이 증장된다는 것이다. 어떻게 해서 신심이 증장되는가 하면 止를 닦음으로 해서 복덕이 생기기 때문이다.

복덕이 신심을 증장시킨다. 그렇다면 신심이 증장되면 어떻게 되는 것인가? 그러면 빠르게 불퇴위에 오를 수 있다. 불퇴위는 10주다. 그러니까 빠른 시간 내에 수승한 범부가 되어 10주에 오를 수 있게 된다는 것이다. 이것을 몇 번이나 말했었다. 그만큼 참선의 순수한 목적이 중요하다는 것이다.

海東疏 略顯眞如三昧力用　由此進趣得入種性不退位故
간략하게 진여삼매의 역량과 작용을 나타내었다. 이로 인하여 더욱 나아가면 종성에 들어가 불퇴위를 얻는다.

진여삼매에 들어가면 그 상태로 있는 것이 다냐 하면 그렇지 않다. 그에 맞는 역량과 작용이 나타난다. 그 삼매가 계속되면 드디어 종성에 들어간다. 물론 종성은 습종성이다. 그 결과 불퇴위를 얻는다.

그러므로 확실히 알아야 한다. 진여삼매를 이룬다고 해서 견성하는 것은 아니다. 더군다나 부처가 되는 것은 아니다.

다섯 가지 조건을 갖추고 비장한 각오로 뼈를 깎는 止수행을 계속해 나아가면 마지막에 진여삼매를 이룬다. 그렇다고 해서 지렁이가 용이 되는 것은 아니다 라는 말씀이다.

이 말은 소승의 수행자는 물론 대승의 수행자가 아홉 단계의 止수행을 한다고 해서 범부를 벗어나 현자나 성자가 되는 것은 아니다는 뜻이다.

그런데 자꾸 참선으로 삼매를 이루면 확철대오廓徹大悟 한다고 한다. 이것은 해괴망측한 소리다. 도저히 용납할 수 없는 망발이다.

그러므로 이 조사선의 궤변을 교정하지 않으면 대승불교의 정통교리가 설 자리가 없어진다. 진짜 대승의 수행자는 그런 말들을 조심하고 경계하여야 한다.

海東疏 上來所說名能入者 唯除以下 簡不能者 修止方法竟在於前

이제까지 오면서 설한 것은 능히 들어가는 자다. 오직 제하고 한 그 이하는 들어가지 못하는 자를 가린 것이다. 지를 닦는 방법은 앞의 설명으로 마친다.

지금까지 설명한 것은 止수행을 할 수 있는 자들을 위해서이다. 그것은 한정적이다. 止수행은 아무나 다 할 수 없기에 그렇다.

자동차면허증을 따기 위하여 시험장에 줄을 서 있는 사람들은 운전을 하기 위해서이다. 그들은 운전에 대한 기초지식을 다 익히고 거기 서 있다. 그렇지 않는 사람들에게는 운전에 대해 아무리 설명해도 관심이 없다.

면허증을 따면 그들은 자동차를 산다. 그리고 도로를 누빈다. 사람들은 일생동안 자동차만을 타고 땅바닥만 훑고 다닌다. 아무리 고급차라고 해도 기름을 넣거나 전기로 충전해 한정된 시간만 타는 쇳덩어리 자동차에 불과한데도 그들은 그것이 다인 양 한껏 뻐기고 우쭐댄다.

"무슨 차를 타고 다닙니까?"
"대승을 타고 다닙니다."

　여기서 한 수 더 나아가면 대승을 타려고 한다. 그래서 대승의 면
허증을 따기 위하여 지금처럼 止수행의 과정을 설명 듣는다. 그러면
진여삼매에 들어가 대승을 운전하다가 마지막에는 천지 우주를 자유
롭게 유영한다. 하지만 자신의 마음에 관심이 없는 자들은 즉각 쓸데
없는 소리 하지 말라고 한다.
　원문에서 오직 제외하고 라고 한 그 부류들이 바로 이런 사람들이
다. 복 없는 사람들은 대승이라는 탈 것을 평생 듣지도 타지도 못하
고 죽는다. 고작 쇳덩어리 자동차나 부모에게서 물려받은 11마력 뚜
벅이에 의존하다가 슬프게 사라져갈 뿐이다.

起信論 復次依是三昧故 則知法界一相
다시 돌아가서, 이 삼매로 보면 법계가 한 모습이라는 것을 알 수가
있다.

　중생이 복이 없으면 서로 나눌 것이 없다. 그러면 거두고 보살피는
범위가 작아지기 마련이다.
　옛날에는 대가족이 모여 한 가정을 이루었다. 서로가 양보하고 품
어주었다. 그런데 요즘은 세상에서 제일 가깝다는 부부간에도 하나
가 되지 않는다. 각기 다른 개체로 인정해 달라는 시대가 되었다.
　그런데 이 세상천지가 하나로 보이는 수준은 어느 정도일까. 가장

은 자기 집이 하나다. 이장은 자기 마을을 하나로 본다. 군수는 군을 하나로 보고 시장은 자기 市만 보인다. 도지사는 道가 하나로 보이고 대통령은 자기 나라만 하나로 보인다.

이제 이 삼매의 수준을 알 수 있을 것이다. 그러므로 사실 범부는 이 삼매에 결코 들어갈 수 없다. 세상에 인간이 이렇게 많이 있어도 우주를 다녀온 사람은 몇 명 되지 않듯이 세상에 그렇게 많은 수행자들이 있어도 이 삼매를 체험한 사람은 정말로 희소하다는 것이다.

起信論 謂一切諸佛法身與衆生身平等無二 卽名一行三昧

이를테면 모든 제불의 몸과 중생의 몸이 평등해서 둘이 없으면 일행삼매라 한다.

형제간은 물론 부모자식 간에도 데면데면한 세대에 살고 있다. 어떤 산모는 자기가 낳은 자식에게 젖을 물리는 것도 망설여진다고 한다. 자기 몸매가 망가질 우려가 있다고 해서다. 그런데 남과 내가 하나로 보이겠는가.

질투가 많은 유일신도 마찬가지다. 그도 끝까지 자신만 신으로 남아 있으려 한다. 인간들이 제 아무리 발버둥쳐도 자신의 지고한 영역에 도전하지 못하도록 하고 있다.

하지만 불교는 전혀 다르다. 인간이고 신들이고 할 것 없이 모두 다 부처와 동일하게 만들려고 한다. 바다 같은 마음으로 모든 중생들을 다 받아들여 똑같은 부처로 만들고자 한다. 불교가 왜 다른 그 어떤 종교보다 위대한지 그 이유가 이런 것에 있다.

起信論 當知眞如是三昧根本 若人修行 漸漸能生無量三昧

마땅히 알라. 진여는 바로 삼매의 근본이다. 만약에 사람이 이것을 수행한다면 점점 무량삼매를 낼 수가 있다.

일체 삼매는 여기서부터 시작한다. 여기는 진여다. 진여는 우리의 근본마음이다. 번뇌에 의해 흔들리는 근본마음이 정확히 제자리를 찾으면 진여삼매에 들어간다.

모든 음식은 쌀에서부터 시작한다. 쌀은 일체 음식의 근본이다. 뙤약볕에 벼를 잘 길러 도정을 하면 쌀이 된다. 그 쌀로 먹을거리를 아주 다양하게 만들어 낼 수 있는 것과 같다.

그런 삼매의 힘은 대단하다. 작은 라이터돌 하나가 세상을 다 태워 버릴 수 있듯이 일행삼매에서 나오는 한 개의 광명이라 해도 전 우주를 덮고도 남는다. 그런데 무량한 삼매를 내면 어떻게 될까. 그건 진정 범부의 상상 너머에 있다.

부처만이 무량한 삼매를 낸다. 그래서 부처 같은 분은 없다고 하고 세상에서 제일 거룩하다고 하는 것이다.

海東疏 第二明修止勝能

두 번째는 지를 닦으면 수승한 능력이 있다는 것을 밝힌 것이다.

참선을 하면 어떤 능력이 생길까. 사람들은 참선을 많이 하면 도통한다고 한다. 또는 신통을 부린다고 한다. 천만에 말씀이다.

진여삼매에 드는 수행자는 그런 이적에 관심이 없다. 참선의 최종 결과는 진여삼매에 드는 것이다. 그 외에 일어나는 잡다한 異相은 그냥 선정에서 일어나는 부스러기일 뿐이다.

앞에서도 말했지마는 범부가 설령 이 지점까지 올라간다 해도 그것은 거기서 끝난다. 범부가 이것을 증득한다고 해서 뭐 보살이 되든가 부처가 되는 것은 아니다는 말씀이다.

[海東疏] 是明依前眞如三昧 能生一行等諸三昧

이것은 앞에 진여삼매에 의거하면 일행 등 모든 삼매를 낼 수가 있다는 것을 밝힌 것이다.

이 삼매를 기본으로 해서 점점 수행해 올라가면 드디어 십주에 올라가 초발심자가 된다. 거기서 3대겁아승기야 동안 또 수행하고 수행하면 부처가 된다.

부처는 모든 삼매에 자유롭다. **반야심경**에서 부처님은 광대심심삼매에 들어계셨다. **능엄경**을 설하실 때는 대불정수능엄왕삼매에 계셨고 **법화경**을 설하실 때는 무량의처삼매에 드셨다고 한다. 그처럼 부처는 시간과 장소에 따라 무량한 삼매에 들 수 있고 또 낼 수가 있다.

부처는 그렇게 모든 삼매를 내기 때문에 세상에 휘둘리지 않는다. 설령 부처를 죽인다 해도 그 마음을 휘저을 수는 없고. 설령 부처를 부숴버린다 해도 그 마음을 흔들지 못한다.

[海東疏] 所言一行三昧者 如文殊般若經言 云何名一行三昧

말한 일행삼매는 저 문수반야경에서, 이를테면 어떤 것을 일행삼매라 합니까?

문수반야경은 **문수사리소설마하반야바라밀경**의 약명이다. 거기에 문수보살이 부처님께 여쭙는다.

세존이시여. 어떤 수행을 해야 속히 깨달음을 얻을 수 있겠습니까 라고 하자 부처님이 내가 설한 대로 반야바라밀을 수행하면 된다 라고 하셨다.

그러시면서 또 다른 방법이 있다. 그것이 바로 일행삼매다. 선남자 선여인이 이 일행삼매를 닦으면 속히 아누다라삼먁삼보디를 증득할 수 있다고 하셨다. 그러자 문수보살이 어떤 것이 일행삼매입니까 라고 질문하는 대목이 이 문장이다.

<u>海東疏</u> 佛言 法界一相 繫緣法界 是名一行三昧
부처님께서 말씀하시기를, 법계는 한 모습이다. 연기법에 얽혀 있는 법계는 바로 일행삼매다.

일행삼매를 일상삼매라고도 한다. 부처와 중생이 차별이 없으면 一相이 된다. 또는 법계와 내가 하나가 되면 일상이 된다. 그래서 일상삼매라고도 한다.

일행삼매라는 말은 하나로 움직인다는 말이다. 일상은 상태고 일행은 작용인 셈이다.

그러니까 연기로 얽혀 있는 천차만별의 중생세계라 하더라도 그 근본은 오로지 하나에서 나와 하나로 움직인다는 것이다. 마치 세계가 아무리 크고 넓더라도 하나의 축으로 움직이는 것과 같다. 그것을 아는 것이 일행삼매라는 것이다.

海東疏 入一行三昧者 盡知恒沙諸佛法界無差別相

일행삼매에 들어간 자는 항사 같은 제불의 법계가 차별상이 없다는 것을 모두 알게 된다.

항사는 갠지스강가의 모래다. 부처님이 많고 많은 수를 설하실 때는 주로 이 모래를 비유로 드셨다. 그리고 크기를 비유할 때는 허공을 드셨고 작용이 위대하는 뜻으로 설하실 때는 바다를 비유로 드셨다. 또 기능의 자유자재 함을 설하실 때에는 거울을 거론하셨다.

일행삼매에 들어가면 부처의 세계가 갠지스강 모래만큼 많다는 것을 알게 된다. 그렇게 많아도 이 삼매로 보면 차별된 모습으로가 아니라 단 한 개로 보인다는 말씀이다. 그만큼 담는 통이 커지고 보는 안목이 넓어진다. 그게 우리의 진짜 마음인 진여라는 것이다.

海東疏 阿難所聞佛法 得念總持辯才智慧 於聲聞中雖爲最勝 猶住量數 卽有限礙

아난이 불법을 듣고 총지와 변재 지혜를 얻어서 성문 중에서 비록 최고로 훌륭한 자라 하더라도 아직도 양과 수에 머물러 한계와 장애가 있다.

아난은 다문제일이다. 부처님의 말씀을 제일 많이 듣고 가장 많이 기억하고 있는 제자다. 그래서 그를 부처님의 10대제자 중에서 다문제일이라고 한다.

그의 기억력은 메가 단위를 훌쩍 넘는다. 그리고 그의 언변은 청산의 유수와도 같이 막힘이 없다. 또 아라한과를 얻지 못해서 그렇지 그는 이미 수다원 사다함 아나함과를 증득한 지혜를 가지고 있다.

그래서 부처님의 수많은 제자들 중에서 당당히 10대 제자에 들어갔다. 하지만 그는 아직도 세속적인 두뇌를 갖고 있다. 그것은 아라한이 증득하는 심일경성을 깨닫지 못했기 때문이다.

그러므로 그의 능력은 세속적인 부피의 양과 숫자의 많고 적음으로부터 벗어나지 못하고 있다. 그래서 부처님이 한계와 장애 속에 갇혀 있다고 하셨다.

[海東疏] 若得一行三昧 諸經法門 一一分別 皆悉了知
만약에 일행삼매를 얻게 되면 모든 경전의 법문을 낱낱이 분별해서 모두 다 완전히 알아

그런 그가 만약 일행삼매를 터득하게 되면 현재 그가 갖고 있는 능력을 완전 뛰어넘는다.

아난존자의 지금 그릇은 부처님이 설하신 경전들을 모두 기억하고 있는 수준이다. 그런데 그가 일행삼매를 얻게 되면 그 기억을 넘어 부처님이 설하신 경전들의 요지를 완벽하게 하나하나 모두를 파악할 수 있다는 것이다.

海東疏 決定無礙 晝夜常說 智慧辯才終不斷絕

결정코 걸림이 없어서 주야로 항상 설해도 지혜와 변재가 끝까지 단절하지 않는다.

자체적으로 무엇을 터득하거나 배운 것이 많지 않은 사람들의 강의는 얼마가지 않아 곧 바닥이 드러난다. 그것은 지혜가 아닌 지식으로 알고 있기 때문이다. 지식은 외부에서 얻어지고 지혜는 내부에서 일어난다고 했다.

일행삼매를 증득한 자는 지혜와 변재가 사막의 오아시스처럼 끝이 없어서 결코 마르지 않는다. 계속해서 설하고 연속해서 말해도 무궁무진하게 나오고 또 나온다. 그러므로 밤낮으로 강설해도 거미줄같이 술술 풀려져 막히거나 끊어짐이 없다.

海東疏 若此阿難多聞辯才 百千等分不及其一 乃至廣說

만약 아난의 다문과 변재를 이것에 비교한다면 백천 등분의 일에도 미치지 못할 것이다 하시면서 널리 설하시었다.

우리에게 남겨진 모든 경전은 전부 아난존자의 기억력에서 나왔다. 그러므로 그분은 정말 대단하신 분이다. 생긴 것도 정말 잘생겨서 부처님 당시에도 이런저런 염문을 뿌리기도 했다. 그만큼 그는 똑똑하고 출중했다.

그래도 일행삼매 앞에서는 맥도 못 춘다. 아무리 산수를 잘 해도 수학 잘 하는 사람 앞에 가면 고양이 앞에 쥐가 되는 것처럼 일행삼매 앞에서는 설령 그라고 해도 꼼짝도 못한다.

일행삼매는 그런 굉장한 능력을 갖고 있다. 그러므로 아난이 갖고 있는 그 정도 실력은 여기에 비하면 비교도 안 된다. 비교한다면 정말 백 천분의 일도 안 된다는 것이다.

海東疏 眞如三昧能生此等無量三昧 故言眞如是三昧根本也 修止勝能竟在於前

진여삼매는 능히 이런 무량삼매를 낸다. 그러므로 진여는 바로 삼매의 근본이라고 하는 것이다. 止를 수행하면 수승한 능력이 있다는 것은 앞의 설명으로 마친다.

진여는 無相이다. 그 본체는 변계소집의 허성이 없다. 진여는 無生이다. 그것은 인연에 의해 일어나므로 진실된 일어남이 없다. 진여는 無性이다. 그래서 범부들이 언어와 문자로 아무리 헤집어도 거기에 걸리지 않는다고 **성유식론**은 말한다.

그런 진여가 범부의 가슴속에서 무명과 요동치고 있다. 그런 그것이 일단 멈추면 무량삼매를 일으킨다. 그것이 제법의 본체이므로 그 어떤 삼매든 이 진여삼매를 기본으로 하지 않는 것이 없다. 있다면 다 거짓이고 엉터리다. 그러기에 이 진여삼매만이 모든 삼매의 뿌리며 바탕이 된다. 그것은 오직 일심에서부터 시작하기에 그렇다.

"독서삼매도 이 삼매에서 나오는 것입니까?"
"그것은 낚시삼매에서 나오는 것입니다."

두 번째로 참선을 하면 수승한 능력이 생긴다는 설명은 이것으로 끝을 맺는다.

海東疏 △以下第三明起魔事 於中有二 略明 廣釋

이 아래로는 세 번째로 마들이 일어나는 일을 밝힌다. 그 가운데 둘이 있다. 간단히 밝히고 널리 풀이하는 것이다.

무슨 일이든지 제대로 하려면 반드시 장애가 따르기 마련이다. 그런데 하물며 이 세상에서 가장 성스럽다는 선정이겠는가. 된장을 쒀도 구더기가 끓고 채소를 가꿔도 병충해가 달려든다. 좋은 일에는 뭐 하나 절대로 그냥 두는 일이 없다.

선정도 마찬가지다. 반드시 누가 태클을 건다. 그리고 더 이상 하지 못하게 한다. 말을 듣지 않으면 결국 넘어뜨린다. 그것이 魔마다. 마는 선정에 드는 걸 죽어라 막는 모든 세력들의 총칭이다. 들어봤을 것이다.

道高一尺 魔高一丈

道가 한 자 높아지면 魔는 한 장 높아진다.

魔라는 것이 그렇게 무섭다. 가난한 자가 갑자기 로또를 맞으면 그것을 뜯어먹으려 밍밍하기만 하던 형제자매가 벌떼처럼 달려드는 것과 같다.

그런 魔들을 어떻게 상대하여 무사히 선정에 들 수 있는가에 대한 방법을 설한 것이 이 대목이다. 먼저 간략하게 魔들의 방해를 밝히고 뒤에는 그것들에 대해 자세하게 설명한다.

起信論 或有衆生無善根力 則爲諸魔外道鬼神之所惑亂

어떤 중생이든지 선근의 힘이 없으면 반드시 모든 마와 외도와 귀신에 의해 혹란을 당한다.

가난은 정신적 가난과 경제적 가난이 있다. 그런 가난한 사람이 참선을 한다고?! 천만의 말씀이다.

가난한 사람은 참선할 수 없다. 참선하는 사람은 이미 가질 것 다 가지고 누릴 것 다 누리는 안정된 사람이 하는 것이다. 그렇지 않으면 앉아 있어도 무엇을 이루고자 하는 욕망이 그 밑에서 부글거린다. 그것들이 밖으로 분출할 기회를 노리고 있다.

그러므로 욕망과 원망, 그리고 걱정과 불안이 있는 사람들은 선정에 들 수 없다. 그것들이 내면에서 꿈틀거리고 있는 이상 마와 외도와 귀신의 좋은 타깃이 될 수 있다. 그러므로 참선을 하기 전에 이것들을 없애는 선근을 먼저 심어야 한다.

분명히 알아야 한다. 정말 확실히 알아두어야 한다. 그것은 누구든지 자신에게 선근의 힘이 없으면 참선을 할 수가 없다는 사실이다.

아무나 참선하는 것은 아니다. 참선은 참선을 할 복덕이 구비된 자만이 하는 것이다. 그 복덕이 선근이고 그 힘이 선근력이다. 그래서 참선하기 전에 4행을 먼저 닦아 복덕을 만드는 것이다.

복덕 없이 참선에 임하면 반드시 마와 외도와 귀신에게 패배를 당한다. 그것이 혹란이다. 혹란은 환술에 의해 정신을 빼앗기는 것이다. 원문에 則 자가 있다. 그것은 반드시 그렇게 된다는 것을 전제한 연결자다.

起信論 若於坐中現形恐怖 或現端正男女等相
앉아 있으면 공포스런 모습을 나타내거나 혹은 단정한 남녀 등의 모습을 나타내기도 한다.

앉아 있다는 뜻은 좌선 중임을 말한다. 그때 나에게 이빨을 드러낸 괴물의 모습이 갑자기 확 나타난다. 놀라 나자빠진다. 그리고 사라진다. 또 나타난다. 그러다보면 트라우마가 생겨 선정에 들 수가 없다. 언제 또 나타날지 몰라 불안해서 견디지 못하기 때문이다.
어떤 때는 진짜 잘생긴 남자가 나타난다. 꽃길을 가자고 유혹한다. 어떤 때는 아주 예쁜 여자가 나타난다. 요염하게 웃으면서 친하게 지내자고 손을 내민다.

起信論 當念唯心 境界則滅 終不爲惱
그것은 마땅히 오직 유심이라 생각하면 경계는 반드시 없어져 끝까지 뇌란하지 않게 된다.

그런 현상이 나타나면 거기에 빨려들지 말고 저것들은 모두 다 내 마음에서 일시적으로 나타난 마의 현상이라고 생각해야 한다.

그러면 그것들은 곧 사라진다. 그러므로 뇌란하지 않게 된다고 했다. 뇌란은 정신없도록 혼란스럽게 만든다는 뜻이다.

海東疏 略中亦二 先明魔嬈後示對治

간략히 밝힌 가운데 또한 둘이 있다. 먼저는 마의 요란을 밝히고 뒤에는 그 대치를 나타낸다.

魔마는 살아 있는 인간도 마일 수가 있고 죽은 귀신도 魔일 수가 있으며 떠돌이 잡신들도 마일 수가 있다. 누구든 무엇이든 수행을 방해하는 것과 사악한 악령들을 다 魔라고 정의할 수 있다.

魔는 요란을 떤다. 요란은 뇌란처럼 정신을 못 차리게 수행자의 혼을 빼앗는다는 말이다. 그들은 선을 싫어하고 악을 좋아한다. 그래서 악마라고 한다. 삿된 것을 좋아하고 바른 것을 싫어한다. 그래서 사악하다고 한다. 그 사악한 魔들의 속성을 잘 파악해야 한다.

마 없는 수행은 없다. 마를 피할 방법도 없다. 그러므로 반드시 마와 싸워야 한다. 그리고 이겨야 한다. 마들은 많고도 많다. 그래서 마군이라고 한다. 마들이 군대의 병사만큼 많다는 뜻이다. 원어는 魔群이다. 마군은 魔軍의 집합명사다. 그것이 발음상 마구니로 변형되었다.

그런 마들 중에서 내면의 마가 있다. **지도론**에서 말한 10가지다. 이것은 아주 기초적인 마들이다. 즉 수행의 첫 단계에서 부닥치는 마들인 셈이다. 그 마들의 뜻을 옮기면 다음과 같다.

1. 慾望. 탐하는 욕심.

2. 憂愁. 근심과 걱정.

3. 飢渴. 배고픔과 갈망.

4. 愛慾. 이성간의 정욕.

5. 睡眠. 끌어당기는 잠.

6. 怖畏. 공포와 두려움.

7. 疑悔. 의심과 회한.

8. 含毒. 성질과 분노.

9. 利養. 이익과 생활고.

10. 高慢. 아만과 교만.

이다.

육상경기에 허들경기가 있다. 허들이 장애물이다. 허들을 제일 빠르게 무사히 넘으면 금메달을 딴다. 십신범부가 이 魔의 장애물들을 무사히 다 넘어가면 선정에 든다.

그러면 거기에 **화엄경**의 10魔가 기다린다. 물론 선정에 깊이 들어가면 깊이 들어갈수록 더 차원 높은 마들이 나타난다. 그것을 넘어가야 한다. 그게 다가 아니다. **잡보장경**의 또 다른 十魔가 손바닥에 침을 뱉어가며 올라오는 수행자를 벼르고 있다.

海東疏 初中言諸魔者 是天魔也 鬼者 堆惕鬼也 神者 精媚神也
처음에 말한 모든 마는 천마다. 귀는 퇴척귀다. 신은 정미신이다.

천마는 사람에게 해를 끼치는 하늘의 요괴다. 하늘의 요괴는 지상의 사람들을 재미로 홀린다.

지상의 사람들은 하늘사람이라면 사족을 못 쓴다. 무엇이든지 해달라고 하면 다 해준다. 사람들에게도 자기는 하늘사람을 사귀고 있다고 입이 닳도록 자랑질도 한다.

뭐 할 짓이 없어서 하늘사람이 지상사람들과 사귀겠는가. 그런 자들은 하늘에서 천인으로 대우받지 못하는 자들이다. 그래서 지상을 기웃거린다. 서울의 말썽쟁이가 서울말을 써가면서 지방의 촌로들에게 사기 치는 것과 같다. 그래서 **열반경**에 부처님을 믿는 자는 다른 천신을 믿지 말라고 하셨다.

귀신은 퇴척鬼귀와 정미神신이다. 이 둘의 끝 자를 따서 보통 귀신이라고 부른다. 사람이 죽으면 귀신이 된다고 하는 귀신하고는 다르다. 사람이 죽으면 혼령이다. 그것을 넋이라고 하는데 그 넋이 이런 귀신에게 홀리면 같은 귀신이 된다.

海東疏 如是鬼神嬈亂佛法 令墮邪道 故名外道

이와 같은 귀신들이 불법을 요란시켜 사도에 떨어지게 한다. 그들이 외도다.

크게 귀신은 세 종류다. 천마와 귀와 신이다. 기독교에서는 마와 귀, 두 개만 언급한다. 그래서 마귀라고 한다. 마지막 神은 자기들의 神과 발음이 같다고 언급을 피한다.

어쨌든 마와 귀, 그리고 神의 먹이는 수행자들이다. 수행자가 이런

266

귀신들의 작난에 휘말리면 정신을 못 차린다. 그러다가 결국 邪道로 떨어진다.

사도는 정도의 반대다. 인과와 윤회를 믿지 않는 가르침을 사도라고 한다. 그러면 외도가 된다. 외도는 불법 외의 모든 종교와 그 종교를 따르는 무리들이다고 했다.

지금 불교를 공격하고 불교를 음해하는 일체 세력들은 다 그 속에 귀신들이 작용하고 있다. 그뿐만 아니라 불교를 자기 견해대로 왜곡하는 일부 스님들도 다 귀신들의 농간에 놀아나고 있다. 그런 자들이 도리어 귀신타령하고 있다. 우스꽝스런 일이다.

海東疏 如是諸魔乃至鬼神等 皆能變作三種五塵 破人善心

이 같은 마와 귀신들은 모두 삼종과 오진을 변작하여 사람의 선심을 파괴한다.

3종은 뒤에 나온다. 5진은 색성향미촉이다. 그러니까 귀신들이 오진을 마음대로 부리는 능력을 갖는다. 그렇지 않으면 사람들이 따르지 않는다. 그것은 속임수다.

원숭이를 데리고 가짜 약을 파는 약장수가 이상한 마술로 사람들을 현혹한다. 사람들이 거기에 정신이 팔리면 그와 한 패인 소매치기가 그들의 지갑을 슬쩍한다. 그처럼 그들은 개인이든지 아니면 합동으로든지 어떻게든 수행자의 공덕주머니를 털려고 한다.

수행자들은 불씨를 살리는 자들이다. 그 불씨가 커져 횃불이 되면 어둠 속에서 활개를 치는 그들의 세계가 부서진다. 그래서 한사코 수행자들의 정진을 막으려고 갖은 훼방을 놓는다.

그들의 공격에 결국 여리고 순한 수행자들이 당한다. 단독이건 협공이건 절대로 수행하는 자들을 가만두지 않는다. 복덕이 없고 결기가 없으면 그들의 환술과 속임수에 꼼짝없이 당해 쪽박을 찬다.

海東疏 一者作可畏事 文言坐中現形恐怖故

첫째는 겁나는 일을 조작하는 것이다. 원문 가운데서, 앉아 있으면 공포스런 형상을 나타낸다는 그것이다.

무서운 모습만 드러내는 것이 아니다. 무서운 소리도 만들어 낸다. 웃음소리에 이어 흐느끼는 소리와 왁자지껄하게 떠드는 소리까지 지어낸다.

내가 토굴생활을 할 때 겪은 일이다. 겨울 야밤은 적막하기만 하다. 조용히 앉아 있으면 내 숨소리만 들린다. 가끔가다 눈 무게를 못 이겨 소나무가지가 부러지는 소리나 연못에 얼음이 터지는 소리만 난다. 그때 밖에서 발자국 소리가 들린다.

정확하게 한 걸음 한 걸음 옮겨 딛는다. 점점 내 방문 가까이 온다. 다가올수록 더 크게 들린다. 그리고 쿵하고 마루에 올라선다. 떨거덕하면서 문고리를 잡는다. 그와 동시에 방문이 확 열린다. 음산한 바람이 한꺼번에 싹 밀려든다.

어떤 때는 방 앞에서 슬피 우는 소리가 들린다. 얼마나 서럽게 우는지 메마르기로 소문 난 내 마음도 동요한다. 진짜 처량하고 불쌍하게 운다. 참다못해 문을 열어보면 차가운 설풍 외는 아무도 없다.

二者作可愛事 文言或現端正男女故

둘째는 사랑스러운 일을 만든다는 것이다. 원문 가운데서, 혹은 단정한 남녀를 나타내 보인다는 그것이다.

토정비결을 지었다는 이지함 선생 이야기를 들어봤을 것이다. 일곱 살 때인가 고개 넘어 서당을 다니는데 하루는 어떤 아리따운 낭자가 얌전하게 앉아 있었다.

이튿날 고개를 넘어가니 또 그 낭자가 그를 기다리는 것처럼 앉아 있었다. 그렇게 둘은 만나 친해지기 시작했다.

그런데 낭자가 구슬놀이를 하자고 했다. 영롱한 구슬 하나를 꺼내더니 먼저 자기 입에 넣었다가 꺼내어 이지함 입에다 넣고 다시 꺼내어 자기 입에 넣고 하는 놀이었다.

이지함은 그 구슬놀이가 좋았다. 낭자의 입에서 나온 구슬은 색깔만큼 향긋한 냄새를 품고 있었다. 그래서 늦게라도 주면 빨리 달라고 재촉까지 할 정도로 그 놀이가 좋았다.

그럴수록 이지함의 눈에는 총기를 잃고 기력은 점점 쇠진되어갔다. 긴 이야기라서 여기서 멈춘다. 토정비결조차 이지함의 이름을 가탁했다 하는데 이 이야기 역시 그의 명성을 가탁한 것 같다.

중요한 것은 그렇게 魔는 나타나는 것이다. 그런 사실을 모르면 자기 인생을 송두리째 망칠 뿐만 아니라 집안 자체를 폐가로 만들어버릴 수 있다. 그러니 정말 조심해야 한다.

海東疏 三非違非順事 謂現平品五塵 動亂行人之心 文言等相故

셋째는 그른 것도 아니고 순리적인 것도 아닌 일이다. 이를테면 평범하게 오진을 나타내 수행자의 마음을 동란시킨다. 원문에서 말한 등 같은 모습이다.

사기꾼이 사기꾼처럼 보이면 그는 사기꾼이 아니다. 아무도 속을 사람이 없기 때문이다. 사기꾼은 절대로 사기꾼처럼 행동하지 않는다. 아주 평범한 사람처럼 움직인다.

그래서 속절없이 당한다. 당하고 나면 한결같이 하는 소리가 있다. 절대로 그런 사람처럼 보이지 않았다고 발을 구른다.

마찬가지로 魔 역시 자신이 魔라고 하지 않는다. 교묘하게 魔가 아닌 척한다. 툭 튀지도 않고 그렇다고 존재감 없는 모습도 아니게 아주 평범하면서도 호감어린 인상으로 수행자에게 접근한다. 그리고는 그 순수한 마음을 휘저어버린다. 그것이 동란이다.

그런 자들의 모습을 원문에 等이라고 했다. 원문에 남녀 뒤에 붙은 글 等相을 풀이한 것이다.

海東疏 當念以下 次明對治 若能思惟如前諸塵 唯是自心分別所作
당념 이하는 다음으로 대치를 밝혔다. 만약에 앞에서와 같이 모든 5진들을 생각하되, 오직 이것들은 내 마음이 분별해서 만들어 낸 것이다.

원문에 마땅히 생각하라고 한 글이 있다. 그 글 이하는 귀신들이 만들어 낸 오진들을 퇴치하는 방법을 말한 것이다.

선정의 세계에 들어가는 것은 그렇게 쉬운 일이 아니다. 밀림을 헤쳐 나가는 것처럼 魔들이 넝쿨처럼 첩첩이 얽혀져 있기에 그렇다. 정글도를 갖고 끊임없이 쳐내면서 앞으로 나아가야 한다. 잘못하다 가는 온 몸에 무수한 상처를 입고 죽을 수도 있다. 아니면 갖고 간 양식이 다 털릴 수도 있다. 정신을 똑바로 차려야 한다.

魔들의 공격은 집요하다. 그들은 선정으로 들어가려는 자는 물론 그가 갖고 있는 공덕의 양식을 없애려고 한다. 양식이 없어야 더 이상 앞으로 나아갈 수 없기에 어떻게든 그 양식을 약탈하려 한다.

그 험난하고 지난한 어둠의 길을 뚫고 나아가면 드디어 아침햇살 같은 빛이 보인다. 그 빛이 진여삼매의 광명선이다. 그 빛이 보일 때까지 목숨을 걸고 헤쳐 나아가야 한다.

海東疏 自心之外 無別塵相
내 마음 외에는 따로 5진의 모습이 없다.

눈에 보이는 外賊외적과 눈에 보이지 않는 內賊이 있다. 외적은 표적이 되기 때문에 공격하기 쉽다. 하지만 내적은 보이지 않으므로 공격을 할 수가 없다.

고작해야 방어를 하고 퇴치하는 방법이 다. 가장 이상적인 방어는 공덕의 성벽을 튼튼히 쌓는 것이다. 허술하게 쌓으면 魔의 공격으로 바로 허물어진다. 일단 성벽이 뚫리면 공덕의 곡식창고는 송두리째 침탈당한다.

내적은 業魔다. 업마는 특정한 모습도 없고 규격된 형상도 없다.

수시로 그 모습과 형상을 바꾼다. 그들은 5진의 무기로 나를 공격한다. 그러므로 조금도 방심할 수 없다.

내 마음이 있는 한 內賊인 魔는 나에게 달려든다. 왜냐하면 내 마음이 그들을 계속해서 만들어 내기 때문이다. 그러므로 그 魔는 결코 없어지지 않는다. 나타나는 대로 없애고 또 없애면서 정진할 수밖에 없다.

海東疏 能作是念 境相卽滅 是明通遣諸魔鬼神之法

이렇게 생각하면 경계의 모습은 없어져 버린다. 이것은 모든 마구니와 귀신들의 법을 한꺼번에 보내는 방법을 밝힌 것이다.

외적은 눈을 감으면 보이지 않는다. 내적은 마음을 닫으면 없어져 버린다. 마음이 귀신도 만들어 내고 5진도 만들어 내기 때문이다.

특별히 옻을 잘 타는 사람이 있듯이 특별히 귀신을 잘 타는 사람들이 있다. 그런 사람들 눈에는 귀신이 보인다고 한다. 그 귀신의 작난에 지면 그는 무당이나 박수가 된다. 그것을 이기면 그는 수행자가 된다. 무당은 귀신을 모시고 살아야 하고 수행자는 귀신을 다루며 산다.

귀신과 마구니를 없애는 방법은 나의 담력에 달렸다. 이 담력은 공덕과 원력이 바탕이 된다. 돈이 없으면 아무에게나 굽히듯이 공덕이 없으면 귀신과 마구니에게 당할 수밖에 없다.

원력은 깡이다. 죽어도 너희들에게는 굽히지 않겠다는 다부진 맹세가 있어야 한다. 그러면 낮은 수준의 마들은 어쩌지 못한다. 더 큰 세력의 마구니를 부르러 간다.

제각기로 말하자면 제각기의 법이 있다. 이를테면 모든 마를 다스리는 데는 마땅히 마를 퇴치하는 대승의 주문을 외워야 한다.

불교에는 퇴마사가 없다. 자기가 퇴마사라고 한다면 그 사람은 불교인이 아니다. 그런 사람은 도교인이거나 외도인이다. 퇴마로 마를 퇴치한다. 그러면 언제 다시 올지 모른다. 힘을 길러 또 다른 방법으로 공격해 온다. 그러므로 그들은 마를 완전히 이길 수 없다.

불교에는 항마사가 있다. 항마는 마를 항복받아 내 수하로 쓴다. 마들은 5진을 변작하는 능력이 있기 때문에 내가 그들을 부린다면 나는 엄청난 힘을 가질 수 있다. 그냥 버리거나 쫓아버리기에는 너무 아까운 적들이다.

그들을 항복받는 방법은 바로 주문이다. 부적의 방법은 어디에도 없다. 부적은 도교에서 쓴다. 현장법사가 부적을 썼다고 해서 부적이 불교비법이라고 하면 안 된다. 정통 불교에는 그런 것이 없다.

海東疏 咀念誦之

저주하는 마음으로 그것을 외워야 한다.

옹골찬 마음으로 그것을 외워야 한다. 들으면 아주 몸서리칠 정도로 끔찍한 진언이 되어야 한다. 그래야만이 오금이 저려 도망을 치지 못한다. 그때 잡아 항복을 받는 것이다.

아니면 간신히 도망을 간다 해도 두 번 다시는 돌아오지 못하게 만들어야 한다. 오라고 해도 손사래를 치면서 고개를 절레절레 흔들도록 해야 한다. 그런 진언을 쳐야 한다. 그 진언이 알고 싶은가. 그것은 항마진언이다.

옴 소마니 소마니 훔 하리한나 하리한나 훔 하리한나 바나야 훔 아나야혹 바아밤 바아라 훔 바탁.

아니면 **능가경** 다라니나 **천수천안광대원만무애심대다라니경** 속에 대다라니, 또는 **능엄경** 속에 능엄신주를 외워도 된다. 물론 **천안천비관세음보살다라니신주경** 속의 다라니도 가능하다.

[海東疏] 堆惕鬼者 或如蟲蝎 緣人頭面 攢刺瘤瘤 或復擊搑人兩掖下
퇴척귀는 가끔 사람의 얼굴을 한 벌레와 전갈 같은 모습으로 변화해 수행자를 찔러 아프게 하며, 혹은 수행자의 양쪽 겨드랑이 아래를 간질이기도 한다.

퇴척귀는 다양한 방법으로 수행자를 괴롭힌다. 그래서 어떻게든 선정에 들지 못하게 한다. 아주 짜증나고 귀찮게 한다.
약하게 건드릴 때는 간질이지만 심하게 굴 때는 독침으로 찔러댄다. 그래서 하나로 집중하는 그 선정을 흩뜨려 버린다. 그러면 그 선정이 오롯하게 이어지지 못한다.
결국 수행자는 그 자리를 털고 일어날 수밖에 없다. 그들이 원하는 대로 선정이 깨져 버리는 것이다. 그 역할을 하는 것이 퇴척귀다.

그러므로 참선에 임하는 자는 그런 집적거림에 끄떡없는 바위 같은 우직함이 있어야 한다.

파리 같은 것도 마찬가지다. 파리 한 마리가 온 선방을 날아다니면서 선정을 깨뜨릴 수 있다. 이 파리의 성가심을 넘어가지 못할 정도면 결코 퇴척귀의 공격을 누를 수 없다. 파리보다 백배 천배나 더 귀찮게 구는 것이 퇴척귀이기 때문이다.

海東疏 或乍抱持於人
혹은 갑자기 사람을 안아 버리기도 하고

이 문장은 좀 세게 달려드는 경우다. 사람의 얼굴을 갖고 징그러운 벌레의 몸을 가졌다. 그런데 그것이 갑자기 나를 껴안아 버린다. 얼마나 놀라겠는가.

전갈은 또 어떤가. 사람의 얼굴을 가졌는데 휘어진 독침이 있다. 거기다가 여러 개의 다리가 달렸다. 그런 독침으로 사람에게 찌를 듯이 달려들고 여러 다리로 자신을 감으려고 다가오면 기절할 수밖에 없다.

그때는 어지간히 간이 크지 않으면 그 상황을 면피할 수 없다. 심장에 털이 나 있거나 간이 배 밖으로 튀어나오지 않은 이상 그 위협적인 공격으로 안 무너질 수 없다.

재래식 화장실에 앉아 있을 때 변소귀신이 불알을 잡아도 끄떡없을 정도가 아니면 경악으로 뒤집어진다. 그러므로 심신이 허약하거나 담력에 자신없는 자들은 참선을 해서는 안 된다. 참선수행은 장부만이 감당할 수 있는 이유가 여기에 있다.

海東疏 或言說音聲喧喧 及作諸獸之形 異相非一

혹은 말을 붙이거나 소리를 내어 시끄럽게 하기도 하며, 모든 짐승의 모습을 나타내기도 한다. 그 모습은 각기 달라 동일하지가 않다.

그렇게 공격하는데도 무너지지 않으면 이제 대화를 시도한다. 그 대화를 쌩 까고 대응하지 않으면 혼자서 희한한 소리를 낸다. 그래도 반응이 없으면 장구소리 꽹과리소리에다 갓난아기 울음소리까지 쏟아낸다. 도저히 시끄러워 견딜 수 없도록 한다.

그것이 통하지 않으면 이제 온갖 짐승들의 모습으로 변화한다. 호랑이 모습으로 으르렁거린다. 원숭이 모습으로 찍찍댄다. 아름다운 공작새의 꼬리모습을 보여 정신을 빼앗는다. 정말 상상할 수 없을 정도의 모습으로 공격해 온다.

海東疏 來惱行者 則應閉目一心憶而作如是言

그런 것들이 와서 수행자를 괴롭히면 반드시 눈을 감고 일심으로 正意를 생각하면서 다음과 같은 말을 해야 한다.

그런 해괴한 모습을 보면 자기도 모르게 거기에 휘말린다. 반드시 그렇게 되어 있다. 그러면 그 선정은 깨어질 수밖에 없다. 그래서 그런 현상이 보이면 일단 마음의 눈을 감아버린다. 아예 보지도 않고 상대하지도 않는다.

하나 분명한 것은 이런 마들은 보통의 수행자들에게는 나타나지 않는다는 사실이다. 적어도 이런 마들이 공격하는 자들은 수행자 중에서 진심으로 정의를 갖고 오롯한 선정에 들려 하는 진짜의 수행자들에게만 나타난다는 것이다.

그러므로 어중간한 수행자는 이런 마들이 나타날까 걱정할 필요가 없다. 마들이 바보가 아닌 이상 그런 자들을 건드려 힘을 뺄 이유가 없기에 그렇다. 그들은 그냥 두어도 얼마 가지 않아 제풀에 다 쓰러져 버린다는 것을 잘 알고 있기 때문이다.

海東疏 我今識汝汝是此閻浮提中食火臭香偸臘吉支

나는 지금 너희들을 알고 있다. 너희들은 바로 이 염부제 가운데서 불을 끄고 향기를 맡는 투랍길지들이다.

염부제는 수미산을 중심으로 나눈 네 개의 큰 대륙에서 남쪽부분이다. 흔히 남섬부주라고 하는데 이 섬부주가 염부제다. 남섬부주는 남쪽에 있는 섬부주라는 말이다. 동쪽은 승신주고 서쪽은 우화주다. 그리고 북쪽은 구로주인데, 그중에서 남쪽에 있는 섬부주가 제일 오곡이 풍성하고 민심이 柔和유화하다고 한다.

투랍길지는 **마하지관**에 나오는 귀신 이름이다. 이 귀신은 불만 보면 쫓아가서 꺼버리고 냄새를 즐겨 맡는다 한다. 그러니까 개처럼 냄새를 맡기 위해 코를 킁킁거리면서 어두운 곳만을 찾아다닌다.

위 문장에서 食火는 불을 먹는 것이 아니라 불을 끈다 라고 풀이해야 한다. 食은 먹을 식 자가 아니라 끌 식 자이다.

海東疏 邪見汝喜 汝破戒種 我今持戒 終不畏汝

너희들은 사견을 좋아해서 계의 종자를 파괴하였다. 나는 지금 계를 가지고 있으므로 끝까지 너희가 두렵지 않다고 한다.

계율은 어두운 밤에 영롱한 보석과 같다. 그러면서 두꺼운 갑옷과 같다. 영롱한 보석은 빛을 발한다. 또 두꺼운 갑옷을 입고 있으면 그 어떤 공격에도 다치지 않는다.

그래서 수행자는 투랍길지를 꾸짖는다. 너희는 불의 씨가 되는 계율의 종자를 파괴하였다. 그렇지만 나는 그 불씨인 계율을 지니고 있다. 너희들은 어둠을 좋아하는데 나는 언제든 불을 밝힐 수 있다. 그러니까 빨리 도망가라고 한다.

그러면서 덧붙인다. 나는 너희들이 무섭지 않다. 나는 계율의 갑옷을 입고 있으므로 너희가 아무리 나를 공격해도 나는 끄떡없다. 그러니 쓸데없는 짓거리 그만하고 빨리 내 눈앞에서 사라져라 라고 야단친다.

海東疏 若出家人 應誦戒律 若在家人 應誦菩薩戒本

만약에 출가인이면 응당히 계율을 외우고 재가인이면 반드시 보살계본을 외우거나

출가인이면 스님들이다. 스님들은 계율을 갖고 있으므로 계율 속에 계목을 외우면 된다. 비구라면 250계율을 외우고 비구니는 348계를 외운다. 그것은 나는 계율을 갖고 있는 수행자라는 것을 확인시

켜주기 위해서이다.

재가인은 신자들이다. 그들은 보살계본을 외운다. 보살계본은 앞 계율부분에서 한 번 언급했듯이 **범망경**에 나오는 10중 48경계다. 즉 열 가지 무거운 계율과 48가지 가벼운 계율들을 말한다. 이 계율 들은 대승의 보살들을 위해 시설해졌다.

海東疏 若誦三歸五戒等 鬼便卻行匍匐而出也
또는 삼귀의와 오계 등을 외우면 귀신은 곧 물러나 기어 나가버린다.

아니면 간단히 삼귀의를 한다. 삼귀의는 세 곳의 보배로운 분께 귀의한다는 뜻이다. 즉 부처님께 귀의합니다. 부처님 말씀에 귀의합 니다. 부처님 말씀을 따르는 수행자들께 귀의합니다 이다. 그리고 5계는 사부대중 전체가 지키는 기본계율이다.

이런 계율의 계목들을 조목조목 외우면 투랍길지는 더 이상 버티 지 못하고 곧 물러난다. 당당히 물러나가는 것이 아니라 완전히 기가 죽은 상태로 땅에다 배를 대고 엉금엉금 기어서 나가버린다.

海東疏 精媚神者 謂十二時狩 能變化作種種形色
정미신은 말하자면 십이시수다. 그들은 능히 온갖 모습으로 변화하는 능력이 있다.

정미신은 12시각에 오는 짐승들이다. 12시각은 하루 24시간을 2 시간씩을 쪼갠 시간이다.

짐승들은 쥐 소 호랑이 토끼 용 뱀 말 양 원숭이 닭 개 돼지다. 이 짐승들은 두 시간마다 돌아가면서 온다. 그래서 12時狩라고 한다. 獸 자를 쓰지 않고 狩를 쓰는 이유는 순행하는 짐승이라는 뜻이다.

이 짐승들은 불교에서 보살이 중생을 교화하기 위하여 나타낸 모습들이라고 한다. 그 기원은 **12인연경 대방등대집경 經律異相 법원주림** 등에 나오기 때문이다.

그것이 중국에 들어와 도교와 혼합하여 사찰의 수호신장과 민간신앙으로 활성화 되었다. 그런데 경전에서는 호랑이 대신 사자가 들어 있다. 중국에는 사자가 없기 때문에 사자 대신 호랑이를 넣은 것이 특이하다.

海東疏 或作少男女相 或作老宿之形

혹은 젊은 남녀의 모습을 나타내거나 혹은 노숙한 형태를 나타내기도 한다.

노숙은 연령이 있고 지식이 풍부한 장로다. 살아온 경험과 수행한 체험이 많기 때문에 노숙이라고 한다. 세속에서 흔히 어떤 전문성을 보이면 노숙하다 라고 하는데 그것이 바로 이 뜻이다.

팬티를 입고 인생에 대해 열변을 토한다면 누가 그의 말을 믿겠는가. 양복 윗도리에다 흙 묻은 청바지를 입은 자가 철학을 논한다면 누가 그의 말에 귀를 기울이겠는가. 그러니까 노숙의 모습은 산신과 같은 풍모를 지닌다. 특히 흰옷을 입고 상투를 튼 머리에다 긴 수염을 갖고 있다.

海東疏 及可畏身等 非一衆多 惱亂行者 其欲惱人 各當其時來

그렇게 두려워할 만한 몸들을 나타내는데 한 가지가 아닌 여러 모습으로 수행자를 정신없게 한다. 그들 각각은 당연히 때에 맞춰 오는데,

공격해 오는 방향과 방법이 단일하면 방어하기가 쉽다. 그런데 아주 다양한 모습과 기이한 방법으로 달려들면 속수무책으로 당할 수밖에 없다.

암과 바이러스가 무서운 것은 일정한 형태로 있지 않고 변이를 잘하기 때문이다. 그러므로 그것을 방어하고 치료하는 것이 여간 까다로운 것이 아니다.

정미신도 마찬가지다. 공격해 오는 방향과 모습이 일정하지가 않다. 오늘은 앞에서 공격하다가 내일은 뒤에서 달려든다. 오늘은 허리를 메치다가 내일은 뒤통수를 때린다.

모기 한 마리가 있어도 정신이 없다. 이것이 어느 방향으로 날아와 어떤 곳을 물지 알지 못하기 때문이다. 그런데 하물며 사람모습에 짐승얼굴을 한 귀신이 그렇게 공격한다면 어떻게 막을 수 있겠으며 어떻게 피할 수 있겠는가.

海東疏 若其多於寅時來者 必是虎兒等 多於卯時來者 必是兎獐等 乃至多於丑時來者

다분히 인시에 오는 것은 반드시 호랑이류들이고 다분히 묘시에 오는 것은 반드시 토끼나 노루 등이며 내지 다분히 축시에 오는 것은

인시는 새벽 3시에서 5시까지다. 그 시각에 주로 많이 나타나는 동물은 호랑이류들이다.

호랑이라는 이름은 사실 복수형이다. 단수는 그냥 범이다. 그러므로 虎를 범 호라고 읽는다. 호랑이는 범과 이리, 그리고 승냥이를 합쳐서 부르는 한자어다. 이리는 늑대고 승냥이는 들개다. 그런데 호랑이가 이제 범 하나에 국한되어 버렸다. 한자를 없앤 한글의 폐해다.

묘시는 새벽 5시에서 아침 7시까지다. 그때는 주로 토끼나 노루의 모습을 한 정미신이 달려든다.

하지만 앞에서 말하였다. 그 모습이 일정하지가 않다고 했다. 이 시각에 와야 할 동물모습은 분명히 노루나 토끼인데 난데없이 코끼리나 곰이 왔다. 그것은 노루나 토끼가 그 동물로 변작한 모습이라는 것이다.

海東疏 必是牛類等 行者恒用此時則知其狩精媚 說其名字呵責 卽當謝滅

반드시 소 같은 동물이다. 수행자는 항시 이 시간을 잘 활용해서 그 짐승의 정미를 알고 그 이름을 불러 꾸짖으면 곧 당연히 사죄하고 사라진다.

축시는 새벽 1시에서 3시까지다. 그 시각에는 소나 말 당나귀 같은 짐승들이 공격한다. 꼭 짐승의 모습이 아니라 괴상망측한 요괴의 모습으로 기상천외하게 다가온다. 그때는 그 요괴의 바탕이 소나 말

같은 짐승이다는 것을 알아야 한다는 것이다.

그래서 그런 정미신들이 수행자를 공격하면 시각을 우선 확인해 봐야 한다. 그리고 그 시각에 잘 나타나는 짐승의 이름을 부르고 나는 너희들을 잘 안다. 결코 속지 않는다. 너희들의 수작이 어떤 것인지 다 알고 있다. 그러니 너 소새끼 같은 놈들 빨리 꺼져라 하면서 꾸짖는다.

그러면 자기들의 신분이 발각된 것을 알고 더 이상 어쩌지 못해 죄송하다고 사죄하며 나가버린다.

`海東疏` 此等皆如禪經廣說 上來略說魔事對治
이러한 등은 모두 선경에서 널리 설한 것이다. 위에서 여기까지 간략하게 마의 일과 그 대치하는 방법을 말하였다.

성사가 선경이라고 지목한 것은 선의 지침서인 **석선바라밀차제법문**이나 **마하지관**을 말씀하신 것 같다. 그 뒤에 이 **마하지관**을 해설한 **지관보행전홍결** 같은 책은 참선에 완전 동아전과다.

거기에 보면 이런 정미신이나 퇴척귀, 또는 마라귀 같은 마들을 상대하는 방법을 자세히 설명해 놓았다. 그러므로 참선자들은 필히 이 책들을 먼저 배워야 한다.

"참선을 합니다."
"마하지관을 보셨습니까?"

그렇지 않으면 그들은 물 없이 등산하는 것 같고 노 없이 배를 띄우려 하는 것과 같다. 그러므로 반드시 이 책들을 통달해서 魔에 의해 선정이 깨어지는 일이 없도록 해야 한다. 하지만 많은 참선자들이 이런 책들이 있는지조차도 모른다는 사실이다. 슬픈 일이다 진짜.

起信論 或現天像
혹은 하늘사람이나

魔가 수행자에게 나타나는 다양한 예시를 보여준다. 제일 먼저는 하늘사람이다.

기도를 하던 참선을 하던 간에 지성을 다하면 이런 천인이 나타난다. 그런 천인을 보면 기분이 과연 어떨까. 검고 찰진 머리에다 눈부신 흰옷을 입었다. 그리고 자애로운 눈빛으로 내 앞에 쑥 나타나면 그때 어떻게 할 것인가.

불교에는 하늘의 계시 같은 것은 없다. 우리가 이미 하늘에 살고 있기 때문이다. 그러므로 세상에 뿌리내린 지상은 없다. 모두 다 비눗방울처럼 허공중에 떠 있는 상태다.

천인은 타화자재천에서 내려온 자라고 한다. 하지만 그 먼 데서 뭐한다고 지구의 일개 수행자에게 그 모습을 나타내어 혼란에 빠뜨리려고 하겠는가.

그들은 보통 우리 위의 하늘인 사왕천에서 내려온다. 거기서도 이상한 성격으로 친구가 없는 자들이거나 큰 오쇄상에 처한 자들이 이 지상을 기웃거린다.

큰 오쇄상은 하늘에 살 수 있는 복덕이 떨어지면 겉으로 나타나는 전초 징조다. 이런 증상은 **아함경 대반열반경 대비바사론 구사론** 등에 설명되어져 있다.

1. 드리운 의복이 수려하다. 그 옷들이 밝게 빛나고 항상 깨끗해야 하는데 복과 수명이 다하면 더러워져 얼룩이 나타난다.
2. 신체가 아름답고 미묘하다. 그래서 몸이 가볍고 청정하며 순결한데 복과 수명이 다하면 이상하게 겨드랑이에서 땀내가 난다.
3. 수시로 채색이 선명한 꽃 모자를 쓴다. 그런데 복과 수명이 다하면 그 꽃이 탈색되고 시들해진다.
4. 빼어난 모습과 곱고 매끄러운 피부를 가지고 있다. 그런데 복과 수명이 다하면 몸에서 비릿한 냄새가 나기 시작한다.
5. 앉은 자리가 편안하고 신체에 윤기가 흐르는데 복과 수명이 다하면 불안하고 생기를 잃으며 즐거움이 없어진다. 이상의 다섯 가지 쇠퇴상이 나타나면 얼마 뒤 천인은 죽는다. 그 과정에 작은 5쇄상이 나타난다.

1. 음악소리가 들리지 않는다.
2. 몸에 빛이 없어진다.
3. 목욕을 하고 나면 피부에 물이 묻는다.
4. 아름다운 물상에 집착심이 생긴다.
5. 눈이 맑지 않아 사물을 볼 때 자주 깜박인다.
어쨌든 천상에서 살다가 그 복이 다 떨어지면 일단 지옥으로 간다.

가졌던 재산으로 풍족하게 살다가 돈이 바닥나면 다리 밑에서 풍찬 노숙을 해야 하는 것과 같다.

起信論 菩薩像 亦作如來像 相好具足 或說陀羅尼
보살의 모습, 또는 상호가 구족한 부처의 모습을 나타내기도 한다. 혹은 다라니를 설해주기도 하고

관세음보살이 내 앞에 턱 나타나시면? 아니면 32상 80종호를 갖춘 부처님이 광명을 놓으시면서 내 앞에 턱 나타나시면?

거기다가 아름답고 위엄 있는 목소리로 생전 처음 듣는 다라니 하나를 설해주시면서 이것을 외워라. 그러면 모든 소원을 이루리라 한다면 어떻게 하겠는가.

어느 여자가 그랬다. 혼신을 다 바쳐 기도를 하고 있는데 갑자기 하늘에 깃발이 펄럭이는 것이었다. 놀라는 가슴으로 저게 뭔가 하고 보고 있는데 그 깃발이 가로로 쫙 펼쳐지면서 금빛 나는 광명진언이 보이더라는 것이다.

그때부터 그 여자는 그 광명진언만 한다고 했다. 그러면서 주초마다 로또를 사는데 아직 한 번도 안 걸렸다고 했다. 걸리면 한 턱 쏘겠다고 멋쩍게 웃었다. 나도 웃었다. 웃을 일이 아닌데 웃었다. 그 여자는 앞으로도 계속 푼돈을 날리게 될 것이니까 그렇다.

起信論 或說布施持戒忍辱精進禪定智慧
혹은 보시나 지계 인욕 정진 선정 지혜를 설해 주기도 하고

어련하시겠나. 보살이나 부처님이 중생을 위해 설법해 주시는데 이런 바라밀행이 빠져서야 어디 되겠는가.

보시를 하라고 한다. 아낌없이 다 주라고 한다. 남의 궁핍한 사정도 모르고 보시를 하면 무량한 복을 받는다고 한다.

계율도 지키라고 한다. 먹고 살기도 빠듯한데 계율까지 지키라고 한다. 입에 풀칠하려면 이것저것 따질 수 없는데 계율을 지키는 직업을 골라서 하라고 한다.

인욕. 정말 힘 드는 일이다. 그런데 무조건 참으라고 한다. 참지 않아도 되거나 참을 필요가 없는 것들은 피하면 되는데 공덕이 된다고 무조건 참으라고 한다.

정진도 선정도 지혜도 설해 주는 것이 거침이 없다. 그러다가 어디 어디로 가서 기도를 하면 영험을 본다고 한다. 다른 사람이 들으면 안 된다고 특별히 비밀스럽게 말해준다고 한다. 결국 그 사람은 동료들을 떠나 외롭게 기도처로 떠돈다.

또는 어디 어디 주식에 갖고 있는 것을 다 투자하라고 한다. 머뭇거리면 걱정마라고 속삭이듯이 권고한다. 그 유혹에 걸려 거기에 몰빵한다. 결국 개털이 되어 길거리에 나앉는다.

起信論 或說平等空無相無願無怨無親 無因無果 畢竟空寂 是眞涅槃
혹은 평등과 공 無相과 無願 無怨 無親에다 因도 없고 果도 없어서 필경에 공적한 것이 바로 진짜 열반이다고 설해 주기도 한다.

평등은 권리나 의무가 차별됨이 없이 모두 다 한결같다는 것이다.

그런 세상이 올 수 있을까. 중생세계에 그런 세상이 오면 더 이상 중생세계라고 할 수 없다. 중생세계는 불평등의 조건으로 형성되어 있기에 그렇다.

空은 뭔가. 세상이 연기로 돌아가는데 뜬금없이 空을 설하면 어떻게 될까. 이것은 마치 굴러가는 자동차에 갑자기 후진기어를 넣어버리는 것과 같다. 진짜 황당하다.

無相도 마찬가지다. 천차만별된 모습 속에서 살아가는 중생들 보고 형상이란 본래 없는 것이다고 하면 어떻게 되는 것인가.

無願은 중생에게 미래의 희망을 뺏어버린다. 그러기에 뜻은 좋지만 그렇게 되지 않는 것이 중생의 마음이다. 無親은 뭔가. 어떻게 중생세계에 친하고 안 친하고가 없는 것인가.

因果도 없단다. 뭐야 이거. 필경에 공적한 것이 열반인 것인가. 아니다. 철저히 비어 있으면서 완벽하게 가득 찬 것이 열반이다. 어디다가 이상한 말만 늘어놓는 건가. 똑똑한 범부들에게는 모두 개소리지만 복 없는 기원자들에게는 완전 순 복음이다. 좋아서 아주 꺼뻑 넘어간다.

起信論 或令人知宿命過去之事
혹은 사람으로 하여금 숙명의 일과 과거의 일을 알게 하거나

그럴싸하게 불교의 교리를 설하고 난 뒤에 본격적인 본색을 드러낸다. 그것은 수행자로 하여금 더 이상 수행을 하지 못하도록 하는 것이다.

수행자에게 타인의 숙명을 알 수 있는 능력을 줘버린다. 숙명은 날 때부터 정해진 운명이다. 그러면서 그대 또한 수행자의 숙명이 아니니 차라리 그 능력으로 중생을 제도하는 편이 더 낫지 않겠는가 하면서 하산하기를 종용한다.

선근이 없고 귀가 얇은 수행자는 正意를 갖고 있더라도 그것이 부처님의 권유라 여겨 자기 죽을 줄 모르고 감사히 받아들이며 일어선다.

과거의 일도 마찬가지다. 지나간 몇 년 사이에 일어났던 일들을 끄집어내어 용하게 맞추도록 한다. 사람들은 까무러친다. 더 나아가 과거 전생이야기까지 들먹인다.

드디어 사람들 입과 입으로 저 사람 과거전생 잘 알아맞히는 스님이라고 소문이 나 문전성시를 이룬다. 결국 그 스님은 수행의 길에서 멀리 벗어나고 만다.

起信論 亦知未來之事 得他心智

또 미래의 일을 알게 하거나 타인의 마음을 알게 한다.

과거의 일로 그치지 않는다. 그들은 반드시 묻는다. 미래가 어떻겠느냐 하면서 그 대답에 목을 맨다.

미래의 일도 척척 대답을 해준다. 사람들은 예지가라든가 예언가라고 감탄한다. 그 소문이 퍼져서 동서남북에서 몰려든 수많은 사람들이 번호표를 들고 줄을 선다. 그뿐만이 아니다. 타인의 마음까지 꿰뚫어볼 수 있는 능력을 준다. 일명 타심통이다. 사람들이 자신 앞에 벌벌 떨며 무릎을 꿇는다.

신통방통이라는 말을 들어봤을 것이다. 신통은 신과 통한다는 말이고 방통은 무엇이든지 다 해결된다는 말이다. 마들이 그렇게 하도록 만든다.

魔가 어느 스님의 손에 氣를 넣어주었다. 그래서 배만 주무르면 신기하게도 속병이 나았다. 수십 년 묵은 체기도 금방 내리고 평생을 소화불량으로 고생하는 사람도 거짓말처럼 나았다. 결국 그 스님은 부녀자 추행범으로 감옥에 갔다.

출가하기 전에 침술을 익힌 스님이 있었다. 그 스님에게 난데없이 魔가 약사부처님으로 둔갑해서 비밀스레 혈 자리 몇 군데를 짚어주었다. 그때부터 침만 놓았다 하면 난치병이 치유되었다. 그런데 어느 날부터는 그 효험이 일어나지 않았다. 결국 의료법에 걸려 감옥에 갔다.

起信論 辯才無礙
그리고 변재에 걸림이 없게 만든다.

아무리 능력이 좋으면 뭘 하나. 상대방을 제압하는 말재주가 없으면 말짱 도루묵이다. 믿지 않고 머뭇거리는 자들은 말로써 구워삶아야 된다.

그러므로 말주변이 좋아야 한다. 수행자에게 이제 말솜씨까지 곁들여 준다. **승천왕반야경**에 있는 보살 8변 중에 한 개라도 쥐어주게 되면 백마에 날개를 달아주는 꼴이다.

그러면 사람들은 마에 덮어 씐 그 수행자를 공경해 마지않는다.

수행자는 그 교만의 맛을 본다. 도취되고 만족한다. 이제 더 이상 고되고 힘든 참선은 하지 않으려 한다. 중생을 교화한다는 명분하에 세속의 단물을 빨러 나간다.

起信論 能令衆生貪著世間名利之事

그런 능력으로 중생들로 하여금 세간의 명예와 이익되는 일에 탐착하도록 한다.

마에 의해 수행의 대열에서 탈락한 그들은 그들에게 주어진 신통술로 세속사람들을 이끈다. 어디로 이끄느냐 하면 명예와 이익을 쫓도록 한다.

어디 누가 미래를 잘 예언하더라는 소문이 나면 제일 먼저 정치인들이 달려간다. 거기서 그들은 명예를 얻을 수 있는지 없는지를 물어본다. 있다면 어떻게 해야 되는지, 없다면 어떻게 하면 있게 할 수 있는지 공손하게 처방을 묻는다.

소문을 들어봤을 것이다. 어디 누구에게 어떤 정치인이 주로 다녀갔는지. 대통령이 되기 위해서 그 스님에게 어떤 비방을 받아서 어떻게 이행했는지 그런 얘기를 흔히 들어봤을 것이다.

용하기로 소문난 점쟁이가 있었다. 그가 돈을 모아 큰 사찰을 지었다. 거기서 그는 머리를 깎고 자칭 스님이 되었다. 평소 그에게 도움을 받은 자들이 신자로 몰려들어 하루아침에 큰스님이라는 호칭이 붙여졌다. 그는 그들에게 최고의 공경과 섬김을 받았다.

그가 얼마나 유명했는지 향토에 사업하는 사람치고 그를 거쳐 가지 않은 사람이 없다고 한다. 그만큼 그는 돈 버는 데 귀신과 같은 식견과 예견이 있었다.

그러던 어느 날 난데없는 불로 자기 방에서 타 죽었다. 무당이 제 죽을 줄은 모른다고 하더니 그도 자기 죽을 줄은 몰랐던 모양이다. 결국 魔가 그를 그만 써먹으려고 그냥 불 속에 던져버린 것이다. 마에게 이용당하면 결말이 다 이렇게 비극으로 끝난다.

起信論 又令使人數瞋數喜 性無常準

또 사람으로 하여금 자주 성내게 하고 자주 웃게도 만들어 그 성격의 기준을 없애버린다.

수행 잘 하던 스님이 언젠가부터 이상하게 화를 잘 내고 짜증을 잘 부린다. 그러다가 뭐가 좋은지 실성한 듯 실실 웃기도 한다.

그렇게 되면 같이 수행하는 스님들이 그 스님을 보고 뭐라 하겠는가. 미쳤다고 할 것이다. 그러면 그때부터 그 스님은 그들과 같이 수행을 하지 못한다. 결국 외톨이가 되어 쓸쓸이 수행처에서 쫓겨난다.

魔는 될성부른 수행자를 지목해 그렇게 못쓰게 만들어 버린다. 아무도 모른다. 마의 그 음흉한 속마음을 누구도 눈치 채지 못한다. 손 한번 제대로 못 써보고 그렇게 속수무책으로 당해 버리는 것이다.

起信論 或多慈愛 多睡多病 其心懈怠

혹은 많이 자애롭게도 하며 잠에 빠져 살게도 하고 병을 달고 살게도 한다. 그리고 그 마음이 게을러지게도 한다.

어떤 때는 수행자를 한없이 자애롭게 만들기도 한다. 성격 까칠하기로 소문난 스님을 삽시간에 자비보살로 만들어 찬탄을 받게 한다. 그러다가 언제 그랬냐는 듯 다시 성질 사나운 스님으로 둔갑시켜 버린다.

대중이 어리둥절할 정도로 수행자를 이리저리 흔들어 댄다. 결국 그 수행자는 거기에 적응할 수 없다. 걸망을 지고 그 선원을 떠난다.

잠은 물론 병도 얻게 만든다. 참선을 해서 선정에 들어야 되겠다는 의욕은 넘치는데 몸이 말을 듣지 않는다. 언제나 겔겔거린다. 몸이 아프니 운력과 공사에 게을러진다. 결국 대중들에게서 미움을 받아 떠밀려 나온다. 못된 마의 짓거리다.

起信論 或卒起精進 後便休廢 生於不信 多疑多慮

혹은 갑자기 정진하다가 곧 바로 그만두어 버리게 한다. 또 불신의 마음을 내거나 의심을 많이 가지거나 근심이 많아지게 한다.

사람들 속에서 시비와 분쟁을 일으키던 사람이 오늘은 졸지에 참선하겠다고 선원에 들어간다. 그리고 얼마 지나지 않아 다시 도심에 자기 모습을 나타낸다.

사람들은 다 한마디씩 한다. 뭐하는 짓이냐고 따가운 핀잔을 준다. 그래도 자기 부끄러운 줄 모른다. 정진하는 대중들에게 전혀 도움을 주지 못하고 수행 분위기만 어수선하게 만든다.

또는 대중들을 불신한다. 수행자들은 서로를 믿어야 한다. 그래야만이 공동체가 이뤄진다. 그런데 그들을 믿지 않는다. 갑자기 불화를 일으키고 화합을 깬다. 스님들을 의심하고 잡생각이 많아진다. 결국 걸망을 지고 산문을 나간다.

起信論 或捨本勝行 更修雜業 若著世事種種牽纏

혹은 본래의 수승한 행을 버리고 또 잡업을 닦게 만든다. 그래서 세속의 일에 집착해서 온갖 일에 끄달리도록 하고 얽매게 한다.

본래의 수승한 행은 수행이다. 수행만큼 고귀하고 수승한 일이 없다. 그런데 난데없이 그것을 던져 버리고 옛날에 자기가 행했던 그 일에 다시 손을 대도록 한다.

음악을 하던 사람은 다시 음악을 하게 하고 그림을 그리던 사람은 다시 그림을 그리게 한다. 문학을 하던 사람은 다시 문학에 손을 대게 한다. 달라진 것은 스님으로 신분이 바뀌었을 뿐 하는 일은 옛날 그대로 돌아가게 한다.

아니면 수행을 하다가 뜬금없이 정치에 맛을 들여 정치를 하던지 사회활동가가 되어 시민운동을 벌이기도 한다. 그렇게 하여 세속의 일에 집착한다. 완전히 중생계에 얽어 버리는 것이다.

起信論 亦能使人得諸三昧少分相似 皆是外道所得 非眞三昧

또는 수행자에게 약간 비슷한 삼매를 얻게 해준다. 그것은 외도가 얻는 것이다. 진짜의 삼매가 아니다.

아무것도 주지 않고 자기 사람을 만들 수는 없다. 뭔가를 줘야 자기

편으로 당길 수 있다. 魔는 수행하는 자에게 삼매를 얻게 만든다. 그것도 삼매의 맛을 잠깐 맛보게 한다. 그것은 가짜 삼매기 때문에 조금만 트릭을 부리면 가능하다. 그래서 그것을 외도의 삼매라고 한다.

외도의 삼매는 정도의 삼매보다 쉽게 얻어진다. 가짜는 언제나 쉽게 얻어지는 법이다. 그러나 비록 가짜라도 애타게 기다리는 자에게는 큰 감동을 준다. 간절히 바라는 증과이기 때문이다.

수행자는 거기에 빠진다. 그것은 진짜의 진여삼매가 아니다. 그런데도 거기에 빠져 그것이 진짜의 삼매인 줄 흥감한다. 그의 수행은 거기서 끝이 난다.

起信論 或復令人若一日若二日若三日乃至七日住於定中 得自然香美飲食

혹은 사람으로 하여금 하루 이틀 삼일 내지 7일 동안 선정에 들게 한다. 신자들은 자동적으로 향과 맛있는 음식을 올린다.

魔는 사람으로 하여금 선정에 들게도 한다. 하루에서 일주일간 단식을 시킨다. 목도 마르고 배도 고파야 하지만 마의 힘으로 그것을 느끼지 못한다.

그러면 어떤 일이 벌어지는가. 그 모습을 본 많은 사람들이 우와! 생불이다 하면서 좋은 향을 올리고 맛있는 음식을 갖다 바친다.

태국과 네팔에서 일어난 리틀붓다가 이 케이스다. 어린아이가 아무것도 먹지도 않고 마시지도 않은 채 오랫동안 참선자세로 앉아 있다고 하여 세계의 사람들이 놀라 그를 예방하고 추앙했다.

또 하나 있다. 인도에 있던 힌두교 구루 이야기다. 그 노인 역시 아무것도 먹지 않고 입안의 침으로만 수십 년을 살아간다고 했다. 그래서 세계의 방송사들이 그를 취재하기도 했다. 그는 정말 수많은 사람들에게 공경과 예배를 받았다. 결국 그것들은 사기였다. 魔가 그렇게 하도록 시킨 것이다.

起信論 身心適悅 不飢不渴 使人愛著
그러면 몸과 마음이 좋아하고 기뻐한다. 이제 배고프고 굶주리지 않는다. 그렇게 사람으로 하여금 애착하게 만든다.

　魔가 수행자를 마음껏 조종한다. 그런데 수행자는 전혀 그런 줄 모른다. 눈치조차 채지 못한다. 자기 자신의 의지로 하루나 이틀 삼일에 이어 7일까지 선정에 들었다고 생각한다.
　자기에게 공양을 올리고 엎드리는 자들을 보고 자기가 졸지에 위대한 성자가 되었다고 착각한다. 그래서 그에게 올리는 맛있는 음식을 당연히 받아먹는다.
　그러함으로 해서 다시는 목마르고 배고픈 일이 없어진다. 수행자는 거기에 만족한다. 그런 삶을 살아가면서 거기에 애착한다. 더 이상의 고행이나 난행은 생각하지 않는다. 완전히 자기의 신분을 망각하는 것이다.

起信論 或亦令人食無分齊 乍多乍少 顏色變異
혹은 또 수행자에게 절도 없이 음식을 먹게 만든다. 갑자기 많이 먹었다가 갑자기 적게 먹었다가 한다. 그래서 안색을 변하게 해 달라지게 한다.

　수행자는 자기 몸을 잘 관리해야 한다. 몸은 자동차와도 같기 때문에 목적지에 다다르기 위해서는 무엇보다도 건강을 잘 지켜야 한다. 균형있는 식사는 물론 필요한 영양제를 충당해야 한다. 그래야만이 고장 없이 여일하게 자신을 타고 갈 수가 있다.

　자신이 음식을 적절히 섭취하면 건강은 저절로 따라오고 그 반대가 되면 당연히 병들게 된다. 그것은 다른 사람이 그렇게 만드는 것이 아니라 자신이 그렇게 만드는 것이다.

　그런데 마가 자신을 관리하기 시작하면 갑자기 밥맛이 좋다고 폭식을 해 살을 찌운다. 그러면 소화가 되지 않아 숨을 고를 수 없다. 또는 갑자기 입맛이 없다고 하면서 소량의 밥만 먹인다. 그러면 야위어서 수행을 감당할 수 없다.

　그러기에 수행은 한 차원 높은 복싱과도 같다. 복싱은 남을 공격하지마는 수행은 자기를 공격한다. 최고의 컨디션을 유지하려면 철저한 건강관리와 체중조절이 필요한 것은 말할 것도 없다.

　그런데도 마는 수행자의 건강을 잃게 만들고 체중조절에 실패하도록 한다. 더 이상 자기와의 싸움을 하지 못하게 한다. 그래서 스스로 그 싸움을 포기하고 링에서 내려가도록 한다.

起信論 以是義故 行者常應智慧觀察 勿令此心墮於邪網

이런 뜻이 있기 때문에 수행자는 항상 마땅히 지혜로써 관찰하여 그 마음이 삿된 그물에 떨어지지 않도록 해야 한다.

이런 뜻은 앞에서 말한 마의 훼방들이다. 까딱 잘못하다가는 수행은커녕 인생 자체를 망가뜨릴 수가 있다. 그러므로 수행할 때 나타나는 모습들을 예리하게 살펴봐야 한다.

그 살펴봄을 지혜로써 관찰한다는 것이다. 그렇지 않으면 마에게 순식간에 당할 수가 있다.

삿된 그물은 마가 쳐놓은 邪道의 그물이다. 거기에 떨어지면 개미귀신에게 붙잡힌 개미처럼 목숨이 백 개라도 자기 힘으로는 빠져나올 수 없다. 그러므로 마를 어떻게든 조심하고 경계해야 한다.

계속되는 이런 내용들이 바로 조론8유에서 말한 삿된 그물을 벗어나는 방법들이다. 아울러 술의에서 말한 삿된 집착의 내용도 이 속에 일정 들어 있다는 것을 알아야 한다.

起信論 當勤正念 不取不著 則能遠離是諸業障
마땅히 부지런히 정념으로 그것을 취하지도 않고 탐하지도 않으면 능히 그 모든 업장으로부터 멀리 벗어나게 된다.

정념은 단 한 가지의 바람이다. 참선하는 이유는 오로지 내 마음의 근원을 찾겠다는 일념에서 시작해야 한다는 것이다. 그 외의 것에는 결코 나의 관심거리가 아니다는 확실한 목적의식이 있을 때 이것은 가능하다.

그러므로 魔가 와서 세상을 다 준다고 해도 필요 없다고 하고 천하를 다 준다고 해도 미동을 해서는 안 된다. 그래서 수행하는 데는 정념이 꼭 필요하다고 하는 것이다.

그런데 보통 범부가 그 유혹을 떨쳐버릴 수가 있는가이다. 고작 전생의 일과 미래의 일을 알 수 있는 능력만 주어도 감격해 바로 하산하려 하는데 누가 이런 정념을 끝까지 고수해 자신을 보호할 수 있겠는가다.

起信論 應知外道所有三昧 皆不離見愛我慢之心 貪著世間名利恭敬故

응당히 알라. 외도의 삼매는 다 견애와 아만심으로부터 벗어나지 못한다. 그것은 세간을 탐착해 명리와 공경을 받는 데 있다.

외도는 불교 이외의 모든 종교나 학파라고 했다. 스님들은 이상하게 외도에 관심이 많다. 더러는 그들과 사귀는 것을 자랑스럽게 여기기도 한다.

법화경에 모든 외도, 즉 바라문이나 니건자들을 가까이 하지 말아야 한다고 하셨는데도 그들은 개의치 않는다. 그들은 외도들을 초청하고 또 외도들을 방문한다. 보살은 사마외도의 집에 가지 않아야 한다는 **보살내계경**을 완전 무색케 한다.

견애는 소견과 애착이다. 소견은 치우친 편견이고 애착은 어리석은 마음으로 세상에 집착하는 것이다. 무지한 범부들은 애착을 많이 하고 일반 지식인들은 소견을 많이 내세운다. 세속인들은 애착하고 출가인들은 소견에 빠진다.

아만은 교만이다. 이것은 **지도론**에 나오는 7만 가운데 하나다고
이미 설명하였다.

起信論 眞如三昧者 不住見相 不住得相
진여삼매는 견상에 주착하지 않고 득상에 주착하지 않는다.

　계속적으로 正意를 강조하고 있다. 도대체 참선하고자 하는 의도
가 무엇인가다. 깨달음을 이루겠다고 참선하는가? 그렇다면 언감생
심이다. 그것은 조사불교에서 하는 소리다.
　참선하는 이유는 신심을 굳히기 위해 복을 쌓는 것이다. 결국 그것
은 내 마음의 근원을 찾는 수행으로 이어진다. 그것이 대승불교에서
하는 참선의 목적이다. 이 참선 외의 참선은 다 외도의 참선이다.
그런 참선으로 삼매를 얻었다 하더라도 견애와 아만으로부터 벗어나
지 못한다.
　세속 사람들에게서 명예와 이익과 공경을 받기 위한 참선으로 삼
매에 들고자 하는 것은 아니다. 그래서 외도의 삼매 대신 진여삼매를
얻는 자는 견상과 득상에 주착하지 않는다고 한 것이다.
　견상은 뭘 보았다는 것이고 득상은 뭘 얻었다는 것이다. 그러니까
선정에서 뭘 보았거나 뭘 얻었어도 거기에 빠지지 말아야 한다는 뜻
이다.

起信論 乃至出定 亦無懈慢 所有煩惱 漸漸微薄
선정에서 나와도 게으르거나 교만하지 않는다. 그럼으로 해서 있는

번뇌가 점점 엷어지게 된다.

들어봤을 것이다. 과거에 사업 안 해본 거지 없고 월척 안 낚아본 낚시꾼이 없다는 사실을!

사람들의 원성을 듣는 언필칭 큰스님들도 옛날에 선원에서 다 용맹정진한 이력을 가지고 있다. 그들은 욕망과 야망을 마음속 깊이 숨겨 두었던지 아니면 마에 당한 패배자일지 모른다.

수행에 실패한 자들은 스님도 아니고 일반인도 아니다. 그들은 그냥 인생의 괴짜들이다. 그들 중에 더러는 음주행음이 무방반야고 식육가무가 무애진여다 라고 소리치지만 그것은 허풍쟁이가 된 그들의 망설일 뿐이다.

수행을 계속해 나아가는 자는 선정에서 나와 볼일을 보러 나가도 태만하거나 교만한 마음을 일으키지 않는다. 속세와 속인의 집에 들어가는 경우라도 청정을 유지해 더러움에 물들지 말라고 한 **월유경**의 말씀을 가슴에 새기고 언제나 참선하는 마음으로 세상과 사람을 상대한다.

어떻게 상대하는지는 뒤에 아주 잘 나올 것이다. 그런 마음으로 세상을 대하다 보면 갖고 있던 번뇌가 나날이 미미해지고 죄업이 계속해서 얇아지게 된다.

起信論 若諸凡夫不習此三昧法 得入如來種性 無有是處
만약에 어떤 범부든지 이 삼매법을 수습하지 않고 여래종성에 들어간다는 것은 있을 수 없는 일이다.

범부가 참선하는 목적은 복을 지어서 상근기의 범부로 향상되는데 있다. 그 다음에 거기서 1만겁 동안 줄기차게 수행해서 10주 계위에 올라서는 것이다.

하근기 범부의 최고 이상향은 바로 거기다. 거기가 여래종성의 자리다. 여래종성에 들어가는 것은 여래의 본가에 들어간다는 뜻이다. 즉 범부로서 드디어 부처의 집안에 무사히 입양되는 것이다. 그러면 결국 부처가 된다.

그러므로 부처가 되려면 반드시 이 코스를 밟아야 한다. 그러려면 제일 밑 단계에서 이 삼매를 닦아야 한다.

起信論 以修世間諸禪三昧 多起味著 依於我見 繫屬三界 與外道共
세간의 모든 삼매를 닦는다는 것은 다분히 거기에 맛을 들여 집착한다. 그리고 아견으로 삼계에 얽매여 외도와 함께 한다.

세상에 어떤 종교고 어떤 신행이건 간에 반드시 그들의 교리대로 삼매를 닦는다. 그 목적과 단계만 다를 뿐 그 행위는 똑같다. 기도건 명상이건 묵도건 단전호흡이건 토납호흡이건 반드시 한다.

어떻게 하든 그렇게 선정은 필수로 있다. 그 목적이 다를 뿐 선정에 들고자 하는 열망은 다 마찬가지다. 진여삼매는 맛보는 것이 아니다. 맛을 보면 거기에 빠진다. 진여삼매는 아무 느낌도 없고 맛도 없다. 그러므로 진정한 삼매는 그 어떤 맛으로부터도 벗어난다.

진여삼매는 세간을 벗어나는 수행이지 세간에 주착하는 수행은 아니다. 그러므로 범부로서 이 세상에 잘 살기 위한 방법으로 삼매를 닦는 외도와는 완전히 그 목적이 다르다는 것이다.

起信論 若離善知識所護 則起外道見故
만약에 선지식의 보호를 벗어나면 외도의 소견을 일으키게 된다.

우리가 잘 알고 있는 신흥종교의 교주들이거나 아니면 뭘 좀 안다
고 시부렁대는 자들도 다 제 딴에는 그래도 피나는 수련을 한 자들
이다.

모두 다 젊은 날 입산수도하여 나름대로 도통하거나 한 소식을 얻
은 출중한 자들이다. 그런 결과로 하산하여 중생교화 한답시고 종교
를 세우고 신행단체를 만들어 교주노릇을 하고 있다.

고명한 선지식의 지도를 받지 않고 누구든 자기 식대로 수행하면
그렇게 끝이나 버린다. 하지만 선지식의 지도를 받으면 그런 이상한
소견을 갖고 교주노릇을 할 수 없다.

선지식은 삼매의 목적을 자신의 내면을 맑히는 데 두고 외도의 삼
매는 세상의 이익과 공경을 찾는 데 두고 있기 때문이다. 선지식은
방장스님에 이어 오랫동안 수행에 매진한 장로들을 지칭한다.

"방장이 무슨 뜻입니까?"
"모기장입니다."

교도소에도 방장이 있고 수도원에도 방장이 있다. 교도소의 방장
은 동료 죄수를 관리하고 수도원의 방장은 수행자 전체를 관리한다.

교도소의 방장은 감방 한 곳만 관찰하지마는 수도원의 방장은 도량 전체를 관리한다.

수도원의 방장은 대학교의 총장과도 같다. 그러니까 방장이 있는 곳은 종합수도원이다. 그것을 총림이라고 부른다. 총림은 경전과 계율과 참선에 이어 진언과 염불을 통합적으로 수행하는 곳이다.

그 총림을 전반적으로 통제하고 감독하는 최고 어른스님을 방장이라고 한다. 그 방장은 자기 밑에 있는 모든 수행자들이 사마외도에게 삼매의 피를 빼앗기지 않도록 방어하고 있다. 그 역할이 모기장과 같기에 모기장이라고 했다.

그러므로 참선하는 자는 반드시 방장 같은 선지식을 모시고 선정에 들어야 한다. 그렇지 않으면 사마외도의 공격을 받는다. 그러면 정도가 아닌 외도의 소견을 일으켜 수행을 종치게 된다. 그래서 **화엄경**에 수행자는 반드시 선지식이 필요하다고 하셨던 것이다.

海東疏 第二廣釋 於中有三 一者廣顯魔事差別 以是義故以下 第二明其對治

둘째는 널리 풀이한 것이다. 거기에 셋이 있다. 첫째는 넓게 마의 일에 대한 차별을 나타내고, 이시 이하는 둘째로 그 대치를 밝혔다.

첫째는 간략하게 밝힌 것이다. 그것은 앞에 어떤 중생이든지 간에 선근의 힘이 없으면 마와 외도와 귀신이 가만두지 않는다는 그 내용이다.

이제 그 둘째로 그것을 자세하게 풀어준다. 거기에 셋이 있다는 거다. 첫째는 魔들이 하는 일과 그 차별을 나타낸 것이고, 둘째는 어떻게 그 魔를 상대하여 다스리느냐 하는 것이다.

海東疏 應知外道以下 第三簡別眞僞
응당히 알라 외도 이하라고 한 부분은 셋째로 진위를 간별한 대목이다.

원문에 응당히 알라 한 부분이 나온다. 그 밑으로는 어떤 것이 진짜 선정이고 어떤 것이 가짜 선정인지를 가려주는 부분이다는 것이다.
그러니까 참선에 임하면 반드시 魔의 공격이 있게 된다는 것을 전제로 먼저 魔는 어떤 일을 하는 자들이며, 그것을 어떻게 항복받을 것이며, 또 내가 지금 제대로 선정을 하고 있는지 아닌지를 확인해 봐야 한다는 것이다.

海東疏 初中卽明五雙十事 一者現形說法爲雙
처음 가운데서는 오쌍인 십사를 밝히고 있다. 첫째는 형체를 나타내는 것과 설법이 짝이 되어 있다.

5쌍은 다섯 가지 짝이고 10사는 열 가지 일이다. 그러니까 짝으로 보면 다섯인데 그 짝을 쌍인 둘로 나누면 10가지가 되는 셈이다. 그래서 5쌍 10사라고 한다.
원문의 첫 문장에 보면 천인의 모습과 보살, 그리고 부처는 형체들이고 그들이 무상에서부터 이것이 진짜의 열반이다 까지가 첫 번째 짝이 된다는 것이다.

海東疏 二者得通起辯爲雙 謂從或令人以下 乃至名利之事也

둘째는 신통을 얻고 변재를 일으킨다가 짝이 된다. 말하자면 혹령 이하에서 명리지사 까지다.

신통은 숙명의 일을 아는 것과 과거의 일을 아는 것이다. 또 미래 의 일을 아는 것과 타인의 마음을 아는 것이다. 그리고 걸림없는 변 재를 구사하는 그런 것들을 다 신통으로 보았다.

그리고 중생으로 하여금 세간의 명예와 이익을 탐착하도록 만든다 까지가 신통의 짝이 되는 것이다.

海東疏 三者起惑作業爲雙 謂又令使人以下 乃至種種牽纏也

셋째는 의혹을 일으키는 것과 업을 짓는 것이 짝이 된다. 말하자면 원문에서 우령사인 이하에서 종종견전야 까지다.

의혹은 다분한 의심과 많은 근심을 일으키는 것이고 업을 짓는다 는 것은 세속의 잡다한 일을 한다는 것이다. 이 둘을 짝으로 두었다.

원문에 또 사람으로 하여금 자주 성질내게 하고 자주 기쁘게도 만든 다 에서부터 온갖 종류의 세간사에 묶이도록 한다 까지가 여기에 해당 한다. 그것은 믿음에 대한 의혹의 불신을 일으켜 수승한 수행의 길을 포기하고 오래전에 버렸던 세속의 일을 다시 하게끔 하는 것이다.

더 나아가 기예나 학문 같은 잡업을 배워서 세속사람들에게서 호 응을 받으려 한다. 결국 세속사람들과 한 무리가 되어 그 풍조에 끌 려 다니며 그 일에 얽히고 마는 것이다. **녹모경**에서 차라리 진실된

신앙으로 나아가 죽을지언정 끝내 자신과 사람들을 속이면서 목숨을
부지하지 말라고 하셨는데 그들은 결국 그렇게 하는 것이다.

海東疏 四者入定得禪爲雙 謂從亦能使以下 乃至使人愛著也
넷째는 선정에 들어가는 것과 참선하는 것으로 짝이 된다. 말하자면
능사 이하에서부터 사인애착 까지다.

　魔가 선정에 들도록 하고 그렇게 얻어지는 결과로 짝을 두었다.
하루나 이틀 내지 일주일 동안 선정에 들도록 해서 순수한 세상 사람
들을 속인다. 결코 혼자서는 그렇게 할 수 없지만 마의 힘을 빌리면
그렇게 일주일 동안 선정에 드는 흉내를 낼 수가 있다.
　그런 참선은 참선의 본래 목적을 잃고 세간에 애착하는 것으로 끝
이 난다 까지가 이 내용이다. 그러므로 魔들의 그런 농간에 당하지
말아야 하는데 그것이 그렇게 안 된다는 데 문제가 있다.

海東疏 五者食差顔變爲雙 文處可見也
다섯째는 식사를 어긋나게 먹는 것과 안색이 변하는 것으로 짝이
된다. 문장을 보면 가히 알 것이다.

　어긋난다는 것은 절도가 없다는 뜻이다. 밥을 정도 이상 많이 먹으
면 자연적으로 얼굴이 붓고 지나치게 적게 먹으면 안색이 창백해진
다. 그러니까 먹는 것과 안색을 짝으로 두었다.
　여기까지 다섯 문단에 열 가지 일들이 일어나는 마의 양상들을 말

했다. 그것은 앞에 풀이한 원문들을 보면 훤히 드러나 있다는 것이다.

海東疏 問 如見菩薩像等境界 或因宿世善根所發 云何簡別 判其邪正

묻겠다. 보살상 같은 모습들이 보일 때 그것은 숙세의 선근에 의해 발현될 수도 있다. 그때 어떻게 간별해서 사와 정을 판단할 수 있는가.

魔는 여러 종류다. 일단 마의 정의는 깨달음을 이루려는 자들에게 달려들어 그 수행을 방해하는 모든 것이다고 말할 수 있다. 그것은 또한 자연적인 것도 있고 심리적인 것도 있다.

자연적인 것은 참선을 할 수 없게 만드는 외적인 요소다. 태풍이 불거나 벼락이 치거나 홍수가 나거나 해서 참선이 방해받는 경우다. 심리적인 것은 앞에 **지도론**을 예로 든 것이 있다.

또 하나가 있다. 이것이 무섭다. 그것은 魔들이 불보살의 모습으로 변작할 때다. 즉 선정에 들어 있는데 마가 불보살의 모습으로 위장해 눈앞에 턱 나타날 때다.

여기서 그런 문제를 제기한 것이다. 그런 모습들은 혹시 과거 전생에 선근을 많이 지어서 나타나는 길상일 수도 있지 않느냐 하는 것이다.

海東疏 解云 實有是事 不可不愼

답해 주겠다. 진실로 그런 일이 있다. 가히 조심해야 하지 않을 수 없다.

참선 중에 魔가 천인이나 보살, 또는 부처로 빙의해서 나타날 수 있다. 물론 모두에게 다 나타나는 것은 아니다.

魔는 꼭 나타나야 하는 자에게 나타난다. 사기꾼도 돈이 있을 만한 사람에게 달라붙는 것이지 쥐뿔도 없는 사람에게는 눈길도 주지 않는다. 그처럼 魔도 지극한 기도로 불보살의 가피를 원하거나 올곧은 수행으로 깊은 선정에 들어갈 때 나타난다.

그런데 혹시나 천 만분의 일로 그런 모습들이 선근의 힘에 의해 나타날 수도 있지 않느냐 하는 것이다. 즉 오래 오래 전 과거로부터 지어온 공덕에 의해 나타날 수도 있지 않느냐 하는 것이다.

성사는 일부러 이런 질문을 만들었다. 사람들이 그렇게 생각할 수도 있지 않겠느냐는 노파심에서 우리를 대신해 먼저 자문자답을 해 주시는 것이다. 그러시면서 물론 그럴 수도 있다는 거다. 그걸 조심해야 한다는 거다.

海東疏 所以然者 若見諸魔所爲之相 謂是善相 悅心取著 則因此邪僻 得病發狂

왜냐하면 만약 마가 보인 모습을 보고 이것은 좋은 모습이다 여겨서 기쁜 마음으로 취착한다면 그 마의 삿되고 간교함으로 인해 병을 얻어 미쳐 버린다.

魔는 기도로 뭘 간절하게 바라거나 아니면 반드시 선정을 얻어야 되겠다는 자에게 나타난다고 하였다. 즉 될성부른 자에게만 나타나지 건성건성하는 기도자나 치열함이 없는 수행자에게는 관심이 없다.

그러니까 그냥 두면 뭔가 큰일 낼 괜찮은 재목만 건드린다. 목숨을 걸고 뭔가를 해내겠다는 다부진 자만을 겨냥한다. 그렇게 표적이 정해지면 어떤 방법을 써서라도 중도에서 그를 파멸시키는 것이다.

수행은 사실 魔와의 끊임없는 싸움이다. 즉 마군과의 치열한 전쟁이다. 지면 미치광이로 끝장나고 이기면 한 명의 거룩한 대승의 수행자가 탄생하는 것이다.

사찰 주위에 떠도는 미친 스님들을 가끔 보았을 것이다. 그런 스님들이 거의 가 다 이런 경우다. 고시촌에 고시방랑자가 있듯이 선원 주위에 반드시 이렇게 피폐한 스님들이 배회한다. 불쌍하고 안타까운 분들이다.

자기에게는 魔가 안 달려든다고 떠벌리는 사람이 있다. 그런 사람은 아직 魔가 관심을 가질 만큼 존재감이 없기에 그냥 놔두는 것이다. 그러니 그 사람은 자기 부끄러운 줄 모르는 반거충이라 할 수 있다.

가끔 보통의 수행자들에게도 부처나 보살들이 보일 때가 있다. 그런 경우는 위의 경우와 다르다. 그것은 뒤에 말하겠지마는 자기 내면의 욕망에서 일어난 환각의 想像이다. 선정뿐만이 아니라 기도할 때도 마찬가지다. 진언이나 염불할 때도 그렇다.

그런 모습들을 보고 감복해서 와! 하고 엎드린다면 결국 종친 신세가 된다. 자기 업장의 魔에 의해 실성하거나 신심을 잃고 말기 때문이다.

海東疏 若得善根所發之境 謂是魔事 心疑趍捨離 卽退失善利 終無進趣

310

만약에 선근으로 나타난 모습을 보고 마가 한 일이라 의심을 품어 그것을 떨쳐 버린다면 곧 선근의 이익을 놓쳐서 결코 앞으로 나아가지 못하게 된다.

이것은 반대의 경우다. 이 앞에서는 魔가 한 일을 집착하는 경우고 이번에는 선근에 의해 나타난 성스런 불보살의 모습을 외면해 버리는 경우다.

이럴 수가 있는 것인가? 상호가 원만한 부처님이 내 눈앞에 거룩한 모습으로 나타나신다. 그 모습을 보고 내 알바 아니다 하면서 간단히 눈을 감아 버릴 수 있는 것인가.

魔가 아니라 진짜로 나에게 나타났다면 어떻게 할 것인가? 나타났다고 하니 진짜 부처님이 어디서 오신 것으로 착각하는데 그렇지는 않다. 자기 자신 속에서 나타난 것이다. 그래서 원문에 所發이라고 했다.

그런데 그 좋은 기회를 가짜라고 놓쳐버리면 더 이상의 이익은 없다. 그러면 그때 수행이 향상되지 않는다. 다만 앞에서처럼 미치는 일은 없으니 그것만은 다행이다.

수행이 향상되지 않는다고 하여 수행의 공덕이 없어지는 것은 아니다. 그 공덕이 있는 한 다시 또 그런 불보살의 모습이 나타난다. 그것은 공덕이 쌓일수록 자주 나타나는 현상이다.

그러므로 잘 몰라 한 번 놓쳤다고 해서 영원히 그런 기회가 다시 오지 않는 것은 아닌가 하고 걱정할 필요는 없다. 단지 그때만 향상됨을 놓친다는 말이다.

海東疏 而其邪正實難取別 故以三法驗之可知

그러므로 그 邪正을 사실 가리기가 정말 어렵다. 그래서 세 가지 방법으로 그것을 시험해 알아봐야 한다.

참선에 임할 때 꼭 스승이 있어야 한다고 했다. 스승이 바로 이럴 때 필요하다. 육신을 낳아 길러준 부모가 있다. 어느 정도 크면 이제 정신적으로 성장하기 위해 선생을 만난다. 그 위에 마음의 세계를 가르치는 선지식이 있다. 그분들이 스승이다.

스승 없이 참선을 하는 사람들의 성격은 매우 이기적이다. 결코 다른 사람의 가르침을 받아들이지 않는다. 그들은 자기 수행에 도취되어 있다. 그러므로 그들의 수행은 그 자리에서 멈추고 대신 그들의 아상만 높아만 간다.

海東疏 何事爲三 一以定硏磨 二依本修治 三智慧觀察

어떻게 하는 일이 세 가지인가. 첫째는 선정으로 연마하고 둘째는 원래대로 닦아 다스리고 셋째는 지혜로 관찰한다.

첫째는 어떠한 징조가 보이건 선정은 계속되어야 한다. 선정은 진여삼매에 들어가기 위한 과정일 뿐 거기서 끝나지 않기 때문이다.

둘째는 원래 하던 수행을 계속한다는 것이다. 기도로 예를 들면 관세음보살기도 중에 지장보살의 모습이 보이면 바로 지장보살을 부르게 된다. 그렇게 하지 말라는 것이다.

셋째는 냉철한 지혜로 잘 살펴봐야 한다는 것이다. 무조건 감격해 엎드리기보다 저것이 뭔지를 확실히 알 때까지 관찰할 필요가 있다는 것이다.

海東疏 如經言 欲知眞金 三法試之 謂燒 打 磨

경에서 말씀하시기를, 진금을 알려고 하면 세 가지 법으로 시험해야 한다. 태워보고 두드려보고 갈아보는 것이라고 하셨다.

　색깔이 누렇다고 해서 다 금은 아니다. 도금한 금은 금이 아니다. 진금이 금이다. 그러므로 진금을 가지려면 도금한 금과 구별해야 한다.
　눈으로 보아서는 감별하기가 쉽지 않다. 그럴 때는 먼저 불로써 태워봐야 한다. 그 다음에는 두들겨보고 마지막으로는 깨물어봐야 한다.
　불로 태워보면 도금이 벗겨진다. 그리고 두들겨보면 소리가 다르다. 그리고 깨물어보면 다른 광물하고는 물리는 느낌이 다르다. 그렇게 해서 진금을 찾아낸다고 하셨다. 성사가 여기에 인용한 경전은 아쉽게도 정확하게 어떤 경전인지 알 수가 없다.

海東疏 行人亦爾 難可別識 若欲別之 亦須三試

수행자도 또한 그 모습을 분별해 알기가 어렵다. 그러니 만약 그것을 알려고 한다면 또한 세 가지로 시험해 봐야 한다.

　지금 말하고자 하는 주제는 참선을 할 때 보살이나 부처가 나타났을 때를 말한다. 그러니까 그 형상이 마가 지어낸 모습인가. 아니면 수행자의 공덕에서 나타난 모습인가를 가려보고 있는 것이다. 참고로 진리가 사람들에게 인정되는 데도 반드시 세 단계를 거친다고 한다.

First, it is ridiculed.

Second, it is violently opposed.

Third, it is accepted as being self-evident.

첫 번째 조롱당하고, 두 번째 심한 반대에 부딪히고, 세 번째 자명한 것으로 인정받는다는 것이다.

세속에서 인정되는 진리도 세 가지 과정을 거쳐야 비로소 사람들에게 인정받는다고 하는데 출세간의 선정에서 일어나는 이 현상을 어떻게 검증없이 쉽게 받아들이겠는가.

그래서 성사는 그것을 식별하는 것은 정말 알기가 어렵다고 하신 것이다. 그러면서 금을 세 가지 방법으로 가려보듯이 이런 경우도 또한 세 가지 방법으로 시험해 보아야 한다고 하신 것이다.

海東疏 一則當與共事 共事不知 當與久共處 共處不知 智慧觀察
첫 번째는 마땅히 함께 수행하는 것이다. 함께 수행해도 알지 못하면 당연히 오랫동안 같이 있어봐야 한다. 그래도 알지 못하면 지혜로 관찰해야 한다.

수행 중에 천인이나 보살 부처가 나타나면 일단 그냥 두고 봐야 한다. 성급하게 털썩 엎드리는 것보다 일단 무심하게 그냥 두라는 것이다. 그것이 바로 위에서 함께 수행한다는 뜻이다.

그래도 뭐가 뭔지 모르면 오랫동안 그렇게 지내보는 것이다. 나타난 자가 무슨 이유가 있어서 나타난 것이 아닌가. 그러니까 답답한 자는 내가 아니다. 가만히 있으면 나타난 자가 무슨 반응을 보일 것이니 그때까지 기다리라는 것이다.

오랫동안 그냥 두어도 별 반응이 없어서 이것이 진짜인지 가짜인지를 모르겠으면 이제 다음 단계인 지혜로 관찰해 봐야 한다는 것이다.

[海東疏] 今藉此意以驗邪正 謂如定中境相發時邪正難了者 應當深入定心

이제 그러한 뜻을 빌려서 사와 정을 시험해 보는 것이다. 선정 중에 나타난 모습이 사인지 정인지 알기가 어려운 때는 응당히 깊게 선정에 들어가야 한다.

魔는 사람을 고른다. 자기 사람을 만드는 것이다. 정치인도 자기 사람을 만들어야 정치기반이 튼튼해진다. 마찬가지로 魔도 자기 식구들을 많이 거느려야 자기들의 세계가 튼튼해진다.

정치인은 공천을 미끼로 자기 사람을 만든다. 魔는 신통을 줌으로 해서 자기 사람을 만든다. 신통을 받은 수행자는 이제 魔의 식구가 되어 같이 불교를 해친다.

형상이 나타나는 모습은 같은데 그것을 어떻게 받아들이느냐에 따라 그 결과가 천양지차로 달라진다. 잘못하면 하산해서 사주보는 점집을 열어야 할 것이고 잘 하면 계속해서 선원에 앉아 선을 참구할 것이니까 그렇다.

海東疏 於彼境中不取不捨 但平等定住

그러면서 그것을 취하지도 말고 버리지도 말고 오로지 평등한 선정에 머물러야 한다.

참선은 기본적으로 뭘 바라는 것이 없어야 한다. 내면에 뭐든지 원하는 것이 있으면 魔에게 잡힌다. 그렇지 않으면 마가 유혹할 거리가 없다.

세상에 미련이 남아 있고 욕망이 살아 있다면 마의 먹이가 된다. 그러면 마에게 반드시 낚인다. 낚시를 물고 올라오는 물고기처럼 그렇게 잡힌다. 그래서 앞에서 참선을 하려는 자는 반드시 다섯 가지 조건을 갖추어야 한다고 했다.

그중에 하나가 바로 참선하는 자는 모든 할일 다 해 놓고 하는 것이다 였다. 그런 사람들은 부귀영화와 입신영달에 관심이 없다. 그러므로 설령 부처가 나타난다 하더라도 그렇게 급하게 응대할 필요를 느끼지 않는다. 그런데 하물며 魔이겠는가.

海東疏 若是善根之所發者 定力逾深 善根彌發

만약에 그것이 선근으로 발현된 것이라면 그 선정의 힘은 점점 깊어지고 선근은 가득하게 일어날 것이다.

꿈에 조상이 검은 옷을 입고 나타나면 흉몽이다. 거기다 말없이

316

지켜보고 있으면 상당히 안 좋을 징조다. 그러므로 그때는 모든 것을 조심해야 한다. 확장과 투자 같은 것들은 뒤로 미루고 잔뜩 움츠리고 있어야 한다.

대신에 조상이 흰옷을 입고 나타나면 길몽이다. 거기다가 말까지 곁들였다면 상당히 좋은 꿈이다. 마음이 가볍고 기분이 상쾌하다. 무엇을 해도 잘 풀린다. 그 때문에 더 좋은 일이 생기고 더 좋은 결과가 나타난다.

그처럼 과거전생에 지어온 선근으로 부처와 보살이 나타난다면 공연히 기분이 좋아져서 선정이 잘 이루어진다. 그러면 더 기쁜 마음이 온몸에 충만해진다. 선정에 들어 있는 느낌이 다르다.

海東疏 若魔所爲 不久自壞

만약에 마가 그랬다면 오래지 않아 저절로 허물어져 버릴 것이다.

낚시꾼이 낚싯대를 던졌는데 영 입질을 하지 않으면 자리를 옮긴다. 낚시꾼은 고기를 잡아야 한다. 그냥 할 일 없어 시간을 죽이는 생업의 낚시꾼은 없다.

마찬가지로 마가 수행자에게 부처와 보살의 미끼를 던졌는데도 바로 물지 않으면 마는 그냥 있지를 않는다. 또 다른 방법을 써야 하기 때문에 조금 있으면 그 모습을 거두게 된다. 그때까지 기다리고 있어야 한다.

海東疏 第二依本修治者 且如本修不淨觀禪 今則依本修不淨觀

둘째로 원래대로 닦아 다스린다는 것은 만약 본래 부정관선을 닦았다면 그때도 본래대로 부정관을 닦으면 된다.

원래대로 하라는 것이다. 즉 선정 중에 부처가 나타나든지 보살이 나타나든지 간에 이제까지 수행해 온 그대로 변함없이 계속하라는 것이다.

그러므로 선정 가운데서 어떤 경계가 나타나든지 간에 거기에 개의치 말고 본래 하던 대로 계속해 나가면 되는 것이다.

예를 들어 탐욕을 다스리기 위하여 육신의 부정한 모습을 관찰하는 부정관선을 닦을 때 불보살이 나타났다면 그때도 그대로 부정관선을 닦으면 된다는 것이다. **자경문** 글귀다.

數飛之鳥 忽有羅網之殃
輕步之獸 非無傷箭之禍

자주 나는 새는 그물에 걸릴 재앙이 있고
가볍게 움직이는 짐승은 화살의 화를 피하기 어렵다.

변덕스런 마음으로 이랬다 저랬다 하는 것은 나무상자에 갇힌 쥐가 밖으로 빠져나오려고 이곳을 뜯고 저곳을 뜯고 하는 것과 같다.

밖으로 나가는 방법은 현재 물어뜯는 곳을 집중적으로 계속해서 뜯어나가야 한다. 그러면 결국 밖으로 나가게 되는 것과 같이 선정의 수행도 그렇게 하라는 것이다.

海東疏 若如是修境界增明者 則非僞也

만약에 이와 같이 닦아서 경계가 더욱 명확해진다면 그것은 허위가
아니다.

　본래 하던 수행대로 계속해 나가는데도 그 형상이 그대로 있으면
그것은 분명 가짜가 아니다. 則이라는 글자를 눈여겨보아야 한다.
그 칙은 확실히 앞뒤가 맞다는 보증어라고 했다. 가짜가 아닌 것은
시간이 지날수록 더욱 더 밝게 드러난다. **십지경**에서 중생의 몸 안에
는 부서지지 않는 불성이 있다고 하셨다. 그 불성이 천하보석을 뛰어
넘는 무비의 보석이다. 그것은 수행하면 수행할수록 더욱더 찬란하
게 빛나니까 그렇다.

　그처럼 진짜는 선정 속에서 더욱더 명확하게 드러나지만 가짜는
시간이 지남과 동시에 점점 희미해지다가 힘없이 없어지고 만다.

海東疏 若以本修治漸漸壞滅者 當知是邪也

만약에 본래대로 닦아 가는데 점점 괴멸되어진다면 그것은 마땅히
邪라는 것을 알아야 한다.

　내가 돈 벌기 시작했다는 소문이 나면 반드시 영업사원이 찾아온
다. 그런데 그들이 원하는 대로 그렇게 투자하지 않으면 그는 떠나
간다.

　쓸데없이 걸려 있는 사람들도 마찬가지다. 어디서 소문을 들었는
지 나의 성공 소식을 듣고 나를 찾아온다. 친밀하게 찾아오지만 나에

게서 원하는 것을 얻지 못하면 바로 떠나간다.

魔가 그렇다. 내가 선정에 든다는 소문을 들으면 반드시 나에게 찾아온다. 그런데 내가 관심을 기울이지 않으면 나에게 더 이상 있어야 할 필요가 없다.

그때 그는 연기가 사라지듯이 그 모습이 일단은 천천히 허물어진다. 그러면 그게 魔가 장난친 邪였구나 하고 깨닫게 된다.

海東疏 第三智慧觀察者 觀所發相 推驗根原 不見生處

셋째 지혜로 관찰한다는 것은 발현된 모습을 관찰하되 그 근원을 추구하면 보여도 生한 곳이 없다.

지금 셋째라고 해서 순서적으로 마를 퇴치하는 것은 아니다. 세 가지 방법 중에 하나만 제대로 써도 보통의 마는 충분히 퇴치된다.

첫째와 둘째보다 이 방법이 맘에 든다면 이렇게 하면 된다. 즉 지혜로 관찰하는 것이다.

부처와 보살이 나타났다. 이분들은 어디에서 오셨는가. 분명히 어디서 온 것이 아니라 나에게서 나타난다고 했다. 그럼 나의 어디에서 생겨났단 말인가 하고 깊이 관찰해 본다.

海東疏 深知空寂 心不住著 邪當自原 正當自現

그것은 공적하다는 것을 깊이 알아 마음에 두어 집착을 하지 않으면 삿된 것은 응당히 저절로 없어지고 바른 것은 당연히 저절로 나타나게 된다.

내 마음은 空하고 비어 있다는 것을 잘 알고 있다. 그런데 이분들이 나타나셨다. 그렇다면 이분들과 나는 관계가 없다. 그러므로 나는 나의 일을 해야 할 뿐 이분들의 모습에 신경 쓸 일은 아니다고 한다.

그러므로 마음에 담아두지 않는다. 아무런 반응을 보일 필요가 없다. 그냥 묵묵히 선정에 든 상태로 있다. 그러면 가짜는 응당히 사라질 것이고 진짜는 더욱 더 선명하게 나타나게 된다. 그때까지 기다리는 것이다.

원문에 原은 제자리라는 뜻이다. 그러니까 없어진다는 滅멸로 보면 된다.

海東疏 如燒眞金 其光自若 是僞不爾

그것은 진금은 태워도 그 광명 자체가 그대로 있는 것과 같다. 그 금이 가짜라면 그렇지 않다.

진금은 태우거나 굽거나 간에 누런 빛깔 그대로 가지고 있다. 태운다고 해서 그 빛이 검어지고 굽는다고 해서 그 빛이 달라진다면 그것은 진금이 아니다.

마찬가지로 불보살은 그냥 두어도 불보살로 그냥 계신다. 그분들을 받들어 모시지 않는다고 해서 도망가고 변화되는 것은 아니다.

만약에 자기를 알아주지 않는다고 떠나 버리거나 서운하다고 악한 모습으로 변화한다면 그것은 불보살이 아니라 마의 화작이다.

海東疏 此中定譬於磨 本猶於打 智慧觀察類以火燒 以此三驗 邪正

可知也

이 중에서 定은 갊에 비유되고 本은 두드림에 비유되며 지혜관찰은 불로 태우는 것에 비유된다. 이 세 가지 시험으로 사와 정을 가히 알 수가 있다.

참선하는 중에 나타나는 천인과 보살, 그리고 부처님은 과연 진짜인 것인가. 아니면 가짜인 것인가. 진짜라면 수행자의 선근에 의해 나타나는 것이지만 가짜라면 魔가 조작해서 나타낸 허위의 모습들이다.

그 가짜를 보고 감동해 엎드린다면 본인은 물론 신도들까지 완전 지옥으로 끌어간다. 그러므로 정말 조심해야 하고 정말 경계해야 하는 문제다.

그것이 진짜인지 가짜인지를 가려보는 것은 금을 확인할 때 갈아보고 두드려보고 태워보는 것처럼 선정으로 지켜보고 하던 대로 하며 마지막에 지혜로 관찰하는 것이라고 성사는 정리를 해 주셨다.

海東疏 問 若魔能令我心得定 定之邪正 如何簡別

묻겠다. 만약에 마가 능히 내 마음으로 하여금 선정을 얻게 한다면 그 定이 사인지 정인지 어떻게 간별할 수 있는가?

이것 또한 심히 걱정되는 부분이다. 魔는 언제나 수행자를 꺾으려고 한다. 그것이 마가 하는 일이다고 했다.

그러다보니 마는 항상 수행자를 파멸시키려 엿보고 있다. 그러다가 수행자 하나가 선정을 얻기 위하여 참선을 한다. 마는 먼저 그를 탐색한다. 이 스님이 제대로 참선을 하겠는지 못하겠는지를 주의 깊게 살펴본다. 거기서 이 스님이 보통이 아니라고 판단되면 바로 행동에 옮긴다.

그것은 마치 연가시가 숙주의 몸에 들어가기 위해 기회를 엿보는 것과 같다. 연가시가 숙주의 몸에 들어가도 숙주는 모른다. 숙주는 뭔가가 불편하다고 느끼지만 자체적으로는 알 수가 없다. 그러다가 연가시에 의해 죽는다.

海東疏 解云　此處微細　甚難可知
답해주겠다. 이 문제는 미세해서 정말 가히 알기가 어렵다.

연가시의 알은 오직 육식곤충의 몸에서만 부화를 하고 기생을 한다. 마찬가지로 마는 오직 정진하는 수행자들만 선택해 기생한다.

연가시가 성충이 되면 숙주의 몸에서 빠져나와 수생곤충으로 탈바꿈한다. 魔도 자기 할 일을 다 마치면 숙주의 몸에서 빠져나와 또다른 숙주를 찾아 나선다.

숙주를 파괴하면 거기에 더 이상 있어야 할 일이 없기에 그렇다. 그러면 뒤도 돌아보지 않고 냉정하게 떠난다. 그때 그 숙주가 이미 점쟁이가 되어 있다면 이렇게 말한다. 왜 요즈음은 내 점괘가 잘 안맞는지 모르겠다고 한다.

그처럼 마가 나에게 들어와 선정을 도와주면 그것이 내가 한 것인지 마가 한 것인지 참말로 구별하기가 어렵다는 것이다.

且依先賢之說 略示邪正之歧 依如前說九種心住門次第修
習 至第九時

먼저 선현의 말씀에 의해 간략히 사정의 갈림길을 제시해 주겠다.
앞에 말한 9종심주문에 의하여 차례대로 수습해 구종심주에 다다르게
되면

   성사가 당신의 의견을 내놓지 않고 선현들의 말씀을 기준으로 내
세운 것은 아무래도 그때 당시의 민심인 것 같다.

   그때의 민심은 성사보다 당나라로 유학을 다녀온 스님들의 말을
더 잘 듣는 풍조였기 때문에 그분의 직접적인 의견보다는 선현들의
말씀이 더 공신력을 얻을 수 있을 것 같아서였다.

   아쉽지만 성사가 인용하신 선현은 누구인지는 확실치가 않다. 우
리가 찾아내어야 할 숙제다.

覺其支體運運而動 當動之時 卽覺其身如雲如影 若有若無

사지와 몸체가 공중에 뜬 것처럼 움직인다. 그렇게 움직일 때에 곧
그 몸이 구름 같고 그림자와 같아서 있는 듯하면서도 없는 듯하다.

   아시다시피 이 魔에 대한 해설은 **기신론** 원문으로도 충분하리만
치 잘 설명되어져 있다. 그렇기에 **기신론** 강의를 하는 분들은 거의
다 **해동소**를 따로 언급하지 않고 원문만으로 끝을 낸다.

   해동소를 보면 성사의 자상함이 그대로 드러난다. 왜냐하면 **기신
론** 원문보다 거의 네 배나 많은 분량으로 이 내용을 부연설명하고

있기 때문이다.

문수사리정률경에서 온갖 사견이라는 것은 괴로움에 이르는 문이고 정견이라는 것은 안온에 머무는 문이다고 하셨다. 성사는 말세의 수행자들이 혹 마로 인한 사견으로 큰 괴로움을 당하면 어떻게 하나 하고 걱정이 앞서셨을 것 같다. 그분의 자애로운 마음씨에 다시 고개가 숙여진다.

진짜 사견에 빠지면 큰일 난다. 잘못하다가는 수행은 물론 인생 자체가 다 망가진다. 그러므로 선정 가운데 일어나는 상태를 잘 관찰해 보아야 한다.

어쨌든 수행자는 심일경성에 도달하기 위해서 구종심주를 닦는다. 그 과정에서 팔다리와 몸체가 공중에 붕 뜨는 느낌이 온다. 그렇게 뜰 때 온몸이 구름같이 가볍고 그림자처럼 걸림이 없어진다. 나我라는 형상이 있지만 느낌은 새털처럼 가벼워서 없는 듯하다는 것이다.

海東疏 或從上發 或從下發 或種腰發 微微偏身 動觸發時 功德無量
그 느낌은 위로부터 오기도 하고 아래로부터 오기도 하며 혹은 허리에서 와 잔잔하게 온몸으로 퍼진다. 그런 느낌이 일어나면 공덕이 무량해진다.

느낌은 공중에 뜨는 것 같은 기분이다. 그 기분은 머리에서 오는 것 같기도 하고 발로부터 오는 것 같기도 하다.

혹은 중간 부분인 허리에서 오기도 한다. 그러면서 아주 잔잔하게 온몸으로 퍼져나간다.

그런 기분을 느낀다면 수행자는 제대로 된 선정 속에 있다. 그때 그 선정의 공덕은 한량이 없다.

海東疏 略而說之 有十種相 一靜定 二空虛 三光淨 四喜悅 五▲樂

간략하게 말하자면 거기에 열 가지 양상이 있다. 첫째는 정정이고 둘째는 공허며, 셋째는 광정이고 넷째는 희열이다. 다섯째는 아락이고

공중에 뜬 것 같은 기분이 일어날 때 그 느낌은 열 가지 양상으로 나타난다. 첫째는 정정이다. 아주 고요한 선정에 머물러 있는 느낌 이다.

둘째는 공허다. 자신이 완전 허탕하게 텅 비어 있는 것 같다. 셋째 는 광정이다. 자신의 몸에서 청정한 빛이 발산한다. 그 빛은 찬란함 이다.

넷째는 끊임없는 환희와 기쁨이 샘솟아 오르고 다섯째는 즐거움과 흥겨움이 샘솟는다.

海東疏 六善心生起 七知見明了 八無諸累縛 九其心調柔

여섯째는 선심이 일어나고 일곱째는 지견이 명료해지며, 여덟째는 모든 정신적 묶임에서 벗어나고 아홉째는 그 마음이 부드럽고 유연해 진다.

선심이 일어난다는 것은 자비심을 말한다. 지견이 명료해진다는 것은 알고 본 것이 분명해진다는 뜻이다.

9종심주를 닦지 않았을 때는 기억력이 너무 흐릿했는데 이 수행을 하게 되면 과거에 보고 들었던 것을 모두 명확하게 기억해 낼 수 있다. 그뿐만 아니라 현재에 보고 듣는 것 또한 명확하게 다 이해하게 된다.

정신적 묶임은 마음속의 장애다. 마음 깊이 남아 있던 안 좋았던 기억들이 모두 없어진다. 그래서 그 마음이 양털처럼 부드러워지고 버들처럼 유연해진다.

海東疏 十境界現前

그리고 열째는 경계가 현전해진다.

경계는 눈앞의 세계다. 겉으로 보기에 몸에 전혀 때가 없어 보여도 온수에 푹 담가놓으면 없던 때가 일어난다. 마찬가지로 전혀 보이지 않은 죄업이지만 선정에 들어가면 묵었던 죄업이 일어난다.

그것을 차례대로 제거해 나아가다 보면 드디어 그 속이 맑고 투명해진다. 그러면 눈앞에 보이는 세계가 청정하게 드러난다. 그것이 현전이다.

海東疏 如是十法 與動俱生 若具分別 則難可盡

이와 같은 열 가지 선법이 움직임과 함께 일어난다. 만약에 자세히 분별할 것 같으면 가히 다 분별하기가 어렵다.

움직임은 팔다리와 몸체가 공중에 뜨는 것 같은 느낌이다. 그때

위에서 말한 열 가지 선법이 계속해서 일어난다는 것이다.

그런 느낌들을 다 말하자면 끝이 없지마는 대충 크게 오는 느낌은 위와 같이 열 가지 정도가 있다는 말씀이다.

海東疏 此事旣過 復有餘觸次第第而發

이 일이 지나고 나면 다시 여촉이 차례대로 일어난다.

어떤 일이 요동치면 그 일로 인해 잔여기운이 따라 일어나기 마련이다. 그 잔여기운이 지진이었을 때는 여진이라고 하고 구종심주에서 십선법으로 보면 여촉이라고 한다.

그러니까 십선법이 일어남과 동시에 그 기운이 퍼지는 작용을 여촉이라고 하는 것이다.

海東疏 言餘觸者 略有八種 一動 二痒 三涼 四暖 五輕 六重 七澁 八滑

여촉은 간략하게 8종이 있다. 움직임 가려움 서늘함 따뜻함 가벼움 진중함 껄끄러움 매끄러움이다.

이 여촉은 십선법이 일어날 때를 말하는 것이다. 참선을 한다고 그냥 앉아 있을 때 이 중 한두 개가 일어나서 사라졌다고 해서 여촉이 되는 것은 아니다.

이 여촉은 조건이 내 몸체가 구름처럼 공중으로 둥둥 떠오를 때에 따라 일어나는 특별한 느낌이기 때문에 그것이 없다면 그저 간단히

328

피부의 자각에 그친다는 것을 알아야 한다.

사실 선정에 들어가고자 자세를 잡고 나면 바로 반응이 오는 것이 가려움이다. 그냥 있을 때는 그렇지 않는데 그때가 되면 온 몸이 가려워진다. 하다못해 코끝까지 가렵다. 이런 느낌들은 여기서 말하는 여촉이 아니다.

海東疏 然此八觸 未必具起 或有但發二三觸者 發時亦無定次

이 8종의 여촉이 반드시 함께 일어나는 것은 아니다. 어떤 때는 다만 두세 개 정도만 일어난다. 일어날 때에도 또한 일정한 차례가 없다.

여촉은 한꺼번에 일어나는 것은 아니다. 한꺼번에 같이 일어나면 도리어 정신이 산만해진다.

그렇기에 하나가 일어났다가 사라지면 또 하나가 일어나든가 아니면 두 가지나 두세 개가 섞이어 일어난다. 물론 위에서 나열한 순서대로 일어나지는 않는다. 그래서 일정한 차례가 없다고 하였다.

海東疏 然多初發動觸 此是依麤顯正定相

그러나 다분히 처음에는 동촉을 일으킨다. 이것은 추에 의하여 정정상을 나타내기에 그렇다.

그러나 통상 시작할 때는 움직임으로부터 시작한다. 움직임은 모든 느낌의 기본이며 시작점이기 때문이다. 그래서 추에 의한다고 하였다.

추는 거침이다. 거침의 동작에서 차례차례 부드러운 상태로 들어
가기 때문에 추로부터 정정의 모습을 나타낸다고 하였다. 여기까지
가 정정에 대한 해설이다. 정정은 올바른 선정이다.

海東疏 次辦邪相 邪相略出十雙 一增減 二定亂 三空有 四明闇
다음에는 사상을 판별한다. 사상에는 간략이 열 개의 짝이 나온다.
첫째는 증감이고 둘째는 정란이며 셋째는 공유고 넷째는 명암이다.

사상은 삿된 모습이다. 즉 魔가 내 안에 들어와 작용하는 움직임이
다. 이것은 나의 선정이 아니다. 마에 의해 위작된 선정이다.
거기에는 앞에서 말한 희열과 같이 짝이 균등하지 않다. 모두 다
반대로 되어 있다. 증감도 반대고 定亂도 반대다. 다 그런 형식으로
반대의 짝으로 나타난다.

海東疏 五憂喜 六苦樂 七善惡 八愚智 九脫縛 十强柔.
다섯째는 우희고 여섯째는 고락이며 일곱째는 선악이다. 여덟째는
우지고 아홉째는 탈박이며 열째는 강유다.

선정에 있어서 가장 중요한 것은 선의 메뉴얼이다. 그것은 선의
지침이기 때문에 그렇다. 그러므로 그것을 따르지 않으면 위험하다.
군인은 공격만 하는 것이 아니다. 방어할 때는 효과적으로 방어를
해야 한다. 그러므로 적의 전략과 전술을 다 파악해야 이긴다. 그렇
지 않으면 패한다. 그러면 갖고 있던 모든 군수물자와 보유재산을

다 뺏긴다.

선정을 공격하는 魔도 마찬가지다. 그래서 魔의 세력과 침범루트를 정확히 알고 있어야 한다. 그렇지 않으면 마에게 당한다. 그러면 자기가 갖고 있던 일체의 공덕을 다 털리게 된다.

들어봤을 것이다. 많은 사람들이 참선이나 기도를 할 때 나타난 부처와 보살들에 대한 이야기를. 그들은 그 경험담을 자랑한다. 그리고 또 그런 경험을 얻으려고 무진 애를 쓰고 있다. 하지만 魔는 다시 그들에게 나타나지 않는다. 애를 태워 신심이 지쳐 쓰러지도록 한다.

海東疏 一增減者 如動觸發時 或身動手起 脚亦隨動
첫째. 증감은 움직이는 느낌이 일어날 때 몸을 움직이고 손을 내젓는다. 다리 또한 따라서 요동한다.

增減 중에 먼저 增증의 상태를 말한다. 진여삼매에 도달하기 위해 9종심주를 닦아 올라가면 몸에 움직이는 느낌이 있다.

먼저 외적 움직임이다. 그 느낌이 강해지면 전신이 요동한다. 자기도 모르게 신체가 흥분된다. 그러면 허공에다 손을 막 내젓고 다리도 들썩댄다. 이런 경우는 사원보다도 교회에서 흔히 보인다.

그러다 정신을 차리고 나면 멀쩡하다. 본인은 전혀 기억이 나지 않는다고 한다. 그러니까 자신은 모른다고 한다.

海東疏 外人見其兀兀如睡 或如著鬼 身手足紛動 此爲增相
다른 사람이 그를 보면 올올하게 잠을 자는 것 같다. 혹은 귀신에게 잡혀서 몸과 수족이 어지럽게 요동치기도 한다. 그것을 증의 상태라고 한다.

또 다른 면은 정신적인 작용이다. 그것은 안에서 일어나는 요동이다. 그래서 다른 사람들은 전혀 눈치를 못 챈다. 꿈속에서 아무리 달리고 소리쳐도 다른 사람은 모른다. 그것은 철저하게 내부적인 요동이기에 그렇다.

밖에서 보면 꼿꼿하고 조용하게 앉아 있어서 꼭 잠을 자는 것 같다. 그런데 본인은 정작 마에게 잡혀서 죽어라고 버둥대고 있다. 그것은 남은 모른다는 것이다. 그것이 增의 과실에 빠진 상태다.

海東疏 若其動觸發時 若上若下 未及徧身 卽便壞滅

움직이는 느낌이 일어날 때 올라가기도 하고 내려가기도 하지만 몸 전체에는 퍼지지 않고 곧 없어져 버린다.

그 느낌이 어떤 때는 올라가는 듯하다가 내려온다. 내려오는 듯하다가 다시 올라간다. 신들린 사람들이 뛰는 이유가 여기에 있다. 이런 기운이 그들을 뛰게 만드는 것이다. 그러다 그 기분이 전신에 퍼지지 않고 곧 소멸되어 버린다.

즉 느낌은 일어나는데 퍼지지 않고 오르락내리락거리기만 하는 것이다. 전신에 고루 퍼져야 하는데 그렇지 않다. 퍼지기 전에 없어져 버린다. 퍼진다는 말은 안정되게 가라앉는다는 말이다. 그 이치는 邪定은 불처럼 상하작용을 하고 正定은 물처럼 수평작용을 하기에 그렇다.

海東疏 因此都失境界之相 坐時蕭索 無法持身 此爲減相

이로 인해 모든 경계의 모습을 잃게 된다. 앉아 있으면 쓸쓸하고 공허하다. 내용은 없고 몸만 앉아 있다. 이것이 감의 모습이다.

움직이는 돌에는 이끼가 끼지 않는다. 느낌이 상하로만 움직이다 보니 안정이 되지 않는다. 그러면 공덕이 깃들지 않는다.

누가 이런 경험을 했다. 자기 몸에서 사리가 줄줄 쏟아지더라는 것이다. 너무 놀라고 신기해서 옆에 사람에게 말했더니 미친 사람처럼 대하더라는 것이다. 자기만 헛것을 본 것이다.

문제는 그게 다라는 거다. 그 다음부터는 전혀 그런 일이 안 생긴다는 것이다. 한 번 더 그런 모습을 보고 싶은데 아예 그런 징후가 없다고 한다. 이제는 하염없이 쓸쓸하고 공허한 기분으로 그냥 앉아 있는 것이다. 거기에는 맑은 정신이 없다. 마가 혼을 빼버린 것이다. 그것이 減감의 과실에 빠진 모습이다.

海東疏 二定亂者 動觸發時 識心及身 爲定所縛 不得自在

둘째. 정란은 움직이는 느낌이 일어날 때 식심과 몸이 선정에 얽매어 자재하지 못한다.

지금 여기서는 魔가 수행자에게 선정을 얻게 하는 경우를 설명하고 있다. 그러니까 선정은 수행자가 하지만 그 선정은 마가 조종한다는 것이다.

　일단 수행자가 진여삼매나 9종심주를 수행하면 자체적인 선정의
힘으로 움직이는 느낌이 일어난다. 그런데 마가 그냥 두지 않는다.
마는 수행자의 식심과 몸을 선정에 묶어 버린다.

海東疏 或復因此便入邪定　乃至七日　此是定過
가끔 이로 인해 삿된 선정에 들어 7일까지 가기도 한다. 그것이 정의
과실이다.

　그러면 식심과 몸의 느낌이 없어진다. 식심은 의식작용과 마음이
다. 거기다 몸까지 선정에다 꼼짝없이 묶어 버리니 완전 바위처럼
묵묵하고 묵직하기만 하다.

　그런 상태가 일주일까지도 간다. 가끔가다 기도나 참선할 때 자기
도 모르게 일주일이 후딱 가버리더라는 소리를 들을 때는 이 定의
과실에 빠져 있었구나 라고 생각하면 된다.

海東疏 若動觸發時　心意亂擧　緣餘異境　此爲亂過也
움직이는 느낌이 일어날 때 마음과 의식이 어지럽게 일어나 다른
이상한 경계를 반연한다면 이것은 난의 과실이다.

　반대로 참선하기 위해 선원에 들어간 사람이거나 기도하기 위하여
법당에 들어간 사람이 틈만 나면 세상의 일에 다 참견한다.
　도대체 저 사람은 뭐 하기 위해 여기에 와 있는지 모르겠다 할 정

334

도로 정치나 사회에 미주알고주알 다 관여하는 사람이 이 亂의 허물에 빠진 자들이다.

  그러니까 마가 수행자를 바보로 만들면 定의 과실이 되고 수행자를 떠버리로 만들면 亂란의 과실이 되는 것이다.

海東疏 三空有者 觸發之時 都不見身 謂證空定 是爲空過
셋째. 공유는 느낌이 일어날 때 자기 몸이 온전히 보이지 않는다. 그래서 공정을 증득했다고 하는데 그것은 공의 과실이 된다.

  느낌이 일어나는 것은 대승의 작용이다. 그런데 거기다 魔가 空으로 작용해 버리면 자신이 완전 공해진 것처럼 느낀다. 그래서 자신의 몸이 텅 비어 보이지 않는다.

  그때 자신이 공의 선정을 터득했다고 여긴다. 그렇게 자랑하는 어떤 스님을 보았다. 참선을 하고 있는데 자신과 세상이 완전 텅 비어 버리더라는 것이다. 안된 일이지만 그 사람은 그때 空의 과실에 빠진 것이다.

海東疏 若觸發時 覺身堅實 猶如木石 是爲有過也
느낌이 일어날 때 자신의 몸이 견실해서 마치 목석과 같다고 느껴진다면 그것은 유의 과실이 된다.

  空의 과실은 자신의 몸이 없어져 버리는 것이고 有의 과실은 반대로 자신의 몸이 견고하게 되는 것을 말한다. 그것은 마치 나무와 돌처럼 굳어서 마음대로 움직이지를 못한다.

기도를 하다가 갑자기 사지가 굳어 꼼짝할 수 없다면서 엉엉 우는 사람을 본 적이 있을 것이다. 그런 사람은 바로 이런 有의 과실에 빠진 자다.

海東疏 四明闇者 觸發之時 見外種種光色 乃至日月星辰 是爲明過

넷째. 명암은 느낌이 일어날 때 외부의 온갖 광색에 이어 일월성신을 보는 것을 명의 허물이라고 한다.

한번이라도 제대로 참선이나 기도를 했던 사람이라면 이런 서상을 봤을 것이다. 아니면 이렇게 말하는 사람을 봤을 것이다.

이런 경우는 많은 사람이 경험한다. 기도를 하는데 법당이 온갖 광명으로 넘쳐난다. 그 중앙에 부처님이 계시는데 그 모든 빛들이 다 부처님의 옥호에서 비롯되더라 하면서 흥분한다.

어떤 사람은 참선을 하는데 태양이나 북두칠성이 자기에게 환한 빛을 놓으면서 점점 다가오더라 하는 사람도 있다. 이런 사람들은 다 明의 과실에 덮어 씌운 자들이다.

海東疏 若觸發時 身心闇昧 如入闇室 是爲闇過也

느낌이 일어날 때에 신심이 어둡고 어두워져 마치 암실에 들어간 것 같다. 그러면 암의 과실이 된다.

또 어떤 사람은 말한다. 기도를 하는데 갑자기 앞이 캄캄하더라는 것이다. 소나기가 오려고 먹구름이 끼나 싶었는데 갑자기 칠흑같이 어두워지더라는 것이다.

얼마나 캄캄한지 마치 옛날 사진관 암실과도 같더라고 호들갑을 떨기도 한다. 그 사람은 뭐 대단한 경험이라도 한 것처럼 떠벌리지만 사실은 그때 闇암의 과실에 빠진 것이다.

海東疏 五憂喜者 觸發之時 其心熱惱燋悴不悅 是爲憂失

다섯째. 우희는 느낌이 일어날 때 그 마음이 번뇌에 타고 초췌해서 기쁘지 않으면 그것은 우의 과실이 된다.

근심에 가득 찬 모습으로 참선이나 기도하는 사람을 보았을 것이다. 무슨 고뇌가 있는지 수심에 잔뜩 젖어 파리한 얼굴을 하고 있다. 그런 사람들은 동료들의 수행 맥까지 빼버린다. 그게 마가 하는 일이다.

혹은 불전에 엎드리기만 하면 눈물이 쏟아진다. 어떤 때는 통곡도 한다. 부처님이 뭘 그렇게 서운히 대했는지 그냥 서러움으로 펑펑 울기도 한다. 이런 사람들은 憂우의 과실에 빠진 것이다.

"꼭 이런 걸 배워야 합니까?"
"고통을 아는 자만이 안락을 찾습니다."

海東疏 若觸發時 心大踊悅 不能自安 是爲喜失也

느낌이 일어날 때에 마음이 뛸 듯이 크게 기뻐서 스스로 안정을 못 찾으면 이것은 희의 과실이 된다.

반대로 선원과 법당에서 갑자기 웃는 사람이 있다. 뜬금없이 허실 허실 웃기도 한다. 그럴 때 선배들이 꼭 한마디씩 한다. 쪼개지 마라고. 난 이 말을 듣고 진짜 많이 웃었다. 얼굴을 쪼갠다는 표현이 너무 재미있어서다.

무엇이 그를 기쁘게 하는지 언제나 희희낙락이다. 어떤 때는 덩실덩실 춤을 추기도 하고 크게 소리 내어 염불을 하기도 한다. 좀 조용히 하라고 해도 온전한 정신을 차리지 못한다. 그런 사람들은 喜희의 과실에 빠진 자들이다.

_{海東疏} 六苦樂者 觸發之時 覺身支體處處痛惱是爲苦失

여섯째. 고락은 느낌이 일어날 때에 몸의 지체 곳곳이 아프다면 고의 과실이 된다.

가만히 있다가도 수행만 하면 몸이 아프다는 사람이 있다. 잘 놀다가도 절에 가는 시간이 다가오면 머리가 아프다는 사람도 있다. 그런 사람은 숙세의 죄업이 그렇게 하는 것이지 마가 그렇게 행사하는 것은 아니다.

마는 복 없는 자들은 건드리지 않는다. 파리도 단 것에만 달려들지 쓴 것에는 달려들지 않는다. 마찬가지로 마는 죄업으로 살아가는 자에게는 달려들지 않는다. 이미 그들은 마의 짓을 하고 있기 때문에 새삼스럽게 마로 만들 필요가 없어서 그렇다.

그래서 마는 복을 갖고 다부지게 수행하는 자에게 병을 준다. 온 전신이 아프도록 한다. 여기를 치료하면 저기를 아프게 만들고 저기를 낮게 하면 여기에 고장이 나도록 한다. 결코 가만두지를 않는다. 그래서 마에 걸린 수행자는 언제나 비실거린다. 그것이 苦의 과실이다.

海東疏 若觸發時 知大快樂 貪著纏縛 是爲樂失也

느낌이 올 때에 크게 쾌락함을 알아 거기에 탐착해 얽매인다면 그것은 락의 과실이 된다.

부양할 가족을 두고 자기만 불교가 좋다고 수행처를 찾아다니는 사람이 있다. 집에서는 양식 걱정과 앞날 걱정이 태산인데 자기 혼자만 법열에 젖어 사는 사람을 두고 한 말이다.

그는 언제나 행복하다고 한다. 무슨 장애를 만나도 행복하다고 하고 누구를 만나도 기쁨에 젖어 산다고 한다.

그는 魔가 주는 수행의 단맛을 봤다. 그래서 그 단맛으로부터 벗어나지 못한다. 그는 마약 같은 신앙에 빠져 있다. 그의 신앙은 환각제에 취한 것과 같다. 특단의 조치를 취하지 않으면 그의 인생은 파괴된다.

그뿐만 아니라 그의 가족에게도 버림을 받는다. 그의 가족은 불교라는 데 대하여 신물을 낸다. 그래서 평생 불교와 담을 쌓고 산다. 그것을 정확히 마가 원하였다. 그런 그는 마에 의해 樂의 과실에 빠진 것이다.

海東疏 七善惡者 觸發之時 念外散善 破壞三昧 是爲善失

일곱째. 선악은 느낌이 일어날 때 밖의 산선을 생각해 삼매를 파괴한다면 그것은 선의 과실이 된다.

참선한다는 사람이 무단히 빈민구제나 그린피스 같은 단체에 관심을 가지고 시내로 쫓아다닌다. 보살은 중생제도를 해야 한다는 명분으로 선업부터 지어야 한다고 한다.

참선은 선업을 짓고 난 뒤에 하는 것이지 참선을 하고 난 뒤에 선업을 짓는 것은 순서적으로 맞지를 않다.

매의경에 세상천지가 가득하도록 외적불사를 하는 것보다 잠깐이라도 선정에 드는 복덕이 더 크다고 하셨는데 마에 씌면 그런 말씀이 가슴에 들어오지 않는다. 그런 자들은 善의 과실에 빠진 것이다.

海東疏 若觸發時　無慚愧等諸惡心生　是惡失也

느낌이 일어나는 때에 참괴 등이 없이 모든 악한 마음이 일어난다면 그것은 악의 과실이 된다.

참괴는 사람에게 부끄러워하고 귀신에게 부끄러워한다는 말이다. 慚이라는 한자는 마음 옆에 벨 참 자다. 그러니까 칼로써 자기 마음을 벤다는 뜻이다. 얼마나 아프고 쓰리겠는가.

하지만 수행자는 반드시 이 과정을 거쳐야 한다. 그렇지 않으면 진전이 없다. 왜냐하면 뭔가가 크게 잘못되었다는 전제가 있어야 새로운 방법을 찾게 될 것이니까 그렇다.

그렇지 않으면 계속적으로 마에 의해 참괴해야 되는 악행을 저지른다. 그런 사람은 惡의 과실에 빠진 것이다.

海東疏 八愚智者 觸發之時 心識迷惑 無所覺了 是爲愚失
여덟째. 우지는 느낌이 일어날 때에 심식이 미혹해서 무엇인지 정확히
모르면 우의 과실이 된다.

일생을 참선했다는 사람이 멍청하기가 이루 말할 수 없는 사람을
보았을 것이다. 벽창호와 같이 말이 통하지 않는다. 참선을 하면 의
식이 맑아져 세상을 꿰뚫어보는 통찰력이 생긴다고 하는데 이런 사
람은 완전히 바보가 되어 있다.
모르는 세상 사람들은 그런 스님을 보고 순진부처라고 하거나 자
연도인이라고 한다. 하지만 그런 사람들은 마가 愚의 과실에 빠뜨린
사람들이다.

海東疏 若觸發時 知見明利 心生邪覺 是爲智失也
느낌이 일어나는 때에 지견이 명리해서 사각의 마음을 낸다면 지의
과실이 된다.

지견은 정확히 보고 명확히 아는 것이다. 명리는 분명하고 날카로
움이다. 그러니까 세상의 사물이나 사태를 분명하게 보고 날카롭게
판단하는 것이다.
사각은 악각이라고도 한다. 삿된 깨달음이고 악한 통찰력이다. 지
견명리와 사각이 함께하면 사악한 행동이 나온다. 잘 나가다가 잘못

되는 수행자가 이런 사각을 갖고 있다.

사각을 가진 자는 정말 똑똑하다. 그러나 그것이 나쁜 쪽으로 머리가 잘 돌아간다는 데 문제가 있다. 그런 스님들이 더러 있다. 주로 세속의 명리와 이익에 천재성을 발휘하는 자들이다. 그는 魔에 의해 智의 과실에 빠진 것이다.

[海東疏] 九縛脫者 或有五蓋 及諸煩惱 覆障心識 是爲縛失

아홉째. 박탈이라는 것은 혹 5개나 일체 번뇌가 심식을 덮어 장애하는 것이니 이것을 박의 과실이라고 한다.

五개는 마음과 의식을 덮어버리는 다섯 가지의 장애물이다.

魔는 순수한 마음과 깨끗한 의식으로 수행하는 수행자를 오개로 덮어 버린다. 완전히 덮이면 개dog가 된다. 개의 어원이 여기에 있다.

1. 貪慾개. 오욕에 집착하도록 한다.
2. 瞋恚개. 성질을 내도록 한다.
3. 睡眠개. 시도 때도 없이 잠만 재운다.
4. 悼悔개. 마음을 안정시키지 않는다.
5. 疑法개. 불법을 의심하도록 한다.

이런 장애로 심식은 일체의 번뇌를 일으킨다. 그러면 縛의 과실에 빠진다. 그것이 마가 하는 일이다. 박은 얽힐 박 자다.

海東疏 或謂證空得果 生增上慢 是爲脫失也

이를테면 공을 증득해서 과를 얻었다 하면서 증상만을 일으킨다. 그것은 탈의 과실이다.

　어떤 사람은 空 도리를 증득했다고 한다. 空 도리는 세상과 내가 공하다는 이치다. 공 도리를 증득했다면 나와 남이 없다. 증득한 자도 없고 증득될 것도 없다. 잘난 사람도 없고 못난 사람도 없다.
　그런데도 상대방을 얕보고 자기가 잘났다고 한다. 그는 수행에 반드시 없애야 할 증상만을 일으키고 있다. 空과는 전혀 이치에 맞지를 않다. 그것은 마가 그렇게 시키는 것이다. 그런 사람은 脫의 과실에 빠진 것이다.

海東疏 十强柔者 觸發之時 其身剛强 猶如瓦石 難可迴轉 是爲强失

열째, 강유는 느낌이 일어날 때 그 몸이 단단하게 굳어져서 마치 와석과 같아진다. 그러면 몸을 틀지도 못하게 된다. 그것은 강의 과실이다.

　참선을 하면 마음은 물론 몸이 유연해진다. 그런데 그 마음과 몸이 기와나 돌덩이처럼 굳어져 간다면 그 참선은 문제가 있다.
　그것은 마음을 조련하는 것이 아니라 몸을 절구통으로 만드는 수련을 한 것이다. 참선을 잘만 하면 마음은 유연해지고 몸은 혈행이 원활해져 전신을 윤활하게 한다.
　그런데 마음은 고집스럽게 되고 몸은 굳어져서 앞뒤로 숙이거나 좌우로 흔들지 못할 정도면 그것은 확실히 마로 인해 强의 과실에 빠진 것이다.

若觸發時 心志輭弱 易可敗壞 猶如輭渥 不堪爲器 是爲柔失也

느낌이 일어날 때 마음의 의지가 연약해서 쉽게 패하고 무너지는 것이 연약과 같다. 그래서 감히 그릇이 되지 못하니 그것은 유의 과실이 된다.

　반대로 참선하는 마음이 옹골차지 못하고 연하고 약하기만 해 자 주자주 방선해 버리는 수가 있다. 그러면 굽다 만 질그릇처럼 그릇이 만들어지지 않는다.

　세상의 그릇은 물건을 담고 마음의 그릇은 선정을 담아야 하는데 그런 기능을 하지 못한다. 조금만 참선했다고 하면 아주 며칠씩 드러 눕는다.

　즉 魔가 참선하는 근기를 허물어 버리는 것이다. 그것을 柔의 과실 이라고 한다.

此二十種邪定之法 隨其所發 若不識別 心生愛著 因或失心 狂亂

이 스무 가지 삿된 선정의 법이 조건에 따라 일어나는데 그것을 식별하 지 못하고 마음으로 애착을 내게 되면 그로 인해 자기 마음을 잃고 미쳐 버린다.

　복 없는 사람은 참선방에 앉아 있어도 진전이 없다. 매양 그대로 다. 아까운 시간만 죽인다. 죄를 지은 죄수는 감방에서 시간을 보내면 자유를 얻지마는 복 없는 참선자는 선원에서 세월이 지나도 아무런 보상이 없다.

복 없는 자에게 일어나는 이런 20개의 삿된 선정은 안 한 거보다 더 못하다. 잘못하다가는 혹 떼러 갔다가 혹을 더 붙여올 수 있다. 그러니 삼가 조심해야 한다.

뭔가를 이루겠다는 그들의 용씀이 하도 딱하게 보여 좀 모자란 귀신이 작난으로 그들에게 이상한 힘을 줘버리면 그들은 도통했다면서 미쳐 날뛰게 된다. 아니면 이런 삿된 선정이 있는 줄도 모르고 무조건 선정을 얻으려 하다가 도리어 마의 사술에 걸려 비참한 최후를 맞이하기도 한다.

또한 까딱 잘못해 그것이 진짜의 선정이라고 믿는 날에는 실성해서 돌아버릴 수도 있다. 정신이 샐쭉해져 버리는 것이다.

海東疏 或哭或笑 或驚漫走 或時自欲投巖赴火

그러면 통곡하기도 하고 혹은 웃기도 하며 혹은 바쁘게 부질없이 돌아다니기도 하고 혹은 스스로 바위에 부딪치거나 불에 들어가기도 하며

아실는지 모르겠다. 미친 사람들은 슬퍼하지 않는다. 울거나 웃는다. 그중에서도 시처를 가리지 않고 웃는 사람들을 보았을 것이다. 다 魔가 그렇게 시키는 것이다.

마는 수행자를 가만두지 않는다고 했다. 큰 볼일도 없으면서 선원

과 시내를 바쁘게 이리저리 왔다 갔다 하는 사람들도 다 魔들이 그렇게 휘두르는 것이다.

마는 말한다. 몸이 죄악의 원천이다. 몸이 웬쑤다. 자신의 육신을 학대하고 괴롭혀야 천상의 세계에 태어나거나 불보살과 교류할 수 있다고 속삭인다.

그 달콤한 유혹에 빠지면 바위에 머리를 찧는다. 그런 자는 늘 멀쩡한 머리에 피떡을 달고 다닌다. 또 불로 자신을 학대한다. 그래서 댄 자국이 전신에 없는 데가 없다. 불쌍한 사람들이다. 그런데도 그들은 불보살이 그렇게 시켜서 한다고 한다.

이런 문제는 보통 신을 믿는 종교집단에서 많이 일어난다. 그 사람들의 기도가 더 절절하고 더 사무쳐서 魔가 쉽게 달라붙기 때문이다.

고행주의자가 왜 자신을 학대하는지 이제 이해할 것이다. 통성기도가 어떻게 일어나는지도 이해하실 것이다. 방언이다 하면서 시부렁거리는 사람들의 정신상태도 다 여기서 기인한다. 그것이 도를 넘으면 신이 시켰다 하면서 애꿎은 절에다 불을 지르고 부모가 마귀로 보여 살해하기도 한다.

海東疏 或時得病 或因致死
혹은 병을 얻기도 하고 혹은 그로 인해 죽음에 이르기도 한다.

魔에게 잡히면 마약에 취한 자들처럼 누구의 말도 듣지 않는다. 그렇게 미치광이처럼 방황하다가 병을 얻는다. 그러면 병원에 다니면서 치료를 받아야 하는데 이상한 치료법을 써서 그것을 고치려 한다.

아함경에 비구야. 병자는 음식을 가려야 한다. 그리고 때에 맞추어 먹어라. 의약을 가까이하고 근심과 성내는 마음을 품지 말고 간호하는 자에게 순종하라고 하셨는데도 그런 말씀을 듣지 않는다.

결국 시기를 놓친다. 아니면 무지한 의료행위로 자신의 목숨을 잃는다. 누구를 원망할 수 없는 가치없는 죽음을 당하고 만다. 슬픈 일이다.

어쨌거나 수행하다 병이 든 스님은 고하를 막론하고 간호해야 한다. 분명히 말하지마는 수행하지 않는 자는 마가 공격하지 않는다. 수행한 자만 마가 공격한다. 그러므로 수행하다 다치거나 이상하게 된 자는 반드시 성심껏 케어해야 한다.

사분율에는 마땅히 병자를 돌보아 주어라. 만약 나를 위할 마음이 있거든 먼저 병자를 위하는 것이 좋다고 하셨다. **아함경**에서는

Whoever, monks, nurses to the sick,
will nurse me.

누구든 비구야. 아픈 자를 보살펴라.
나를 간호하듯이 하라

고 하셨다. 또 있다. **부사의비밀대승경**에서 병든 스님을 보면 약을 주어 치료해야 한다고 하셨다. 어쨌든 공부하다 실성하거나 병이 든 수행자분들은 제 몸처럼 깎듯이 보살펴야 한다. 그분들이 진정 중생계를 살리려다 병을 얻은 천하의 의인들이기 때문이다.

海東疏 又復隨有如是發一邪法　若與九十五種外道鬼神法中一鬼神法相應

이처럼 하나의 사법을 일으킬 경우 95종 외도와 더불어 귀신법 중한 개의 귀신법과 상응하게 된다.

魔의 그물에 걸리면 빠져나오기가 여간 어렵지가 않다. 청소년들이 사나이다운 영웅심에 천지를 모르고 조폭에 가입하는 수가 있다. 정신을 차리고 거기서 빠져나오려 할 때는 그렇게 간단하지가 않다. 거기서 놓아주지를 않는다. 그럴수록 선배들은 더 강압적으로 나쁜 짓을 시킨다.

그처럼 마에 걸리면 외도들이 하는 귀신법을 따라 배운다. 그리고 자기도 모르게 그 귀신법을 행한다. 거기에 취하면 그것이 하나의 삶이 되어 버린다.

그들은 마에 의해 움직인다. 그러므로 인정사정이 없다. 그들은 평생 남의 삶을 파괴하는 짓으로 자기 삶을 산다. 그런데 그것을 모른다. 모르기에 조그만큼도 죄의식을 느끼지 않는다. 양심 같은 것은 아예 없다.

海東疏 而不覺者 即念彼道 行於彼法 因此便入鬼神法門 鬼加其勢

그것을 깨닫지 못하면 이는 곧 저 외도를 생각하고 저 법을 행하는 것이다. 이로 인해 곧 귀신의 법문에 들어가면 귀신들이 함께하려고 힘을 실어 준다.

그것이 얼마나 나쁘고 위험한 일인지를 제대로 깨닫지 못하면 계속해서 그 일을 하게 된다. 이성은 둔감해지고 그와 동시에 나쁜 귀신들은 그와 합세해 그들의 세력을 넓혀간다.

그렇게 세월이 가면 그도 어느덧 유명한 魔의 일원이 되어 다른 수행자들을 괴롭히고 파괴한다. 마치 조폭에게 잡혀간 청소년이 진짜 조폭이 되어 선량한 사람들을 앞장서 괴롭히며 재산을 강탈하는 것과 같다.

魔에게 한번 잡히면 마의 숙주가 되고 서식지가 되고 은둔처가 되며 교두보가 된다. 그들에 의해 파괴된 수행자는 또 다른 수행자를 파괴하는 데 앞장선다. 그렇게 대를 이어 파괴하기 때문에 진실로 경계해야 하는 것이다.

그만큼 마에 의한 사견은 무섭다. 그래서 **십주경**에 사견의 죄는 중생으로 하여금 삼악도에 떨어지게 한다. 설사 인간세계에 태어난다 하더라도 두 가지 나쁜 과보를 받게 된다. 첫째는 항상 사견을 지닌 집안에 태어나고, 둘째는 그 마음이 사악하다고 하셨다.

海東疏 或發諸邪定 及諸辯才
그러면 모든 사정과 모든 변재를 일으키고

魔에 걸리면 입담이 좋아진다. 그래서 변재술을 얻는다고 했다. 변재술은 상대방을 꼼짝 못하게 하는 화술이다. 그런 말솜씨로 사람들의 혼을 빼앗고 재산을 탈취한다.

그런데 나는 왜 이다지 목소리가 좋지 않을까. 전생에 얼마나 많은 사람들을 감언이설로 속였기에 목소리가 이 모양일까. 방송국에서 설법 요청이 올까도 겁난다. 그 정도로 내 목소리 듣는 사람들에게 항상 미안한 마음이 든다. 그런 거 보면 아직 魔에는 안 잡힌 모양이다.

마에 잡혔으면 이런 목소리로 회원들을 가르치지는 않았을 것이다. 저음이고 부드럽고 상냥하고 친절한 목소리로 그들을 상대할 것이다. 그런데 아직도 고음이고 사납고 터프하고 불친절한 목소리를 갖고 있다. 이것만 봐도 마에게 안 잡힌 것만은 틀림없다. 이걸 다행이라고 해야 하나 불행이라고 해야 하나.

다행이라면 마에 잡히지 않을 만큼 선근의 복이 많은 것이고 불행이라면 곧 죽을 인간 건드려서 뭐 하겠나 싶어 내던져 놓았을 것이기 때문이다.

`海東疏` 知世吉凶 神通奇異 現希有事 感動衆人
세상의 길흉을 맞추고 신통과 기이한 행동으로 희유한 일을 나타내어 군중을 감동시킨다.

魔는 수행자에게 별스런 도술을 주면서 세상의 길흉을 점치도록 한다. 그로 인해 수행자는 이상한 신통술을 부리고 유별난 몸짓으로 사람들의 이목을 끌어 당긴다. 어리석은 사람들은 그의 이상한 행색과 언어에 광적인 믿음을 일으킨다.

이름난 예언가나 선지자들은 다 유별난 모습을 가지고 있다. 머리는 장발에다 긴 수염을 달고 있다. 그리고 새하얀 옷이거나 치렁치렁

한 겉옷을 걸치고 있다. 손에는 접이식 부채나 꾸불한 지팡이를 들고 다닌다. 그게 바로 사람들의 이목을 집중시키는 도구다.

스포츠머리에다 넝마를 입고 슬리퍼를 신은 자가 미래에 일어날 일에 대해 예언을 한다고 생각해 보라. 아무도 믿으려 하지 않는다. 그래서 그들은 사람을 유혹하기 위해 외적으로 그런 기이한 치장을 한다.

불교도는 미래를 예언하지 않는다. 그래서 부처님은 하나의 겉옷만을 걸치시고 맨발로 다니셨다. 스님들도 마찬가지다. 모두 다 머리를 깎고 발우를 들고 다녔다. 어디를 봐도 이상한 소리로 사람들을 후려치는 모습은 아니다. 그러기에 부처님은 이런 사도들의 짓거리를 매우 경계하셨다.

그래서 중생이 점쟁이가 되어 많은 사람을 그릇되게 꾀어 재물을 구한다면 이 죄로 말미암아 지옥 속에서 한없는 고통을 받아야 한다. 그리고는 그 여죄로 악업의 몸을 받고 태어나 계속 고통을 받게 된다고 **아함경**은 말씀하시고 있다. 거기뿐 아니다. **사십이장경 현우경 능가경 화엄경**에 다 이렇게 경고하시고 있다.

[海東疏] 世人無知
세상 사람들은 무지해서

무지한 사람은 사도에 빠진다. 가짜는 어느 것이든 때깔 좋고 아름답다. 안 그러면 진짜에 의해 설자리가 없어지기 때문이다. 개옻나무도 그렇고 개나리도 그렇다. 개옻나무만큼 단풍이 예쁜 것도 없고 개나리만큼 앞서는 봄꽃도 없다. 그런데 둘 다 가짜다. 개옻나무를 먹으면 설사를 하고 개나리를 보고 나리蘭라 생각하면 바보다.

邪道와 師道라는 발음은 똑같아도 나아가는 길은 완전히 다르다. 사도에 빠지면 패가망신한다. 그래도 사람들은 사도를 좋아한다. 마치 마약과 도박을 하면 패가망신하는 줄 알면서도 그 길을 따라가는 것과 같다. 그런 길을 가르치는 것이 邪法이다.

正道에 있으면 안락하고 평안하다. 그러나 사람들은 正道에 들어가지 않으려 한다. 사도는 인생을 망치고 정도는 인생을 살리는 길인데도 사람들은 기어이 자신을 망치는 길로 나아간다.

그 이유는 자신의 본성이 그만큼 뒤틀리어져 있다는 것이다. 문제는 그런데도 그것을 모르고 있으니 도리어 그것을 아는 자가 가히 환장한다는 것이다.

海東疏 但見異人 謂是賢聖 深心信伏
그런 특이한 사람을 보고 이분이 현성이구나 하면서 깊은 마음으로 믿고 엎드린다.

지혜로운 사람은 신에 의지하지 않는다. **대지도론** 말씀이다. 그러나 세상 사람들은 무지하고 단순해 신 같은 존재를 믿고 기댄다.

그걸 알고 魔法을 행하는 사이비는 사람을 속인다. 입심 센 몇 명의 사람을 구해 소문을 퍼뜨린다. 사람들은 이상한 모습을 하거나 기괴한 행동을 하는 자에게 필이 꽂히게 되어 있다. 그때 바람잡이가 나서 그들의 혼을 빼앗아버린다.

사이비가 선량한 사람들을 후려치는 코스가 다 이렇다. 사이비 혼자서 사람들을 다 기망하지는 못한다. 반드시 그를 지원하는 세력이 있다. 그 세력들이 보란 듯이 먼저 사이비를 신성시한다. 그리고 소문을 퍼뜨린다.

이분이 바로 그렇게 기다리던 예언가다. 이분이 자씨미륵이고 구세주며 메시아다 하면서 신님이나 스승으로 둔갑시킨다. 그리고 이상한 말투로 사람들의 이목을 끌어당기고 이상한 트릭으로 신통을 보여 사람들을 감동시킨다.

무지한 사람들은 이분이 현자고 성자다 하면서 깊은 신심으로 엎드리며 공양을 올린다. 사이비는 그들에게 무병장수와 재수대통의 축원을 해주고 죽은 조상도 좋은 곳으로 천도해 주겠다며 금전을 갈취한다.

세속의 사기꾼에게 걸리면 돈만 털리지만 사도를 행하는 이런 사이비에게 걸리면 돈은 물론 영혼도 털린다. 사기꾼은 일평생을 망치게 하지만 사이비는 세세생생 고통 속을 헤매도록 하기 때문이다.

이적인 신통은 수행자에게 자연발생적으로 일어나는 일이지 억지로 행해지는 것이 아니다. 그런 것은 우연히 일어나고 저절로 나온다. 마치 꽃이 피면 꽃냄새가 저절로 퍼지고 자연적으로 풍기는 것과 같다.

그러므로 수행자는 일부러 이적을 행하거나 신통을 부리지 않는다. 그런 분들은 무지한 범부들에게 감동을 주거나 찬탄을 받는 것에 대해 관심을 가지고 있지 않기에 그렇다.

然其內心專行鬼法

그러나 그 내심은 오로지 귀신의 법을 행할 뿐이다.

魔에 걸린 자들은 사람들을 현혹한다. 그리고 무지한 사람들에게 자기를 그렇게 만든 불보살을 우상화시킨다.

그들은 사람들의 심리를 잘 알고 있다. 사람들은 근기가 낮아 자신이 직접 고통으로부터 벗어나려고 하지 않고 신이 그들의 고통을 없애줄 것이라는 믿음을 가지고 있다. 그것을 그들은 적극 이용한다.

그러므로 그들은 오로지 자신의 이익과 명예를 위해서 사람들을 도구로 사용한다. 결코 중생들을 위하지는 않는다. 왜냐하면 그들은 귀신의 법을 행하기 때문이다. **아함경** 말씀이다.

Monks. This holy life is lived neither to cheat people
nor for scheming,
nor for profit and favour,
nor with the sake of honour.

스님들이여. 성스러운 삶은
사람들을 속이거나 점성술을 행하거나
이익을 얻으려 하거나 무엇을 요구하거나
명예를 구하는 것이 아니다.

제법집요경에서 역법 천문을 연구한다든가 점치는 일 따위를 설하면 이는 세속적인 비구다고 하셨다. 그리고 계율을 다룰 때도 말했지마는 **불유교경**에서는 비구는 천문이나 사주를 보면 안 된다고 하셨다.

또 있다. **화엄경**에서는 사견을 버리고 바른 도를 따라야 한다. 바른 견해를 닦아서 속이지 말고 아첨하지 말아야 한다고 하셨다.

[海東疏] 當知是人遠離聖道 身壞命終 墮三惡趣

마땅히 알라. 그런 자들은 성도와 멀리 떨어진 자들이다. 그들은 늙어 명이 다하면 삼악취에 떨어진다.

성도는 현자와 성자가 가는 길이다. 현자는 삼현이고 성자는 보살이다. 성도에 오르려고 하는 자들은 그런 사이비 행위를 하면 안 된다. 그러므로 이런 사이비들은 부처와 보살의 길에서 완전히 벗어난 자들이다.

그들은 중생들을 미혹시키고 파멸시킨 죄로 죽으면 삼악취에 떨어진다. 삼악취는 지옥이나 아귀 축생의 세계다. 세속법으로 사기 치면 감방에 가고 출세간법으로 사기 치면 삼악도에 떨어진다.

지금 이 시간에도 보살이니 법사니 하는 자들이 마에 씌어 시처를 가리지 않고 부처님의 이름을 팔면서 얼마나 많은 사법의 만행을 저지르고 있는지 모른다.

그들을 대할 때는 정신을 똑바로 차리고 이성으로 판단해야 한다. 그렇지 않으면 순간 얼간이가 된다. 그러면 피라냐에게 살육이 뜯기듯이 내 모든 것이 어느새 다 뜯겨나가고 만다.

如九十六外道經廣說

그런 말씀은 96외도경에서 자세히 설해 놓으셨다.

　96종 외도는 부처님이 생존해 계실 때 활약을 하던 사이비무리들이다. 숫자적으로는 수백 수천의 외도들이 있었지마는 크게 나눠서 96종으로 분류하셨다.

　그 96종에서 한 무리인 성실론파가 부처님께 귀의하면서 95종이 되었다. 그래서 가끔 95종 외도라고 하기도 한다. 그러니까 **96외도경**은 부처님이 초기에 설하신 경전으로 봐야 한다.

　성사는 부처님이 **96외도경**에서 그런 자들이 저지르는 악행과 사후의 과보에 대해 자세하게 설해 놓으셨다고 하셨다.

海東疏 行者若覺是等邪相 應以前法驗而治之 然於其中亦有是非

수행자가 만약 이런 삿된 모습을 각지하려면 응당히 앞에서 시험하는 법으로 그것을 다스려야 한다. 그러나 거기에 또한 옳고 그름이 있다.

　전제가 있었다. 지금 닦고 있는 참선이 만약 魔가 사역해서 내가 한 것이라면 어떻게 되는가이다.

　그러니까 내가 선정에 든 것이 아니라 마가 나를 선정에 들게 한 것이라면 어떻게 해야 하는가. 또 어떻게 그것을 알아낼 수 있는가이다.

　법은 3법을 말한다. 선정으로 다스리고 본래 하던 수행을 계속하며 지혜로 관찰하는 것을 3법이라고 한다고 했다.

海東疏 何者 若其邪定一向魔作者 用法治之 魔去之後 則都無復毫
氂禪法

무엇이냐 하면 만약 삿된 선정을 한결같이 마가 지었다면 법으로
그것을 다스린다. 마가 떠난 후에는 다시 호리만큼의 선법도 없다.

그 3법으로 魔의 작난을 다스려 마를 쫓아내면 그때 남은 것은
무엇인가. 아무것도 없다. 그것은 마가 한 것이기 때문에 아무런 공
덕이 될 수가 없다는 것이다.

가진 돈이 없다보니 집세를 놓았다. 마약상이 들어왔다. 마약상에
게서 도움을 받아가며 돈을 벌었다. 어느 날 마약상이 사법당국에
잡혀갔다.

그때 나에게 남겨진 돈이 있는 것인가. 아무것도 없다. 다 몰수당
한다. 남은 것은 마약상과 함께 일해 온 몸과 마음의 상처뿐이다.

海東疏 若我得入正定之時 魔入其中現諸邪相者 用法卻之

만약에 내가 정정에 들어가 있을 때 마가 들어와 邪相을 나타낸다면
법으로써 마를 내쫓는다.

우리 집에 이상한 자가 슬그머니 들어왔다. 그런데 내가 좋은 일을
할 때마다 시비를 걸고 태클을 건다. 자비심으로 그냥 두려고 해도
하는 행세가 너무 불손하다. 어떤 때는 거칠고 흉악스럽기도 하다.
도저히 안 되겠다 싶어 쫓아내도 나가질 않는다. 도리어 자기가
주인행세를 하려고 한다. 어쩔 수 없이 법에다 호소를 했다. 3법의

법원에서 그를 조사했다. 심문을 해 보니 그는 불량한 조폭이었다. 그래서 경찰이 와 그를 내쫓았다.

海東疏 魔邪旣滅 則我定心明淨 猶如雲除日顯

마가 지은 사정이 없어지고 나면 내가 지은 정정의 마음은 밝고 깨끗해진다. 마치 구름이 걷히면 해가 나타나는 것과 같다.

조폭의 행세는 끝이 났다. 그가 쓰던 물건들도 완전히 정리되었다. 이제 집안은 조용해졌다.

조폭 같은 魔는 떠나갔다. 그러면 나의 집은 평화와 안락만 있다. 수심과 걱정에 차 있던 나의 마음은 드디어 밝고 시원해진다. 오랫동안 앓던 이가 빠진 것처럼 기분이 청량하고 상쾌하다.

海東疏 若此等相雖似魔作 而用法治猶不去者 當知因自罪障所發

만약에 그 모습이 마가 지은 것 같아서 3법으로 다스렸건만 그것들이 사라지지 않는다면 그것은 자기의 죄장으로 인해 일어난 것이라는 것을 마땅히 알라.

참선을 하면 평소에 어디에 숨어 있었는지 보이지도 않던 수많은 마들이 기상천외한 모습으로 쫓아온다. 조용하던 내 마음이 맹수들의 우리가 되어 요란스럽기만 하다. 어디서 어떻게 선정의 냄새를 맡았는지 희한하게 알고 파리처럼 공격해 오는 것이다.

그때 선정 최고의 무기인 3법으로 그들을 상대해 저 멀리 쫓아내

버린다. 그런데 뭐야 이거. 아직도 도망가지 않고 그냥 눌러 앉아 있다. 그러면서 계속해서 나를 괴롭히고 뇌란케 한다.

그것은 외적인 마가 아니다. 초목에 기생하는 진딧물처럼 내 마음에 붙어 있는 인과의 죄업들이다. 그것이 나의 길을 막는다. 보통 근기가 약한 자들이 그런 죄업에 의해 수행을 하지 못한다. 그것을 제거하는 방법은 다른 데 있다. 그것을 써야 한다.

海東疏 則應勤修大乘懺悔 罪滅之後定當自顯

그때는 응당히 부지런히 대승의 참회를 해야 한다. 죄업이 없어지면 그 후에 선정은 마땅히 자연스레 나타날 것이다.

대승의 참회법은 많다. 경전으로는 대표적으로 **능가경 관보살행법경** 같은 것이 있고 논서로는 **자비도량참법**이나 **대승육정참회**법이 있다. 그것을 쓰면 거친 죄업들은 수그러진다. 그런 죄업들은 내가 身口意로 지은 중죄들이다.

이미 만들어진 남과의 인과는 지울 수 없다. 하지만 내 속에 들어 있는 죄업은 내가 어느 정도 지울 수 있다. 거기에서 일어나는 후회와 회한 같은 거친 죄업의 잔영들은 진정한 참회로써 잠재울 수가 있기에 참회를 우선 하는 것이다.

그런 연후에 참선에 임하면 쉽게 진취한다. 앞에서 참선을 하기 전에는 반드시 참회부터 하고 난 뒤에 해야 된다고 한 말이 바로 이 뜻이다.

원각경에도 이런 말씀이 있다. 만약 말세에 태어난 중생으로서 마음으로 깨달음을 구하고자 하나 그 목적을 달성 못하는 경우는 전생의 업장 때문이다. 그러므로 마땅히 참회에 힘쓰라고 하신 내용이다.

海東疏 此等障相甚微難別 欲求道者不可不知

이와 같은 죄장의 양상들은 심히 미세해서 구별하기가 어렵다. 그렇지만 구도를 하는 자들은 가히 알지 않으면 안 된다.

밖에서 쳐들어 온 마들은 3법으로 쫓아낼 수 있다. 그렇지만 안에서 나를 괴롭히는 죄장의 마들은 그렇게 쉽게 항복하지 않는다.

그것은 내 마음에 콜타르처럼 끈적끈적하게 수많은 세월 동안 단단히 붙어 있어서 그렇다. 잘못 떼어내다가는 내 마음이 상처를 입을 수 있다.

그러므로 그 죄장의 성질을 잘 파악해 조심스럽게 차근차근 제거해야 한다.

그때 스승이 필요하다. 스승은 이미 그런 것들을 다 경험한 분들이다. 그러므로 스승의 도움을 받아야 한다. 그래서 참선에 임하는 자들은 몇 번이나 말했지마는 반드시 스승을 모시고 정진해야 한다고 한 것이다.

海東疏 且止傍論還釋本文

이제 방론은 그만두고 돌아와서 본문을 풀이한다.

본문은 魔의 뇌란이다. 참선을 할 때 마가 어떻게 작용하는지에 대한 것과 그에 맞서 어떻게 싸워 그것들을 퇴치하는가에 대한 문장이다. 범부의 수행에 마는 두 종류였다. 하나는 밖의 마고 또 하나는 내면의 죄업이다고 했다.

그것을 설명하기 위해 성사는 많은 분량의 조언을 방론으로 해주셨다. 그만큼 참선에 임하는 후학들을 걱정하고 염려해 주신 것이라 생각한다.

참고로 자야망갈라jayamangala 가타Gatha에 부처님이 魔를 상대해 승리한 여덟 가지 찬탄송이 있는데 그것을 번역해 싣는다.

첫 번째 마의 공격은 고오타마 싯다르타가 드디어 부처가 되려고 하는 시각에 일어났다. 마왕 파순은 어떻게든 싯다르타가 부처가 되는 것을 막아야 했다.

마왕은 기리멕칼라라는 거대한 검은 코끼리를 타고 나타났다. 그는 세 딸을 데리고 살상의 무기를 든 막강한 마군들을 지휘하며 고오타마를 에워쌌다.

마왕의 노호가 떨어지자 마들은 가공할 무기를 휘두르며 폭풍처럼 달려들었다. 그런데도 부처님은 조용히 앉아 계셨다. 그러면서 그들을 완벽히 누르셨다. 그것은 그분의 자비와 지혜의 힘이었다. 그래서 사람들은 그 승리의 위신력이 자기들에게도 내려지길 기원했다.

우리에게도 그 위대하신 승리가 함께하시길 비옵니다.

두 번째는 악마 중에 악마 알라바카를 제압한 이야기다. 이 악마는 마왕 파순이만큼 악독한 자였다. 성격이 거칠 뿐만 아니라 다혈질이고 거만하기 짝이 없었다.

그는 정말 사납고 독하였다. 끝까지 자신의 살육을 그치지 않으려 하였다. 그래서 하룻밤이 새도록 부처님께 달려들었다. 그도 결국 부처님의 다함없는 인내심과 끝없는 자재심에 굴복하였다. 그래서 사람들은 그 승리의 위신력이 자기들에게도 내려지길 기원했다.

우리에게도 그 위대하신 승리가 함께하시길 비옵니다.

세 번째는 축생의 공격이다. 공격하는 동물은 날라기리라는 술취한 코끼리였다. 코끼리는 부처님을 적으로 생각해 적대감을 드러내며 분노로 달려들었다. 위협적인 상아를 앞세우고 들불 같은 기세와 우레 같은 괴성으로 쫓아오는 코끼리를 부처님은 단번에 제압하셨다.

그분은 맹화를 끄는 폭우처럼 깊은 자비심으로 그의 포악한 성질을 누르셨다. 그래서 사람들은 그 승리의 위신력이 자기들에게도 내려지길 기원했다.

우리에게도 그 위대하신 승리가 함께하시길 비옵니다.

네 번째는 악한 사람의 도전이다. 바로 희대의 살인마 앙굴리마라를 교화하신 위신력이다. 피 묻은 장검을 들고 눈에 보이는 대로 사람들의 손가락을 잘랐다. 반항하면 그 자리에서 거침없이 죽였다.

그는 살인으로 미쳐 있었다. 사바티 전 시내의 사람들은 그 흉포한

살인에 몸서리쳤다. 어미가 그 살상 소식을 듣고 자식을 찾으러 왔다. 그는 서슴없이 그의 어미도 죽이려고 달려갔다.

도저히 그냥 둘 수 없어서 부처님이 막아서셨다. 그리고 그를 항복시켰다. 그는 서슬 퍼런 칼을 떨어뜨리고 맥없이 무릎을 꿇었다. 부처님은 그런 그를 자비로 거두셨다. 그래서 사람들은 그 승리의 위신력이 자기들에게도 내려지길 기원했다.

우리에게도 그 위대하신 승리가 함께하시길 비옵니다.

다섯 번째는 친카라는 여인의 공격이다. 임신을 가장한 친카가 부처님께 나타나서 그분을 모함하였다. 그때 부처님은 많은 사람들에게 설법을 하시던 중이었다.

여인은 만삭의 배를 대중들에게 내보이며 소리쳤다. 당신들의 스승인 부처라는 자가 나를 임신시켰다. 부처는 위선자다 하면서 고래고래 고함을 질렀다. 그러면서 부처는 조금도 자신의 행동에 대해 책임지지 않으려 한다며 눈물로 억울함을 호소했다.

부처님은 여인의 사악한 악담 속에서도 침착함을 잃지 않고 평온하게 앉아 계셨다. 그 광경을 지켜보고 있던 하늘의 범천왕이 도저히 안 되겠다 싶어 벌떡 일어났다. 그리고 배를 감싸고 있던 바구니의 헝겊을 노출시켰다. 그래서 사람들은 그 승리의 위신력이 자기들에게도 내려지길 기원했다.

우리에게도 그 위대하신 승리가 함께하시길 비옵니다.

여섯 번째는 논쟁자의 공격이다. 진리를 모르면서 진리를 설하고 이치를 모르면서 이치를 논하는 자들 중에서 대표적인 자가 있었다. 바로 사까카였다.

그는 부처님 말씀을 깨부수기 위해 추종자 500명을 이끌고 마하바나 수도원에 도착했다. 그리고 부처님이 설하신 삼법인의 말씀에 대해 자신만만하게 도전했다.

그러나 그의 무지는 얼마 가지 않아 박살났다. 태양 같은 부처님의 지혜에 그의 지식은 철저히 허물어졌다. 결국 그는 추종자 500명과 함께 부처님께 무릎을 꿇고 공손하게 귀의했다. 그래서 사람들은 그 승리의 위신력이 자기들에게도 내려지길 기원했다.

우리에게도 그 위대하신 승리가 함께하시길 비옵니다.

일곱 번째는 물과 허공을 지배하는 용왕 난도파난다의 항복이다. 무궁한 신통력과 기상천외한 변화술로 세상을 공포에 떨게 한다는 소문이 부처님께 들어왔다.

나따팔라존자와 바띠야존자에 이어 라훌라존자가 그를 잡아 오겠다고 나섰으나 부처님은 조용하게 계시었다. 그러자 신통제일 목련존자가 나섰다. 부처님은 그때서야 허락하셨다.

아무리 신통이 대단한 목련존자라 하더라도 혼자 보내는 것이 불안하셨던지 부처님도 제자들과 함께 그 뒤를 따라 가셨다. 목련존자와 난도파난다의 싸움은 정말 치열했다. 목련존자가 위험에 처할 때는 부처님의 경고소리와 함께 신통력이 그에게 전해졌다.

마침내 용왕은 목련존자에게 두 손을 들었다. 그리고 그의 발밑에 엎드리면서 제자가 되기를 희망했다. 목련존자는 나 대신 부처님께 귀의하라고 했다. 용왕은 부처님께 귀의하면서 불법과 불법을 따르는 자들을 영원히 보호하겠다고 맹세했다. 그래서 사람들은 그 승리의 위신력이 자기들에게도 내려지길 기원했다.

우리에게도 그 위대하신 승리가 함께하시길 비옵니다.

여덟 번째는 魔에 의해 자기만족에 빠져 있는 자들이었다. 나태에 젖어 자신을 향상하고자 하는 마음이 없는 자들은 마에 묶여 있는 자들이다.

하늘 사람이라도 그 행복에 젖어 자신을 깨닫지 못하면 결국 죽음의 세계에 떨어지고 마는데 항차 지상에서 느끼는 조그마한 행복에 젖어 자신의 미래를 생각하지 않는다면 그 사람들이야말로 진실로 마에 씐 사람들임에 틀림이 없다.

바카브라마가 지난 세상 세 가지 큰 공덕을 지어서 천상의 樂을 즐기듯이 지금 행복을 누리고 있는 지상의 인간들도 다 지난 세상 작으나마 공덕을 지어서 그런 것이다.

이제 그 다음은 어떻게 할 것인가. 魔는 그렇게 생각하는 사람들의 의식을 행복이란 이름으로 마비시켜 버렸다. 그러므로 누구나 다 魔의 그물에 걸려 있다.

그래서 부처님은 이 땅에서 45년 동안 지혜와 자비로 마에 씐 인간들의 나태와 만족을 깨뜨려주셨다. 그래서 현명한 사람들은 그 승리의 위신력이 자기들에게도 내려지길 기원했다.

우리에게도 그 위대하신 승리가 함께하시길 비옵니다.

누구든지 이 여덟 가지 부처님의 승리를 지성으로 읊는다면 모든 불행과 어려움, 내지는 魔의 위험으로부터 벗어날 수 있다고 하셨다.

아직도 남방불교에서 신심이 돈독한 집안의 자녀가 결혼할 때는 이 경전을 읽어서 그들의 앞날에 魔들의 공격이 없도록 기원하는 풍습이 있다.

우리나라에서도 자기 집안과 가족들이 마에게 당하지 않도록 이 경전을 수시로 읽고 우리에게도 그 위대하신 승리가 함께하시길 비옵니다 라고 하는 발원이 있었으면 좋겠다.

이런 항마 내용은 법당 벽화로 좋은 소재거리가 되는데도 아직 어느 법당도 이런 내용을 그린 곳이 없다. 물론 탱화도 마찬가지다. 누가 과감하게 한번 시도해 보는 것도 좋을 것이다.

[海東疏] 上來廣辨魔事差別 以是已下 第二明治

위로부터 오면서 널리 마가 하는 일에 대한 차별을 판별하였다. 이시 이하는 두 번째로 대치를 밝히는 부분이다.

농사를 지으려면 곡식과 잡초를 알아야 한다. 곡식을 모르고 김을 매면 곡식을 뽑는다. 그러므로 육신을 살리려면 곡식과 잡초를 구별해야 한다.

마음을 살리기 위해 선정에 들려면 邪定과 正定을 알아야 한다. 그러려면 이것을 분명히 구별해야 한다. 그래야 마지막에 자신만이 온전하게 남을 수 있다. 그렇지 않으면 魔를 들이고 주인을 내쫓게 된다. 원문에 이시 이하 부분이 있다. 그것은 이제 두 번째로 그 魔에 대한 대치를 밝히는 내용이다.

海東疏 言智慧觀察者 依自隨分所有覺慧 觀諸魔事察而治之 若不觀察

지혜로 관찰하라고 한 말은 자기 분수에 맞게 갖고 있는 각혜로 모든 마의 일들을 보고 살펴서 그것을 대치하라는 것이다. 만약에 관찰하지 못하면

각혜는 두 가지다. 첫째는 배워서 아는 각지다. 이것은 정보를 통해 얻어진다. 그러므로 사람들은 다 자기에 맞는 각혜를 가지고 있다.
사장은 사장대로 각혜가 있고 사원은 사원에 맞는 각혜가 있다. 각혜는 논리적 사고로 시작된다. 그러다 그것이 한계에 부딪히면 명상을 하게 되고 더 나아가 참선을 하게 된다.
둘째는 선정에서 나오는 각지다. 수행자가 이것을 쓰면 각혜가 된다. 그런 각혜는 결국 후득지다. 후득지 없는 수행자는 눈을 감고 길을 가는 것처럼 위험하다. 제대로 수행하면 이 각혜가 번쩍인다. 마치 밤하늘에 별들처럼 성성하게 빛을 놓는다.

海東疏 卽墮邪道 故言勿令墮於邪網 此是如前三種驗中 正爲第三

智慧觀察

곧 사도에 떨어진다. 그러므로 삿된 그물에 떨어지지 말라고 한 것이다. 이것은 앞에 세 가지 시험 가운데 정확히 세 번째인 지혜관찰이다.

魔를 모르면 사도에 떨어진다. 마는 절대로 마 같지 않다. 그러므로 각혜로 꼼꼼하면서도 자세히 살펴보아 어떻게든 마에 걸리지 않도록 해야 한다. 마에 걸리면 천하없어도 자기 힘으로는 빠져나올 수 없다.

왕거미 줄에 걸린 참새는 죽을힘을 다해 요동하면 벗어날 수 있다. 하지만 마의 그물에 걸리면 설령 내가 잡혔다는 것을 알아도 마가 더 이상 쓸모가 없어서 버릴 때까지 어떻게 할 수가 없다. 결코 벗어날 길이 없다.

그때는 오로지 스승만이 그를 구출해 줄 수 있다. 그래서 참선하는 자는 반드시 스승을 모시고 수행해야 한다고 한 것이다.

海東疏 言當勤正念不取不著者 總顯三中前之二法 今於此中大乘止門 唯修理定

마땅히 부지런히 정념으로 불취불착하라고 한 말은 총 세 가지 중 앞에 두 가지 법이다. 이제 그 가운데 대승의 지문에서는 오직 이정만 닦기에

참선에서 正念은 무엇보다도 중요하다. 그것을 앞에서는 正意라고 했다. 정념은 올바른 생각이고 정의는 올바른 뜻이다. 둘 다 작복

이란 같은 목적을 가지고 있다.

정념을 가지면 사념에 무너지지 않는다. 사념은 세속적인 욕망이다. 정념은 거기에서 벗어나 있다. 그러므로 설령 천인과 보살 부처가 보인다 해도 그렇게 꺼뻑 넘어가지 않는다. 그런 모습이 나타난다 해도 취하지도 않고 집착하지도 않는다.

그러므로 참선은 더 이상 구할 것이 없는 자가 한다고 했다. 아니다. 참선은 누구나 다 할 수 있되 선정은 더 이상 구할 것이 없는 자가 얻는다고 해야 옳은 말일 것 같다.

【海東疏】 更無別趣 故初定研 并依本修 更無別法
다시 달리 나아가는 길이 없다. 그러기에 처음에 선정으로 연마하는 것과 본래 닦는 것에 의하는 것이지 그것 외는 방법이 없다는 거다.

장사는 아무나 다 한다. 돈을 벌려고 하면 장사의 세계에 누구든 뛰어들 수 있다. 하지만 소수만이 돈을 번다. 마찬가지로 누구나 다 참선은 한다. 마음을 깨친다는 명분 아래 누구나 참선의 세계에 도전할 수 있다. 그러나 아주 극소수만이 선정에 들 수 있다는 거다.

돈을 못 버는 장사는 안 한 것보다 못하다. 돈만 날리고 손발만 고생한다. 선정에 들지 못하는 참선은 안 한 것보다 못하다. 시간만 날리고 교만만 늘어난다. 거기다 마가 붙으면 정말 재수 옴 붙은 꼴이 된다.

바보가 시장도 살펴보지 않고 막무가내로 장사에 도전하듯이 오늘도 자기 분수도 모르고 무지하게 참선에 도전하는 자들이 있다. 둘

다 백전백패다. 그런 수준으로는 돈도 못 벌고 선정에도 못 든다.

선정의 가시적인 목적은 망념을 조복받는 일이다. 그것이 理定이다. 그 외에 바라는 것은 없다. 설령 관음보살이 천하를 다 주겠다고 해도 꿈쩍하지 않는다.

그러기에 선정의 상태에서 그 어떤 모습이 나타난다고 해도 일단 나하고는 관계가 없다. 그것들은 다 나의 망념에서 나타난 것이므로 나 자체하고는 무관한 일이기에 그렇다.

海東疏 所以今說當依 本修大乘止門正念而住

그래서 지금 마땅히 본래 닦던 대승 지문의 정념에 안주해야 한다고 한 것이다.

대승의 止門은 사마타의 문이다. 사마타는 마음의 정지다. 천인과 보살과 부처들이 나타나면 내 마음이 흔들린다. 비록 그분들이 너무 너무 대단한 분들이라 하더라도 나의 止수행에는 방해가 된다. 이 말을 들어봤는지 모르겠다.

金粉雖貴 落眼成病

금가루가 비록 귀하나 눈에 떨어지면 병을 일으킨다.

그러므로 사마타를 원하는 사람은 그 어떤 형상과 모습에도 동요되어서는 안 된다. 그래서 임제가 말했다. 부처가 보이면 부처를 죽이고 조사가 보이면 조사를 죽여라고.

그렇기에 하던 선정을 흔들림 없이 계속해 나아가고 또 하던 선정을 그대로 닦아나가면 된다 라는 것이다.

海東疏 不取不著者 邪不干正自然退沒

불취불착하지 말라는 것은 사는 정을 범하지 못하므로 자연히 퇴몰한다.

불취불착은 취하지도 말고 집착하지도 말라는 뜻이다. 그 이유는 그냥 가만히 놔둬도 邪定은 正定을 이기지 못한다. 그러면 자연적으로 삿된 모습은 물러나 없어지게 된다.

그런데 그것을 취착해 버리면 邪가 正을 이기게 만드는 꼴이 된다. 이것이야말로 자기의 집착으로 자기가 죽게 되는 경우라고 말할 수 있다.

海東疏 當知若心取著 則棄正而成邪

그러니 마음으로 취착하면 곧 正을 버리고 邪를 이룬다는 것을 마땅히 알아야 한다.

깡촌 아이가 시장에 심부름을 가면 구경할 곳이 많기도 하다. 그것 다 구경하면 제 시간에 맞춰 집으로 돌아갈 수가 없다. 그냥 슬쩍슬쩍 보고 다녀야 하는데 보는 데 정신을 빼앗기면 자기 볼일을 까먹는 수가 있다.

그처럼 참선을 하면 숙세의 죄업으로 인해 온갖 잡념과 경계들이

분분하게 일어난다. 그것들을 다 쫓아다닌다고 마음을 빼앗기면 선정에 들 수가 없다

밤이 되어 사람들이 다 떠나고 나면 뱀장사나 야바위꾼도 시장을 떠난다. 마찬가지로 수행자가 그런 군상들을 거들떠보지 않으면 시간이 지남에 따라 자연적으로 그것들은 다 사라진다.

[海東疏] 若不取著 則因邪而顯正 是知邪正之分 要在著與不著
만약에 취착하지 않으면 사로 인해 정이 드러난다. 그러므로 사와 정의 나뉨은 집착과 집착하지 않음이 중요하다는 것을 알아야 한다.

안개가 걷히면 사물은 드러난다. 안개가 영원히 있을 것 같지마는 햇살에 의해 금방 사라진다. 그러면 갇혀 있던 물상이 뚜렷이 나타난다.

邪定에 의해 正定이 순간 묻힌다. 그 邪定을 불취불착하면 邪는 곧 떠난다. 안개가 햇빛에 사라지는 것처럼 邪는 定을 이기지 못하기 때문이다. 그렇지만 범부세계에서 불의가 정의를 이기는 것처럼 어떻게 그 邪의 유혹을 뿌리치느냐 하는 것이다.

어쨌든 邪定과 正定은 집착과 집착하지 않음에 있다는 것을 중요하게 알아야 한다는 것이다.

[海東疏] 不著之者 無障不離 故言遠離是諸業障也
집착하지 않는 자는 장애를 벗어나지 아니함이 없다. 그러므로 이 모든 업장을 멀리 벗어난다고 하였다.

세상 모든 것이 무상하다 하여 출가를 하였다. 그런데 다시 선원에서 또 다른 무상 법에 걸려든다는 것은 있을 수 없는 일이다.

그러므로 그 어떤 경계가 다가와도 초연해야 한다. 그렇지 않으면 세간의 족쇄를 벗고 출세간의 또 다른 족쇄를 차게 된다. 그러므로 正意를 가지고 참선에 임해야 한다. 그렇게 하려면 절대로 세속적으로 뭔가를 바라는 것이 있으면 안 된다는 것이다.

오로지 구하는 것은 대승이다. 대승은 자신의 마음이라고 했다. 원각경에 대승을 구하는 자는 사견에 떨어지지 않는다 하셨다. 邪道에서 邪見이 나온다.

海東疏 應知外道以下 第三簡其眞僞 於中有二 初擧內外以別邪正

응당히 알라 외도 이하는 세 번째로 진위를 가리는 것이다. 거기에 둘이 있다. 첫째는 내외를 들어 사정을 분별하였다.

마명보살이 응당히 알아라고 한 말씀은 주의 깊게 봐야 한다. 거기서 삼매는 외도삼매와 진여삼매가 있다고 하였다. 외도삼매는 밖을 향한 邪定이고 진여삼매는 속을 드러내는 正定이 된다는 것이다.

외도삼매는 세간을 탐착하거나 명예를 구하거나 또는 중생들에게 공경을 받기를 원하는 데 반해 진여삼매는 순수하게 오로지 자신의 번뇌를 없애고 복덕을 짓는 데 있다. 그것이 바로 대승을 구하는 것이다.

海東疏 先邪 後正 文相可知

먼저 사에 대해 설명하고 뒤에 정에 대해 설명하였다. 문맥을 보면 알 수 있을 것이다.

먼저 邪에 대한 삼매를 드러내고 뒤에 定에 대한 삼매를 밝혔다. 그것은 본문을 보면 잘 드러나 있다는 말씀이다. **법구경** 말씀이다.

Those who think the unreal is,

think the real is not.

They shall never reach the Truth,

lost in the path of wrong thought.

가짜를 진짜로 생각하고

진짜를 가짜로 생각하는 사람들,

그런 사람들은 결코 진리에 도달할 수 없다.

그들은 잘못된 생각으로 길을 잃은 것이다.

邪道에 빠진 사람들, 절대 그들은 진리의 세계에 도달할 수 없다. 그 진리의 세계가 진여삼매다. 그러므로 일단 선정에 들어야 진여삼매가 나오고 그 진여삼매에서 진리인 실체를 볼 수가 있다.

邪에 빠지면 가짜 수표를 진짜로 알고 진짜 수표를 가짜로 알게 된다. 가짜 수표를 쓰면 경찰에 잡혀 감옥에 간다. 가짜 마음인 邪法을 쓰면 자연계에 잡혀 지옥에 떨어진다.

가짜를 조심해야 한다. 가짜는 호의적이다. 그리고 대단히 친절하다. 반대로 진짜는 그렇게 호의적이지 않다. 그리고 친절하지도 않다. 왜냐하면 범부가 그런 대접을 받을 만큼 공덕을 갖추고 있지 않기 때문이다.

海東疏 若諸以下 次對理事以簡眞僞 於中初顯理定是眞 行者要修
眞如三昧

약제 이하는 다음으로 이와 사에 대하여 진위를 간별한 것이다. 그중에 먼저 이정은 바로 眞임을 나타내었다. 수행자는 중요하게 진여삼매를 닦아야

理와 事는 理定과 事定이다. 이정은 진여삼매를 닦는 正定을 말하는 것이고 사정은 외도삼매를 닦는 邪定을 말한다. 누구든지 세상의 명예와 이익을 얻고 세간 사람들에게서 존경과 공경을 받고 싶으면 진여삼매 대신 외도삼매를 닦으면 된다.

그렇다고 외도와 마와 귀신이 그렇게 되도록 도와줄 것 같은가?! 천만의 말씀이다. 魔는 진여삼매를 닦는 자에게 그런 능력을 주어 그 수행을 못하도록 하는 것이지 처음부터 외도삼매를 닦는 자를 도와주고자 하지 않는다.

그러니까 그런 능력은 진실된 수행자가 수행을 포기하고 받는 보상 미끼가 되는 셈이다. 물론 자질구레한 능력은 처음부터 사법을 쓰는 조무래기들에게 던져주기는 한다. 그래야 자기들의 세력을 유지할 수 있으니까 그렇다.

海東疏 方入種性不退位中 除此更無能入之道

바야흐로 종성인 불퇴위 가운데 들어가는 것이며, 이것을 제외하고는 다시 능히 그 길에 들어갈 수가 없다.

대단히 중요한 핵심이 하나 나왔다. 진여삼매를 닦으면 그 결과가 무엇이냐는 것이다. 조사불교의 대가인 조주스님이 말했다.

Great doubt, Great awakening.
Small doubt, Small awakening.
No doubt, No awakening.

큰 의문은 크게 깨닫고, 작은 의문은 작게 깨닫는다. 의문이 없으면 깨닫는 것이 없다. 조사선에서는 이렇게 화두를 참구하면 견성을 해서 부처가 된다고 하는데 대승불교에서는 어림 반 푼어치도 없다.

이게 조사불교와 대승불교와의 차이점이다. 대승불교는 크거나 작거나 의문을 가지지 마라. 의심 하나 없이 무엇도 원하지 않을 때 그때 선정에 들어가게 된다.

그러면 무량한 공덕이 일어나 불퇴위의 지위에 오른다. 그게 지금 말하고자 하는 대승불교 禪의 목적이다.

海東疏 故言不習無有是處

그래서 이것을 닦지 않으면 옳음이 있을 수 없다고 한 것이다.

불퇴위는 십주다. 즉 신성취의 계위다. 그러니까 참선을 해서 진여 삼매를 줄기차게 닦으면 복이 생겨서 상근기 범부가 된다.

거기서 다시 三心개발과 4行을 1만겁 동안 닦으면 드디어 습종성 인 불퇴위에 오른다. 그러니까 진여삼매는 오로지 불퇴위에 올라가 기 위한 발판이 된다는 것이다.

海東疏 然種性之位有其二門 一十三住門 初種性住 種性者 無始來 有 非修所得

그런 종성의 지위에 두 문이 있다. 첫 번째가 13주문에서 말한 첫 번째의 종성주다. 종성이란 시작이 없는 때부터 있어온 것이라서 닦아 서 얻어지는 것이 아니다.

종성은 종자의 성품이다. 그것은 본래성품이다. 그것은 만들어지 는 것이 아니다. 마치 금과 같다. 금은 그 누구도 만들 수 없다. 원래 금이어서 그렇다.

누가 금을 만들 수 있단 말인가. 그래서 닦아서 얻어지는 것이 아 니라고 했다. 그것은 항상 언제나 원래 그대로 있기 때문이다.

여기서 그 원래의 본성은 부처가 될 수 있는 성품을 말한다. 그것 을 두 부문으로 보통 설하는데 하나는 경전 위주고 또 하나는 논서 위주다.

海東疏 義出瑜伽及地持論

이 뜻은 유가론이나 지지론의 이론이다.

그러니까 부처가 될 수 있는 성품은 원래부터 있어 왔다는 이론은 **유가론**이나 **지지론**의 학설이다. 이것은 금은 원래부터 금으로 있어 왔기에 다른 광석이 되지 않는다는 논리다.

海東疏 二六種性門 初習種性 次性種性者 位在三賢

두 번째는 6종성문이다. 거기에 첫 번째인 습종성과 다음에 성종성은 삼현의 계위에 있다.

두 번째는 6종성문이다. 보살이 수행해서 부처가 되는 단계를 6종으로 나눈 것인데, 그 첫 번째가 습종성이다. 이 6종성문은 닦아서 얻어지는 것이다. 비록 금이라 해도 그것은 광석 속에 파묻혀 있다. 광석을 금이라고 할 수 없듯이 불성을 종성이라 할 수 없다는 거다.

海東疏 因習所成 出本業經及仁王經

그 자리는 수습에 의해 이루어진다. 본업경과 인왕경에서의 말씀이다.

금은 광석에서 완전히 분리되어야 그때부터 금의 가치가 나온다. 그처럼 비록 중생의 마음속에 부처의 성품인 성종성이 들어 있다고 해도 그것을 닦아 찾아내지 않으면 결코 부처라고 말할 수 없다는 이론이다. 이런 이론은 **본업경**과 **인왕경**에서의 말씀이다.

海東疏 於中委悉 如一道義中廣說也

이런 것들에 대해 자세히 다 말한 것은 일도의다. 거기서 널리 설하였다.

일도의는 **일도장**을 말한다. 성사가 **기신론**을 보고 쓴 하나의 해설서다. 그러니까 **해동소**와 **별기** 같은 주석서인 셈이다. 하지만 안타깝게도 지금은 실전되어 내려오지 않는다.

海東疏 今此中言 如來種性者 說第二門習種性位也

지금 이 가운데서 말한 여래종성은 두 번째인 습종성을 말한 것이다.

여기서 말하고 있는 여래종성은 뒤에 언급하고 있는 습종성이다.

벼는 쌀을 품고 있다. 그러므로 쌀이라고 해도 되는 것인가? 벼가 효능이 있으려면 껍질을 벗기는 도정의 과정을 거쳐 쌀이 되었을 때다. 그 전에는 쌀을 품고 있지만 쓸모가 없다.

범부도 마찬가지다. 불성을 갖고 있다는 점에서 성종성이라고 하지마는 수행에 들어가지 않은 범부는 쓸모가 없다. 가치가 있으려면 적어도 습종성에 들어가야만 한다.

그럼 우리들은? 우리들은 도정하는 과정에 있다. 즉 성종성을 습종성으로 만드는 과정에 있다고 보면 된다. 그렇지 못한 자들은 땅에 심어지지 못한 과실나무 씨앗과도 같은 신세라고 말할 수 있다.

海東疏 以修世間以下 次顯事定之僞 謂不淨觀安那槃念等 皆名世間諸三昧也

이수세간 이하는 다음으로 사정인 허위를 나타낸 것이다. 말하자면 부정관인 안나반념 등은 모두 다 세간삼매라 한다.

원문에 이수세간 이하 문장은 허위의 선정을 말하고 있다. 안나반
나념 같은 것들은 다 세간 삼매라서 진짜의 삼매가 아니다.

안나반나념은 범어 Ana-apana의 음역이다. Ana는 들숨이고
apana는 날숨이다. 그러니까 수식관을 말한다.

그런 세간 삼매의 특징은 모두 다 결국 세간에 탐착하는 것으로
끝난다는 것이다. 즉 세간의 삶을 윤택하도록 하는 방법이지 세간을
떠나게 하는 방법의 삼매는 아니다는 것이다.

海東疏 若人不依眞如三昧 直修此等事三昧者 隨所入境 不離取著
만약에 진여삼매를 의지하지 않고 직접 이 같은 사정의 삼매를 닦는다
면 나타나는 경계마다 취착을 벗어나지 못할 것이다.

세상에는 많고 많은 삼매 수련법이 있다. 그 수련법을 지도하는
별 이상한 사람들도 그만큼 많다. 그런 수련장소가 전국에 대충 5천
여 곳이 넘는다고 했다.

그 사람들은 과연 무엇을 가르칠까. 어디에서 누구에게 삼매에 드
는 방법을 배우고 전수받았을까. 아무리 그래도 진여삼매를 가르치
는 스승 밑에서 배우지 않았다면 그 삼매는 믿을 수 없다.

그렇다면 그것은 틀림없이 세속에 집착하는 세간삼매를 가르친
다. 그렇지 않다면 장소도 그렇고 가르치는 사람도 그렇게 많을 수가
없다.

또한 사람들이 세속의 이익과 명예를 찾는 데 도움이 되지 않으면 누가 피 같은 돈을 내고 힘들게 거기서 삼매에 들고자 하겠는가. 그러므로 그런 삼매는 궁극적으로 자신에게 대단히 위험한 선정수행이 될 수 있다.

海東疏 取著法者 必著於我 故屬三界 與外道共也

법에 취착한다는 것은 반드시 我에 집착하는 것이므로 삼계에 속한다. 그러면 외도와 함께하는 것이다.

법에 집착한다는 것은 목적을 두고 하는 수련이다. 그러나 참선은 목적이 없다. 목적이 있다면 그것은 조사선이다. 대승의 참선은 목적을 증득하는 것이 아니다. 그냥 가만히 있으면 복덕에 의해 목적이 드러나는 것이다.

명상과 참선이 어떻게 다른지 아시는가. 명상은 목적을 두고 하는 것이고 여기서 말하는 참선은 목적이 없다는 것이다. 명상은 명상하는 주체를 살리고자 하지만 참선은 참선하는 주체가 없게 만든다.

그러므로 명상은 我에 집착한다. 그러면 중생세계를 벗어날 수 없다. 그렇게 가르치는 것이 외도다. 그러니 사찰에서 참선 대신 명상을 가르치게 되면 어떤 결과가 나오는지 깊이 생각해 봐야 할 일이다.

海東疏 如智度論云 諸法實相 其餘一切皆是魔事 此之謂也 上來第三明魔事竟

저 지도론에서 제법은 실상이다. 그 나머지 일체는 모두 다 마의 일이다

하였는데 이것을 말한 것이다. 이제까지 세 번째인 마의 일을 밝혔는데 그것을 마친다.

범부들은 일생을 두 눈 벌겋게 뜨고도 자기는 물론 세상 그 무엇도 실체를 보지 못하고 생을 마친다. 그래서 선사는 범부의 삶은 눈뜬 봉사와 같다고 했다.

세상의 진짜 모습은 진여삼매에서만이 볼 수가 있다. 그러므로 진여삼매를 얻지 못한 자들은 평생을 살아도 세상의 그림자 속에서 헤맬 수밖에 없다.

사실 범부가 보는 것은 전부 마들이 지어낸 가짜 모습들이다. 사람도 물상도 천지도 모두가 다 망념인 魔가 만들어 낸 것이다. 범부는 그 속에서 그것만 본다.

진짜 어느 하나라도 제대로 된 것을 보고 싶은가? 그렇다면 진여삼매에 들어가야 한다. 그 외에 다른 방법은 없다. 단연코 이것 외에는 어떠한 방법도 없다.

그렇다면 나도 이 진여삼매에 들어갈 수 있을까. 거의 불가능하다고 보면 된다. 그럼 우리는 어떡하면 좋단 말인가. 기다려보시기 바란다. 그것보다 더 좋은 방법을 제시할 것이니 기다려보시기 바란다.

起信論 復次精勤專心修學此三昧者 現世當得十種利益 云何爲十
다시 돌아가서, 오롯이 정근하는 마음으로 이 삼매를 수학하는 자는 현세에 열 가지 이익을 얻는다. 열 가지가 뭐냐 하면 정근은 원래의 자리로 돌아가기 위해 노력하는 것이다. 모든 것은 제자리로 돌아가고자 한다. 그게 자연의 섭리고 이치다. 그런데 인간은 그렇지 않다. 제자리가 어딘지 모르기 때문에 그냥 바람 앞에 가랑잎처럼 사바세계에 이리저리 떠돌고 있다.

精은 정자를 말한다고 했다. 정자가 바깥으로 튀어나가면 중생이 되고 정자가 근원으로 되돌아가면 부처가 된다. 그러므로 우리의 생명을 찾아 근원으로 돌아가는 것을 정근이라고 했다.

정근으로 진여삼매를 닦으면 자신의 근원인 진여로 돌아갈 수 있다. 그 과정에 열 가지 이익이 있다.

起信論 一者常爲十方諸佛菩薩之所護念
첫째는 항상 시방에 계시는 모든 부처님과 보살님들의 보호와 관심을 받는다.

어린이가 있는 부모는 한시도 어린이의 곁을 떠나지 않는다. 어린이가 공부를 하고 있으면 간식을 찾기 전에 먼저 공부방에 가져다준다. 밥도 그렇다. 밥을 달라고 해서 밥을 주는 것이 아니다. 배가 고파 부엌에 나오면 밥을 차려 준다.

부처도 마찬가지다. 부처는 시방 어디에서든 항상 우리와 함께 계신다. 그분은 절대로 우리를 방치하지 않으신다. 그런데도 어리석은 범부들은 부처를 찾으러 다닌다. 가피와 가호를 구하러 떠난다. 성지를 찾아 떠나고 영험처를 찾아 나선다. 길일을 택해서 아주 작정하고 기도로 매달리기도 한다.

그럴 필요가 없다. 진여삼매만 닦으면 부처는 그를 돌보기 시작한다. 결코 그들을 내버려두지 않으신다. 그리고 그분의 가피와 가호는 적시에 내린다.

Ask, Seek, Knock 할 것도 없다. 그분은 구하기 전에 미리 주시고 찾기 전에 미리 내놓으신다. 힘들게 두드릴 필요조차 없다. 누가 올 것을 알고 문을 이미 열어놓으셨다. 공부하는 아이를 부모가 버려두지 않듯이 그분은 깨달음을 구하는 자를 어렵게 하거나 시험하지 않으신다.

그러므로 부처와 보살님들의 보살핌 속에 살아가려면 正意를 가지고 진여삼매를 닦으면 된다.

起信論 二者不爲諸魔惡鬼所能恐怖
둘째는 모든 魔와 악귀들에 의한 공포와 두려움을 받지 않는다.

진여삼매의 수행은 부처의 불을 잇는 작업이다. 거기에는 어둠이 없다. 거기는 마와 악귀들의 활동무대가 아니다. 그러므로 4문수행을 하여 제대로 진여삼매를 닦으면 그들이 나댈 수가 없다. 물론 스승의 지도하에서 그렇다.

마에 의한 공포와 두려움은 어둠을 배경으로 일어난다. 그러나 거기에는 언제나 밝음만 있기 때문에 그들이 공격할 수가 없다. 공격함과 동시에 무너진다. 그래서 그 마음이 늘 평온하고 안온하다.

起信論 三者不爲九十五種外道鬼神之所惑亂

셋째는 95종 외도와 귀신들의 혹란을 받지 않는다.

　부처님 당시에 인도에는 95종 외도가 있었다고 하는데 지금은 세상에 9,500개가 넘는 외도가 있다. 그들이 세력을 갖추어 나를 핍박하고 있다. 자기들을 따르지 않으면 그냥 두지 않으려 한다.

　그들은 무조건 믿음을 강요한다. 죄인이건 아니건 믿기만 믿으면 모두 천국에 들어간다고 한다. 그렇다면 그 신은 공정하지 못하다. 왜냐하면 그 믿음은 결국 하나의 뇌물이 되기에 그렇다. 그것은 일종의 거래고 기름칠이다.

　하지만 진여삼매는 다르다. 진여삼매는 모든 종교의 근원이며 모든 가르침의 바탕이다. 그러므로 진여삼매를 믿는 자는 그 어떤 외도나 귀신에 대한 혹란으로 두려워하거나 겁낼 필요가 없다.

起信論 四者遠離誹謗甚深之法 重罪業障漸漸微薄

넷째는 깊고 깊은 법을 비방함으로부터 멀리 벗어나 중죄와 업장이 점점 적어지고 얇아진다.

　불법의 이치는 깊고도 깊다. 진여삼매를 닦는 자들은 그런 불법을 이미 알고 있다. 그래서 불법을 비방하지 않는다.

　세상에 태어나 불법을 비방하지 않는 것만큼 행운인 것도 없다. 얼마나 많은 사람들이 불법을 제대로 모르면서 욕부터 하는지 모른다. 그것은 자신을 비방하는 것이고 자신을 헐뜯는 것이다.

　진여삼매를 닦는 자는 불법을 비방하지 않는다. 그러함으로 해서 과거에 지어 온 중죄와 업장이 점점 옅어져 간다.

五者滅一切疑諸惡覺觀
다섯째는 일체의 의혹과 악각의 관념이 없어진다.

불교를 의심하지 말라. 의심하면 죽는다. 안 죽으려면 부처님 말씀을 온전히 받아들여야 한다.

받아들이지 못하는 것은 의심이다. 의심은 자신을 미혹시킨다. 거기서 악각이 나온다. 악각은 욕각과 에각과 해각인데 **대반열반경**에 나온다.

1. 세상 하나 가질 게 없는데도 탐욕과 욕망을 일으킨다.
2. 세상 원래 만족이 없는데도 성질을 부린다.
3. 세상 하나 모르면서 뭘 잘 안다고 한다.

이런 악각은 범부의 덜떨어진 소견에서 일어난다. 그 소견이 쓸데없는 관념을 만든다. 그 관념 속에 중생은 탐진치로 허우적거린다. 진여삼매를 닦으면 이런 것들이 모두 없어진다.

六者於如來境界信得增長
여섯째는 여래의 경계에 대한 믿음이 증장된다.

경계는 범위고 움직임이다. 아이들에게 어른들의 세계를 말해주면 이해가 가지 않는다. 하지만 자기들도 어른이 되면 그런 세계에서 산다.

진여삼매를 닦으면 수용과 포용의 시각이 넓어진다. 그래서 중생을 위한 부처님의 무궁한 행업이 이해가 간다. 그래서 그분에 대한 믿음이 깊어가고 나아가 점점 커져가게 된다.

起信論 七者遠離憂悔 於生死中勇猛不怯

일곱째는 근심과 회한으로부터 멀리 벗어나서 생사 중에 용맹하여 겁내지 않는다.

한자에 慟 자가 있다. 서럽게 울 통 자라고 했다. 움직이는 마음을 갖고 있는 범부는 서럽게 울 수밖에 없다. 제 아무리 립스틱 짙게 바르고 다시 도전한다고 해도 이 슬픈 울음으로부터 벗어날 수 없다. 그 울음이 모이면 통곡이 된다.

나이가 드니 근심과 회한으로 잠을 설치는 일이 많아진다. 어리석게 살아온 지난날이 가슴에 회한이 되어 있다. 이제 통곡으로 끝나는 죽음이 가까이 다가오는 것 같다.

정법념처경에서 죽을 때의 고통을 잘 표현하셨다. 천 개의 뾰족한 칼로 몸을 찌르는 것과 같다고 하셨다. **염불구도중음법 지도론 중유론** 같은 데서도 똑같이 경고하고 계시지마는 범부로서 어떻게 그 죽음으로부터 벗어날 길이 없다. 오로지 한 개의 길이 있다면 바로 이 진여삼매를 닦는 것이다. 그러면 죽음에 대해 겁나고 무서운 마음이 없다. 하지만 복 없는 자에게는 언감생심이다.

起信論 八者其心柔和 捨於憍慢 不爲他人所惱

여덟째는 마음이 부드럽고 온화해진다. 교만을 버리므로 타인에게서 괴롭힘을 당하지 않는다.

　사람들과의 부딪힘은 교만 때문이다. 교만에 의해 나쁜 감정이 생기고 좋은 관계가 소원해진다. 반대로 그 교만을 버리면 인간관계가 더없이 원만해지고 매끄러워진다.

　진여삼매를 닦으면 교만이 없어진다. 그러면 그 마음이 물처럼 부드러워지고 따뜻한 햇살처럼 온화해진다. 그래서 남과 다툴 일이 없다. 그러함으로 해서 남에게 괴롭힘을 당하거나 헐뜯길 이유가 없게 된다.

起信論 九者雖未得定 於一切時一切境界處 則能減損煩惱 不樂世間

아홉째는 비록 선정을 얻지 못하더라도 항상 어느 곳에서든 번뇌가 감소되어 세간을 좋아하지 않는다.

　선정은 진여삼매다. 설사 진여삼매를 얻지 못했다 하더라도 그 삼매를 닦은 공덕으로 번뇌가 감소되어 마음이 편안해진다.

　항상은 시간이고 어느 곳은 공간이다. 그러니까 시간과 공간을 떠나 번뇌가 적게 일어난다. 그 결과로 세속에 대한 미련과 애착에 마음이 뺏기지 않는다. 그러면 언제 어디에 살아도 세간으로부터 자유로운 삶을 살 수가 있다.

起信論 十者若得三昧 不爲外緣一切音聲之所驚動

열째는 만약 삼매를 얻게 되면 밖에서 들려오는 일체의 음성에 놀라거나 요동치 않는다.

삼매를 얻게 되면 사람들의 말에 마음이 흔들리지 않는다. 그뿐만 아니라 자연이 일으키는 재해의 소리에도 완전 초연해진다. 그러므로 천지에 겁나는 것이 없다. 그런 마음은 큰 바위와도 같이 진중하고 넓은 바다와도 같이 깊고도 깊다. 그래서 진여삼매는 끝없는 안정과 한없는 안온을 가져다준다.

진여삼매를 닦으면 이와 같은 특별한 이익이 있다고 해도 다 그렇게 쉽게 닦아지는 것은 아니다. 은행에 적금을 넣으면 필요할 때 목돈이 된다는 것을 잘 알면서도 여윳돈이 없으면 특판으로 나온 금융상품이라도 나에게는 먼 나라 이야기가 된다.

그러니까 복 없고 스승 없는 범부에게 이 진여삼매는 그림의 떡이다. 아무리 공덕이 된다고 열변을 토해도 박복한 중생들은 눈만 껌뻑거릴 뿐 가슴에 들어오지 않는다.

그래서 그런 범부들에게는 다른 길이 주어져 있다. 그것을 기다려 보시기 바란다.

海東疏 第四利益 後世利益 不可具陳 故今略示現在利益

네 번째는 이익이다. 후세의 이익은 다 늘어놓을 수가 없다. 그렇기에 이제 간략히 현재의 이익만 내보였다.

止에 대해 네 단락으로 분류하였다. 먼저 止를 닦는 방법을 설하였고, 그 다음에 止를 닦으면 수승한 공능이 있다는 것을 말하였다. 그 다음에 魔가 하는 일에 대해서 자세히 설명하였다.

이제 네 번째로 止를 닦으면 어떤 이익이 있는지에 대해서도 다 설명해 마쳤다. 그 이익은 내세는 말할 것도 없고 현세의 이익만 해도 크게 열 가지가 된다고 했다.

`海東疏` 總標 別顯 文相可知 別明止門竟在於前

묶어서 표시한 것과 개별적으로 나타낸 것은 문맥의 양상을 보면 알 수가 있다. 따로 지문을 밝힌 것은 앞의 설명으로 마친다.

씨앗이 부실한 과일나무는 옥답에 심어도 잘 자라지 않는다. 죄업이 두꺼운 중생은 정법의 절에 다녀도 신심이 잘 증장되지 않는다. 씨가 좋은 과일나무가 성장하면 무수한 벌레가 달려든다. 복덕 있는 자가 신심이 증장되면 온갖 마구니와 잡귀에 시달린다.

무수한 벌레를 퇴치하면 꽃이 피고 열매가 달린다. 그러면 산짐승이나 까치가 내려와 사정없이 파먹는다. 잡귀신들의 온갖 농간을 털고서 겨우 선정에 든다. 그러면 마가 다가와 무자비하게 공격한다. 울타리나 그물로 유해조수의 공격을 차단하면 빛깔 좋고 맛있는 과일을 먹을 수 있다. 3법이나 스승의 지도로 마들을 즉각 즉각 물리치면 올바른 선정에 들어 삼매를 이룰 수 있다.

복 없는 나는 이제 스승이 없다. 그러므로 止를 닦을 수 없다. 왜냐하면 魔에 잘못 걸리면 절단이 나기에 그렇다. 스승만 계시면 어려운

390

고비마다 마를 퇴치할 방법을 가르쳐주시겠지마는 불쌍하게도 나에게는 그런 스승이 계시지 않는다.

그래서 나 같은 사람은 이렇게 어렵고 복잡한 止를 닦을 수 없다. 그 대신 이보다 더 공덕이 되고 더 수행하기 쉬운 방법으로 나가야 한다. 나는 그 길을 알고 있다. 거기에 관심 있는 분들은 나와 같은 길을 가야만 한다.

묶어서 표시한 것은 원문 첫줄이다. 그 뒤에 하나하나 열거한 것은 개별적으로 그 공덕을 나타낸 것이다. 문장을 보면 알게 될 것이다.

起信論 復次若人唯修於止 則心沈沒
만약에 사람이 오직 止만 닦는다면 그 마음이 심하게 가라앉는다.

보통 대승불교 신자들은 6바라밀을 닦는다고 한다. 그러나 사실 6바라밀은 10주에서 삼현보살이 닦는 수행이라는 것을 배웠다.

범부 중에서 그것도 근기가 저열한 범부에게 맞는 수행은 5문수행이다. 그것은 보시 지계 인욕 정진과 지관이다. **기신론**에서는 선정과 지혜를 묶어서 지관을 하나로 삼는다고 했다.

이제까지는 그 止觀수행 중에서 止를 중점적으로 설명하였다. 지금부터는 觀수행을 설명한다. 그리고 마지막에는 지관수행을 합쳐서 닦으라는 것으로 이 지관해설은 마무리를 짓는다.

觀수행 법은 세상과 나를 어떻게 보아야 하는지를 가르쳐 준다. 觀 속에는 보는 것과 직관, 그리고 생각함이 다 들어 있다. 그러므로 이 세 가지 뜻을 묶어서 그냥 간단히 觀이라고 한다.

觀은 6바라밀에서 지혜다. 언젠가 말한 적이 있다. 6바라밀 중에 마지막 지혜를 설명할 수 있는 스승을 모시고 있는 자는 축복받은 제자라고 했다. 그만큼 이 지혜 대목을 상큼하게 설명해 주는 스님이 드물다.

이제 **기신론**에서 그 지혜 대목을 설명해 준다. 세상과 나를 어떻게 보아야 하는지를 명쾌하게 설명해 주는 대목이니 집중해 주시기 바란다.

止를 닦는 분들을 보면 뭔가 좀 생기가 없고 氣가 빠져 있는 것 같다. 기운이 가득 차게 보여야 하는데 웬일인지 맥없이 보인다. 마음이 가라앉아야 하는데 사람이 심하게 가라앉아 있다. 그런 분들은 止를 닦으면서 동시에 觀을 닦지 않아서 그렇다.

起信論 或起懈怠 不樂衆善 遠離大悲 是故修觀
혹은 해태심을 일으켜 善 닦기를 좋아하지 않아 대비를 멀리 벗어나기도 한다. 그렇기 때문에 관을 수행해야 한다.

止를 닦는 자들은 오로지 자기 할 몫만 한다. 참선한다는 명분으로 아무것도 하지 않으려 한다. 그러므로 다른 일에 게으르기만 하다. 선행도 수준 낮은 사람들이 하는 것쯤으로 생각한다. 대승불교의 모토가 무엇인지 기억하고 계시는가.

모든 악을 행하지 마라.
일체 선을 받들어 행하라.

한 중생도 제도되지 않는 자가 없도록 하라.

이것이 부처님의 가르침이다.

그들은 악행을 하지 않는다. 그것 한 가지로 만족하고 있다. 그들은 衆善을 좋아하지 않고 중생제도와도 무관하게 있다. 그러면 소승의 수행자가 된다. 그런 이기적 수행자로부터 벗어나 대승의 수행자가 되려면 반드시 觀수행을 해야 한다. 그렇다면 관수행은 어떻게 해야 하는 것인가. **제개장보살소문경**에서는 열 가지를 제시하셨다.

1. 나 자신에 我가 없고 부정이 가득한 줄을 觀하여 본능이 일으키는 악을 피한다.

2. 苦를 樂이라고 함과 같은 감각의 착오를 觀하여 애착을 내지 않고 또 세상에 대하여 화를 내지 않는다.

3. 無常 苦 無我 不淨인 것을 常樂我淨이라고 하는 잘못된 생각을 觀하여 올바로 이해한다.

4. 탐진 등의 악법을 여실히 觀하여 이를 끊고 자비 등의 선법을 일으킨다.

5. 세상에 대해 좋고 나쁜 것은 모두 허망하여 實有가 아님을 觀하여 집착과 진에를 떠난다.

6. 수도원에 있으면서 다툼이 없는 수행으로 적정을 觀하여 도리에 맞게 수행한다.

7. 시내에 다니더라도 노름 노래 춤 창녀가 있는 곳은 부정한 곳이라 觀하여 접근하지 않는다.

8. 모든 것이 허망하고 무상함을 觀하여 집착심을 일으키지 않으며 거기에 빠져 있는 중생을 구제한다.

9. 삼세제불과 같이 깨달음에 이르는 수행을 觀하여 항상 청정심을 일으키고 존경심을 내어 정근으로 노력한다.

10. 온갖 번뇌가 생기는 인연을 觀하여 그것들을 모두 끊고자 하는 것이다

고 하셨다. 이런 수행을 하면 내면의 불성이 힘을 얻는다. 그 불성이 바로 대비다. **열반경**에 대자대비가 불성이다는 말씀이 바로 이 뜻이다. 그때 중생이 보이고 중생제도심이 일어난다.

起信論 修習觀者 當觀一切世間有爲之法
관을 수습하는 자는 일체세간은 유위의 법이라서

세상은 유위의 법이다. 유위는 인연에 의해 나타났다가 인연에 의해 사라진다. 그러므로 이 세상에 존재하는 모든 것들은 조금도 정지해 있지를 않고 쉼 없이 변하고 있다.

인연으로 이루어진 것은 다 무상하다고 **열반경**은 말씀하신다. 인연으로 제일 가까운 자들을 만났다. 그들이 가족이다. 하지만 인연으로 만난 자들은 인연이 다하면 반드시 눈물로 헤어지게 되어 있다.

무상경에 떼를 지어 자는 새들도 밤이면 서로 모여들지만 아침이 되면 모두 다 각자의 세계로 날아간다. 사람이 죽어서 가족과 헤어지는 것도 이와 같다고 하셨다. 그래서 다들 가슴에 사랑하던 사람은

가고 사랑하던 마음만 남아 있는 것이다.

起信論 無得久停 須臾變壞
오래 머무르지 않고 잠깐 사이에 변하여 없어지고 만다.

대반열반경에서는 수미산이 아무리 넓고 높다고 해도 끝내 無로 돌아가고 대해가 아무리 깊고 넓다고 해도 언젠가는 바닥을 드러낸다. 일월이 아무리 밝고 빛난다 해도 오래잖아 소멸되며 대지가 아무리 두껍고 견고하다고 해도 무상하게 분산된다. 그래서 세상은 모두 무상한 것이다고 하셨다.

그런데 하물며 죄업을 받아 태어난 이 보잘것없는 조그만 몸이야 뭐 말할 게 있겠는가. 그래서 목숨은 무상하다. 풀에 맺힌 이슬과 같다고 **녹모경**은 말씀하신 것이다.

법구비유경에서도 우리 몸은 무상하다. 부귀한 자는 빈천해지고 만나면 이별한다. 건강은 순간에 늙고 병든다고 하셨고, **마하마야경**에서는 사냥꾼은 짐승을 에워싸고 쫓아간다. 무상의 도리도 이와 같이 중생을 뒤쫓는다고 하셨다. 여기까지가 무상을 설명한 대목이다. 무상은 삼법인 중에 하나다. 소리 내어 읽어보시기 바란다.

All Phenomena are impermanent.
세상 모든 것들은 멈추지 않고 계속적으로 변한다.

起信論 一切心行 念念生滅 以是故苦

그래서 일체의 마음과 행위, 생각들이 다 꿈라고 관해야 한다.

세상이 아름답고 자신이 행복하다고 생각하는 사람이 있다면 그 사람은 완전 바보다. 아니면 모자라거나 천치다.

사실 세상엔 행복이 없다. 완전 꿈 덩어리다. 불교는 여기서부터 시작한다. 그러므로 세상이 꿈라고 생각하지 않는 사람은 아직도 인생의 떫고 쓴맛을 모르는 자다. 그런 사람은 덜 자란 어린이에 불과하다. 정말이다. 좀 더 살아보면 그렇다는 것을 뼈저리게 느끼게 될 것이다.

부훤이라는 말이 있다. 햇볕을 쬐는 일이라는 뜻으로 송나라의 한 가난한 농부가 봄볕을 쬐면서 세상에 이보다 더 따스한 것은 없으리라는 생각에 이를 임금에게 아뢰었다는 데서 유래된 말이다.

지금 행복하다는 모든 범부들의 삶은 그 농부의 만족 수준에 있다. 그보다 더 큰 행복은 상상치도 못하다가 다 죽고 만다. 그러면서 행복하다고 한다. 그래서 그런 사람들을 불쌍하다고 하는 것이다.

起信論 應觀過去所念諸法 恍惚如夢
그리고 응당히 과거에 생각했던 모든 것들은 아련하기가 꿈같다고 관해야 한다.

88올림픽으로 설레는 밤들을 보내었다. 그 뒤에 밀레니엄시대가 온다고 또 야단법석이었다. 2002년 월드컵 한다고 온 나라가 시끌벅적하였다. 어제 같은 일들인데 벌써 수십 년이 훌쩍 지나갔다.

396

줄이 달린 마이크를 기억하시는지 모르겠다. 그 마이크를 잡은 가수를 따라 박수를 치며 노래를 하던 가요무대 팬들은 거의 다 이 세상에서 사라졌다.

과거 흑백 TV속에 보이던 어른들도 거의 다 죽고 없다. 그렇게 살겠다고 아웅다웅하던 그 사람들 지금은 다 어디 갔을까. 세상은 정말 무상하기만 하다.

능가경과 **대품경**이 세상과 내가 허망하다는 것을 설하셨다면 **유마경**과 **대지도론**에서는 내 자신이 공하고 무상하다는 것을 적시하고 있다.

1. 沫. 물방울 같아 곧 사라진다.
2. 泡. 거품 같아 오래가지 못한다.
3. 炎. 불꽃같아 바로 사그라진다.
4. 芭蕉. 견고성이 없다.
5. 幻. 가짜다.
6. 夢. 허망하다.
7. 影. 업을 따라 인연으로 나타나 있다.
8. 響. 울리는 소리처럼 실체가 없다.
9. 浮雲. 떠다니는 구름과 같다.
10. 電. 번갯불처럼 반짝 일어났다 사라진다.

대승경전 어디 한 곳에라도 이런 말씀이 어찌 없겠는가 마는 **금강경**에서는 이것을 좀 줄여서 如夢幻泡影여몽환포영 如露亦如電여로역여

전이라고 하셨다.

한자에 恍惚황홀이라는 글자가 있다. 인간의 최고 기쁨의 정점에 황홀이 있다. 황홀은 엑스터시다. 이것은 제정신이 아닐 때 일어난다. 그러므로 그것은 결국 없는 것이다. 그래서 그냥 꿈같이 아련하다고 풀이하였다.

起信論 應觀現在所念諸法 猶如電光
응당히 현재 생각하는 제법은 마치 번갯불과도 같다고 관해야 하고

그런데 현재라고 해서 나을 것이 뭐 있겠는가. 현재도 곧 과거가 될 것이고 미래도 곧 현재가 될 것이 아닌가. 결국 과거 현재 미래에 생각하고 생각할 모든 것들은 다 허망하고 부질없는 것들로 끝나게 된다.

그렇지만 우리는 언제나 진지하고 실감나게 살아간다. 그것은 우리가 과거를 계속 잊어버리는 덕분으로 여전히 삶은 새 삶처럼 신선하고 짜릿하게 느껴지기 때문이다.

起信論 應觀未來所念諸法 猶如於雲忽爾而起
응당히 미래에 생각할 제법은 마치 구름이 홀연히 일어나는 것처럼 관해야 한다.

열반경에 세상은 공중의 번개와도 같고 굽지 않은 질그릇과도 같다. 빌린 물건과도 같으며 썩은 풀로 만든 울타리와도 같다. 또 모래

로 된 기슭과도 같다고 하셨다. 이보다 어떻게 이 무상한 세상을 더 리얼하게 설명할 수 있을까. 그런데도 사람들은 이 세상을 도모한다. 여기서 행복을 꿈꾸고 여기서 영원을 기약한다.

세느 강 다리에 걸어놓은 사랑의 자물통 무게 때문에 다리가 위험하다고 한다. 거기서 사랑을 맹세하고 행복을 기원하던 사람들치고 안 헤어진 사람이 없다. 있다면 아직 헤어지지 않았을 뿐이다. 거의가 다 파탄나고 웬수가 되었다. 그들은 모래땅이 견고하지 못하니 어찌 지혜로운 자가 거기에 집착을 일으키겠는가 하신 **보운경**의 말씀에 귀를 기울이지 않았다.

역사가 사마천은 인생을 前事不忘 後事之師라고 했다. 앞에 일을 잊지 않으면 뒤의 일에 스승이 된다는 뜻이다. 앞에 사람들 다 죽었다. 그 사람들 모두 행복과 영원을 꿈꾸며 죽지 않으려 했다. 그런데 다 죽고 없다.

금수저도 죽었고 흙수저도 죽었다. 기울어진 운동장이라고 불평하지 말라. 이미 우리 모두는 꺼져가는 운동장에서 살고 있다. 여기서 이기면 뭐하고 지면 뭐하겠는가.

누가 뭐래도 우리는 어차피 보신탕 식당을 지키는 개 신세다. 언제 끓고 있는 탕 속에 들어갈지 모른다. 그런데도 우리는 그게 우리 집이라고 사납게 지키고 있다.

"스님은 염세와 허무를 조장하시는 겁니까?"
"염세와 허무를 벗어나는 길을 말하는 겁니다."

누가 그랬다. 그래도 인생은 살 만하지 않느냐고 한다. 저 앞에 진흙탕길이 보이는데 힘써 구두를 닦는 이유가 무엇인가. 구두 닦는 그 기분이나마 맛보려 하는 것인가.

하루가 지나면 말라가는 웅덩이 속의 물고기와 같이 수명이 줄어드는 것인데 여기 무슨 즐거움이 있으랴 하신 **출요경**의 말씀이 가슴을 때리지 않는다면 그 사람은 전생에 꿀꿀대는 돼지였음이 틀림없다.

42장경의 말씀을 기억하기 바란다. 거기서 부처님은 마땅히 생각하고 있어라 하시면서

四大로 뭉쳐진 몸
각자 이름이 있지만
도무지 我라는 것이 없다.
내가 이미 없다면
그것은 도깨비인 것이다.

그러니까 우리는 낮도깨비다. 탤런트 공유만 낮도깨비가 아니다. 너 나 할 것 없이 다 낮도깨비들이다. 조금 있으면 이 무대에서 맥없이 사라져버릴 신세들이다.

하찮은 일회용 엑스트라들끼리 세상을 알면 얼마나 알고 말 잘하면 얼마나 말 잘한다고 허세와 교만을 부리는가. 이 대목까지는 무아를 설하고 있다. 역시 삼법인 중에 하나다. 이것 역시 소리 내어 읽어 보시기 바란다.

All Dhamma are not-self.

세상 모든 것들은 자체적인 실체가 없다.

起信論 應觀世間一切有身 悉皆不淨 種種穢汗 無一可樂

응당히 세간에 있는 일체의 몸들은 모두 다 깨끗하지 않고 온갖 종류로 더러워져 있어 한 개라도 가히 좋아할 것이 없다고 관해야 한다.

사람을 좋아했다. 그런데 다 가버렸다. 오래전에 백담사에서 중광 스님을 만났다. 저녁을 먹고 봉정암으로 올라가려는데 어둡다고 가지 말라고 했다. 익숙하게 다니던 길이므로 그냥 올라갈까 하다가 그와 하룻밤을 자기로 했다.

그는 어느 여자가 그립다고 했다. 이름도 말해 주었다. 그런데 왜 여기 있느냐고 물었더니 헤어졌다고 했다. 어쩌면 찾아올까 싶어 오늘 종일토록 목이 빠지게 기다렸다고 했다. 걸림없는 무애도인이라고 소문난 그가 불쌍하게 보였다. 정신문화연구원에 오랫동안 근무했던 어느 노교수 말이 생각난다.

"스님요. 인간들은 왜 더러운 곳만을 서로 탐하는지 모르겠습니다."
"?!"

복이 없으면 후미진 곳으로 찾아간다. 마음이 더러우면 숨겨진 곳을 좋아한다. 그래서 인간은 꼭 가려진 곳을 찾는다. 마음이 깨끗하면 밝고 깨끗한 곳을 좋아하는데 그렇지 못한 범부는 음침하고 더러운 곳만을 기웃거린다.

그것은 중생의 마음이 깊이 오염되어 있어서 그렇다. 여기까지가 부정관이다.

All Phenomena are uncompleted.
세상 모든 것들은 청정하지가 않다.

起信論 如是當念一切衆生 從無始世來 皆因無明所熏習故
그와 같이 일체중생은 원래부터 모두 다 무명으로 훈습이 되어왔다는 것을 마땅히 생각해야 한다.

상대방을 업신여기는 막말로 뱃속에 덩만 차 있다고 한다. 그렇다면 범부의 머리에는 뭐가 차 있을까. 바로 무명이 가득 차 있다. 무명은 어리석음이다.

범부는 어리석음으로 형성되어져 있다. 얼마나 어리석으냐 하면 자기 자신을 죽음의 세계로 끌고 가면서도 그 사실을 모르고 있다는 거다.

기가 막히는 일이 아닌가. 평생을 아득바득거리면서 자기를 살리겠다고 하는 자들이 정작 자기 스스로 자기 자신을 죽음의 구렁텅이로 처박아 버린다는 것이 정녕 이해가 가는 일인가. 그래서 범부가 어리석다고 하는 것이다.

그런데 더 슬픈 것은 그런 자기가 똑똑하다고 생각한다는 사실이다. 그래서 이런 말을 하는 사람을 대단히 기분 나쁘게 적대한다는

402

거다.

令心生滅 已受一切身心大苦

무명이 마음을 생멸케 하여 이미 일체의 몸과 마음에 큰 고통을 받았고

　누가 뭐래도 살려고 발버둥치는 중생은 슬픈 존재다. 그중에서도 의식을 가진 인간은 더 가련하다. 인간은 누구 할 것 없이 모두 다 고통 속에 있다. 그 고통은 과거 전생에도 있었고 현재에도 있으며 미래에도 분명히 있다. 그런데 그 고통에서 누구 하나 진정으로 벗어나려고 하지 않는다.

　삶의 고통은 계속된다. 그러면서 하인리히법칙으로 경고를 한다. 조금 있으면 죽는다고 연이어서 언질을 넣는다. 가끔가다 찾아오는 소소한 행복이 그 경고를 막는다. 그때마다 땜질 처방으로 그 고통을 참아 넘긴다. 진통제로 아픔을 참고 넘기는 것과 같다.

　그러다가 큰일을 당한다. 죽는다는 거다. 죽어도 끝나지 않는다. 누구는 죽었으니 쉬어라고 하지마는 죄업을 갖고 있는 한 죽음으로 끝이 나는 것은 아니다. 죄를 지어 교도소에 들어가면 즉시 수의囚衣로 갈아입듯이 죽으면 악도의 또 다른 중생 껍데기를 바로 덮어써야 하기에 그렇다.

現在卽有無量逼迫 未來所苦亦無分齊

현재에도 한량없는 핍박을 받고 있으며 미래에 받을 고통 또한 끝이 없다.

죄업이 그렇게 착하지 않다. 죄업이 중생에게 목줄을 걸어 고통의 구렁텅이로 처넣는다. 겨우 정신을 차리고 빠져나오면 또 다시 처박아버린다. 마치 고양이 발톱 아래 쪼그린 쥐새끼처럼 끊임없이 죄업에 괴롭힘을 당한다. 정말 그 고통은 끝이 없다.

그럴 바에야 죄업과 한판 붙어보는 것이다. 쥐도 막다른 골목에 몰리면 고양이에게 달려드는 법이다. 까짓것 어차피 죽는다면 이래도 죽고 저래도 죽으니 죄업에게 목숨을 걸고 과감히 도전해보는 것이다. 지금처럼 살다가는 내생에도 그 결과가 뻔하니까 그렇다.

어떻게 뻔하냐 하면 이 한 목숨 살리기 위해 무시로 살생을 해 왔다. 그 결과 내생에는 단명과 질병에 시달릴 것이다. 도리에 맞지 않게 돈도 벌었다. 그 결과 내생에는 그 이상으로 남에게 빼앗겨 빈궁하게 살 것이다.

배우자가 아닌 남의 여자를 탐했다. 그 결과로 내생에는 정조없는 여인을 만나 천날만날 싸우게 될 것이다. 거짓말을 밥 먹듯이 해왔다. 그 결과로 내생에는 억울하게 온갖 비방을 들을 것이다.

어쩔 수 없이 한 입으로 두 말도 했다. 그 결과 내생에는 가정이 불화하고 가족이 등질 것이다. 분을 참지 못해 욕설도 퍼부었다. 그 결과 남에게 애먼 욕을 듣고 소송에 휘말릴 것이다. 발림말도 했다. 그 결과 사람들이 내 말에 신뢰를 주지 않을 것이다.

욕심도 참 많이도 부렸다. 그 결과 내생에는 되지도 않은 더 많은 욕심을 일으킬 것이다. 성질도 수시로 내었다. 그 결과 남의 신경질을 다 받아야 할 것이다. 잘못된 소견을 고수했다. 그 결과 내생에는 삿된 학문이나 사이비종교인의 집안에 태어나 수많은 사람들에게 괴롭힘을 당할 것이다.

　이런 과보가 내가 서 있는 지하철역사로 전동차처럼 다가오는데 어떻게 뻔하지 않겠는가. 더군다나 이건 **화엄경**의 말씀인데 우선 내 맘 편하자고 어떻게 부정할 것인가.

起信論 難捨難離　而不覺知　衆生如是　甚爲可愍

이 몸은 버리기도 어렵고 벗어나기도 어렵다. 그런데도 깨달아 알지 못하고 있다. 중생이 이와 같으니 정말로 가히 불쌍하기만 하다.

　고통을 받는 주체인 몸과 마음, 이거 정말 골칫거리고 우환덩어리다. 어떻게 마음대로 할 수가 없다.

　마음을 버리려고 해도 끝까지 달라붙어 있고 몸을 버리려고 해도 떠나주질 않는다. 이거야 원 둘 다 버릴 수도 없고 버릴 데도 없다. 죽을 때까지 끌고 가서는 결국 흉한 몰골을 보이고 남에게 뒤처리를 맡긴다. 창피하고 부끄럽다.

　그런데도 범부들은 그것을 매 시각 각지하지 못하고 있다. 그러니 저렇게 천년만년 살 것같이 아귀다툼으로 끝없는 경쟁을 하고 있지 않는가. 불쌍하다 진짜.

　수행함이 없는 껍데기 몸은
　밥 먹여 살려도 이익이 없다.
　무상하게 뜬 목숨은
　사랑하고 아껴도 보존할 수가 없다.

발심수행장의 말씀이다. 복 없는 범부가 이런 말씀을 천 번 만 번 듣는다고 해서 뭐 달라질 것이 있겠는가. 복을 지어야 이런 글에 필이 확 꽂힌다. 그때 불성이 꿈틀거린다.

起信論 作此思惟 卽應勇猛立大誓願願令我心離分別故
이런 생각을 하게 되면 응당히 용맹스럽게 대 서원을 일으키게 된다. 원하옵나니 저의 마음으로 하여금 분별을 떠나게 하여 주소서.

대승불교의 교리는 일체중생과 나는 한 몸이라는 동체사상으로부터 시작된다. 그래서 **심지관경**에 일체의 남녀는 나의 부모다 라고 하신 것이다. 그러므로 중생이 아프면 내가 아프고 중생이 기쁘면 내가 기쁘다는 대승보살이 등장한다.

나는 한 명의 보살이다. 사람들은 자기자식에게만 보살이 되지만 나는 일체중생들의 보살이 되어 그들을 구제하겠다는 서원을 한다.

자애로운 어미는 자식을 구별하지 않는다. 그처럼 나도 중생을 구제하는 데 친소로 인한 분별심이 일어나지 않도록 서원한다. 그런데 그렇게 되지 않는다. 범부의 마음은 자체적으로 분별하도록 세팅되어져 있기 때문이다. 그런 분별에는 크게 세 가지가 있다.

첫째는 자성분별이다. 우리 마음은 원천적으로 분별하는 작용을 한다. 그러므로 범부보고 분별을 하지 마라고 하면 개보고 입 다물어라 하는 소리와 같다. 그것은 불가능한 일이다.

둘째는 수념분별이다. 과거를 기준으로 현재를 보는 작용이다. 장미를 보고 국화라고 하면 장미라고 교정시킨다. 장미는 과거에 우리 마음에 인식된 분별이다. 그러므로 범부는 분별로부터 자유롭지 못하다. 그런데도 그렇게 하지 마라고 하면 게를 보고 똑바로 걸어라고 하는 것과 같다. 그것은 불가능한 일이다.

셋째는 계탁분별이다. 이것은 손익계산을 따지는 작용이다. 범부는 절대로 손해를 보지 않으려 한다. 상대하는 세계와 사람에 대해 손익에 관계없이 분별하지 말라는 것은 호랑이에게 먹이를 빼앗는 것만큼 어려운 일이다. 그런데도 분별하지 말라고 한다. 그렇게 말하는 자가 반 또라이다.

起信論 偏於十方修行一切諸善功德 盡其未來 以無量方便救拔一切苦惱衆生

시방에 가득하도록 일체의 모든 선 공덕을 수행하겠습니다. 미래가 다하도록 무량방편으로 일체 고뇌를 받고 있는 중생들을 구발하겠습니다.

자식이 아프면 부모는 병원으로 데리고 간다. 그러면 돈이 있어야 한다. 돈 없는 부모는 병든 자식을 어떻게 할 수가 없다. 그냥 안타깝게 보고만 있어야 한다.

중생이 고통받는 이유는 공덕이 모자라고 궁핍해서다. 공덕이 있으면 무슨 삶이 힘들며 어떤 행이 어렵겠는가. 그래서 그들에게 공덕을 나눠줘야 되겠다고 생각한다.

그러면 내가 공덕을 지어야 한다. 일체중생을 살리려면 적어도 허공이 가득하도록 공덕을 쌓아야 한다. 그래야 미래세가 다하도록 중생들이 쓸 수 있을 것이 아니겠는가. 그래서 다함없는 공덕을 지으려 한다.

구발은 구제해서 그들이 갖고 있는 온갖 고통들을 뽑아주겠다는 뜻이다. **사법경**에 그런 보살은 우선적으로 네 가지 서원을 발한다고 하셨다.

차라리 목숨을 잃을지언정 대보디심에서 물러나지 않겠습니다.
차라리 목숨을 잃을지언정 선지식을 받들어 모시겠습니다.
차라리 목숨을 잃을지언정 인욕과 유화와 정진을 행하겠습니다.
차라리 목숨을 잃을지언정 지계를 닦아 어리석음으로부터 벗어나겠습니다.

起信論 令得涅槃第一義樂
그들로 하여금 열반 제일의 즐거움을 얻도록 해 주소서.

범부는 오늘도 달린다. 골인 지점 없는 달리기를 계속하고 있다. 걸어가거나 쉬었다 가기엔 그냥 바쁘고 조급하다. 그래서 술 마시는 것조차 오빠 달려 라고 한다.

그러나 그들의 모든 꿈은 미완성으로 끝난다. 인간은 계속 달리고 달리지만 아무 곳에도 도달하지 못한다. 결국 중간에서 다 쓰러진다. 골인 지점에 도달하는 자는 아무도 없다.

골인 지점은 열반이다. 물은 바다로 간다. 그런데 우리는 어디로 가는지도 모르고 달린다. 앞에 사람이 달리니까 무작정 따라 달린다.

그러다 앞에 사람이 죽음의 낭떠러지로 떨어지면 그 뒤를 따라 하나씩 하나씩 차례대로 떨어진다.

그러나 반대로 열반에 도달하면 모든 욕망이 가라앉는다. 돈을 벌어 고향에 돌아가면 일체의 시달림이 끝나는 것처럼 열반에 들어가면 모든 고통이 끝난다. 그러므로 열반은 최고의 즐거움이다. **보요경** 말씀이다.

健康最高財
滿足最高寶
信賴最高友
涅槃最高樂

건강은 최고의 재산
만족은 최고의 보물
신뢰는 최고의 친구
열반은 최고의 기쁨.

이와 비슷한 말씀은 **출요경**에도 나온다. 내가 어떤 고통을 당하더라도 그들에게만큼은 세상에서 제일가는 열반의 즐거움을 주겠다고 한다. 이런 발원이 바로 대승불교의 핵이다. 이것 역시 소리 내어 읽어보시기 바란다. 이것이 삼법인의 마지막이다.

Nibbana is tranquility.

열반은 고요하고 평안하다.

起信論 以起如是願故 於一切時一切處 所有衆善 隨己堪能 不捨修
學 心無懈怠

이러한 발원을 일으키기에 언제 어디서나 소유하고 있는 수많은 善을
다 베푼다. 그러면서 수행을 버리지 않고 배우는 마음에는 게으름이
없다.

가진 것 없는 자는 베풀 수 없다. 가진 자만이 베푼다. 베풀려면
가져야 한다. 가지기 위해 복을 짓는다. 복과 선은 같은 말이다. 그래
서 대승의 수행자는 베풀고 닦고 배우는 것에 그침이란 있을 수 없
다. 오로지 즐거운 마음으로 작복을 계속해 나간다.
　수행하고 베풀고 베풀면서 수행을 하므로 그 공덕은 끝이 없다.
계속적으로 복덕이 쌓인다. 그뿐만이 아니다. 불법을 배우는 데도
게으름이 없다. 그러므로 연속적으로 지혜가 나온다.
　정진에는 노력 견수 불퇴가 있다. 노력은 부지런히 정진하는 것이
고 견수는 그 立志를 지키는 것이며 불퇴는 쉼 없이 나아가는 것이
다. 운동도 계속해야 그 근육이 그대로 있지 안 하면 금방 탄력을
잃고 쭈글쭈글해진다. 그러므로 수행은 그침 없이 계속해야 하는 것
이다.

起信論 唯除坐時專念於止 若餘一切 悉當觀察應作不應作

오직 앉아서 止에 전념할 때를 제외하고 나머지 일체 시간에는 다

410

마땅하게 반드시 해야 할 때와 반드시 하지 말아야 할 때를 잘 살펴야한다.

觀수행은 止수행을 하지 않을 때 하는 것이다. 왼쪽 발이 나가야하는데 오른쪽 발이 나가면 움직임에 차질이 생긴다. 그러므로 하나씩 그 기능을 다해야 한다.

止수행을 할 때는 觀수행을 하면 안 된다. 止수행 할 때는 止수행을 해야 한다. 그러므로 止수행 할 때는 오롯이 止수행에만 전념한다. 아무리 觀수행이 중요하다고 해도 止수행을 할 때는 止수행에매진해야 한다는 것이다.

그러니까 止를 닦기 위해 앉아야 하는지 觀을 수행하기 위해 일어나야 하는지를 잘 판단해서 止觀의 수행이 어긋나지 않도록 해야 한다는 말씀이다. 원문에 作은 지을 작이 아니고 할 作 자다. 참고하시기 바란다.

海東疏 第二明觀 於中有三 初明修觀之意 次顯修觀之法
두 번째는 관을 밝힌 것이다. 그중에 셋이 있다. 처음엔 관을 닦는뜻을 밝혔고 다음에는 관을 닦는 법을 나타내었다.

물론 첫 번째는 止를 밝혔다. 다음으로 觀을 어떻게 닦을 것인지를설명하고 있다.

止를 닦으려면 觀을 닦아야 하고 觀을 닦으려면 止를 닦아야 한다.즉 참선을 하려면 세상의 허망함을 보아야 하고 세상의 허망함을 보면 참선을 해 실상을 봐야 한다는 것이다.

그러니까 평등한 가운데 차별이 있는데 그 차별의 법을 관찰하는 것이 觀수행이고 차별된 가운데 평등이 있기에 그 평등에 들어가는 방법은 止수행이 되는 셈이다.

이 둘의 작용은 두 손과 같다. 두 손을 같이 써야 한 개의 얼굴을 닦는데 그 효능이 극대화되듯이 지관을 같이 수행해야 하나의 마음을 제대로 닦을 수 있다. 그래서 이번에는 觀 닦는 법을 밝힌 것이다.

[海東疏] 其第三者 總結勸修
세 번째는 전체를 결론지어 닦음을 권하고 있다.

그리고 마지막에는 止觀을 결론지어서 반드시 止觀을 함께 닦으라고 권하고 있다. 그 대목은 원문의 마지막에 나온다.

[海東疏] 第二之中 顯四種觀 一法相觀 謂無常苦 流轉 不淨 文相可知
두 번째 중에 네 종류의 觀을 나타내었다. 첫째는 법상관이다. 말하자면 무상 고 유전 부정이다. 문장의 양상으로 가히 알 수 있을 것이다.

앞에는 觀을 닦는 뜻을 밝혔고 지금은 觀을 닦는 방법을 설하고 있다. 그 첫 번째가 법상관이다. 법상관은 세상과 나의 상태를 정확히 보는 것이다. 세상은 무상하고 나는 윤회한다. 그러기에 세상과 나는 청정하지 못하다는 것이다.

마명보살은 세상 모든 것들은 무상과 무아 부정과 열반이라 했다.

412

그것을 성사는 무상 고 유전 부정이라고 표현하셨다. 순서가 다를 뿐 같은 뜻이고 유전은 윤회를 말한다.

불쌍하다는 말을 들어봤을 것이다. 불쌍은 不常에서 나온 말이다. 그것은 평상이 아니다는 뜻이다. 평상은 아무 일도 일어나지 않은 원래의 모습인데 지금은 常住에서 뒤틀려 있다는 뜻으로 不常이라고 한다.

不常이 되면 고통이 일어난다. 그래서 범부는 무상하다고 한다. 無常이 不常이다. 不常의 반대가 佛像이다. 불상은 천년만년 변하지 않고 영원하기에 그렇다. 그러므로 불쌍한 범부는 佛像을 보고 常住를 생각해야 한다.

[海東疏] 如是當念以下 第二明大悲觀 作是思惟以下 第三明誓願觀
여시당념 이하는 두 번째로 대비관을 밝히고 있고, 작시사유 이하는 세 번째로 서원관을 밝히고 있다.

일체중생은 무시이래로 무명에 의해 훈습되어 오다 보니 끝없이 생멸을 한다. 그래서 크나큰 고통과 핍박이 끊이지 않는다. 그러므로 불쌍하기 이루 말할 수 없다고 생각한다. 그것이 대비관이다.

그럼 어떻게 해야 한단 말인가. 어찌하든 그들을 구해야 한다. 홀쭉한 배로 길거리를 헤매는 야생고양이새끼도 그냥 지나칠 수 없어 보살피고자 하는데 하물며 인간이겠는가.

그러므로 고통받고 있는 그들을 구발해 열반 제일의 즐거움을 주어야 되겠다는 마음을 일으킨다. 그것이 보살의 마음이다. 그 마음이 서원관이다.

以起如是以下 第四明精進觀 依此四門 略示修觀也
이기여시 이하는 네 번째로 정진관을 밝히고 있다. 이 네 부문을 의거해 간략히 관 닦는 것을 보였다.

나 혼자 잘 먹고 살기 위해 돈을 벌었다. 그런데 주위를 둘러보니 세상과 인간들 모두가 다 먹지 못해 병들어 있다. 이것이 법상관이다.
그들이 너무 불쌍하다. 대비관이다. 그래서 그들을 구제해야 되겠다고 생각하고 갖고 있던 모든 것들을 그들에게 나눠 주고자 한다. 서원관이다.
그리고 다시 돈을 벌려고 한다. 이게 바로 정진관이다. 조금도 게으름 없이 부지런히 정진해서 나머지 모든 중생들을 다 구제해야 되겠다는 일념으로 정진한다. 그런 마음으로 보살은 끊임없이 정진하는 것이다.

海東疏 唯除坐時以下 第三總結勸修 上來第一別明止觀
유제좌시 이하는 세 번째로 전체적인 것을 결론지어 닦기를 권하고 있다. 위로부터 오면서 첫 번째로 따로 지관을 밝혔다.

유제좌시는 오직 앉아 있을 때는 전념으로 止를 닦아라는 뜻이다. 止를 닦을 때는 오로지 止만을 닦아야 한다. 어중간하게 止도 아니고 觀도 아닌 상태로 앉아 있으면 止에도 들어갈 수 없고 觀에도 들어갈

414

수 없다.

觀수행에는 자리와 이타가 있다. 自利에는 無常과 苦 無我를 관하여야 하는데 그것이 법상관이다. 利他에는 대비관과 서원관 정진관이 있다. 정진관에는 노력과 견수, 그리고 불식이 있다고 했다. 불식은 쉬지 않고 계속해서 나아감을 말한다.

ㄷ) 지관합수

起信論 若行若住 若臥若起 皆應止觀俱行
가고 있고 눕고 일어나고 다 응당히 지관을 함께 수행해야 한다.

止觀은 함께 닦아야 아귀가 맞다. 세상 천지에 혼자 움직이는 것은 아무것도 없다. 모두가 다 둘이다. 우리 몸에 신체구조만 봐도 그렇다. 전부 다 둘이서 움직인다.

"입은 한 개잖아요?"
"뒤에 하나 더 있잖아요."

외출을 하면 觀을 닦는 좋은 기회고 선원에 있으면 止를 닦는 멋진 기회다. 그러므로 삶 자체를 지관수행 하도록 해야 한다. 그것이 여일하면 오매일여가 된다.

起信論 所謂雖念諸法自性不生

말하자면 비록 모든 법의 자성은 생겨나지 않는다고 생각하더라도

세상은 꿈과 같다고 수없이 말해 왔다. 꿈은 생겨난 것인가. 아니다. 꿈은 생겨나지 않았다. 그것은 원래 없는 것이다.

마찬가지로 세상 또한 생겨나지 않았다. 그래서 그것도 내가 깨달음과 동시에 사라진다. 그러므로 세상은 가짜고 환영이다. 그렇게 생각해야 한다.

그럼 가족은? 같이 먹고 같이 사는 가족들도 다 가짜들이다. 그들은 그들대로 연기하고 나는 나대로 연기하고 있다. 가족이라는 죄업의 드라마가 끝나는 시점 그들도 사라지고 나도 없어져 버린다.

起信論 而復卽念因緣和合 善惡之業 苦樂等報 不失不壞

다시 곧 인연으로 화합한 선악의 업과 고락의 과보는 유실되지도 않고 없어지지도 않는다는 것을 알아야 한다.

지나간 꿈 생각하면서 살아가는 사람은 바보다. 마찬가지로 이 세상 살아온 것을 생각하면서 살아가는 사람은 범부다. 둘 다 허황한 것에 속은 자들이다. 그렇지만 인과는 역연하다. 미래는 말할 것도 없다.

꿈속에서 미친개에게 물렸다. 발버둥치다가 옆에 사람을 개라 생각하고 걷어찼다. 남의 사정을 모르는 사람이 가만있을 리 없다. 졸지에 그 사람과 싸워 원한을 맺는다.

야바위로 돈 따는 사람은 사기다. 그것은 눈속임이다. 그것은 원래

없는 것이다. 그런데 그 사기술로 돈을 잃은 사람이 있다. 없는 것에 속은 것이다. 분통이 터진다. 그 분통이 분노의 업을 만든다.

起信論 雖念因緣善惡業報 而亦卽念性不可得

비록 인연으로 이뤄진 선악의 과보라 해도 또한 그 성품은 가히 얻을 수 없는 것이다고 생각해야 한다.

꿈도 없고 사기도 없다. 하나는 내 마음을 관리하지 못해서 일어난 일이고 둘은 내가 어리석어서 당한 것이지 실재로 착시라는 것은 없다.

돈도 명예도 원래는 없는 것이다. 그래서 그것을 잃었다고 해서 괴로워할 것도 없다. 연인도 사랑도 원래는 없는 것이다. 그러므로 그것이 떠났다고 해서 슬퍼할 것도 없고 미련을 가질 것도 없다. **법구경** 말씀이다.

Let go the past, Let go the future, Let go the present.
Having reached the end of existences,
With a mind freed from all,
You will not again undergo birth and decay.

과거를 버려라. 미래를 버려라. 현재를 버려라.
그러면 존재의 끝을 알게 될 것이다.
그때 모든 것으로부터 자유로워진다.

이제 두 번 다시 나고 죽지 않게 되는 것이다.

인연으로 만들어진 나도 없다고 하는데 나에 붙어 일어난 모든 것들이 뭐 그리 대수인 것인가 라고 생각하면 인생에 괴로울 것도 슬플 것도 사실 없다. 그런데 말이 쉽지 범부는 그렇게 되지 않는다. 그것이 문제라는 것이다.

起信論 若修止者 對治凡夫住著世間 能捨二乘怯弱之見

지를 닦으면 범부들은 세간에 주착하는 것을 대치하고 이승들은 겁약한 소견을 버리게 된다.

이 대목은 조론8유 가운데 여섯 번째 뒤 부분이다. 먼저 止를 들었다. 止를 닦으면 범부와 이승에 어떤 효능이 있는 것인가. 범부들은 세간에 주착하고자 하는 마음을 없앨 수가 있다.

24시간 영상을 방출하는 TV는 그 바탕화면이 보이지 않는다. TV를 꺼봐야 TV의 원래 모습이 드러난다. 24시간 망념이 일어나는 우리의 마음은 그 바탕자리를 알지 못한다. 생각이 정지되어 봐야 우리 마음의 밑바탕이 보인다. 그러면 우리를 울고 웃게 만드는 세간이라는 것이 원래 없었다는 것을 알게 된다. 그때서야 범부는 세상의 집착을 버릴 수 있다.

다음은 이승들이다. 止를 닦으면 이승들은 생사에 대한 두려움을 떠나게 된다. 생사는 단지 인연에 의해 생겨나고 없어지는 것이지 그것이 실재로 있는 것이 아니다는 것을 깨닫는다. 그래서 생사에 대한 두려움과 공포심이 없어진다고 하였다.

起信論 若修觀者 對治二乘不起大悲狹劣心過 遠離凡夫不修善根

관을 닦으면 이승들은 협렬한 마음을 가져 대비를 일으키지 않는 과실이 다스려지고 범부들은 선근을 닦지 않는 생각을 멀리 떠나게 된다.

觀에 대한 효능이다. 앞에서는 범부가 먼저 나왔는데 지금은 이승이 먼저 나왔다. 그것은 止와 觀은 어느 누구에게나 공평하게 닦아야 하는 수행이라는 것을 의미한다.

또 하나 특이한 것은 止를 닦는 소승은 이승이라고 하는데 반해 대승에서는 범부라고 하고 있다. 이승은 성문과 연각이다. 그런데 그 수준을 대승의 범부에 두고 있다. 그 이유는 대승에서 마땅히 그에 맞는 차원이 없기 때문이다.

성문과 연각을 대승으로 보면 성문은 신심을 닦는 상근기 수행자고 연각은 십주에 오른 초발심주보살이 된다. 초발심주보살은 이미 止의 효능으로 성취된 자리다. 그러므로 이승에 대한 마땅한 지위가 없어서 그냥 범부라고 했다. 즉 수준 높은 범부가 되는 셈이다.

觀을 수행하면 이승들은 대비심을 일으킬 수 있다. 그들은 自利수행만 한다. 그러므로 觀을 수행해야 일체중생은 다 한 뿌리라는 보살정신이 생겨난다.

범부들은 선근을 닦아야 止를 수행할 수 있다는 것을 알고 열심히 선업을 짓는다. 그 전에는 자기 혼자서만 止를 수행하면 된다고 생각했는데 그것은 선업이 바탕이 되어야 한다는 것을 비로소 알게 되어서 그렇다.

起信論 以此義故 是止觀二門共相助成 不相捨離
이러한 뜻이기 때문에 지관 두 문은 함께 서로 도우면서 이루어진다. 그래서 서로 버리거나 떨어지지 않는다.

　세상에 참선만 하는 수행자는 없다. 반대로 행정만 하는 수행자도 없다. 한 쪽만 하는 수행자는 수행자가 아니다. 수행자는 반드시 지관을 겸해야 한다. 그래야 진취할 수 있다. 진취는 수행자가 나아가는 길이다.
　빨래도 두 손으로 비틀어 짜야 물기가 제거되고 설거지도 두 손으로 닦아야 그릇이 깨끗해진다. 그처럼 목적지로 향해 진취하는 수행자도 두 가지 수행을 겸해야 그 결과를 장담할 수 있다.
　육조단경에서 선정은 지혜의 본체요. 지혜는 선정의 작용이다. 곧 지혜 안에 선정이 있고 선정 안에 지혜가 있으니 곧 선정과 지혜를 함께 배워야 한다. 그러므로 도를 배우는 사람은 먼저 선정이 있어야 지혜가 나온다거나 지혜가 있은 뒤 선정이 나온다거나 하여 서로 다르다고 생각하지 말아야 한다고 했으니 그 뜻이 바로 여기에 있다.

起信論 若止觀不具 則無能入菩提之道
그러므로 지관을 갖추지 않으면 능히 보디의 길에 들어갈 수가 없다.

止觀은 바늘과 실의 관계다. 하나라도 없으면 그 기능을 다 하지 못한다. 이 둘을 갖춰야 아름다운 수행의 자수가 놓아진다. 마찬가지로 지관수행 없이 믿음에 들어간다는 것은 바늘 없이 옷을 만드는 일과 같고 실 없이 베를 짜는 것과 같다. 그것은 결코 이뤄지지 않는다.

그러므로 지금부터라도 출가한 스님은 중생을 보살피고 중생을 보살피면서 참선을 해야 한다. 그래야 지관수행을 하는 이상적인 스님이 된다.

이상적인 스님은 깨달음의 길로 나아가는 수행자를 말한다. 이 길 외에는 없다. 다른 길로 나아가면 모를까 자력으로 깨달음의 길로 나아가는 데는 이 길 외는 없으니까 그렇다.

海東疏 第二合修 於中有三 一總標俱行 第二別明行相 三者總結

두 번째는 합수다. 그 가운데 셋이 있다. 첫째는 묶어서 같이 수행함을 드러내고 둘째는 따로 그 행상을 밝히며 셋째는 묶어서 결론짓고 있다.

첫 번째는 止觀을 떼어서 따로 따로 수행하는 법을 밝혔다. 이제는 그것을 합해서 수행하는 방법을 말하고 있다. 그래서 合修라고 했다.

거기에 세 가지가 있는데, 첫째는 일상생활에서 지관을 합해서 닦고, 둘째는 지관을 닦으면 어떤 효능이 있는지 그것을 말하고, 마지막에는 그러므로 지관은 함께 닦아야 된다고 결론짓고 있다.

海東疏 第二之中 顯示二義 先明順理俱行止觀

둘째 가운데 두 뜻을 내보이고 있다. 먼저는 이치를 따라 지관을 함께 닦아야 하는 것을 밝히고

중생세계는 인연으로 화합되어 있다. 그것은 상황과 조건에 따라 천만 가지로 변화한다. 그 변화를 정신없이 따라다니며 희비를 일으키는 것이 범부의 삶이다.

인연은 실체가 없는데 화합은 있다. 그런 화합은 나에게 苦를 안겨준다. 그래서 부처님이 일체개고라고 하셨다. 그 苦를 없애려면 止를 닦아야 한다. 그러면 화합된 인연은 없어진다.

인연의 삶 속에서 선을 짓고 악을 짓는다. 선을 지으면 즐거움을 받고 악을 지으면 죄과를 받는다. 그것을 알려면 觀을 닦아야 한다. 그것을 이치라고 한다.

海東疏 後顯對障俱行止觀

뒤에는 장애를 상대하려면 지관을 같이 닦아야 한다는 것을 내보이고 있다.

대승의 범부와 소승의 이승은 무엇 때문에 止觀을 닦아야 한단 말인가. 그것은 수행에 장애가 되는 부분을 떨쳐내기 위함이다.

나무를 휘감고 있는 넝쿨 때문에 나무는 햇빛을 받지 못하여 숨을 쉬지 못한다. 그 넝쿨을 없애야 한다. 그러면 그 나무는 단단하고 곧게 성장할 수 있다. 마찬가지로 신심수행의 길목에 장애가 있다면 그 장애를 없애야 한다. 그 역할을 하는 것이 지관수행이다.

海東疏 初中言 雖念諸法自性不生者 依非有門以修止行也

첫 문장 중에서, 모든 법의 자성은 생겨나지 않는다고 생각해야 한다는 것은 非有門을 의거해 지행을 닦는 것이다.

세상은 있지 않다는 시각이 非有門이다. 없다고 하면 될 것을 왜 있지 않다고 어렵게 표현했을까. 그것은 有無의 집착에 깊이 떨어질까 염려해서다.

눈앞의 세상은 일어나지 않았기 때문에 없어질 수가 없다. **반야심경**에서는 이것을 불생불멸이라고 하셨다. 나고 없어지는 것은 실재가 아니다. 그것은 바람과 같다. 태풍이건 폭풍이건 바람은 원래 없는 것이다. 그런 시각으로 止行을 닦는다. 그러면 바람이 그친 진짜의 세상모습을 볼 수가 있다.

海東疏 而復卽念業果不失者 依非無門以修觀行也

그러나 다시 업과는 없어지지 않는다는 것을 생각한다는 것은 非無門에 의거해 관행을 닦는 것이다

非無門은 없지 않다는 논리다. 그러니까 세상은 있다는 것이다. 없는 인과에 의해 과보가 이뤄진다. 실재가 없는 꿈이지만 좋은 꿈을 꾸면 기분이 좋다.

아무 형체가 없는 언어지만 누가 나보고 잘 생겼다고 하면 기분이 업 된다. 그래서 나도 그에게 상응하는 덕담을 건넨다. 그와 나는 없던 것에 의해 서로 기분 좋음을 나눠가진다.

많은 사람들은 없는 것을 있도록 만들어 원수가 되고 또 많은 사람들은 있는 것을 없다고 하여 죄과를 받는다. 또 많은 사람들은 없는 것을 있게 해 복덕을 짓는다. 그런 인과관계는 觀수행을 해야 명확히 알 수가 있다.

海東疏 此順不動實際建立諸法 故能不捨止行而修觀行

이것은 실재는 부동하는데 제법이 건립되기 때문에 지행을 버리지 않고 관행을 닦는 것이다.

만상의 바탕이 실재다. 물은 실재고 파도는 제법이다. 파도가 끝없이 요동해도 물을 벗어나지는 못한다.

제법이 아무리 건립되고 부서져도 실재는 언제나 그대로 있다. 누가 아무리 나보고 잘 생겼다고 해도 나의 본래 모습은 추하다. 그걸 모르면 자기가 잘났다고 기고만장할 수 있다. 모든 중생이 다 그렇다. 자기들의 삶이 남들의 기준에 의해 움직인다. 자기는 없고 남들에 의해 내가 있다.

그런 나는 원래 없던 것인데 또 다른 내가 가짜로 드러나 가짜의 삶을 살고 있다. 그것을 직관하지 않으면 마지막에 큰일이 난다. 그 현상을 직관하여 제자리로 돌려놓아야 한다. 그것이 觀수행이다.

海東疏 良由法雖非有而不墮無故也

그것은 진실로 법이 비록 있지는 않지만 없다는 것에 떨어지지 않도록 하기 때문이다.

424

세상은 진실로 없다. 그렇지만 있다. 그러므로 없다고 하면 안 된다. 엄연히 세상은 있고 그 속에 나와 만상은 존재한다. 그러므로 그 인연을 알려면 觀수행을 해야 한다. **원각경** 말씀이다.

知彼如空華
卽能免流轉
猶如夢中人
醒時不可得

세상이 허공의 꽃인 줄 알면
생사의 윤회를 벗어나리라.
그것은 꿈꾸는 사람이 깨어나면
아무것도 없는 것과 같다.

[海東疏] 次言雖念善惡業報而卽念性不可得者 此順不壞假名而說實相

다음에 비록 선악의 업보를 생각하나 곧 본성은 가히 얻을 수 없음을 생각한다는 것은 이것은 가명을 파괴하지 않고 실상을 말하기 때문에

선악에 의해 천상의 즐거움을 받고 지옥의 고통을 받는다. 분명히 천상과 지옥이 있다. 죄와 복의 본성은 없는데 그것에 의해 천상의 중생과 지옥의 중생이 현상적으로 갈라져 있다.

그것들은 모두 다 마음이 병들어 만들어 낸 허상세계다. 그렇지만

확실히 그런 세계가 있다. 그런 세계는 현상이고 그 바탕은 실상이다. 실상 쪽에서 보면 아무것도 없지만 현상 쪽에서 보면 삼라만상이 뚜렷하게 벌어져 있고 인과가 역연하다. 그런 없던 세상에 인과의 고통을 느낀다면 빨리 止를 수행해 실상 속으로 들어가야 한다.

海東疏 故能不廢觀行而入止門
관행을 그만두지 않고 지문에 들어갈 수 있는 것이다.

눈이 녹으면 눈에 덮여 있던 물상은 드러난다. 눈은 현상이고 물상은 실상이다. 세상의 실상인 실재를 알려고 하면 止수행을 하면 된다. 그러면 그 현상들의 밑바탕을 알 수가 있다.

정리하자면 세상은 없지 않다는 쪽에서 觀행을 닦는다. 움직이는 마음 거기에는 인과가 분명히 있다.

세상은 있지 않다는 쪽에서 止행을 닦는다. 정지된 마음 거기에는 인과가 생길 자성이 없어서 세상은 없다.

海東疏 由其法雖不無而不常有故也
그것은 그 법이 비록 없지는 않으나 항상 있지도 않기 때문이다.

법은 삼라만상이다. 물론 중생도 거기에 포함된다. 그것들은 결코 없지 않다. 그러니까 있다는 것이다. 그러기에 觀수행을 하여 그 연기와 인과를 직관한다.

인연에 의해 일어난 일체 법인 삼라만상은 현상으로는 일정하게 있으나 그 실상은 있지 않다. 그것은 止수행을 해야만 그 본질을 알 수가 있다.

海東疏 若修以下 對障分別 若修止者 離二種過

약수 이하는 장애에 대하여 분별한 것이다. 만약에 지를 닦으면 두 종류의 허물을 벗어나게 된다.

이 대목이 조론8유 가운데 여섯 번째라고 했다. 즉 지관 속에 대소승 수행자가 갖는 두 가지 허물을 대치하는 내용이라서 그렇다.

원문에 약수가 나온다. 거기에 보면 이승과 범부들이 止수행을 할 때 얻어지는 공덕의 효능을 말해 놓았었다.

아무 효능이 없다면 구태여 닦을 필요가 없다. 말하자면 참선인 止수행을 했는데도 아무 변화가 없다면 그 사람은 앉아서 아까운 시간만 보내었다는 것 밖에 되지 않는다. 안 된 일이지만 그런 사람들이 의외로 많다.

海東疏 一者正除凡夫住著之執 遣彼所著人法相故

첫째는 범부가 주착하는 집착을 정확히 제거해 준다. 그것은 소견에 집착하는 인법상을 없애는 것이다.

범부는 헛것을 보고 집착한다. 인기리에 방영되는 일일드라마에 빠지면 못 헤어난다. 가공의 인물들이 펼치는 가상의 세계를 보고 다시 자신 속에 가상의 세계를 만든다.

전혀 사실이 아닌 것을 사실처럼 받아들여 울고 웃는다. 그처럼 범부는 이 세상에 집착한다. 드라마는 작가가 만들고 이 세상은 죄업이 만든다. 둘 다 허상인데 범부는 드라마만 가짜인 줄 안다.

이 세상은 가짜다. 드라마 속에 사람이 가짜고 그 무대가 가짜인 것과 같다. 그게 인법상이다. 인상은 사람이고 법상은 무대다. 그런 인법상은 止를 닦게 되면 바로 가짜라는 것을 알게 된다.

海東疏 二者兼治二乘怯弱之見　見有五陰怖畏苦故

둘째는 겸해서 이승들의 겁약한 소견을 다스린다. 그들은 오음이 있다는 데 대해 두려움을 갖고 있기 때문이다.

이승은 육신이 그림자처럼 달라붙는 줄 알았다. 그래서 그들은 멸진정을 꿈꾸었다. 마음도 없고 육신도 없어진 그런 세상에 살고자 하였다.

사실 범부의 육신은 하자 투성이다. 그것은 완벽하지 못한 부모가 만들었다. 부모 또한 완벽치 못한 조상에게서 만들어졌다. 그러고 보면 애초부터 만든 자가 불완전한 자였다.

그런 어설픈 솜씨로 인간을 만들어놓고 자기가 만들었다고 자랑하고 위세를 떨고 있다. 선악과는 애초에 만들지를 말았어야 했다. 세속의 부모들도 아이들이 손댈 수 있는 위험물질은 미리 치워 버린다.

어쨌거나 인간의 몸은 정말 골치 덩어리다. 이거 정말 버려야 하는데 어떻게 처리가 안 된다. 가전제품이나 생활쓰레기는 언제든 버릴 수 있는데 이 몸은 어떻게 할 수가 없다.

죽으려 해도 죽어지지 않고 살려고 해도 살아지지 않는다. 진짜 싫다. 진짜 바라는 게 있다면 이거 하나다.

願我臨欲命終時 원아임욕명종시
盡除一切諸障碍 진제일체제장애
面見彼佛阿彌陀 면견피불아미타
卽得往生安樂刹 즉득왕생안락찰

제가 죽음에 임할 때
일체의 모든 장애가 없어져서
아미타불을 뵙고
극락세계에 왕생하길 발원하옵니다.

아미타불의 위신력을 어떻게든 입으면 죄업에 얽힌 이 중생의 몸을 여기다 훌훌히 벗어던지고 극락세계에 화생으로 태어나 맘껏 止 수행을 할 수가 있기에 그렇다.

[海東疏] 若修觀者 亦離二過
관을 닦으면 또한 두 가지 허물을 벗어날 수 있다.

앞에서 止를 닦지 않으면 결코 스님이라 할 수 없다고 했다. 觀 또한 마찬가지다. 그러니까 止觀을 닦지 않으면 그 사람은 절에 사는 직업인일 뿐이다.

스님은 직업이 없다. 지관을 수행하는 수행자의 신분이다. 그 수행자가 머무는 곳이 절이다. 그래서 절의 어원이 折이라고 했다. 즉이 두 가지 수행으로 자신을 꺾어 두 가지 허물을 벗는다는 것이다.

一者正除二乘狹劣之心 普觀衆生起大悲故

첫째는 이승의 협렬한 마음을 정확히 제거해 준다. 그리고 중생을 널리 보아 대비를 일으키게 한다.

멸진정이라 했을 때 멸은 번뇌를 없앤다는 말이고 진은 생사가 끝난다는 말이다. 그러면 적정의 세계에 안주할 수 있다. 그 세계가 멸진정이다.

그러니까 이승은 멸진정을 얻어 자신만의 안온을 누리려 한다. 그런데 觀을 닦으면 그렇게 되지 않는다. 주위에 고통받는 중생이 널브러져 있는 것이 보인다. 어찌 그들을 못 본 척할 수 있겠는가.

맛있는 음식을 먹고 있는데 옆에 침을 흘리고 있는 강아지가 있다. 그 강아지의 눈길을 무시하고 혼자서 그 음식을 홀딱 다 먹을 수 있는가. 항차 미물인 동물인 강아지 눈길도 피하지 못하는데 사람이겠는가.

그래서 觀을 닦으면 고통받는 중생들이 보이기 시작해서 대비심이 일어나는 것이다.

二者兼治凡夫懈怠之意 不觀無常懈怠發趣故

둘째는 겸해서 게으른 범부의 의지를 다스린다. 그들은 무상을 관하지 않아 발취함에 나태하기 때문이다.

　번뇌에 얽매어 생사를 초월하지 못한 자들이 범부다. 그들은 자기가 실재라고 믿고 있다. 그러다보니 이게 삶의 전부라고 생각한다. 마치 초등학생이 초등교육이 전부인 줄 알고 있는 것과 같다.

　초등생이 중학교가 있다는 것을 알면 중학교에 들어갈 공부를 한다. 그런데 그것이 끝이라고 하면 거기서 정지한다. 범부가 그렇다. 범부는 세월이 그들의 몸을 어른으로 만든다. 그러면 그들의 마음이 거기서 정지해 버린다.

　그래서 그들은 無常을 모른다. 고작 세월이 빨리 간다는 소리만 달고 산다. 그 다음은 어떻게 해야 하는지 모르고 있다. 그럴 때 觀 수행을 한다. 그러면 정지된 범부의 삶에서 앞으로 더 발취해 나갈 수 있다. 거기에 십선업이 있다.

[海東疏] 以是義故以下 第三總結俱行
이시의고 이하는 세 번째로 두 행의 이치를 모아 결론짓고 있다.

　원문에 보면 이러한 뜻이기 때문에 라는 문구가 있다. 그 이하 문장은 지관은 함께 닦아야 한다는 이치를 결론짓고 있다는 것이다. 두 행의 이치는 물론 止行과 觀行의 이치다.

[海東疏] 一則順理無偏必須俱行 二卽並對二障必應雙遣
첫째는 이치를 따라 치우침 없이 반드시 함께 수행해야 된다는 것이고,

둘째는 두 가지 장애를 상대할 때는 반드시 응당히 쌍으로 없애라는 것이다.

이치는 순리다. 세상의 모든 만물은 순리를 따른다. 이것을 어기면 불편하고 시끄럽다. 불편은 내적 갈등이고 시끄러움은 외적 소음이다.

물은 소리없이 흘러야 정상이다. 그런데 개울물은 시끄럽다. 뭔가 바닥이 껄끄럽다는 것이다. 차는 소리없이 굴러야 안전하다. 그런데 시끄럽다면 엔진이나 도로가 고르지 않다는 것이다.

이런 이치로 봐서도 止觀은 반드시 서로 함께 맞아야 하는 것이지 한쪽만 특별히 취해 수행해서는 안 된다는 것이다.

海東疏 以是二義不相捨離 故言共相助成等也 止觀二行旣必相成
이 두 뜻은 서로 버리거나 떨어지지 않는다. 그래서 함께 서로 도와 가지런하게 이루는 것이다. 지관 두 수행이 반드시 서로 이루어지면

젓가락이 있으면 숟가락이 있다. 이 둘은 서로 버리지 못한다. 그래서 언제나 식탁에 가지런히 놓인다. 숟가락은 밥을 먹고 젓가락은 반찬을 먹어야 자기 할 몫을 다한다.

서양 식탁도 마찬가지다. 포크와 나이프는 서로 떨어지지 않는다. 포크만 쓰면 고기를 자를 수 없고 나이프만 쓰면 샐러드를 먹을 수 없다. 이 둘을 같이 써야 영양균형이 맞춰져서 먹는 사람이 건강할 수 있다.

海東疏 如鳥兩翼 似車二輪 二輪不具 卽無運載之能 一翼若闕 何有
翔空之勢

새의 양 날개와 같고 수레의 두 바퀴와 같다. 두 바퀴가 구비되지
않으면 실어 나르는 공능이 없고 한 날개라도 빠지면 어찌 창공을
나는 힘이 있겠는가.

비익조라는 새가 있다. 부부가 사이좋게 서로 도와가면서 행복하
게 사는 모습을 주로 이 새에 비유한다.

比翼鳥는 전설 속의 새다. 그 새는 날개가 한 개다. 암컷은 오른쪽
날개만 있고 수컷은 왼쪽 날개만 있다. 그러므로 혼자서는 날 수가
없다. 날려면 짝을 만나 서로 다리를 걸고 날개를 맞춰야 한다. 그래
야 창공에 날아오를 수 있다.

수레는 또 어떤가. 짐을 싣고 앞으로 나아가려면 두 개의 바퀴가
있어야 안전하다. 한 개는 제자리만 돌던지 아니면 넘어질 수 있다.
반드시 두 개의 바퀴라야 싣는 공능이 제대로 이루어진다. 성사는
이 말씀을 **발심수행장**에서도 하셨다.

行智具備如車二輪
自利利他如鳥兩翼

수행과 지혜를 함께 갖추면 수레의 두 바퀴와 같고
자리와 이타를 함께 닦으면 새의 양 날개와 같다.

수행은 觀이고 지혜는 止다. 그리고 自利는 止고 利他는 觀이다. 수레와 날개의 공통점은 목적을 향해 나아감을 말한다. 그러니까 깨달음의 세계에 진취하고 싶으면 반드시 이 두 수행을 겸해야 한다는 것이다.

海東疏 故言止觀不具 則無能入菩提之道也

그래서 말하기를 지관을 구비하지 않으면 곧 능히 깨달음의 도에 들어가지 못한다고 하였다.

눈여겨 볼 일은 깨달음의 道다. 道는 길이다. 그 길이 위에서 말한 분별발취도상이다.

그러니까 止觀을 함께 닦아야 10주에 올라가는 발판이 마련될 수 있다는 것이다. 그렇지 않고 한 개씩만 닦으면 대수선인 할아버지라도 그 길을 찾지 못한다.

그러므로 그 길로 나아가는 데는 두 눈을 똑바로 뜨고 가야 한다. 한 개의 눈으로 가다가는 몸의 균형을 잃는다. 마찬가지로 그 길로 진취하는 데는 반드시 止觀수행 두 개를 함께 수행해야 한다는 것이다.

海東疏 修行信心分中有三 一者擧人略標大意 二者就法廣辨行相

수행신심분에 세 문단이 있었다. 첫째는 사람을 들어 간략히 대의를 표시한 것이고, 둘째는 법에 나아가 널리 그 행상을 분별한 것이다.

첫째로 사람을 예로 든 것은 정정취에 들어가지 못한 자들이었다.

그것을 분별발취도상에서는 부정취중생이라고 했다. 여기서는 미입 정취라고 했고 그들이 신심을 수행하는 자들이라고 했다.

둘째로 그 행상을 분별한 것은 다섯 가지 수행문을 제시한 것이다. 즉 보시와 지계, 인욕과 정진 그리고 지관수행이다. 행상은 수행의 양상이다.

海東疏 此之二段竟在於前

이제 그 두 문단은 앞의 설명으로 마친다.

이제까지 부정취 중에서 우리같이 복 없는 하근기 중생은 어떤 수 행을 해야 하는지에 대해 설명을 해 왔다. 물론 그것은 五門수행이다.

그러니까 조론8유에서 말한 네 번째 다섯 번째 여섯 번째까지를 다 설명하였다. **기신론**의 대의로 보면 이제 一心 二門 三大 四信 五 行까지 완벽히 마친 셈이다.

여기까지가 자력수행이다. 부처가 되는 데는 이 정해진 길 외는 그 어떤 방법도 없다. 이 사실을 알고도 여기서 부처가 되고자 참선 하는가. 어림 반 푼어치도 없다.

"이 코스 외에 깨달음을 구하는 자는요?"
"그는 외도다. 단연코 이단이다. 하지만."

그래서 **二教論**에 十進九退라고 했다. 즉 자력으로 수행하는 자는 3대 무수겁 동안 지난 연후에야 무상보디를 이루기 때문에 열이면 아홉이 그 사이에서 다 탈락한다고 하였다.

그래도 자력으로 수행해서 부처가 되고자 하는가. 머리가 둔하면 손발이 고생하게 되어 있다. 망망한 생사의 바다를 손수 헤엄쳐 건너가겠다는데 더 이상 무슨 말을 하겠는가.

반대로 千無一失이라는 말이 있다. **석정토군의론**에 있는 말이다. 천 명이 나아가면 한 명도 낙오됨이 없이 모두 다 그 원하는 바를 성취한다는 것이다. 앞에 十進九退와 완전 반대되는 뜻이다. 큰 배를 타고 편안히 생사의 대해를 건너는 것이다. 우리는 그 배를 탈 것이다. 관심이 있으신 분들은 다음에 나오는 특별한 글을 잘 챙겨보시기 바란다.

(2) 타력신행

起信論 復次

다시 또한

조론8유 가운데서 이제 일곱 번째다. 즉 오롯한 염불방편으로 불전에만 태어나면 반드시 정정취가 되어 신심이 불퇴한다는 것을 보여주기 위해 이 논서를 쓴다는 대목이다. 그와 함께 술의에 있는 대승의 올바른 믿음 하나도 여기에 들어 있다. 그 내용은 念6字다.

그리고 **혈맥기** 표지 사진도 그 내용이 이 문단에 있다. 표지에 보면 중간이 아미타불이고 오른쪽이 관세음보살이며 왼쪽이 대세지보살이다. 그 그림은 내가 임의로 넣어둔 것이 아니라 고려대장경 속

대승기신론소기회본 원문 첫 장의 판각이다.

그 이유는 이 세 분이 극락세계의 대표적인 성인이시기에 그렇다. 그러니까 관세음보살은 중생을 모두 극락세계로 인도해 가시기 위해 자상한 어머니의 모습으로 이 사바세계에 나타나셨고 대세지보살은 큰 권세와 위덕으로 중생들을 몰아 극락세계에 다다르게 한다는 뜻으로 대세지라고 하였다. 장엄염불 중의 한 구절이다.

三聖所有功德聚 삼성소유공덕취
數越塵沙大若空 수월진사대약공
十方諸佛咸讚嘆 시방제불함찬탄
塵劫不能窮少分 진겁불능궁소분
是故我今恭敬禮 시고아금공경례

세 분 성인이 갖고 계시는 공덕이 얼마나 큰지
티끌이나 모래보다 더 많아 허공과 같사옵니다.
시방의 모든 부처님들이 그분들을 찬탄하는데
겁이 다하도록 설하셔도 조금밖에 못하시옵니다.
그래서 저희는 공경스럽게 그분들께 예배를 드립니다.

그분들이 갖고 계시는 공덕은 이처럼 어마어마하기만 하다. 일체 중생들이 영겁토록 쓰고도 남을 만큼 많고도 많다. 그러니 그분들이 우리들에게 그것을 나눠주고 싶어 오늘도 애간장을 태우고 있다.

그런데도 우리는 매양 헐벗고 가난하다. 그것은 그분들이 오라고 하는 극락세계는 가지 않고 죽어라 중생세계로 도망가고 있기 때문이다.

극락세계는 우리의 영원한 이상향이다. 더러는 파라다이스라고 표현하고 또 더러는 엘도라도라고 말하지마는 그것은 아니다. 그곳은 향락을 즐기거나 황금이 주어지는 것은 아니다. 수행하기가 최적인 장소여서 이상향이라는 곳이다.

수많은 사람들이 극락세계를 말하고 있다. 극락세계를 줄여서 정토라고 표현하기도 하는데, 극락정토 유심정토 일심정토 실보정토 등 방편과 편리에 따라 붙여진 이름도 다양하고 다상하기만 하다.

정토는 세상에 수없이 많다. **미륵상생경**에 보면 도솔천도 도솔정토라고 하셨고 **약사경**에 보면 약사부처님이 계시는 곳도 정토라고 하셨으며 **유마경**에 보면 일심이 정토라고 하셨다. 아니 상주부처님이 계시는 곳은 모두 다 정토가 되는 셈이다.

수원시방왕생경에는 아예 방위마다 정토가 있다고 하시기도 했다. 대표적으로 동쪽에는 향림찰정토, 남쪽에는 낙림찰정토, 서쪽에는 화림찰정토, 북쪽에는 도림찰정토, 위쪽에는 욕림찰정토, 아래쪽에는 수정찰정토, 동남쪽에는 금림찰정토, 서북쪽에는 금강찰정토, 동북쪽에는 청련찰정토들이다.

이 많은 정토 중에서 딱 하나 우리가 가고자 하는 정토는 극락정토다. 그곳이 우리의 이상향이고 목표다. 우리는 그 쪽으로 갈 것이다. 그리고 거기서 태어날 것이다.

우리가 취향하는 극락세계에 태어나는 방법도 천차만별로 각양각

색이다. 그러다보니 어느 방법이 최선이며 어느 노선이 최적인지 헷갈리게 해 극락왕생 수행자에게 큰 혼란을 주고 있다.

극락왕생은 아주 간단하다. 그것은 학문이나 철학이 아니다. 왕생에 확신이 없는 자들이나 왕생보다도 그 세계를 분석하기 좋아하는 사람들이 고차방정식 같은 이론들을 만들어 놓은 것이지 진정으로 왕생하고자 하는 자에게는 그런 것들이 필요가 없다. 그냥 깊은 믿음을 갖고 원대한 원력을 세워 실천해 나가면 되는 것이다.

불교의 모든 경전은 문답식으로 엮어져 있다. 그런 경전이 대소승을 합쳐 7,000권이 넘는다. 그중에서 유독 누가 묻지도 않았는데 부처님 스스로 설하신 경전이 세 가지가 있다. 소승불교의 **우다나**와 대승불교의 **화엄경**이다. 그리고 대소승을 뛰어넘은 정토삼부경이다. 즉 **아미타경 관무량수경 무량수경**이다.

무량수경에 보면 극락세계의 장소와 건립, 구성과 조건이 잘 나타나 있다. 그 경전에 기준하여 극락세계를 간단히 설명해 보겠다.

극락세계는 누가 어디에 어떻게 만들었는가. 극락세계는 우주공간에 만들어 놓은 인위적 세계다. 그 세계는 정확히 우주 공간의 중심지에 있다. 그곳은 시간과 공간의 영향으로부터 완전 벗어나 있다.

인간들 중에서 돈을 제일 많이 벌면 세상에서 가장 좋은 곳의 땅을 사듯이 중생들 중에서 복을 가장 많이 가지신 분이 이 우주에서 최고로 안전하고 최고로 이상적인 장소의 땅을 구하였다.

누가 그 땅을 샀는가 하면 법장이라는 스님이다. 그분이 한 나라의 왕으로 계실 때 세자재왕불이 그 나라에 출현하셨다. 왕이 되는 것도 보통 복이 아닌데 거기다가 부처까지 자기 나라에 출현하셨으니 그 왕의 복덕이 얼마나 큰지 상상이 갈 것이다.

그 왕이 세자재왕불의 설법을 듣고 크게 감동하여 출가하였다. 그리고는 법장이라는 법명을 받게 된다. 법장은 진여법이 감추어져 있다는 뜻이다. 진여법은 본각이다. 본각이 불성이다.

불성은 누구에게나 있다. 중생들에게 다 있다. 그래서 선종에서 극락세계가 어디 있나 하면 중생들 마음속에 있다고 한다. 법장이라는 이름 때문이다.

그 이름을 빌미로 그들은 극락세계를 일심에 넣거나 유심에 집어넣어 일심정토니 유심정토라고 해버린다. 그것은 벽촌의 어린 학생이 선생에게 서울이 어디에 있느냐고 물었을 때,

"서울은 여러분들 마음속에 있다."

고 대답하는 것과 같은 기막힌 소리다. 확실히 알아야 한다. 극락세계에 대한 경전이 나올 때 마음을 깨닫는 선종은 아예 태어나지도 않았다는 사실을 반드시 알아야 한다.

그러므로 앞에서 한 번 말했지마는 이 극락세계를 일심으로 집어넣겠다는 의도는 코끼리를 머그잔 속으로 집어넣으려는 것과 같이 말도 안 되는 시도라는 것이다.

극락세계는 법장비구가 설계를 하였고 세자재왕부처님이 허가를

내 주셨다. 그리고 무수한 부처님들의 감리로 완성되었다. 설계대로 지어지지 않으면 준공검사가 떨어지지 않듯이 우주 제일의 부처학교를 실재로 만들겠다는 발원대로 완벽하게 이뤄지지 않았다면 제불이 인정해 주지 않았고 그로 인해 극락세계는 존재할 수가 없었다.

그러기에 거기에는 부실이나 하자가 없다. 왜냐하면 건립된 이후로 단 한 번도 보수공사나 부분수리를 한 적이 없기 때문이다.

그럼 극락세계를 만드는 데 얼마나 오랫동안 공사기간이 걸렸나. 보통 성인남자가 자기 가족의 의식주를 해결하기 위해 아파트 하나를 구하려면 대강 얼마만한 시간이 걸릴까.

지금 같은 시세라면 60평생 월급 모아서 겨우 중간크기 아파트 하나를 살 것이다. 그러니까 평생이 걸려 아파트 하나를 구하면 평균 4인 가족이 거기서 평안히 살 수가 있다.

그렇다면 이 지구 인간들이 60억이라 했을 때 4인이 한 가족이면 15억 가구가 된다. 어떤 한 사람이 15억 가구를 따뜻하고 안락하게 살 수 있도록 하려면 90억 년 동안 돈을 벌어야 가능하다.

이런 계산으로 일체중생들이 다 자기 학교에 들어와 부처가 될 때까지 무상으로 거주하고 무상으로 교육받을 수 있는 세계를 만들고자 한다면 도대체 얼마나 많은 세월 동안 공력을 들여야 할까.

또 그런 수행자들이 우주공간에서 계속적으로 모여들 때 거기에 필요한 생활필수품을 하나도 빠짐없이 제공하려면 또 얼마만큼 부자라야 그것이 가능할까.

그래서 법장스님은 산수로써 셀 수 없고 수학으로 상상할 수 없는 한량없는 나유타 세월 동안 복덕을 지으면서 동시에 그 세계를 장엄하고 아름답게 꾸미는 데 전념을 다하였다. 어떻게 꾸미고 장엄하였는지는 48대원에 잘 나타나 있다.

그렇다면 법장비구가 아미타불이 되어 극락세계를 건립하신 지는 얼마나 되었을까. 정확히 10겁 전이라고 석가모니부처님은 말씀하셨다. 10겁이라는 숫자가 나왔다. 이것은 우리 본성을 말하고 있다. 우리의 본성은 10惡이 생기기 이전에 이미 부처가 되어 있다는 뜻이다.

이 말씀 때문에 또 선종에서 정토는 유심이고 미타는 자성이라고 한다. 이치적으로는 맞는 말이다. 정토는 마음에 있고 미타는 자성의 속성이기에 그렇다.

도시에 죽순같이 솟아 있는 빌딩들은 다 마음이 만들어 낸 산물들이다. 그것들을 보고 저 건물들은 모두 내 마음속에 들어 있다고 하면 어떻게 될까. 마음 타령만 하고 설계와 건축을 하지 않았다면 어떻게 도시가 형성되었겠으며 어떻게 도심의 건물들이 솟아오를 수 있었겠는가.

어떻게든 생로병사를 벗어나 안락처를 찾아야겠다는 중생들에게 생로병사는 원래 없는 것이며 그 안락처 역시 마음속에 있다고만 한다면 중생들에게 무슨 이익이 있겠는가.

미타는 자성이다. 아미타불의 속성은 자성 속에 들어 있다. 어린이는 어른의 자성을 갖고 있다. 그러니 어린이보고 너는 어른이다고 하면 되는 것인가.

장미 줄기 속에 장미꽃이 들어 있다고 너는 장미꽃이다 하면 맞는 말인가. 현상적으로 어린이가 어른이 되어야 어른인 것이고 장미가 꽃을 피워야 장미가 되는 것처럼 중생이 마음을 깨달아야 미타가 되는 법인데 쓸데없이 현상 속에 있는 중생들에게 마음의 실재를 들먹거리고 있으니 띄웅 할 수밖에 없다.

유심과 미타는 근본적인 실상이고 정토와 미타는 현상적인 보토다. 중생은 지금 고통 속에 들어 있기 때문에 실상보다는 현상에서 봐야 한다. 교도소에 갇혀 있는 죄수들 보고 그대들 마음은 다 근본적으로 착하다 하고 풀어줄 수는 없지 않는가.

마찬가지로 법장비구가 정토를 건립하지 않았다면 어떻게 극락세계가 있겠으며 법장비구가 자성은 이미 미타라 하고 수행해서 깨달음을 이루지 않았다면 어떻게 아미타로 행업할 수 있었겠는가.

그러니 실상의 시각에서 정토는 유심이고 미타는 자성이다는 말은 박복한 중생에게 참 영양가 없는 소리다. 그것은 0점 받은 아이보고 너의 본성은 천재다는 소리와 같다. 그냥 간만 키워놓는 노름에 다름 아니다.

① 미타본원

起信論 衆生

중생이

그렇다면 극락세계는 어떻게 만들어졌는가. 법장스님은 세자재왕 부처님께 자기가 만약에 부처가 되면 부처를 양성하는 학교를 만들겠다고 서원한다.

그분은 우주허공계에 펼쳐져 있는 수많은 중생들이 직접 수행하고 싶어도 여건과 환경에 부딪혀 제대로 수행할 수 없다는 사실을 아시고 온 세상의 수행자들이 마음 놓고 수행할 수 있는 부처학교를 세울 필요가 있다는 생각에서였다.

그래서 세자재왕부처님께 그런 부처학교를 만드는 데 필요한 자료가 되게 다른 부처의 세계를 신통으로 좀 보여 달라고 했다. 그래서 세자재왕부처님은 210억이나 되는 부처세계를 슬라이드 보여주듯이 찬찬히 보여주시면서 그 나라마다 갖고 있는 특이점과 장단점을 설명해 주셨다.

법장스님은 그 모든 불세계를 다 훑어보고 거기의 장점만을 뽑아 우주의 중심에 부처학교를 세우려고 48대원을 세웠다. 그러면서 제가 설사 부처가 될 수 있다 하더라도 이 48개의 소원이 이루어지지 않는다면 결코 부처가 되지 않겠습니다 라고 맹서하였다.

세자재왕부처는 그런 그에게 격려와 응원을 보내면서 너는 반드시 부처가 될 것이다. 그때 그 부처의 이름은 아미타불이고 그 세계는 극락세계가 될 것이다고 수기를 주셨다.

법장스님은 그때부터 그 세계를 건립하기 위해 무량한 복덕을 짓기 시작했다. 나고 죽고 나고 죽고 하면서 십 년 백 년 천 년 만 년 억만 년의 시간을 보내고 또 경 해 자 양 구 간 정 재 극을 넘어서는 인고의 수행 세월을 보냈다.

그것도 모자라 대수 무량수 무량대수 불가사의 항하사 아승기 나유타의 세월을 넘으면서 계속해서 복덕을 쌓고 지혜를 일으켰다. 그 결과 그분은 아미타불이 되시고 그분이 그토록 원하던 우주 제일의 부처학교인 극락세계가 드디어 장엄하게 완성되기에 이르렀던 것이다.

起信論 初學是法

처음으로 이 법을 배워

처음으로 이 법을 배우는 자들은 초학보살이다. 초학보살은 이미 일심에 영원과 생멸이 있다는 사실을 이해한 자들이다. 그래서 신행을 닦아 믿음을 일으켜야 하지만 복덕의 힘이 미소하여 아직 정정취에 들어가지 못하고 있다.

일심에 두 문이 있었다. 하나는 진여문인 부처문이고 둘은 생멸문인 중생문이다. 그런데 중생은 원천적으로 불각이라는 염증을 갖고 있었다. 그 염증 때문에 어리석음이 심해져 생멸문으로 유전되어 왔다.

몸엔 간염이나 위염 같은 온갖 염증이 있다. 그것을 오랫동안 방치하면 몸이 죽는다. 그런 사람을 보면 빨리 치료하라고 한다. 마음엔 심염이 있다. 처음 들어봤을 것이다. 그것을 오랫동안 방치하면 마음이 미친다. 미치기 전에 그 염증을 치료해야 한다. 미쳐버리면 천제로 구제불능이 된다. 그래서 범부는 빨리 심염을 치료해 정상으로 돌아가야 한다.

우리가 가야 할 곳은 진여문이다. 거기만 들어가면 심염이 치료되어 생사의 고통이 끊어진다. 그렇지 않으면 광겁에 그랬듯이 영겁토록 생사윤회하면서 무량한 고통을 받아야 한다.

하늘을 나는 조류나 바다에 살고 있는 바다생물이나 땅에 사는 어떤 동물이나 간에 남의 영역에 들어가면 사정없이 공격당한다. 그래서 비참한 최후를 맞는다.

우리도 마찬가지다. 우리는 끊임없이 남의 집으로 들어가려고 한다. 남도 우리 집으로 비집고 들어오려고 한다. 다 같이 어리석음으로 자기 집이 어딘지 모르기 때문에 서로의 집으로 들어가고자 한다. 그러다 전쟁이 나서 아무것도 가지지 못하고 나도 남도 다 죽는다.

이제 우리는 **기신론**에 의해 돌아가야 할 집이 어디인지 알았다. 그러면 더 이상 죄업의 본능이 이끄는 대로 살아가거나 이리저리 방황할 이유가 없다. 바로 극락왕생이 목적지다.

起信論 欲求正信 其心怯弱
바른 믿음을 구하고자 해도 그 마음이 겁을 먹고 약해진다.

사실 자력으로 근원에 돌아가는 그 법을 배워보니 정말 엄두가 나지 않는다. 진짜 숨이 턱 막힌다. 올바른 믿음을 가지기가 그렇게 어려운지 정말 몰랐다. 상상을 뛰어넘는다. 진짜 용기가 나지 않는다.

신심을 修習하면 正信이 생긴다. 正信으로 5행문을 닦는다. 오행문을 다 닦으면 복덕이 쌓여 하근기 범부가 상근기가 된다. 그때부터 수행은 시작된다. 그래도 그것은 정식 수행은 아니다. 진짜의 수행은 10주부터라고 했다.

상근기도 그런데 하물며 하근기이겠는가. 그래서 하근기들의 五行은 수행을 하기 위한 신심을 다지는 과정이라고 했다. 그런 단계를

446

수습해 나아가면 正信이 굳어진다. 正信은 굳어져야 허물어지지 않는다. 들어봤을 것이다. 어른들이 하는 말을. 精神 좀 차려라꼬.

精神을 차리면 한 평생이 보장되고
正信을 가지면 영원한 삶이 보장된다.

똑같은 발음인데 앞에 것은 어른들이 아이들을 꾸짖는 말이고 뒤에 것은 부처가 중생들에게 가르친 말씀이다. 중요한 것은 뒤에 것을 가지려면 앞에 것이 반드시 선행되어야 한다는 것이다.

거리를 배회하는 자를 만나면 묻는다. 집이 어디냐고. 우리는 사바의 거리를 헤매고 있다. 그래서 부처님이 우리에게 집을 가르쳐 주셨다. 그 자리가 바로 마음이 있는 근원의 자리다. 그곳으로 가도록 자세하게 안내 받았다.

그런데 그 말씀에 믿음을 일으키지 않고 계속 사바의 거리를 떠돌고 있다. 그때 부처가 다시 말한다. 진정 집으로 돌아가고 싶으면 우리가 같이 동행해 주겠다고 한다. 그게 바로 모든 부처님과 보살들이 우리를 이끄시는 용훈습이다. 그것을 믿는 것이 正信이다.

정신을 차리지 못하면 반드시 망신을 당하고 正信으로 수행하지 않으면 반드시 邪信에 빠진다. 이것은 분명하고 틀림이 없다.

起信論 以住於此娑婆世界 自畏不能常值諸佛 親承供養
그것은 사바세계에 살면서 자신이 항상 제불을 만나 친히 공양을 받들어 올리지 못할까 두려운 생각이다.

자력으로 수승한 범부가 되어 신성취를 이루는 데 1만겁이나 걸린다. 그 사이에 모든 부처님을 뵙고 친히 공양을 올리면서 복덕을 지어나간다.

부처님께 공양을 올리는 마음은 순수하고 질박하다. 그것은 올려본 사람만이 안다. **현우경**에 등불을 올리는 가난한 노파와 같은 마음으로 지성을 다해 부처님께 공양을 올려야 복이 쌓인다.

자기가 좋아하는 연예인에게 꽃다발을 안겨주면 그 사람보다 자신이 더 기분이 좋다. 그 기분 좋아짐이 여기서 복덕이 쌓인다고 하는 것이다. 일개 사람에게 무엇을 주어도 기분이 좋아지는데 하물며 삼계도사 사생자부이겠는가. 그런 기분이 모이고 모여서 신성취하는 토양이 만들어진다.

신성취, 정말 어렵고 지난한 수행이다. 그 수행의 결과는 믿음 하나로 보답 받는다. 생사를 벗어나는 길이 그 길 밖에 없다면 울며 겨자 먹듯이 그렇게라도 해야 하지 어떡하겠는가.

그런데 그렇게 하고 싶어도 근기와 복덕이 미천해서 부처님이 이 세상에 태어나실 때 같이 태어나지 못하면 어쩌나 하는 걱정이 앞선다. 그 걱정이 두려움이다. 잘못하다가는 정말 영영 생사로부터 벗어나지 못하는 것이 아닌가 하는 큰 두려움이 일어나는 것이다.

起信論 懼謂信心難可成就
말하자면, 신심은 가히 성취하기가 어렵구나 하고 지레 겁을 내는 것이다.

正信에 의해 신심은 성취된다. 범부가 신심을 성취한다는 것은 이 사바세계에서는 기적 같은 일이다. 이것은 진짜 거의 불가능하다.

범부 중에서 수승한 수행자가 있다. 그 수행자는 세 가지 마음과 네 가지 수행을 1만겁 동안이나 줄기차게 해야 한다. 그러면 십주에 오른다. 그 십주가 신성취가 되는 자리다.

세 가지 마음은 직심과 심심, 그리고 대비심이다. 네 가지 수행은 행근본방편 능지방편 발기선근증장방편 대원평등방편이다.

이런 마음으로 이런 수행을 천 년도 아니고 만 년도 아니고 억만 년도 아닌 1만겁 동안 수행을 해야 드디어 믿음이 성취된다. 물론 그 세월 중에 무량한 부처를 만나 끝없는 공양으로 복덕을 지어야 한다.

신성취발심이 생각이나 나는지 모르겠다. 생각도 가물거리는데 어떻게 그 오랜 세월 동안 그 험난한 수행을 계속한단 말인가. 죽으면 죽었지 나는 못한다. 진짜 나는 못한다 라고 누구나 고개를 흔든다.

起信論 意欲退者 當知如來有勝方便 攝護信心

그래서 그 의욕이 꺾이는 자들을 위해 여래께는 수승한 방편이 있어서 그들의 신심을 당겨서 보호해 주신다는 것을 마땅히 알아야 한다.

깨달음을 얻어 이 지긋지긋한 생사의 고통으로부터 벗어나고는 싶지만 용기도 없고 결단력도 없다.

그래서 신심을 수습하고는 싶지만 할 여력이 없다. 즉 치료는 하고 싶지만 돈도 없고 시간도 없다. 그렇지만 진정으로 이 생사의 고질병을 치료받고 싶다.

그런 자들이 있다면 부처님은 절대로 그냥 두지 않으신다는 거다. 왜냐하면 부처님에게는 수승한 방편이 있기 때문이다. 수승한 방편은 그 누구도 할 수 없고 누구도 알 수 없는 부처님만의 신통한 능력이다.

그것을 믿어야 한다. 그게 또 하나의 正信이다. 앞에 것은 자력으로의 正信이고 여기는 타력으로서의 正信이다. 이것을 바로 믿어야 한다. 의심은 머뭇거리게 만든다. 믿음은 행동한다. 의심을 통해서는 아무것도 이룰 수 없다. 믿음을 통하여야 만이 참된 길을 찾을 수 있다.

법구경에서 바른 가르침을 믿으면 이것이 최고의 복이라고 하신 말씀이 있다. 그것을 기억해야 한다.

起信論 謂以專意念佛因緣 隨願得生他方佛土

이를테면 한결같은 의지로 부처님을 생각하면 그 인연으로 원을 따라 타방불토에 왕생하게 된다.

금생에 五行門을 죽어라 닦아 비록 상근기의 범부가 된다 하더라도 큰 걱정거리가 있다. 그것은 1만겁 동안 무량한 부처님을 뵙고 공양을 올리면서 복덕을 지어나가야 한다고 했다. 그런데 사바세계에는 부처님이 잘 오시지 않는다. 마치 왕이 있지마는 낙도 오지에는 왕림하지 않는 것처럼 부처님이 시방에 항상 계시지마는 이 땅에는 거의 오시지 않는다.

그럼 어떻게 해야 1만겁 동안 부처님을 친히 뵙고 공양을 올리고 설법을 들을 수 있단 말인가. 그것도 그분들이 이 땅에 오실 때를 맞추어 태어나야 하는데 그것이 가능하단 말인가.

그분들을 친견할 복덕이 되지 않아 지금처럼 부처님 가신 지 수천 년 지나서 태어나 봐야 말짱 헛일이 되는 것 아닌가. 正信을 갖고 신심을 성취하고 싶어도 이것은 불가능한 일이다. 그래서 석가모니부처님은 다른 방법을 특별히 가르쳐 주셨다.

그것은 태어나는 장소를 아예 바꿔버리는 것이다. 낙도 오지에 다시 태어나 왕을 기다리는 것보다 아예 궁중으로 들어가는 방법을 제시해 주신 것이다. 그러면 매일 지근에서 왕을 볼 수 있지 않느냐 하는 것이다.

그러므로 행운을 바라며 이 땅에 계속해서 태어나는 것보다 아예 부처님이 상주하시는 곳으로 가 태어나 버리는 것이다. 그 방법을 너무나 고맙게도 석가모니부처님께서 가르쳐 주셨다.

"그곳이 천당 아닙니까?"
"극락세계입니다."

사람들은 천당에 대한 관심을 많이 가지고 있다. 불교에는 천당에도 천차만별의 세계가 있어서 그 수가 한량이 없다고 한다. 한 곳만의 천당은 사실 있을 수 없다.

허공은 차별이 없기 때문에 상하의 구별이 나누어질 수가 없다. 모든 세계가 다 허공 가운데 종횡으로 나열되어 있으므로 우리보다 낮은 세계에 살고 있는 중생들은 우리의 세계를 그들의 천당이라고 부른다.

우리는 흔히 천당에 가면 모든 고통과 괴로움이 없게 된다고 생각한다. 통상 우리가 알고 있는 천당은 우리 바로 위의 하늘, 즉 사왕천이나 도리천이다. 그러나 그 세계는 다른 천당에 비해 우리보다 약간 더 잘사는 곳밖에 되지 않는다.

오욕락을 마음껏 누리면서 세속적인 쾌락을 끝없이 즐기는 곳은 도솔천궁에 올라가면 가히 극치를 이룬다. 그러면 도솔천궁과 극락세계, 그 두 세계 중에서 어느 곳이 나은 세계인지 한번 비교해 보자. 대체로 도솔천궁과 극락세계를 구분하면 14가지의 다른 점이 있다.

1. 도솔천궁의 면적은 한정되어 있다. 그러나 극락세계는 그런 것이 없다. 허공처럼 무한대의 크기다. 거대하고 광대하다. 두 곳을 비교하면 연못과 바다 같다.

2. 도솔천궁에는 지상에서처럼 남녀가 섞여 살지만 극락세계는 이성이 없다. 이성이 없기에 집도 없고 자녀도 없어서 수행에만 전념할 수 있다.

3. 도솔천궁의 삶은 오욕락의 절정에 있다. 그러나 극락세계는 오욕락이 없다. 거기는 선정의 법열로 기쁨을 누리는 곳이기 때문에 세속의 쾌락하고는 거리가 멀다.

4. 도솔천궁은 정법에서 물러나 사법邪法으로 빠질 수 있지만 극락

세계에는 오로지 정법만 있는 곳이며,

5. 도솔천궁의 인간수명은 한정되어 있다. 하지만 극락세계의 중생은 무한대로 장수하고,

6. 도솔천궁에는 중간에 요절하거나 죽게 되는 경우가 있지마는 극락세계에는 그런 횡액과 병고가 없다.

7. 도솔천궁에는 서로간의 몸무게나 형상이 다르지만 극락세계는 모두 다 똑같은 육신을 갖고 있으며,

8. 도솔천궁에는 선과 악, 그리고 무기심이 일어나지만 극락세계에는 오로지 선한 마음만 일어난다.

9. 도솔천궁에는 윤회가 있어서 지옥에 떨어지는 경우가 있지만 극락세계는 윤회로부터 벗어나 있어서 절대로 그런 일이 없으며,

10. 도솔천궁에는 고통과 즐거움이 반복되지만 극락세계에는 오로지 즐거움만 있고,

11. 도솔천궁에는 외부 경계가 마음을 혼란하게 하거나 방일하게 하지만 극락세계는 그런 일이 전혀 없으며,

12. 도솔천궁에는 부모를 닮아 부모의 방식으로 성장하지만 극락세계는 부처님을 닮아 부처로 성장한다.

13. 도솔천궁에는 설법하시는 분이 한시적으로 계시는 미륵보살이지만 극락세계에는 영원히 상주하시는 아미타부처님이 설법하고 계시며,

14. 도솔천궁에는 깨달음을 이룰 수도 있고 또 이루지 못할 수도 있지만 극락세계에는 한번 태어나면 반드시 깨달음을 이룬다.

이래서 모든 부처님과 일체의 보살들이 한결같이 천상에 가고자 하는 마음을 바꾸어 꼭 극락세계에 왕생하기를 발원해야 한다고 간절히 권고하신 것이다.

도솔천궁은 극락세계의 장엄과 복락에 비교하면 궁궐 앞에 구멍가게 정도밖에 되지 않는다. 그래도 서방극락 세계는 왕생하기가 쉽고 오히려 도솔천궁에는 왕생하기가 더 어렵다. 왜냐하면,

첫째. 극락세계는 부처가 되고자 하는 범부가 발원하여 태어나는 세상이지만 도솔천궁은 자기가 지은 복덕의 힘에 의해 태어나는 곳이고,

둘째. 극락세계는 아미타불의 본원력에 의해 태어날 수 있지마는 도솔천궁은 순전히 열 가지 선업을 닦아야 태어날 수 있으며,

셋째. 극락세계는 아미타불을 지극히 염불한 그 염불삼매에 의하여 태어날 수 있지마는 도솔천궁은 계행을 하나도 빠뜨림 없이 모두 다 철저하게 지켜야 되고,

넷째. 극락세계는 아미타부처님이 직접 데리러 오시지마는 도솔천궁은 자기가 지은 선연으로 태어나는 곳이며,

다섯째. 극락세계는 관세음보살, 대세지보살 같으신 대보살들이 직접 이 땅에 내려오셔서 사람들을 그 쪽으로 인도해 가지마는 도솔천궁에는 그런 일이 없고,

여섯째. 극락세계는 경전과 논장에서 그곳에 가도록 권하고 있지만 도솔천궁은 다만 경전에서 그 세계를 찬탄하는 것으로 끝이 나며,

일곱째. 옛적부터 수많은 수행자들이 극락세계에 가기를 원하고

있지만 도솔천궁을 향하여 태어나고자 하는 사람들은 매우 희소하기 때문이다.

이제 분명 천당과 극락세계가 어떻게 다른지 확실히 알았을 것이다. 그렇다면 이 두 곳을 혼동하고 있는 사람들에게 정확히 가르쳐 주어야 한다. 그게 우리가 할 일이다.

起信論 常見於佛 永離惡道

거기서 항상 부처님을 뵈면 영원히 악도로부터 벗어날 수 있다.

이 땅에 태어나는 자는 다음 생애에 거의가 다 악도에 떨어진다. 악도는 지옥 아귀 축생의 세계라고 했다. 거기서는 생존에 허덕이다 보니 생사를 벗어날 가르침이 와 닿지 않는다. 그러면 다시 부처님을 뵙는다는 것은 불가능하리만치 기약이 없다.

그런데 부처님이 항상 계시는 곳에 태어나면 악도에 떨어질 리가 없다. 왜냐하면 언제나 그분을 모시고 수행할 것이니까 그렇다. 그런 세계가 이제까지 입 아프게 말한 극락세계다.

친구 하나 잘못 만나면 큰일 나고 여자 하나 잘못 만나도 절단난다. 마찬가지로 선생을 잘못 만나면 일생이 힘들고 의사를 잘못 만나면 육신이 죽는다. 부처를 잘못 만나면 나의 영원함이 뒤틀어져 버린다.

부처를 잘 만나야 하는데 다들 잘못 만난다. 부처가 부처로 보이지 않고 신상 같은 우상으로 보인다. 그럴 때 잘못 만난다는 거다. 그러면 전혀 이득이 없다. **화엄경** 말씀이다.

若人百千劫

常隨於如來

不了眞實義

盲暝不見佛

설령 백 천겁 동안

항상 부처를 따른다 해도

그 진실된 뜻을 이해하지 못하면

맹인이 부처를 보지 못하는 것과 같다.

그 진실 된 뜻이 무엇인가. 부처를 제대로 볼 때 그 진실 된 뜻이
드러난다. 선도대사가 말했다.

釋迦所以興出世

唯說彌陀本願海

석가모니부처님이 이 세상에 오신 뜻은

오직 아미타불 본원의 세계를 설하기 위함에서였다.

이 말씀을 전적으로 믿을 때 正信이 일어난다. **법화경**에

是好良藥

今留在此

汝可取服

勿憂不差

이 좋은 약을

여기에 두고 가니

너희는 먹되

차도가 없을까 걱정하지 마라

고 하셨다. 궁극적으로 그 좋은 약은 극락세계에 대해 말씀하신 것이다. 그것을 믿을 때 正信이 된다. 즉 대승경전 어느 경전이든지 마지막에 극락세계로 회향하지 않는 경전이 없다. 아니라고 하면 그는 아직도 일체 경의를 정확히 파악하지 못하고 있다는 반증이다.

② 극락왕생

起信論 如修多羅說

저 수다라에 설하시기를,

수다라는 **무량수경**이다. **무량수경 관무량수경 아미타경**이 정토3부경이라고 했다. **무량수경**에 보면 극락세계가 자세히 나온다. 그것을 앞에서 한 번 설명하였다.

사바세계의 교주는 석가모니불이고 극락세계의 교주는 아미타불이다. 그러니까 석가모니불이 우리를 아미타불이 계시는 극락세계에 가 태어나도록 권고하신 것이다.

마치 벽촌에 의료봉사를 간 자비로운 의사가 고질병으로 고생하는 가난한 환자를 보고 직접 소개장을 써주시면서 서울에 있는 대학병원 어느 교수를 찾아가라고 하는 것과 같다.

그 병원을 믿을 수 없다고 하자 정토삼부경을 설해 주셨고 차비가 없어서 못가겠다고 하자 대승을 타라고 하셨다. 어떻게 그 고명한 교수를 만날 수 있느냐 하자 나무아미타불 염불 하나면 충분히 그 교수를 만날 수 있다고 그 비법까지 알려 주셨다. 그게 念6字 나무아미타불이다.

起信論 若人專念西方極樂世界阿彌陀佛
만약에 사람이 오롯하게 서방 극락세계에 계시는 아미타불을 생각하고

오롯하게 생각한다는 것은 믿음이 바탕된 간절한 염불이다. 염불에는 크게 네 가지가 있다고 **화엄경행원품별행소초**는 말한다.

첫째가 칭명염불이다. 오로지 입으로 아미타부처님의 이름을 줄기차게 부른다. 위험에 처한 아이가 아버지를 찾는 다급한 마음으로 염불하는 것이다.

둘째는 觀像관상염불이다. 아미타불 불상을 모셔놓고 몸으로는 부처님께 예배를 하면서 입으로는 칭명염불을 하는 방법이다. 그러면 마음에 산란심이 없어진다.

셋째는 觀想관상염불이다. 전념으로 부처의 모습을 생각하는 염불이다. 이 생각이 순수하게 익으면 삼매가 현전한다. 원아진생무별념

같은 염불이다.

넷째는 실상염불이다. 자신과 일체법은 다 진실상이다. 마음과 중생은 본래 평등하고 동일하다. 심법은 형체도 없고 모양도 없어서 허공과 같다고 깊이 생각하는 것이다.

이와 별도로 **화엄경대소초**에서는 五重念佛을 말하고 있으나 통상 우리는 위 네 가지 염불을 기준으로 한다. 그중에서 보통 범부는 첫 번째인 칭명염불을 한다. 이 방법이 가장 쉽고 간단하기 때문에 정토 스승들이 무시로 권해 왔다. 물론 여기서도 이것을 권하고 있다.

칭명염불로 극락왕생을 발원한다. 정말로 가능한가? 가능하다. 부처님이 **칭찬정토경**에서, 항하수보다 많은 모든 부처님들이 넓고 큰 혀를 내어 삼천대천세계를 덮으며 왕생할 수 있다고 증명하셨으니, 그것이 어떻게 빈말이겠는가 하시면서 그 효능을 분명히 인정해 주셨다.

그러므로 우리는 믿는다. 그리고 믿어야 한다. 그것이 正信이다. 그 힘으로 간절한 발원과 성실한 염불로 극락왕생이 이루어진다. **왕생요집**에서 그런 염불 수행자는 3단계 신심으로 왕생한다고 했다.

1. 성심을 다해 아미타부처님께 귀의를 한다.
2. 지성스런 염불을 하면 아미타불이 당겨주신다는 생각을 한다.
3. 그 왕생하는 생각이 깊게 사무치면 왕생하게 된다.

얼음은 꼼짝하지 못한다. 그 자리에 박혀 있다. 흐르는 수평운동을 못한다. 증기로 올라가는 수직운동도 못한다. 자체도 차갑고 주위도 차갑게 만든다. 각지고 부서진다. 우리 범부들의 모습이다. 아무 데도 가지 못하고 이 사바세계에 머물러 있다.

이제 염불을 한다. 염불은 불을 일으키는 작업이다. 자신이 녹기 시작한다. 그러면 흐른다. 이제 수평운동을 한다. 어디로 흐르느냐 하면 극락세계로 흐르는 것이다. 아미타불 염불이 그쪽으로 방향을 잡도록 하는 것이다.

거기서 오염된 마음의 물은 아미타불의 가르침을 받아 완전한 청정수로 정화된다. 그리고서 수직운동을 한다. 그러면 수증기가 되어 전 우주공간을 유영하다 인연있는 곳에 단비를 뿌린다. 얼어 있던 범부의 마음이 아미타불로 인해 자유와 자비의 차원으로 완전히 바뀌게 되는 것이다.

"극락세계가 있다는 것이 믿어지지가 않습니다."
"옛날 사람들은 미국이 있다는 것도 믿지 않았습니다."

사람들은 다 자기 아는 것만큼 상상하고 생각하는 것만큼 받아들인다. 강원도에 갓 시집 온 캄보디아 새댁이 겨울 아침에 소리쳤다. 세상이 온통 흰 소금에 덮여져 있다고 놀라워했다. 그녀가 아는 것은 흰 눈이 아니라 흰 소금이 전부였던 것이다.

똑같은 지구상이라 하더라도 아프리카 오지 사람들은 설원이 펼쳐진 극지방을 상상하지 못한다. 우리 역시 TV가 없었다면 오로라의 발광과 밤낮이 없는 백야의 세계를 어떻게 상상이나 할 수 있었겠는가.

이 소리를 듣고도 극락세계를 믿지 않는다면 그 사람은 불교로 인해 구제받을 길이 없다. 당나라 원규대사가 부처도 세 가지 못하는 것이 있다고 했는데 안타깝게도 그 세 가지 중에 세 가지 다에 속하는 가련한 인간이다.

起信論 所修善根廻向願求生彼世界 卽得往生

닦아온 선근을 회향하면서 저 세계에 태어나기를 간절히 원하면 곧 왕생하게 된다.

극락세계는 수행하기 최적의 장소다. 이 우주공간에서 가장 수행하기 좋은 조건을 가지고 있으므로 24시간 완전 풀로 수행한다. 그러므로 수행자만이 극락세계에 태어난다. 세속의 즐거움을 구하는 자가 어찌해서 잘못 태어나면 진짜 지옥보다 더 큰 고통스러움에 처할 수 있다.

술 잘 마시고 놀기 좋아하는 조상이 죽었는데 좋은 데 보낸답시고 기를 쓰고 도서관에 넣을 수 있는가. 그게 효도인가. 조상은 따분하고 지루해서 미칠 것이다. 아니면 완전 왕따 신세로 아주 곤욕을 치를 것이다.

극락세계에는 부처님이 직접 설법하신다. 의문점이 있으면 보살들이 그것을 자세히 풀어주신다. 그 설법을 듣고 대중들은 환희로 춤춘다. 그런데 그런 설법에 관심없는 자가 태어난다면 어떻게 되겠는가. 정말 미치고 환장할 노릇이 된다.

그런 극락세계에 가려면 선근이 있어야 한다. 즉 복덕을 갖추어야 한다. 세상 천지에 거지가 없는 곳은 없다. 사람이 사는 곳은 우주

어디에도 거지가 있다. 그러나 단 한 군데는 없다. 거기가 극락세계다. 산골오지에 살아도 돈만 있으면 천상이건 지상이건 세상 어디든 갈 수 있다. 그러나 단 한 군데는 예외다. 거기가 극락세계다.

그곳은 본인이 직접 원해야 간다. 극락세계에는 유흥거리가 없다고 했다. 완전 수행도량이기에 그렇다. 그래서 수행하기 싫어하는 영가가 거기에 태어나면 정말 큰일이 난다. 돈으로나 권력으로나 누가 떠밀어 넣거나 던져 넣듯이 그렇게 태어나는 곳은 절대로 아니라는 것이다.

"49재나 천도재로 극락왕생 시킬 수 있습니까?"
"턱도 없는 소리!"

시집 장가는 본인이 원해서 가는 것이지 부모가 돈과 힘이 있다고 해서 당일 날 억지로 보내지는 것은 아니다. 그처럼 영가가 지극히 원하지 않는다면 그 누구도 극락세계에 밀어 넣을 수 없다. 아무리 북을 치고 목탁을 두드려도 그건 불가능하다.

그렇다면 49재나 천도재는 완전 헛일인 것인가. 아니다. 그렇지 않다. 그런 의식은 영가가 언젠가는 극락세계에 태어날 수 있도록 깊이 인연을 심어주는 방법이다.

그러므로 이참에 분명 알아야 한다. 조상의 평소 성품과 기질을 알고 있다면 누가 극락세계에 보내준다고 해도 싫다 해야 한다. 거기는 보내주지도 못할 뿐만 아니라 가서도 안 되는 곳이다. 그래야 후손들이 따라주는 술 한 잔이라도 받아 마실 수 있다.

起信論 常見佛故 終無有退

그러면 항상 부처님을 뵈므로 절대로 퇴보하는 일이 없다고 하셨다.

극락세계에 태어나면 퇴보하는 일이 없다. 오로지 앞으로만 나아간다. 학교 성적 같으면 위로만 올라가지 내려가는 일은 없다. 즉 수행함에 있어서 앞으로만 진취하지 뒤로는 절대로 퇴보하는 일이 없기에 그렇다.

그 진취의 끝은 깨달음이다. 그러니까 깨달음을 얻기 전에는 결코 뒤로 물러서는 일이 없다. 그래서 현명한 사람들은 어떻게든 극락세계에 태어나고자 한다. **법구경** 게송이다.

똑똑한 사람들은 힘써 노력하고 있다.
그들은 여기를 떠나 열반에 나아가고자 한다.
마치 하늘을 날아오르는 백조처럼
중생을 떠나 성인의 무리 속으로 들어가려 한다.

다 자기 수준만큼 살아가는 세계를 원한다. 아시아권 후진국 사람들은 기를 쓰고 한국에 들어오려고 한다. 우리는 우리보다 더 선진국 나라의 시민이 되고자 불법체류도 마다하지 않는다.

그보다 한 수 더 높은 수행자들은 목숨을 걸고 죽음의 바다를 건너 극락세계로 들어가려고 한다. 그렇다면 극락세계가 어떻게 구성되어 있기에 그렇게도 많은 수행자들이 거기에 가 태어나려고 하는 것인가.

한 평생을 살기 위해 이민을 가는데도 오랫동안 준비를 한다. 그러면서 그 나라의 정치와 경제, 기후와 문화 같은 것들을 다 검색해 본다. 무턱대고 그곳으로 떠나지 않는다. 그런데 하물며 중생의 신분을 부처로 만드는 곳으로 간다 하는데서야 말할 게 뭐 있겠는가.

그러므로 그곳에 대해 완벽하게 조사하고 연구해 보아야 한다. 그 조사내용은 아미타불이 세운 48대원이다. 48대원은 극락세계의 내용물이다. 조그마한 물건 하나 사는데도 거기 들어 있는 내용물을 다 확인하고 구매하기에 그렇다.

48대원은 크게 네 가지로 요약된다. 첫째는 아미타불 자신에 관한 것. 둘째는 아미타불국토에 관한 것. 셋째는 그 국토에 태어난 자에 관한 것. 넷째는 그 국토에 태어날 자에 관한 것으로 구성되어 있다.

그리고 각각의 서원마다 앞에 설사 제가 부처가 된다 해도 라는 조건어가 붙어 있고 마지막에는 불취정각으로 되어 있다. 그것이 이루어지지 않으면 부처가 되지 않겠습니다는 뜻이다. 그분의 발원대로 48대원이 모두 이루어졌기에 법장비구가 법장보살로 수행하다가 결국 아미타부처가 되었다.

이 48대원은 원본인 범본과 한역 **무량수경**에 다 들어 있다. 그러나 그 숫자는 조금씩 다르다. 크게 나눠보면 24원과 48원 두 갈래다. 24원은 **대아미타경 평등각경** 등이고 48원은 **대무량수경 대보적경 대승비분타리경** 등에 있다.

그 외 **대승무량수장엄경**에는 36원으로 되어 있고 원본인 범본 **무량수경**에는 46원으로 되어 있으며 티베트에서 번역한 **무량광장엄대**

승경에는 49원으로 되어 있다. 그렇더라도 그 발원은 크게 다르지 않다.

그중에서 중국 위나라 때 번역한 **대무량수경**과 당나라 때 번역한 **대보적경**이 가장 원만하고 완벽하게 정리되어 있어 중국과 한국이 그것을 48대원의 교재로 쓰고 있다.

그 48대원을 풀면 다음과 같다. 참고로 앞에 제목은 우리나라가 쓰는 48대원이고 뒤에 것은 중국에서 쓰는 48대원이다. 이름만 다를 뿐 그 내용은 같으니 착오 없으시기 바란다.

1. 惡趣無名願: 악취무명원. 願國無惡道.
설사 제가 부처가 된다 해도 제가 만들고자 하는 나라에 지옥 아귀 축생이 있다면 저는 부처가 되지 않겠습니다.

극락세계는 악취가 없다. 악취는 지옥 아귀 축생이다. 극락세계는 동물이 없다. 없을 뿐만 아니라 아예 조건적으로 서식이 불가능한 곳이다. 그러므로 애완동물을 좋아하는 사람은 극락세계에 가면 안 된다.

자기가 키우는 애완동물이 죽으면 사람들은 극락세계에 태어나라고 기도한다. 더러는 극락왕생을 시킨다고 49재를 올리기도 한다. 진짜 웃긴다. 그것은 마치 물에 사는 물고기를 땅에서 살아라 고 보내는 것과 같다.

그 영혼을 말하는 것이라고 한다면 더 황당하다. 공부하는 선원에 돼지를 들이미는 격이다. 사람도 들어가지 못해서 쩔쩔 매는 곳인데 동물을 거기로 보낼 수 있다는 생각 자체가 완전 코미디이기에 그렇다.

2. 無墮惡道願: 무타악도원. 願不更惡道.

설사 제가 부처가 된다 해도 제 나라의 천인들이 수명이 다하여 다시 삼악도에 떨어지는 일이 있다면 저는 부처가 되지 않겠습니다.

극락세계에 태어나는 자들은 하늘사람이나 지상사람이다. 적어도 그들 정도가 되어야 극락세계를 수용할 수 있다. 그래서 천인이라고 하였다.

거기에만 태어나면 악도에 떨어지지 않는다. 악도는 악취의 세계 다고 했다. 극락세계에서는 오로지 수행만 하기 때문에 죄를 짓지 않는다. 그런데 어떻게 악도에 떨어지겠는가.

천상의 세계에서는 이런 일이 바로 일어난다. 천상의 복을 다 누리면 악도로 직행한다. 모아 둔 돈을 다 써버리면 그 즉시 길거리 노숙자가 되는 것과 같다.

그와는 반대로 극락세계는 한 번 태어나면 죽지 않는다. 죽어야 악도에 떨어질 수 있을 텐데 죽기 전에 十地보살이 되고 부처가 되어 버린다. 그러므로 악도에 떨어질 리가 없다.

3. 同眞金色願: 동진금색원. 願身色眞金色.

설사 제가 부처가 된다고 해도 제 나라의 천인들 몸이 진금색이 아니라면 부처가 되지 않겠습니다.

피부가 다르면 이질감을 느낀다. 그러면 그룹이 나누어지고 분쟁이 일어난다. 그래서 극락세계에 태어나면 동일한 피부를 갖는다. 모두가 다 하나라는 동질성을 갖기 위해서다.

검은 피부를 갖고 있는 사람은 하얀 피부를 원한다. 지금 인간들의 수준이 다 여기에 있다. 하얀 피부가 더 발전하면 구릿빛 피부가 된다. 거기서 더 나아가면 금색 피부다.

그러니까 피부 중에서 가장 아름답고 세련된 피부는 금색이라는 사실이다. 그래서 극락세계의 수행자들은 매끄럽고 싱그러운 금색 피부를 갖고 있다. 그래서 거기에는 피부병 같은 병이 없다. 그러니 피부과 병원이 없다.

4. 形貌無差願: 형모무차원. 願形色同相.

설사 제가 부처가 된다고 해도 제 나라의 천인들 모습이 동일하지 않고 잘나고 못난 이가 있다면 저는 부처가 되지 않겠습니다.

형모는 형태와 모양이다. 극락세계에 태어나는 자들은 모두 다 동일인물이다. 즉 아미타불을 닮은 쌍둥이 모습들이다.

그러므로 잘생기고 못생기고 하는 생김의 우열이 없다. 그러다보니 잘생겼다고 우쭐거릴 일도 없고 못생겼다고 기죽을 일도 없다. 모두 다 동일 인격에다 동일 모습이다.

사람들은 날 보기 싫어서 극락세계에 못가겠다고 한다. 걱정하지 마시라. 그곳에서 나를 찾는다는 것은 태평양 바다 가운데서 종이배 찾는 것만큼이나 어렵다.

아니 아예 찾을 수가 없다. 똑같은 키에 똑같은 모습에 똑같은 모양을 하고 있는데 어떻게 나를 찾을 수 있단 말인가. 그런 걱정일랑 조금도 하지 마시고 마음껏 극락왕생하시기 바란다.

이 땅에서 생긴 거로 구박받았던 사람들, 못났다고 설움을 느꼈던 사람들은 모두 극락세계에 태어나야 한다. 그러면 그런 슬픔은 영원히 없어진다.

5. 成就宿命願: 성취숙명원. 願宿命智通.

설사 제가 부처가 된다고 해도 제 나라의 천인들이 숙명통으로 백천억 나유타를 지나온 옛 일들을 알지 못한다면 부처가 되지 않겠습니다.

숙명은 과거 전생이다. 어느 한 지점이 아니라 중생으로 살아온 삶 전체다. 그것은 다른 중생들과 겹치면서 벌어지고 또 다른 세상과 겹치면서 끝없는 연기로 계속되어 왔다.

그러다 금생에 어찌해서 극락세계에 태어나게 되었다. 도대체 과거 전생에 내가 어떤 삶을 살았기에 이렇도록 천만다행히 여기에 와 있을까 하는 생각이 든다.

그런데 그 시작과 연유를 모르면 궁금해서 살 수가 없다. 번민과 괴로움은 그 시초를 모르기 때문에 일어난 강박심리다. 그러므로 그 연유와 시작을 다 알아야 한다. 그래야 그 의문에서부터 자유로워진다. 그러니까 극락세계에 태어나면 숙명통을 통달하게 된다는 것이다.

백 천억 나유타는 한계가 없는 수다. 유아들의 숫자는 고작 10단위다. 그 위에 백이 있고 천이 있으며 만이 있고 억만이 있다. 억 다음에 조가 있고 조 위에 경이 있다. 경 위에 해가 있고 그 위에 자가 있다.

그런 형식으로 계속해서 나아가면 수학으로 풀 수 없는 겁이 있고 겁을 다시 억만 겁으로 곱하고 또 곱하면 나유타가 된다. 그러니까 나유타는 무량겁이며 무량수다. 그 오랜 세월 동안 살아온 과거 전생을 다 꿰뚫어 볼 수가 있는 숙명통의 능력을 가진다는 것이다.

원문에 있는 下는 적어도 라는 뜻이다. 즉 적어도 그 정도는 되어야 한다는 강한 말씀이다.

6. 生獲天眼願: 생획천안원. 願天眼普見.

설사 제가 부처가 된다고 해도 제 나라의 천인들이 천안통으로 백천억 나유타의 모든 불국토를 볼 수 없다면 부처가 되지 않겠습니다.

평생 안경을 끼고 살았다. 자리에서 일어남과 동시에 안경을 끼고 자리에 드러누움과 동시에 벗었다. 참 지겹도록 끼고 벗으면서 살았다.

그런데도 볼 것 다 못보고 봐도 잘 못 본 것이 거의 다다. 왜냐하면 안경을 통해 볼 수 있었던 것만 보았기 때문이다.

극락세계에 태어나면 안경 없이 천리만리를 볼 수 있는 천안통을 갖게 된다. 그것은 그 어떤 우주 망원경보다 더 멀리 또 더 정밀하게 볼 수 있는 능력이다. 그러기에 거기에는 TV가 없다.

평생에 눈으로 고통 받은 자는 이제 극락세계에 태어나야 한다.

그러면 두 번 다시 시력으로 스트레스 받는 일이 없어진다. 그래서 극락세계는 안경점이 없다. 물론 안과병원도 없다.

7. 生獲天耳願: 생획천이원. 願天耳普聞.

설사 제가 부처가 된다고 해도 제 나라의 천인들이 천이통으로 백 천억 나유타국에서 설법하시는 모든 부처님의 설법을 듣지 못하거나 그 모두를 간직할 수 없다면 부처가 되지 않겠습니다.

눈뿐이 아니다. 극락세계에 태어나면 천이통을 얻는다. 시간과 공간을 초월하여 우주공간에 떠도는 그 어떤 소리도 다 깨끗하게 들을 수 있다.

지상의 모래알 수보다 더 많은 세계에서 설법하시는 부처님의 음성은 물론 연인들의 속삭임도 모두 다 빠짐없이 들을 수 있다. 청력을 도와주는 보청기는 아예 필요 없다. 완벽한 귀의 능력을 가진다. 그래서 거기에는 전화기가 없다.

평소에 귓병을 앓아 고생한 사람들은 그 한을 풀기 위해서라도 극락세계에 태어나야 한다. 그렇지 않으면 또 다시 그런 귓병으로 고생할 것이 뻔하기 때문에 그렇다. 그러므로 거기에는 보청기도 없고 이비인후과 의원도 없다.

8. 悉知心行願: 실지심행원. 願他心悉知.

설사 제가 부처가 된다고 해도 제 나라의 천인들이 타심통의 지혜로 백 천억 나유타의 모든 국토 가운데 중생들의 심념을 알지 못한다면 부처가 되지 않겠습니다.

타인의 마음을 몰라서 애를 태워 본 적이 있는가. 도대체 저 사람은 무슨 생각을 하고 있을까 하는 답답함을 가져 본 적이 있는가. 그런 사람은 극락세계에 태어나야 한다.

거기에만 태어나면 즉시 타심통을 얻는다. 타인의 마음을 거울처럼 맑게 볼 수 있기에 그렇다. 생각해 보시라. 극락세계도 여기처럼 타인의 마음을 모른다면 답답하기만 할 텐데 어떻게 극락이라 하겠는가.

자기의 마음이 노출되는 것이 겁나는가. 음흉한 생각을 품는 자들이 그렇다. 하지만 거기는 수행자들만 살고 있기 때문에 그런 음흉한 생각을 할 필요도 없고 할 이유도 없다. 모두 다 어린아이 마음 같이 맑고 투명하기만 하다.

그럼 천안통과 천이통, 그리고 타심통은 어디다 쓸 것인가. 오로지 중생을 제도하는 데 쓰인다. 그분들이 중생을 구제하기 위해 방편을 쓰실 때 그때 그것들을 요긴하게 사용한다.

9. 神足超越願: 신족초월원. 願神足無礙.

설사 제가 부처가 된다고 해도 제 나라의 천인들이 신족통으로 한순간에 능히 백 천억 나유타의 모든 불국토를 다니지 못한다면 부처가 되지 않겠습니다.

축지법이라는 소리를 들어봤을 것이다. 땅을 접어서 간다는 도교인의 도술이다. 불교에서는 그것을 신족통이라고 부른다.

눈 깜짝할 순간에 바람처럼 사라져 수천 리 먼 곳에 턱 나타난다. 그들은 시간과 장소에 구애받지 않는다. 가고 싶으면 언제라도 가고 또 가고 싶은 곳이 있으면 아무 때나 간다.

인간 세상에는 탈 것을 정해놓고 표를 사야 한다. 가고 싶으면 탈 것들이 데려다 준다. 그러나 아무 때나 어느 곳에나 가지를 못한다. 모두 다 비자나 시간표대로 움직인다. 정말 답답하고 지루하다.

그러나 극락세계는 그런 교통수단이 없다. 비행기도 없고 버스도 없고 지하철도 없다. 물론 자동차도 없다. 그러니까 아예 기름이라는 것도 없고 전기라는 것도 없다.

신족통이 있으면 얼마나 좋을까. 극락세계에 태어나면 그런 신족통은 자연적으로 얻어진다. 마치 올챙이가 크면 다리가 생기듯이 그렇게 자연적으로 갖춰진다.

10. 淨無我想願: 정무아상원. 願不貪計身.

설사 제가 부처가 된다고 해도 제 나라의 천인들이 자신의 육체에 탐애심과 망령된 생각을 일으킨다면 부처가 되지 않겠습니다.

사람들과 참 많이도 싸웠다. 아무 소득도 없는 일에 내가 옳으니 네가 옳으니 하면서 다투기도 많이 했었다. 모두 다 아상 때문이다.

나에게 아상이 없다면 뭐가 문제될 것이 있겠는가. 모두 다 내가 나我라는 교만의 아상 때문에 언제나 시비가 일었다.

결과적으로 보면 아무짝에도 필요없는 논쟁이었다. 어차피 모두 다 화장막 속으로 들어가는 운명인데 뭣 한다고 그들과 시비하고 논쟁하였을까 후회가 막급하다. 결국 남아 있는 것은 그들과의 앙금과 껄끄러움이다. 그들은 다 떠나고 그 쓸데없는 감정들만 내 가슴속에 말뚝처럼 박혀 있다.

극락세계에 태어나면 나我라는 것이 없다. 그러므로 누구와 다툴 일도 없고 시빗거리가 일어날 일도 없다. 부질없는 범부들과의 싸움으로부터 벗어나고 싶다면 극락세계로 가야 한다. 난 정말 그렇다. 말 안 통하는 인간들하고 싸우기 싫어서라도 난 꼭 극락세계로 갈 것이다.

11. 決定正覺願: 결정정각원. 願住定證滅.
설사 제가 부처가 된다고 해도 제 나라의 천인들이 정정취에 안주해 반드시 멸도에 이르지 못한다면 부처가 되지 않겠습니다.

진정으로 깨달음을 증득하고자 하는가. 그냥 대충 수행하는 것으로 만족하지 않고 진정으로 한번 자신의 마음을 크게 깨닫고 싶은가.

그렇다면 극락세계로 가야 한다. 극락세계는 부처학교이기 때문에 강사진이 모두 부처들이다. 그분들은 대각을 이루셨다. 그분들에게 직접 교육을 받으므로 거기만 가면 결정적으로 정각을 이루는 데 전혀 문제가 없다.

자꾸 이 땅에서 깨달음이 어떻고 저떻고 할 필요가 없다. 그냥 보따리 싸서 수행의 장소를 옮기면 되는 것이다. 여기서 아무리 깨달음에 대해 말해 봐도 그것은 전혀 소득 없는 떠듦에 지나지 않는다.

그러므로 진정으로 대각을 이루고자 한다면 극락세계로 가야 한다. 그렇게 되도록 하기 위해 극락세계가 설립되어졌다.

멸도는 열반이다. 멸은 번뇌가 없어진 상태고 도는 생사의 업해를 건넜다는 뜻이다.

12. 光明普照願: 광명보조원. 願光明無量.

설사 제가 부처가 된다고 해도 저의 광명에 한량이 있어서 백 천억 나유타의 모든 불국토를 비추지 못한다면 부처가 되지 않겠습니다.

물의 근원을 찾기 위해 땅속 깊이 파 들어간다면 결국 바다에 도달한다. 거기가 물의 근원이다. 그래서 모든 방향에서 바다는 물과 통하고 있다.

빛을 찾아 어둠을 뚫고 나오면 거기에 단 한 개의 태양이 있다. 모든 빛의 근원은 태양에서 나온다. 그러므로 빛은 모든 방향에서 태양과 연결되어 있다.

그처럼 극락세계로 가기 위해 죄업의 장막을 三門으로 헤쳐 나오면 거기에 아미타불이 계신다. 아미타불은 모든 중생의 근원이다. 그러므로 일체중생은 모든 방향에서 아미타불과 연결되어져 있다.

그분은 지혜와 자비의 발광체다. 그 광명은 끝도 없다. 그래서 무량광이라고 한다. 그 광명은 끝나는 시점이 없다. 그래서 무량수라고 한다. 무량광은 끝없는 공간을 변조하고 무량수는 한없는 시간을 관통한다. 그 무량광과 무량수를 합친 뜻이 아미타불이다.

그분은 언제까지나 광명을 놓고 계신다. 하지만 우리의 배터리가 영원하지 않다. 충전소에서는 항상 전기가 넘쳐나지만 전기차가 방전되면 오도가도 못하는 신세가 되는 것과 같다. 그러므로 중생들은 하루빨리 그분에게서 자비와 지혜의 충전을 받아야 한다. 그래야 살 수가 있다

보살이나 천사들의 몸에서 광채가 나는 모습을 본 적이 있을 것이다. 그 모습을 보면 경외감이 들면서 또 한편 부러운 마음이 들기도 한다. 똑같은 몸인데 그분들의 몸에서는 광채가 나고 나의 몸에서는 때만 일어나니 부끄럽기만 하다.

그래서 극락세계에 태어나고자 한다. 거기에는 태양이 없다. 제각기 자체발광하는 몸을 갖고 있으므로 무정물인 태양의 빛을 빌릴 필요가 없다. 하다못해 개똥벌레도 태양빛에 의존하지 않고 자체발광을 하는데 그분들이 어떤 분들이기에 고작 태양빛으로 생활하고 수행하겠는가.

그러므로 누구든지 몸에서 광명의 빛을 발하고 싶으면 극락세계에 태어나야 한다. 그러면 항상 금색광명의 은은한 빛이 자신을 휘감아 있다. 그러다 부처가 되면 그 빛은 더 널리 퍼지고 더 강하게 발산한다.

13. **壽量無窮願**: 수량무궁원. **願壽命無量**.
설사 제가 부처가 된다고 해도 저의 수명에 한정이 있어서 백 천 나유타겁 정도밖에 살지 못한다면 부처가 되지 않겠습니다.

극락세계에는 어린이가 없다. 물론 노인도 없다. 모두 다 젊은이다. 그들은 가장 수행하기 좋은 몸을 가지고 태어난다.

선견비바사율에서는 중생이 수태하는 데 일곱 가지 방법이 있다고 했다. 물론 범부가 하는 相觸상촉수태도 여기에 포함된다. 기독교에서 말하는 성령수태 역시 이 범주 속에 들어간다.

극락세계는 화생으로 출현한다. 부모 없이 출생하는 것이다. 수태로 태어나는 것이 아니다. 수태로 태어나면 큰일 난다. 왜냐하면 그곳은 시간이 멈춘 곳이기 때문이다. 그런데 어찌 달이 차서 아이가 생기겠는가. 그러므로 모두 다 화생을 한다.

그들은 죽지 않는다. 마음속에 잔여 죄업이 들어 있기 때문에 죽으면 삼악도에 떨어진다. 아예 죽지 않고 그 전에 부처가 되어 버리기 때문에 죄업이 어떻게 하지를 못한다. 그래서 죄업을 갖고도 극락세계에 태어날 수 있다는 거다.

14. 聲聞無數願: 성문무수원. 願聲聞無數.

설사 제가 부처가 된다고 해도 제 나라에 성문 수가 얼마나 되는지 삼천대천세계의 모든 중생들이 연각이 되어 백 천겁 동안 함께 계산해서 그 수를 알 수 있을 정도면 저는 부처가 되지 않겠습니다.

극락세계에는 성문이 없다. 성문은 이승을 말한다. 소승불교에는 극락이 없다. 극락세계는 대승불교에서 설시한 부처학교다. 그러므로 성문이 있을 리 없다.

제목은 성문의 수가 무수히 많기를 발원합니다 이다. 그것이 성취되었기 때문에 극락세계가 있고 아미타불이 있게 된 것인데 어찌된 영문인가 어리둥절할 것이다.

여기에서의 성문은 글자 그대로 수행자를 말한다. 시장도 사람이 북적거려야 하고 유원지도 이용객이 많아야 활기를 띤다. 그렇지 않으면 분위기가 썰렁해 가고 싶은 기분이 나지 않는다.

그처럼 극락세계도 대승의 수행자는 물론 소승의 수행자들도 한량이 없다. 대학이 있으면 부속초등부터 부속고등학교가 있듯이 대승이 있는데 그 밑에 성문이 있어야 하는 것은 지극히 당연한 것이다.

15. 衆生長壽願: 중생장수원. 願隨願脩短.

제가 부처가 될 때 제 나라의 천인들 수명은 무량해야 합니다. 하지만 그들 본원에 의해 그 수명이 길고 짧게 자재하는 것은 예외입니다. 그렇지 않다면 저는 부처가 되지 않겠습니다.

아미타부처에게는 상상할 수 없는 위신력이 있다. 그뿐만이 아니라 아미타불 이름에도 무량한 공덕이 들어 있다. 그것이 바로 무량광이며 무량수다. 그러므로 누구든지 아미타불을 생각하고 그 이름을 부르면 한량없는 복덕을 지을 수 있다.

그 복덕 중에서 대표적인 것이 장수한다는 것이다. 어느 곳 어느 중생이든지 지성으로 아미타불을 염불하면 아무런 병 없이 오래도록 살 수 있다는 것이다.

그렇게 아미타불이라는 염불은 무궁한 공덕을 일으킨다. **광명경**에서 어떤 중생이든지 무량수결정광명왕여래의 이름을 듣고 진심으로 108번을 칭념한다면 단명한 사람의 목숨이 늘어나리라 하셨다. 무량수결정광명왕여래는 무량수불이며 아미타불이다.

그러므로 무병장수하고 싶으면 아미타불을 불러야 한다. 그러면 이 땅에서 천수를 누리고 죽어서는 극락세계에 태어나는 행운을 얻는다. 그 세상에 태어나면 죽지 않는다. 영겁을 살고 영원히 살 수 있다.

세상에 이것만큼 더 크고 더 기쁜 소식이 어디에 있겠는가. 우둔한 자는 웃고 넘기지만 현명한 자는 반드시 그쪽으로 머리를 두게 된다.

16. 皆獲善名願: 개획선명원. 願不聞惡名.
설사 제가 부처가 된다고 해도 제 나라의 천인들이 좋지 못한 이름을 듣게 된다면 부처가 되지 않겠습니다.

사람들과 함께 누워 잘 때 누가 자기 이름을 부르면 자기만이 그 이름을 듣고 일어난다. 그만큼 자기 이름은 자신의 내면과 깊이 연결되어져 있다.

그러므로 이름이 좋으면 좋은 곳에서 많이 부르게 되고 이름이 나쁘면 나쁜 곳에서 많이 부르게 된다. 좋은 곳은 합격을 알리는 곳이거나 추대로 선택될 때를 말하는 것이고 나쁜 곳은 법무부 산하나 병원 같은 곳이 될 수가 있다.

좋은 이름은 사람들에게 평안함을 주고 나쁜 이름은 혐오감을 준다. 그러므로 사람은 어떻게든 좋은 이름을 가지려고 한다. 생명없는 자동차에도 좋은 번호판을 주려고 하는데 하물며 사람이겠는가.

이 말을 듣고 어리석은 사람들은 바로 자기 이름부터 분해한다. 그 이름 속에 들어 있는 복덕을 말하고 있는데 작명된 이름에 대해

호불호를 찾으려 한다.

그렇다면 이 세상에서 가장 아름답고 고귀한 이름이 무엇인지 아시는가. 바로 아미타라는 이름이다. 그 아미타불이 계시는 곳에 나쁜 이름들이 있겠는가.

보석상에 나쁜 이름의 물건이 없는 것처럼 극락세계는 나쁜 업을 일으킬 수 있는 물상들의 이름이 없다. 그러므로 거기에 가면 좋은 언어들로 좋은 인연들만 만들어 낸다.

17. 諸佛稱讚願: 제불칭찬원. 願諸佛稱歎.

설사 제가 부처가 된다고 해도 시방세계 무량제불이 다 함께 저를 칭찬하고 찬탄하지 않으시면 부처가 되지 않겠습니다.

자식 못되도록 하는 부모는 없다. 부모가 하라는 대로 하면 칭찬받는다. 칭찬받는 아이는 잘 성장한다. 비난받는 아이는 비뚤어지기 쉽다. 부모에게 칭찬을 받으려면 부모가 원하는 대로 하면 된다. 그러면 부모는 한없는 기쁨을 느낀다.

부처도 마찬가지다. 중생이 부처가 원하는 대로 할 때 부처는 최고로 기분이 좋다. 그렇게 하려면 중생은 정확히 부처가 무엇을 바라는지를 파악해야 한다. 떼쓰는 아이들처럼 막무가내로 무엇을 해달라든가 이치에 맞지 않는 기도를 들어달라든가 하는 요구는 부처를 매우 힘들게 한다.

그렇게 부처를 곤혹스럽게 하면서도 원하는 것을 이루고자 하는 그 심보는 도대체 무엇일까. 남을 괴롭혀 이익을 얻고자 하는 것도 용서가 되지 않는데 하물며 부처를 힘들게 하고 소원을 성취하겠다는 그 이상한 발상이 가당키나 한 것인가.

부처를 기쁘게 만들고 싶은가. 부처에게 칭찬을 받고자 하는가. 그렇다면 지금부터 아미타불을 찬탄하면 된다. 그것만이 가장 경제적이면서 최고로 효과 빠른 가피를 입는다.

왜냐하면 아미타불은 석가모니부처님은 물론 건곤우주 육방천지에 계시는 모든 부처님이 한결같이 그분의 행업을 경탄하고 그분의 원력을 칭찬하는 분이시기 때문이다. **무량수경**의 말씀이다.

모든 부처님이 보살들에게 말씀하신다.
극락세계로 가서 아미타불을 뵈어라.
그분의 법문을 듣고 즐거이 받아 행하면
빠른 시간 내에 열반을 증득할 수 있다.

이러므로 그분의 원력을 찬탄하고 그분을 염불하면 제불이 기뻐하시어 무량한 공덕을 지을 수 있다.

18. 十念往生願: 십념왕생원. 願十念必生.
설사 제가 부처가 된다고 해도 시방의 중생들이 지성심으로 믿고 기뻐하며 왕생을 원할 때 십념으로 왕생하지 못한다면 부처가 되지 않겠습니다. 단 오역죄나 정법을 비방한 자들은 제외합니다.

죽을 때 나무아미타불 열 번만 부르면 극락 간다는 말이 있다. 10

념을 열 번의 염불로 보고 하는 말이다. 이 이론에 불을 지른 스님이 중국의 선도대사다.

과연 죽을 때 나무아미타불 열 번만 부르면 극락세계에 갈 수 있을까. 그게 가능한 일일까. 이치적으로 한번 생각해 보시기 바란다. 그게 가능한 일인지.

설령 죽을 때 그렇게 불러서 극락세계에 갈 수 있다 하더라도 그것은 완전 불가능하다. 왜냐하면 죽을 때가 되면 절대로 그 염불이 입밖으로 나오지 않기 때문이다.

죽을 때는 모든 에너지가 완전 고갈된다. 그러므로 신체의 근육이 다 이완한다. 그러므로 자기 눈꺼풀 하나도 자체적으로 닫을 수 없다. 다 눈을 뜨고 죽는 이유가 이것이다. 그런데 어떻게 나무아미타불을 열 번이나 부를 수 있단 말인가.

미륵발문경에서는 10념이란 십지 가운데 초지 이상의 보살이 아니면 실천하기 어려운 마음가짐이라 하셨다. 이에 담란대사는 아미타불의 모습을 마음에 새겨 잊지 않고 기억하는 것을 일념이라고 하고, 이 일념에 다른 생각을 섞지 않고 계속 그렇게 생각하는 것을 십념이라 한다고 했다.

원효대사는 **무량수경**의 십념과 **관무량수경**의 십념이 다르지 않으며 범부가 십념하면 염불하는 그 마음에 평생에 지은 생사의 죄가 다 없어져 왕생한다고 하셨다. 그 마음은 발원이 사무칠 때다. 결코 의식이 몽롱한 죽을 때를 말하는 것이 아니다.

이 왕생 조건의 염불에 대해서 **성왕경**과 중국 선도의 **왕생예찬** 신라 원효의 **아미타경소** 일본 법연의 **아미타경석**이 약간씩 다른 해석을 내놓고 있지만 사무치는 발원의 전제는 같다.

여기서 말한 10념은 숫자적으로 열 번의 염불이 아니다. 10은 만수다. 그러므로 십념은 조금도 간격없이 계속해서 이어지는 염불을 말한다.

무량문미밀지경에 보면 항상 염불하는 사람에게는 여러 사견이 파고들 편의가 없다고 하셨는데, 여러 사견은 망념이 일어날 틈이 없다는 뜻이다. 이 정도 되어야 십념이라고 말할 수 있다. 법성게에 구세십세호상즉이라는 대목을 이해하면 이 십념의 뜻을 금방 이해하게 될 것이다.

그렇다면 극락세계는 아무나 다 갈 수 있는 것인가. 그러면서도 그렇지 않다. **아미타경**에서는 그 어떤 중생도 다 거기에 왕생할 수 있다고 하셨다. 그렇기에 극락세계는 모든 중생들의 영원한 이상향이 된다.

하지만 **무량수경**에는 단 두 부류는 제외한다고 하셨다. 그 두 부류는 바로 오역죄를 지은 자와 정법을 비방한 자다. 오역죄는 대소승불교에 다 있는 죄악이지만 그 내용은 약간씩 다르다. 먼저 소승의 오역죄를 말한다.

첫째. 아비를 죽인 죄.

둘째. 어미를 죽인 죄.

셋째. 아라한을 죽인 죄.

넷째. 부처님의 몸에 피를 나게 한 죄.

다섯째. 화합된 수행단체를 파괴한 죄다.

대승의 오역죄는,

첫째. 절 탑 불상 불경을 파괴하고 삼보에 해를 끼친 죄.

둘째. 대승이나 소승을 막론하고 삼보에 해를 끼친 죄.

셋째. 출가자의 수행을 방해하고 해친 죄.

넷째. 소승 오역죄 중 하나라도 범한 죄.

다섯째. 인과를 믿지 않고 몸 입 생각으로 십악을 행한 죄다.

또 정법을 비방한 자도 거기에 태어나지 못한다. 그럴 수밖에 없다. 정법은 극락세계로 나아가는 길을 가르친다. 그런데 그것을 비방하면 거기로 나아갈 길이 끊어진다. 그래서 우리는 철저히 정법을 믿는다. 그리고 십념염불로 왕생하고자 한다.

願我盡生無別念 원아진생무별념
阿彌陀佛獨相隨 아미타불독상수
心心常係玉毫光 심심상계옥호광
念念不離金色相 염념불이금색상

이 목숨 다할 때까지 딴 생각없이
오직 아미타불의 모습만 생각하겠습니다.
마음마다 옥호광명을 그리고
생각마다 금색상을 떠나지 않겠습니다.

극락세계에 왕생하고자 하는 염불의 종류는 다양도 하다. 사람마다 근기도 다르고 생각도 다르다. 방법도 다르고 기일도 다르다. 발원도 다르고 희구도 다르다. 태도도 다르고 자세도 다 다르기에 그렇다.

대충 살펴보면 왕생염불 조념염불 정심염불 산심염불 일과염불 다념염불 일념염불 고성염불 저성염불 묵념염불 추모염불 금강염불 기수지염불 불기수염불 오회염불 발원염불 속원염불에 이어 상시염불 별시염불 임종염불 등이 있다.

"스님은 무슨 염불을 하십니까?"
"우리는 왕생염불을 합니다."

미타예문의 회향게송이다. 왕생하고자 하는 간절함이 녹아 있어 너무 좋다.

稽首西方安樂刹 계수서방안락찰
接引衆生大導師 접인중생대도사
我今發願願往生 아금발원원왕생
唯願慈悲哀攝受 유원자비애섭수

서방 극락세계에서 중생을 이끄시는
대도사님께 머리 숙여 예배를 드립니다.
저가 지금 왕생하기를 바라옵나니
불쌍히 여기시어 자비로 거둬주소서.

484

19. 臨終現前願: 임종현전원. 願臨終接引.

설사 제가 부처가 된다고 해도 시방의 중생들이 보디심을 일으켜 일체의 공덕을 닦고 지심으로 저의 국토에 왕생하고자 발원한다면 그들의 목숨이 끝날 때에 제가 보살들에 둘러싸여 그 사람 앞에 화현으로 나타날 것입니다. 그렇지 않으면 부처가 되지 않겠습니다.

  사람들은 죽으면 자기 혼자서 극락세계를 찾아가는 줄 안다. 천만에 말씀이다. 죽은 사람이 어떻게 방향을 잡고 어디를 찾아간단 말인가. 진짜 귀신 씻나락 까먹는 소리다.

  죽었다 깨어난 사람들은 한결같이 자기 혼자서 미지의 세계로 걸어가다가 돌아왔다고 한다. 단언컨대 그런 사람들은 결코 죽은 사람이 아니다. 죽은 사람은 여기에 없다. 그런데 여기에 있다면 그는 아직 죽지 않았다. 죽지 않은 사람이 죽음 이후를 말한다는 것 자체가 난센스다.

  저승 갈 때 노잣돈이 필요하다는 말도 다 헛소리다. 곱게 차려입고 가야 된다는 말도 다 꾸며낸 이야기다. 생사의 바다를 건너기 위해 반야용선을 탄다는 말도 다 방편이다. 깜깜한 바다는 고통의 세계를 상징한다. 그러므로 반야용선하고는 관계가 없다. 그냥 상징적으로 그렇게 표현하고 있을 뿐이다.

  극락세계에 왕생하고자 발원한 사람이 죽을 때가 되면 아미타부처님의 화신이 25명의 화신보살들을 거느리고 직접 데리러 오신다. 그분들이 금대에서 죽는 사람을 부른다. 그때 그 금대 속으로 의심없이 뛰어 들어가면 왕생이 되는 것이다. 금대는 금빛이 나는 궁전이다.

20. 廻向皆生願: 회향개생원. 願欲生果遂.

설사 제가 부처가 된다고 해도 시방의 중생들이 저의 이름을 듣고 저의 국토를 생각하면서 온갖 공덕을 심고 지심으로 저의 나라에 왕생하려고 회향할 때 그렇게 되지 못한다면 저는 부처가 되지 않겠습니다.

회향에는 두 가지가 있다. 물질과 마음이다. 회향은 글자 그대로 돌려준다는 뜻이다. 옆집에 가서 낫을 빌려왔다. 그 낫으로 우리 정원의 풀을 베었다. 정원이 깔끔하다. 고마운 마음으로 먹을 것과 함께 낫을 돌려주었다.

낫 주인도 매우 흔쾌해 한다. 창고에 낫을 그냥 뒀으면 아무런 일도 못해 내었을 것인데 가만히 있던 낫 한 자루로 서로 간에 고마움의 인과를 만들어 내었다. 이것이 회향이다.

영업으로 말하자면 고객사은이다. 장사를 해서 돈을 벌었다. 그렇게 해 준 자들이 고객이다. 이제 그 고마움을 고객에게 돌려주고자 한다. 그래서 고객들에게 파격적인 세일을 한다. 그것이 회향이다.

한 평생 잘 살았다. 돈과 명예를 가졌다. 죽을 때가 되었다. 저승에 갖고 가지도 못할 돈과 명예, 이제 남아 있는 사람들에게 돌려주고자 한다. 그간 나의 돈과 명예로 상처받았던 사람들에게 진심으로 사과한다. 그것이 회향이다.

돈이 된다고 해서 금을 모았다. 극락세계에 가면 여기의 금덩어리는 잡석처럼 가치가 없다. 그러므로 내가 갖고 있는 모든 보석을 사람들에게 다 내어놓는다. 그게 회향이다.

그런데 조건이 있다. 내가 내어놓는 모든 것들은 전부 좋은 데 써져야 한다는 것이다. 배고픈 사람들을 돕고 불쌍한 사람들을 거두는 데 써달라는 것이다. 그리고 나처럼 그들도 극락세계에 갈 수 있도록 해 달라는 염원으로 다 내어놓는 것이다.

혹시라도 그 돈으로 게으른 사람들에게 먹을 것을 줘서 더 게으르게 한다든지 중생들을 해치는 일에 조금이라도 그 돈이 전달되는 경우라면 그것은 회향이 아니라 악행을 돕는 일이니 슬기롭게 회향을 해야 한다.

48대원 중 18 19 20 번은 어떻게든 중생들을 극락세계로 이끌겠다는 아미타불의 본원이 짙게 서려 있는 대목이다. 이 본원들을 뼈에 새겨두고 가슴에 담아두어야 한다.

21. 具足妙相願: 구족묘상원. 願三十二相.

설사 제가 부처가 된다고 해도 제 나라의 천인들이 모두 32상인 대인상을 원만히 갖추지 못한다면 부처가 되지 않겠습니다.

중생후보들은 어미의 뱃속에서 열 달 동안의 숨 막히는 세월을 보내고 핏덩어리를 쏟으며 태생한다. 부처후보는 연꽃에서 가장 아름다운 시절의 청년모습을 갖고 향내를 뿜으며 화생한다.

중생후보들은 정말 보잘것없는 모습이다. 연약하기만 해서 겨우 숨만 쉬고 있다. 가녀린 생명체다. 정말 아무 능력도 없다. 먹고 싸고 우는 것 밖에 하지 못한다.

그러나 부처후보들은 태어남과 동시에 부처님께 예경하고 설법을 들으며 수행에 임한다. 유아기도 없고 청소년기도 없다. 장년도 없고 노년도 없다. 그 몸으로 부처가 된다.

중생후보는 중생이 된다. 수많은 고통과 괴로움을 갖고 살다가 죽어간다. 부처후보는 부처가 된다. 수많은 공덕과 기쁨을 갖고 살다가 해탈한다.

중생은 날마다 세수를 하고 면도를 한다. 부처후보는 그런 성가신 일을 안 해도 훤하고 매끄럽다. 중생은 평생을 미용실에 들락거린다. 부처후보는 머리를 깎는 일이 없다. 그들은 이미 부처가 될 32상 80종호의 묘상으로 태어나기 때문이다.

똑같은 사람이지만 아이들은 유치로 살아간다. 그러다 청소년이 되면 유치가 빠지고 28개의 영구치가 돋아난다. 그 영구치로 늙어 죽는다. 부처후보는 한 단계 더 올라간다. 그들은 40개의 치아를 가지고 태어난다. 그게 영구치다.

아이들은 수염이 나지 않는데 어른들은 수염이 나는 것처럼 부처는 인간에서 마지막까지 여러 단계 더 성장한다. 쇠를 여러 단계 더 두드리면 강철이 되는 것처럼 부처도 그렇게 완성되어진다. 그러면 32상 80종호가 저절로 나타나게 되는 것이다.

22. 咸階補處願: 함계보처원. 願一生補處.

설사 제가 부처가 된다고 해도 다른 불국토의 모든 보살들이 저의 국토에 와서 마지막 일생보처가 되어야 합니다. 그러나 중생들을 위하여 큰 서원의 갑옷을 입고 공덕을 쌓으며 일체중생을 도탈시키고자 하는 보살들은 그 의도가 본원이기에 제외합니다.

그분들은 모든 불국토를 다니면서 보살행을 닦고 시방의 모든 부처님께 공양 올리며 항사 같은 무량한 중생을 교화합니다. 그분들은 위없이 바르고 진실된 길을 제시하고자 정해진 지위의 보살행을 초월해 보현보살의 덕을 닦기에 그렇습니다. 그렇지 않으면 부처가 되지 않겠습니다.

뱁새로 태어나면 뱁새로 조잘대며 살아야 한다. 뱁새가 황새의 삶을 살려고 하면 가랑이가 찢어진다. 마찬가지로 중생으로 태어나면 중생의 삶을 살아야 한다. 중생은 업을 갖고 있기 때문에 생로병사의 과정을 필연적으로 겪는다.

죽음은 계속 다가오고 있다. 그것은 내일보다 먼저 다가올지 모른다. 그런 상태에 처해 있는 중생에게 희망이 있다면 무슨 희망이 있고 행복이 있다면 어떤 행복이 있겠는가. 정말 이슬 같은 삶이고 눈사람 같은 생명이다.

그러나 극락세계에 태어나면 전혀 다르다. 거기엔 죽음이 없다. 죽음이 없기에 이루고자 하는 원이 있으면 반드시 이루어진다. 그것이 부처다. 그러므로 극락세계에 태어나면 틀림없이 부처가 된다. 그렇기에 그 중생들은 모두 다 보처보살이라고 한다.

보처보살은 아비발치보살이다. 아비발치는 부처가 되도록 결정지어진 후보라는 뜻이다. 그러므로 그 어떤 세계에서 오든 간에, 또 그 어떤 신분이건 간에 극락세계에만 태어나면 아비발치보살이 된다.

그러나 그 이외의 분들이 있다. 부처가 되기 전에 중생들부터 먼저 구해야 되겠다는 일념으로 중생세계로 나가시는 보살들이다. 그분들 중에 관세음보살이 있고 대세지보살이 있다.

그분들이 바로 보현보살의 행원을 보이시는 보살들이다. 보현보살의 행원은 일체중생 모두를 다 도탈시키고자 하는 본원에서의 보살행이다. **화엄경**에 그분의 열 가지 발원이 나오니 참고하시기 바란다.

23. 晨供他方願: 신공타방원. 願供養諸佛.

설사 제가 부처가 된다고 해도 제 나라의 보살들이 저의 위신력을 입고 모든 부처님께 공양 올리기 위해 밥 한 끼 먹을 시간에 무량무수억 나유타나 되는 모든 불국토를 두루 다니지 못한다면 저는 부처가 되지 않겠습니다.

세상에서 가장 복되는 것은 부처님께 공양을 올리는 일이다. 이 일은 십신보살에서 부처가 될 때까지 계속된다. 그것이 복덕이 되어 부처를 이루게 되기 때문이다.

극락세계의 중생들은 바쁘게 움직인다. 시방 허공계의 부처들을 찾아다니면서 공양을 올리고 설법을 들으면서 수행에 임한다. 그러므로 극락세계에는 노는 중생이 없다.

태평스럽게 놀고 싶으면 천상에 태어나야 한다. 극락세계는 부처학교이기 때문에 모두 다 부처가 되고자 조금도 쉴 틈 없이 공부를 하고 있다.

그러니까 극락세계는 거대한 부처학교다. 공부하고 싶지 않은 자들이 거기에 태어나면 정말 그들에게는 지옥이 될 수 있다. 그렇기에 극락세계는 발원에 의해서 태어나는 곳이다고 하는 것이다.

"부처님의 능력으로도 안 된다는 것입니까?"

"천 만 분의 부처님이 힘을 써도 안 됩니다."

부처는 물론 부처에다 법과 승이 보태어진 힘이라도 안 된다. 어림도 없다. 완전 불가능하다. 백중날 삼보의 힘으로 목련존자 모친이 아귀세계를 벗어나 어디에 태어났던가. 왜 그녀가 극락을 두고 천상에 태어났는지 그것을 알면 이 말이 즉시 이해가 될 것이다.

그렇기에 극락세계에 대해 사전지식이 없는 영가를 후손들이 돈이나 애원으로 어떻게 밀어 올릴 수는 없는 것이다. 그 이유는 바로 이런 문제들이 발생하기에 그렇다. 그러므로 영가는 반드시 사전에 그곳이 어떤 곳인지를 면밀히 알아둘 필요가 있다.

24. 所須滿足願: 소수만족원. 願供具隨意

설사 제가 부처가 된다고 해도 제 나라의 보살들이 모든 부처님께 공양을 올리려 할 때 그들이 바라는 공양물이 생각처럼 갖추어지지 않으면 부처가 되지 않겠습니다.

부모에게 용돈을 드리면 첫째, 부모가 좋아하신다. 둘째, 드리는 내가 기분이 좋다. 셋째, 그 돈은 어차피 내가 어려울 때나 내 자식이 필요할 때 돌려받는다.

그러면 돈 하나로 세 사람이 기쁘게 된다. 그러므로 부모에게 용돈을 드리라고 한다. 그것을 잘 알지마는 여윳돈이 없어서 부모에게 그렇게 할 수가 없다.

부처님께 공양을 올리면 첫째는 부처님이 기뻐하시고, 둘째는 사찰이 운영된다. 셋째는 그것으로 스님들이 열심히 공부해서 신도들을 가르친다. 그 가르침을 받은 신도들은 생사의 고통세계를 벗어난다.

그래서 신자들은 부처님께 공양 올리면 무량한 복덕을 얻게 되는 것이다. 하지만 공양 올릴 형편이 되지 못하면 그저 남의 나라 이야기로 끝난다.

진정으로 부처님께 공양을 올리고 싶은가? 그렇게는 하고 싶은데 쥐뿔도 가진 게 없어서 가슴에 한이 서리는가? 그렇다면 꼭 극락세계에 태어나야 한다. 그러면 원대로 부처님께 공양을 올릴 수가 있다.

극락세계는 부처님께 공양 올리는 공양물이 완전 구비되어져 있다. 어느 하나도 부족함이 없다. 내가 무엇 무엇을 공양 올리고 싶은데 그것이 없다면 얼마나 큰 실망감이 들겠는가. 그렇다면 거기는 극락이 아니다. 극락은 실망감과 좌절감이 없어야 하는 곳이다.

그러므로 내가 진정으로 부처님께 공양올리고 싶다면 돈 십 원 안 들고 마음껏 공양 올릴 수 있는 극락세계에 태어나야 한다.

25. 善入本智願: 선입본지원. 願演說妙智.

설사 제가 부처가 된다고 해도 제 나라의 보살들이 일체지를 연설하지 못하면 부처가 되지 않겠습니다.

맹자는 세상에 세 가지 행복이 있다고 했다. 하나는 부모가 살아계시는 것이고, 둘은 하늘 아래 떳떳한 삶을 사는 것이며, 셋은 천하에 똑똑한 인재들을 가르치는 것이다고 했다.

똑똑한 인재를 가르치는 것은 큰 축복이다. 그때 스승은 환희심이 일어난다. 반대로 아무리 가르쳐도 무슨 말인지 이해하지 못하면 스승은 숨이 막히는 답답함을 느낀다.

극락세계에 태어난 자들은 일차적으로 정말 똑똑한 자들이다. 똑똑하지 않다면 어떻게 자신의 근원을 깨우치려고 거기 가서 태어나고자 하겠는가.

그런 자들이 모이기 때문에 가르치는 부처는 신이 나고 듣는 제자는 바로 알아차린다. 마치 스펀지가 물을 빨아들이는 것처럼 부처님의 설법을 그대로 흡수해 자기 것으로 만들어 버린다.

그리고 그 설법대로 수행한다. 그리고서 다른 중생들에게 들은 대로 부처님의 일체지에 대해 정확하게 설법을 한다. 그러므로 그분들의 설법에는 틀림이란 것이 없고 착오란 것이 없다.

26. 那羅延力願: 나라연력원. 願那羅延身.

설사 제가 부처가 된다고 해도 제 나라의 보살들이 금강역사인 나라연과 같은 몸을 얻지 못한다면 부처가 되지 않겠습니다.

세속에서의 신분상승은 고시가 최우선이다. 그런 고시공부를 하려고 해도 체력이 따라야 한다. 체력이 바탕 되지 않으면 수시로 코피를 쏟는다. 그러면 중도에서 포기한다. 그러므로 개천에서 용이 나려면 무엇보다도 체력이 튼실해야 한다.

극락세계도 마찬가지다. 비실거리는 체력으로는 수행이 되지 않는다. 수행은 강인한 체력과 원대한 원력을 필요로 한다. 그렇기에 체력이 받쳐주지 못하면 결코 대업을 성취할 수 없다.

극락세계에 태어나는 자들은 나라연과도 같은 체력을 갖춘다. 나라연은 코끼리 500마리의 힘과 맞먹는 근력의 소유자다. 그들이 금강역사다. 그 정도의 체력이 있어야 부처가 될 때까지 지칠 줄 모르는 수행을 감당한다.

사바세계에서 천날만날 비실비실한 사람, 몸이 종합병원인 사람은 반드시 극락세계에 태어나야 한다. 그러면 허약이라는 말과 아프다는 말이 완전히 끊어지게 된다.

27. 莊嚴無量願: 장엄무량원. 願一切嚴淨.

설사 제가 부처가 된다고 해도 제 나라의 천인들과 일체만물은 광채가 수려하고 형색이 특수하게 장엄되고 청정해야 합니다. 그 다함없는 미묘함과 끝없는 아름다움은 그 세계의 모든 중생들이 비록 천안통을 얻는다 해도 그 명칭과 숫자들을 다 명료하게 판별할 수 없어야 합니다. 만약 그렇지 않다면 부처가 되지 않겠습니다.

극락세계에는 수행에 필요한 것만 있다. 그곳은 수행에 최적화된 장소이기 때문이다. 그러므로 거기에는 산이 없다. 산이 있어야 할 필요가 없기에 그렇다. 바다도 없다. 바다가 있어야 할 이유가 없다. 법장비구가 극락세계를 만들 때 필요없는 것들은 과감하게 빼버리고 꼭 필요한 것들만을 충족시켜 놓았기 때문이다.

극락세계는 비가 오지 않는다. 그러므로 홍수가 나지 않는다. 눈도 내리지 않는다. 그러므로 길이 끊어지지 않는다. 거기에는 더위도 없고 추위도 없다. 그래서 냉방기구도 없고 난방기구도 없다.

거기에는 곡식을 키우는 들판도 없고 가축을 키우는 축사도 없다. 농약을 뿌릴 일도 없고 축산으로 인한 분뇨나 폐수도 없다. 물론 사람들의 화장실도 없고 정화조시설도 없다. 그러다 보니 이산화탄소 같은 오염공기가 배출되지 않는다. 그래서 늘 공기가 청정하고 깨끗하다.

거기 수행자들은 오로지 가사 하나만 걸치고 산다. 극락세계의 날씨가 그런 옷차림에 딱 맞게 되어 있다. 가사가 낡아지면 새 옷으로 저절로 갈아 입혀진다. 그러니 방직공장이나 의복회사가 없다.

수행자들은 모두 맨발이다. 그래서 그곳에는 신발공장도 없고 신발가게도 없다. 무엇 하나 수행에 거추장스러운 모습이나 불편한 것이 없다. 그래서 그 세계가 장엄되어 있다고 하는 것이다. 그 세계가 얼마나 우아하고 오묘하게 장엄되어 있는지는 **칭찬정토경**에 잘 나와 있다.

그러므로 극락세계는 수행자에게 가장 아름답고 가장 이상적인 세계다. 반대로 그만큼 수행자가 아닌 자들에게는 전혀 재미도 없고 결코 흥미도 없는 세계라 할 수 있다. 그러므로 정녕코 아무나 그 세계에 태어날 수는 없는 것이다.

28. 寶樹悉知願: 보수실지원. 願道樹高顯.

설사 제가 부처가 된다고 해도 제 나라의 보살들은 물론 작은 공덕의 보살들조차도 도량 가운데서 무량한 광색을 내뿜고 있는 높이 400만 리의 보리수나무를 보지 못한다면 저는 부처가 되지 않겠습니다.

초기불교에서 신앙의 대상은 여러 형태가 있었다. 불상도 있었고 법륜도 있었으며 탑과 보리수나무도 있었다. 그러다 대승불교가 나타나면서 불상 하나로 굳어졌다.

부처님이 열반하시고 200여 년 뒤에 인도에는 아소카왕이라는 위대한 왕이 나타나 전 인도를 통일하고자 하였다. 그 과정에서 많은 사람들을 죽이고 인도 땅 대부분을 피바다로 만들었다.

뒤늦게 전쟁의 참상을 깨닫고 불교에 귀의한 그는 불교를 시리아 이집트 그리스 타이 미얀마 그리고 스리랑카에 전파하는 데 지대한 공헌을 하였다. 즉 한 지역에 머물러 있던 불교를 동서양 전 세계로 퍼뜨리는 데 큰 역할을 한 것이다.

그때가 기원전 270여 년이었다. 아이러니하게도 기원후 270여 년이 지난 후에 콘스탄티누스 황제가 변두리를 돌던 기독교를 정식으로 로마종교로 공인하였다. 두 종교 다 재세하던 황제에 의해 부흥하기 시작하였다.

아소카 황제의 아들이면서 상좌부불교의 장로로 있던 마힌다가 바다를 건너 스리랑카를 방문하면서 거기에 불교가 전파되었다. 그때 스리랑카 왕 데바남피야 티샤왕은 바로 불교에 귀의했다.

마힌다가 부다가야에서 갖고 온 특별한 물건이 있었다. 바로 부처님이 그 나무 밑에서 깨달음을 이뤘다는 보리수나무가지였다. 티샤왕은 스리랑카에 있는 자생 보리수나무를 모두 뽑아 없애고 마힌다가 갖고 온 보리수나무를 전 국토에 심도록 하였다.

그래서 현재 스리랑카에 있는 일체의 보리수나무는 마힌다가 갖고 온 하나의 가지에서 식재된 것이다. 그래서 지금도 함부로 보리수나무를 훼손하는 것을 법으로 엄격히 금지하고 있다.

부다가야에 있던 원목인 보리수나무는 600여 년 뒤에 고사했다. 그래서 역으로 스리랑카에 있던 보리수나무 가지를 되가져와 다시 심은 것이 현재의 부다가야 보리수나무라고 한다.

불교는 보리수나무를 대단히 신성시한다. 원래는 반얀나무였는데 석가모니불이 그 나무 밑에서 깨달음을 이뤘다고 해서 그 나무까지 동시에 보디Bodhi수가 되었다.

극락세계에 가면 중앙에 이 보리수나무가 서 있다. 크기는 말할 것도 없고 높이도 굉장하다. 밑둥치의 둘레는 5천 유순이고 가지와 잎은 사방으로 20만 리나 뻗혀 있다. 거기다 높이는 장장 400만 리다. 나무가 뿜고 있는 빛깔과 자태 또한 상상을 초월할 정도로 우람하고 아름답다.

그뿐만 아니라 그 나무 가지마다 진귀한 보석인 월광마니보주와 지혜륜보주와 보배영락이 수없이 달려 있다. 그래서 보리수나무에 보석이 주렁주렁 달렸다고 해서 寶樹라고 이름 지어졌다. 그 보석들의 광채가 서로서로 비추다 보니 수시로 백천 색깔로 변하면서 끝없이 반짝이고 있다.

그것을 억 조분의 1로 축소하고 또 축소한 모조품이 있다. 그것이 바로 기독교의 크리스마스 때 세우는 성탄트리다. 거기에 금종을 달고 별로 치장한 것을 보면 이 보리수나무를 모방한 것이라고 여기지 않을 수 없다.

보리수나무는 깨달음을 상징한다. 그래서 극락세계의 중생은 그 누구든지 그 보리수나무를 보면 깨달음의 마음이 가일층 일어난다. 그러므로 그 보리수는 모든 이들에게 깨달음의 증상연을 안겨 준다. 그것을 볼 수 있어야 한다는 것이다.

29. 獲勝辯才願: 획승변재원. 願誦經得慧.

설사 제가 부처가 된다고 해도 제 나라의 보살들이 독경과 풍송과 설법에 임할 때 변재와 지혜를 얻지 못한다면 저는 부처가 되지 않겠습니다.

극락세계의 보살은 맑고 청량한 목소리를 갖고 있다. 그러면서 사사무애한 변재술을 쓴다. 그 사사무애 속에 일체중생의 언어를 통달하는 능력이 있다.

아무리 좋은 뜻이라 해도 탁한 소리 쉰 소리, 날카로운 소리 찢어지는 소리로 표현할 때는 그 효과가 완전 반감된다. 그러므로 보살은 중생들이 들어도 들어도 질리지 않는 목소리와 말솜씨를 갖고 있다.

그 뿐만 아니라 그분들은 시방허공계에 계시는 모든 부처님의 언어까지 통달한다. 그래서 부처님의 설법을 받아들이는데도 전혀 문제가 없다. 또는 타국토의 보살이 설법하고 게송을 외우는 것 또한 걸림없이 이해한다.

그분들은 일체중생들의 언어도 다 숙지한다. 즉 중생세계건 부처세계건 언어라는 언어는 모두 히어링이 되고 모두 스피킹이 된다는 말씀이다.

남의 나라에 가서 힘들게 어학연수를 해 본 사람이라면 극락세계에 태어나야 한다. 그러면 한 국가의 언어가 아니라 백 천 국가의 언어를 동시에 통달해서 자유자재로 구사할 수 있다.

또 평소에 부처님 말씀을 직접 듣고 싶거나 또는 들어도 이해를 잘 못하는 사람들은 극락세계에 태어나야 한다. 그러면 원도 한도 없이 부처님의 설법을 직통으로 받아들여 지혜가 나날이 증장될 수 있다.

30. 大辯無邊願: 대변무변원. 願慧辯無限.

설사 제가 부처가 된다고 해도 제 나라 보살들의 지혜와 변재가 한계가 있다면 저는 부처가 되지 않겠습니다.

조그마한 지식으로 상대방을 가르치려 하면 얼마 가지 않아 그 밑바닥이 드러난다. 그것은 마치 작은 웅덩이에 고인 물과도 같다. 그것은 곧 마른다. 그러면 그 얕은 지식에 신뢰성이 떨어진다.

범부들의 지식이 다 이런 수준이다. 그들은 힘들게 곤이지지로 얻은 지식을 갖고 있기에 그렇다. 그러므로 한계가 있고 오류가 있다.

그러나 극락세계의 보살들 지식에는 그런 것이 없다. 그것은 샘이 솟는 거대한 오아시스와도 같다. 퍼내고 퍼내어도 계속해서 솟아오른다. 그들은 일체법이 모두 마음속에서 일어나 무진연기에 의해 전개되고 있다는 것을 잘 알고 있기 때문이다.

그래서 하나를 알면 열을 알고 열을 알면 백 천을 알게 된다. 그 지혜가 무한정이다. 그 무한정을 언어로 연설하는 것이 대변이고 그

대변의 주제가 바로 불법이다.

31. 國淨普照願: 국정보조원. 願照見十方.

설사 제가 부처가 된다고 해도 제 국토가 한없이 청정하여 시방에 있는 일체의 무량무수 불가사의한 모든 부처님 세계가 마치 밝은 거울에 얼굴이 나타나는 것처럼 비춰져야 합니다. 그렇지 않으면 부처가 되지 않겠습니다.

방바닥을 잘 닦아놓으면 거울 같다고 한다. 이것을 넓히고 넓히면 어떤 말이 나올까. 나라가 깨끗하면 거울같이 맑다고 하는 것이 아닌가. 극락세계가 바로 그런 곳이다.

극락세계에는 더러운 것이 없다. 백설이라는 눈도 녹으면 더럽다. 그래서 극락세계는 눈이 오지 않는다고 했다. 나뭇잎도 떨어지면 썩는다. 그래서 극락세계는 낙엽이 쌓이지 않는다. 땅에 떨어짐과 동시에 없어진다.

극락세계는 화장실도 없다고 했다. 뭘 먹어야 배변할 것이 아닌가. 그들은 밥을 먹지 않는다. 밥을 먹는다면 누가 농사를 지어야 하고 유통시키는 회사가 있어야 하며 식당이 있어야 하고 서빙하는 종업원이 있어야 한다. 극락세계는 그런 것이 없다.

그들은 사바세계 중생들이 먹는 음식인 단식을 먹지 않는다. 그들은 오로지 법문을 듣고 나오는 환희심인 법희식만 먹는다. 그리고 선정에 들어 선열식을 먹는다. 기분이 너무 좋으면 배고픈 것도 잊어버린다는 것을 아는 사람이라면 이 말이 곧 이해가 갈 것이다.

그러므로 극락세계는 비만인이 없다. 살이 찔 이유가 없는 것이다. 비만으로 고생하거나 비만으로 고민하는 사람들은 모두 극락세계에 가 태어나야 한다. 그러면 평생 매끈하고 완벽한 체형을 가질수 있다.

극락세계는 3D산업도 없고 종사자도 없다. 오로지 수행자들만 있다. 그렇다보니 그 국토가 깨끗하고 청정할 수밖에 없다. 자기가 사는 나라가 헬이나 미쳤다고 생각하는 사람은 극락세계에 태어나야 한다. 그곳에는 청정하기 이를 데 없어서 부조리나 부정 같은 것들이 원천적으로 없기에 그렇다.

32. **無量勝音願**: 무량승음원. 願寶香妙嚴.

설사 제가 부처가 된다고 해도 제가 세운 국토의 궁전과 누각과 공덕수와 꽃과 나무와 일체만물은 전부 한량없는 보석들과 백천 가지의 향으로 이루어져야 하고, 그 장엄되고 기묘함은 모든 천상이나 인간세계를 뛰어넘어야 합니다.

그리고 그 향내가 널리 시방세계에 퍼지면 시방의 보살들이 그 향기를 맡고 모두 부처가 되는 수행을 닦아야 합니다. 그렇지 않다면 저는 부처가 되지 않겠습니다.

세상이 오염될 때 가장 먼저 나타나는 현상은 역한 냄새다. 역하다는 말은 비강에 거슬린다는 말이다. 비강은 꽃냄새를 제일 좋아한다. 직접 움직이지 못하고 벌과 나비에 의해 번성하는 초목은 이 냄새로 살아남아야 했다. 그래서 세상의 냄새 중에서 꽃냄새가 최고인 것이다.

초목은 직접 남을 해치지 않는다. 그러므로 살생의 기운이 없다. 그래서 그들이 내뿜는 향기가 그렇게 싱그러운 것이다. 극락세계는 그런 향기가 충만해 있다. 어디에 가더라도 그런 향기와 감미로운 공기만 있다.

거기다가 소음이라고는 없다. 자동차도 없고 공장도 없다. 처음부터 완벽하게 만들어졌기에 재개발이 없다. 그러므로 공사장이 없다. 거기다가 아귀다툼으로 살아가는 사람들이 없으니 어디서든 조용하고 편안하기만 하다. 대신 은은하게 그리고 속삭이듯이 설법이 들려온다.

공원 스피커에서 나오는 찍찍거리는 클래식노래 소리가 아니다. 청량하고 맑은 목소리의 설법이 흘러나온다. 그런 설법은 중생들을 개화시킨다. 자연이 보잘것없는 한 포기 풀을 은은히 성장시켜 아름다운 꽃을 피우도록 하는 것과 같이 그렇게 시방의 수행자들을 은은히 성장시켜 부처로 만든다. 그 청정과 설법이 바로 향내인 것이다.

33. 蒙光安樂願: 몽광안락원. 願蒙光柔軟.

설사 제가 부처가 된다고 해도 저의 광명이 시방의 한량없고 불가사의한 모든 불국토의 중생들에게 비춰져 그 빛에 접촉되면 그들의 몸과 마음이 유연해져 천인을 초월해야 합니다. 그렇지 않으면 부처가 되지 않겠습니다.

비타민 중에서 가장 중요한 것은 비타민D다. 이것이 부족하면 아이들은 성장이 더디고 팔다리가 휘며 질병에 잘 걸린다. 그리고 어른들은 뼈가 부러지기 쉽다.

이 비타민D는 햇빛에서 생성된다. 그러므로 골격을 가진 일체의 생명체는 동물이건 식물이건 다 햇빛을 받아야 한다. 그래야 자신의 몸은 물론 다음 세대를 이어가는 열매를 맺을 수 있다.

햇빛이 중생의 몸을 지탱시켜 주듯이 아미타불의 광명은 중생들의 마음을 살려준다. 이 광명을 받지 못하면 聖人으로 성장하지 못하며 생사 마의 작난에 힘없이 휘둘린다. 그리고 죽음으로 인생 자체가 부서져 버린다.

그러므로 지각 있는 모든 중생은 반드시 아미타부처님의 광명을 받아야 한다. 광명이 어디 있는 줄 모른다꼬?! 눈만 뜨면 햇빛이 눈부시듯 불신의 장막을 걷으면 광명이 쏟아지고 있다. 눈을 감고 햇빛이 어디 있느냐고 묻듯이 불신을 갖고 광명이 어디 있느냐고 태클 걸지 말아야 한다.

모든 생명체는 자신의 몸을 살리려고 태양을 중심으로 움직인다. 모든 지식 있는 자들은 자신의 마음을 살리려고 아미타불의 광명을 따라간다. 그러면 그곳이 극락세계고 거기서 인간과 천인의 경지를 뛰어넘는 부처가 된다.

34. 成就摠持願: 성취총지원. 願聞名得忍.

설사 제가 부처가 된다고 해도 시방의 무량하고 불가사의한 모든 불국토 중생들이 저의 이름을 듣고 보살의 무생법인과 깊고 깊은 일체 총지를 증득하지 못한다면 부처가 되지 않겠습니다.

총지는 진언이다. 그 뜻은 **혈맥기** 1권에서 이미 설하였다. 총지라는 말은 모두 가지고 있다 라는 뜻이다. 여기서 모두라는 말에 의미를 두어야 한다. 모두는 완전히 구족된 상태다. 그러므로 진언은 남김없이 모든 뜻들을 다 가지고 있다는 뜻이 된다.

그래서 진언은 번역이 되지도 않고 풀이도 되지 않는다. 그냥 그대로 음송해야 한다. 진언을 풀이한다는 것은 엄마라는 단어를 풀이하는 것과 같다. 엄마는 엄마일 뿐이다. 그 엄마는 내가 없는 모든 것을 다 갖고 있으면서 나의 모든 어려움을 다 해결해 준다.

그런 진언을 할 일 없는 사람들이 번역하려고 한다. 왜 중국의 쟁쟁한 역경사들이 그것을 번역하지 않고 그대로 두었는지를 생각하면 쉽게 수긍이 가는데도 그들은 어떻게든 번역을 하려 한다.

반야심경의 마지막 문단인 진언 역시 마찬가지다. 가테 가테 파라가케 파라상가테 보디 스와하 라고 그냥 둬도 되는 일을 기어이 건드리고 있다. 더러는 이미 번역해서 가자 가자 넘어가자. 다 함께 넘어가자. 깨달음의 세계로. 성취의 세계로 라고 읽기도 한다.

이런 번역은 아마 에드워드 콘즈가 처음으로 시도한 것 같다. 그가 **반야심경** 진언을 Gone, Gone, gone beyond, gone altogether beyond, O what an awakening, all hail 로 영역해서다.

사실 空 도리는 오고 감이 없다. 이미 여기저기인 상대성을 벗어나 있기 때문이다. 그런데도 Gone이나 가자 라고 하고 있다. **반야심경** 이 뭐 연기경전인 줄 아는가 보다.

극락세계에 태어나면 말 이전의 말, 생각 이전의 생각인 이런 진언의 뜻을 다 이해할 수 있다. 진정으로 진언을 알려고 한다면 반드시 극락세계에 태어나야 한다. 즉신성불을 외치는 총지종이나 진언종, 또는 진각종의 신도들은 여기에 의심없이 귀를 기울여야 한다.

35. 永離女身願: 영리여신원. 願脫離女身.

설사 제가 부처가 된다고 해도 시방의 무량한 불가사의 불국토에 어떤 여인이 저의 이름을 듣고 기쁘게 믿기를 좋아해 보디심을 발하면서 女身을 싫어한다면 그 여인은 다시는 여인의 모습을 받지 않아야 합니다. 그렇지 않다면 부처가 되지 않겠습니다.

극락세계는 여자가 없다. 여자라서 못가는 것이 아니라 아예 여성이 없다. 그렇다면 남성들만 있는가. 여성이 없는데 무슨 남성이 있겠는가. 잘못 생각하면 남자들만 우글거리는 곳이라고 여길지 모른다. 진짜 남자들만 있다면 큰일 난다.

남성들의 신체 에너지가 가슴으로 가면 수행자가 되고 아랫도리로 가면 남자가 된다. 남자는 끓어오르는 에너지를 분출시켜야 한다. 여성이 없으면 스트레스에 눌린 남자들의 폭력으로 세계는 다 부서져 버린다. 그러기에 남자가 있으면 반드시 여성이 있어야 한다.

하지만 극락세계는 남자지만 남성의 기운을 타고나지 않는다. 그래서 그들은 여성을 그리워하는 인자가 없다. 그렇기에 오롯이 수행에만 전념할 수 있다.

이성인 여자가 없으므로 자신을 과시하거나 우쭐거릴 일이 없다. 똑같은 키에 똑같이 생기고 똑같은 피부를 갖고 있으므로 아만을 부릴 일도 없고 교만을 떨 건더기도 없다.

그러므로 아름다운 여자와 멋지게 한 번 더 살아보고 싶다면 극락세계에 가면 안 된다. 거기는 여자는 물론 여자 그림자도 없다.

명심해야 한다. 잠자리 날개 같은 시스루 옷을 입고 간드러진 웃음으로 술잔을 따르는 여인들을 상상한다면 극락과 천국을 혼동하고 있다.

극락에는 그런 여인들이 없다. 물론 술집도 없다. 높은 누각에서 관능적인 여인들이 술과 춤으로 남자들에게 시중드는 곳이 극락이라고 생각한다면 진짜 꿈 한 번 거창한 도그 꿈이다.

여자라서 홀대와 멸시를 받은 자들은 극락세계에 태어나야 한다. 다시 이 세상에 태어나면 여자가 될 확률이 50퍼센트다. 세상이 달라질 거라는 희망은 가져서는 안 된다. 남자가 있는 한 여자에게 묶이는 굴레와 멍에는 천형처럼 결코 없어지지 않는다. 그것은 절대적이면서도 틀림없는 사실이다.

36. 聞名至果願: 문명지과원. 願常修梵行.
설사 제가 부처가 된다고 해도 시방에 있는 무량하고 불가사의한 모든 불국토의 일체 보살들이 저의 이름을 듣고도 목숨이 다한 후에 청정한 수행으로 불도를 이루지 못한다면 저는 부처가 되지 않겠습니다.

한 번이라도 나무아미타불이라는 염불소리를 들어본 사람은 내생 어느 땐가 반드시 수행자로 나선다. 아미타불이 그렇게 발원하였던 것이 성취되었기 때문이다.

나무아미타불은 아미타불에 의해 자신의 본성을 깨우는 소리다. 그 소리에 죄업에 깊이 파묻혀 있던 자신의 본성이 눈을 뜬다. 한번 싹이 튼 나무는 어느 날 잎을 달고 꽃을 피우며 열매를 맺는다. 그처럼 한번 자신의 본성이 눈을 뜨게 되면 언젠가는 반드시 자신을 찾기 위해 수행자의 길로 나아가게 되는 것이다.

그래서 예전에는 사거리나 사찰 입구 또는 공동묘지 같은 곳에 나무아미타불이라는 음각의 석주를 세워놓았다. 그 글을 읽는 사람은 누구든지 언젠가 자신을 찾는 수행자가 되도록 인연을 심어주기 위해서였다.

탁발승들 또한 그런 역할을 했다. 시주를 받으면 꼭 나무아미타불 관세음보살 이라고 염불을 했다. 그 소리 또한 시주자의 가슴에 깊이 박혀 언젠가는 고통의 세계를 벗어나는 인연이 되었다.

그런데 아쉽게도 자꾸 그런 표지석이 없어져가고 있다. 등산로건 공원이건 그런 표지석이 서 있다면 그것을 보고 자기도 모르게 나무아미타불이라는 염불이 새어나올 텐데 그것이 사라져가니 무척 아쉽다. 중생들의 회귀적 희망을 없애 버리는 것 같아 슬프다.

37. 天人敬禮願: 천인경례원. 願天人致敬.

제가 만약 부처가 된다고 해도 시방의 무량하고 불가사의한 모든 불국토에 사는 일체의 천인이나 인간들이 저의 이름을 듣고 환희심으로 신심을 내어 오체투지로 예배를 올리며 즐거이 보살행을 닦으면 모든 하늘과 지상 사람들이 그들을 공경해 마지않아야 합니다. 그렇지 않다면 저는 부처가 되지 않겠습니다.

아미타불이 안 계셨다면 우리는 어디로 가야 한단 말인가. 살아도 목적이 없고 죽어도 가야 할 곳이 없다. 그냥 낙엽처럼 사바세계를 떠돌게 되었을 것이다. 하지만 이제 우리는 천만다행하게도 살아야 할 목적도 있고 가야 할 곳도 있게 되었다.

대학을 나오면 成人이 된다. 인간은 거기서 다 멈춘다. 成人이 배워야 하는 최후의 교과목이 바로 心地인데 그것을 배우지 못하고 다 죽는다. 그들은 범부의 신체적인 成人으로 끝이 나버린다.

머리와 돈이 없으면 대학에 들어갈 수 없다. 그들은 대학과는 인연이 없다. 成人이 되어서도 복덕과 지각이 없어서 극락세계의 부처학교에 입학원서를 못 넣는 자들이 있다. 그런 자들 역시 극락세계와 인연이 없다. 거기서 정신적인 聖人으로 완성되어야 하는데 복 없는 중생들은 그런 학교가 있다는 것조차 모른다.

세상에 학교가 없었다면 어떻게 되었을까. 문명사회도 없었고 인문과학도 없었을 것이다. 모두 다 원시인들처럼 본능만 좇는 미개인의 삶을 살았을 것이다. 그래서 중생학교를 세운 사람도 선각자라고 추앙하는데 하물며 우주 제일의 부처학교를 창립한 분이겠는가. 그 학교를 세우신 분이 바로 아미타불이다. 그러니 어찌 그분을 존경하지 않겠는가.

하늘 위에서도 그렇게 훌륭한 학교가 없고 땅 위에서도 그렇게 대단한 학교는 없다. 하늘 사람과 땅의 사람들이 그 학교를 건립한 그분을 공경하고 예배를 드린다는 것은 지극히 당연한 일이다.

학생도 하버드대학을 부러워하는데 하물며 진짜 우주 제일의 부처학교를 누가 부러워하지 않겠는가. 또한 그 학교의 학생들을 어찌 공경하지 않을 수 있겠는가. 깨달음을 얻기 위해 정말 어떻게 들어간 분들인데. 진짜로 거룩하신 분들이 아닐 수 없다.

또 거기에 들어가기 위해 지상에서 수행하는 예비 왕생자 또한 얼마나 훌륭한지 모른다. 모두 다 부처가 되어 우리를 구제하려고 하시는 분들인데 어찌 공경과 찬탄을 마다하겠는가.

38. 須衣隨念願: 수의수념원. 願衣服隨念.

설사 제가 부처가 된다고 해도 제 나라의 천인들이 의복을 원할 때는 마치 부처님이 찬탄하시는 거룩한 가사가 자연히 비구의 몸에 걸쳐지는 것처럼 입혀져야 합니다. 만약에 바느질이나 다듬질이거나 물들이거나 세탁할 필요가 있는 옷이라면 저는 부처가 되지 않겠습니다.

동물들은 옷을 입지 않는다. 자기 몸에 난 털로 그냥 산다. 인간은 옷을 지어 입는다. 동물 중에서 옷을 입는 자는 인간만이 유일하다. 이 인간을 넘어서면 옷을 입지 않는다. 그들이 천상의 인간이다. 천인들은 몸에서 새하얀 깃털이 난다. 그러므로 그들은 철마다 사 입어야 하는 의복 구입으로 스트레스를 받지 않는다.

극락세계에 태어나면 그보다 한 수 더 올라간다. 즉 의복을 입던지 깃털을 가지던지 마음대로다. 원하는 대로 입혀진다.

세계적인 명품 의복을 입고 비까번쩍한 가방을 들고 이름난 장인이 만든 최고의 브랜드 신발을 신어보고 싶다면 극락세계에 태어나야 한다. 모든 것이 생각대로 척척 입혀지고 신겨진다.

내가 원하고 내가 가지고 싶은 것이 이뤄지지 않는다면 어떻게 거기가 극락이라 하겠는가. 뭐든지 생각대로 다 이뤄지고 원대로 다 갖추어진다. 그러므로 돈이 없어 명품에 한이 서린 자들은 모두 다 극락세계에 가 태어나야 한다. 그러면 명품으로 전신을 아주 도배를 할 수 있다.

하지만 알아둬야 한다. 그런 명품도 욕망에 찌든 사람들 속에서나 통하는 것이지 욕망을 벗어난 수행자들만 있는 곳에서는 하나도 통하지 않는다는 사실이다.

그런 곳에 지상에서나 과시하는 명품들과 빛나는 보석들을 주렁주렁 달고 다니면 넝마를 걸친 볼품없는 짐시로 보이게 되니까 그렇다.

그래도 어쩌겠는가. 명품과 고가품에 한이 서린 불쌍한 중생들을 버리지 않고 그대로 다 입혀주시겠다는 아미타불의 원력에 그것을 해결해보고 싶다면 거기에 태어나야 한다. 그들의 한스런 속을 일단 풀어줘야 하지 않겠는가.

39. 纔生心淨願: 재생심정원. 願樂如漏盡.

설사 제가 부처가 된다고 해도 제 나라의 천인들이 받게 되는 쾌락이 번뇌를 떠난 비구와 같지 않다면 저는 부처가 되지 않겠습니다.

이 세상에서 제일 쾌락은 무엇일까. 프로포폴을 맞은 상태일까. 우선은 몽롱해서 좋지만 깨고 나면 감방에 가야 한다. 아니면 헤시시나 마리화나를 복용한 상태일까. 정신이 들면 인생이 망가져 있다.

남녀관계에서 사정하는 순간일까. 끝나면 허무와 책임이 뒤따른다. 그것도 아니면 청룡열차를 타고 떨어지는 기분일까. 돌아오면

뒷골만 얼얼하다.

사람마다 다 최고의 쾌락점이 있을 것이다. 그렇다면 불교에서의 최고 쾌락점은 어디일까. 그것은 바로 수행자가 누진이 되었을 때다.

누진은 번뇌가 없어진 상태를 말한다. 번뇌가 무시로 괴로움을 일으킨다. 마치 바람이 흙먼지를 일으키는 것과 같다. 그런데 바람을 없애 버리면 흙먼지는 일어나지 않는다. 그 어리석음의 바람이 멈출 때 누진의 쾌락이 일어난다.

번뇌는 10지부터는 일어나지 않는다. 그러나 번뇌는 잠재해 있다. 마치 면역력이 떨어지면 잠재해 있던 알러지가 나타나는 것과 같다. 그런 번뇌는 정확히 제 8부동지에 들어가면 완전 떨어진다. 그러므로 일반스님들은 꿈속에서조차 그것을 꿈꾸지 못한다.

하지만 삼매에 들어가면 가능하다. 삼매에 들어가면 번뇌가 일시적으로 정지된다. 그때가 수행자인 비구가 가장 황홀한 쾌락을 느끼는 정점이다. 그래서 번뇌를 여읜 비구라는 말이 나왔다.

40. 樹現佛刹願: 수현불찰원. 願樹中現刹.

제가 만약 부처가 된다고 해도 제 나라의 보살들이 장엄되고 청정한 시방의 무량한 불국토를 보고 싶을 때 마치 밝은 거울에 얼굴이 나타나는 것처럼 보수 가운데 모두 다 나타나야 합니다. 그렇지 않으면 저는 부처가 되지 않겠습니다.

애완동물을 기르는 사람들은 출근하고 난 뒤 그들이 걱정된다. 그래서 자기 펫들이 어떻게 지내나 싶어서 CCTV를 연결해 놓고 시시

각각으로 본다고 한다.

이런 심정은 아이를 학교 보낸 학부모들도 그렇고 자식을 군대 보낸 부모도 마찬가지다. CCTV로 실시간 영상을 보지 못하면 통신으로라도 소식을 묻고 안전을 확인한다. 따로 떨어져 사는 부모도 그렇다. 어떻게 지내는지 전화로 안부를 묻고 건강을 체크한다.

그렇다면 죽은 조상과 부모의 상태는 어떻게 알아볼 수 있을까. 어디서 태어나 무엇을 하고 있는지 궁금하지도 않는가. 갑자기 죽음으로 생이별 당한 연인이나 가족들의 근황이 궁금하지도 않는가. 그런데 이 지상에서는 그것을 알아볼 수가 없다. 죽어 버리면 소식이 완전히 두절된다. 그래서 살아 있는 사람의 가슴은 말이 아니다.

그러나 극락세계는 다르다. 거기엔 거대한 보리수나무들이 곳곳에 서 있다. 그 등걸 앞에 가서 보고 싶은 사람들이나 궁금했던 사람들의 얼굴을 떠올리면 그 등걸이 원형으로 된 거대한 거울이 되어 그들의 현 모습을 실시간으로 비춰준다.

즉 극락세계에 간 사람이 자기 부모형제나 동료가 현재 어디에 있는지 알고 싶으면 바로 알아볼 수 있다는 것이다. 그렇기에 극락인 것이지 극락에 있으면서 그들이 어디에 있는지 알아볼 수 없어 밤마다 괴로워한다면 어떻게 거기가 극락이라 할 수 있겠는가.

보통 十地 전의 수행자들이 이렇게 자기와 인연된 사바세계의 인간들을 보고 싶어 한다. 하지만 어떻게 할 수가 없다. 자식이 갇힌 교도소 주위를 배회하는 부모처럼 그들을 구제해 주고 싶어도 구제할 수가 없다. 안타깝고 쓰라린 마음만 더할 뿐이지 어떻게 할 수가 없다. 그래서 그들도 어떻게든 하루빨리 자기가 있는 극락세계로 오도록 기도한다.

施分餘光
各留半座

내가 받고 있는 아미타불의 광명을 나눠주고
내가 앉은 자리 반쪽을 내어 그가 오기를 기다린다.

이런 마음으로 기도하고 있다. 나를 아는 어느 누가 극락세계에
먼저 태어나 사바세계에서 고통받고 있는 나를 위해 이렇게 발원하
며 기다리고 있는지 모른다. 없다면 평소에 그런 사람 하나 우선적으
로 만들어놔야 한다.

그럼 十地가 된 분들은 직접 구제가 가능하시지 않는가. 잘 알아두
셔야 한다. 十地가 넘으면 구제하는 대상이 어느 누구로 특정되지
않는다. 나 쪽에서 보면 나뿐이지만 십지보살이 보면 모든 중생이
다 구제의 대상이 되어 버린다는 사실이다.

그래도 나를 구제해 주지 않겠는가. 맞는 말이다. 관세음보살 대세
지보살이 이미 그대를 구제하고자 무진 애를 쓰고 계신다. 그분들이
이미 과거전생에 그대의 부모고 그대의 연인들이었으니까 그렇다.

41. **無諸根缺願: 무제근결원. 願諸根無缺.**
설사 제가 부처가 된다고 해도 타방국토에 있는 모든 보살들이 저의
이름을 듣고서 부처가 될 때까지 육근이 청정하여 다치거나 훼손되지

않아야 하는데, 만약에 불구가 되는 일이 있으면 저는 부처가 되지
않겠습니다.

병원, 정말 지긋지긋하다. 여기저기 검사한다며 피를 뺏긴 것만
해도 한 물통은 될 것 같다. 풀떼기로 힘들게 만든 붉은 피를 사정없
이 뺏기고 나면 현기증이 일어나 머리가 어질하다.

핸드폰에는 반가운 소식이 없다. 아무도 오라는 사람이 없고 보고
싶다는 사람도 없다. 오로지 여기저기 병원에서 언제 오라고 닦달하
는 소리만 차례차례 울린다. 또 있다. 독거노인이라 밤새 죽었는지
살았는지 확인하는 구청 복지과 여직원 전화가 있다.

치과에 갔다 오면 내과에서 오라고 하고 내과 갔다 오면 정형외과
에서 또 오라고 한다. 병원에서 보는 사람들 다 나와 같이 이런저런
아픔에 저려 있으면서 나름대로 그럭저럭 살아가는 것 보면 참 신기
하기도 하다.

병원을 들락거릴 때마다 책상 위에는 새로운 플라스틱 약병들이
쌓이고 방안에는 관절에 좋다는 파스냄새가 떨어지지 않는다.

장롱에 보면 새것으로 보이는 옷들이 있지만 마땅히 입을 만한 것
이 없고 냉장고엔 먹을 것이 상해가는 데도 손쉽게 라면만 끓여 먹게
되니, 아! 서럽다. 세월유수고 인생무상이다. 진짜 먹는 것도 大다.
大다는 힘들고 귀찮아져 큰일이다는 뜻이다.

이럴 때마다 다짐하고 맹서한다. 두 번 다시 이 사바세계에는 태어
나지 말아야 되겠다고 모진 맹세를 한다. 진짜 병원도 싫고 아픈 것
도 싫다. 때마다 챙겨먹는 것도 싫고 조석으로 씻는 것도 싫다.

극락세계는 병도 없고 병듦도 없다. 의사도 없고 환자도 없다. 거기엔 아예 병이라는 말도 없고 글도 없다. 배고픔도 없고 챙겨먹는 것도 없다. 더러운 것도 없고 씻는 것도 없다. 나는 백 번 죽어도 반드시 거기에 태어나야 한다.

극락세계는 신체가 완전하다. 선천적인 불구자나 후천적인 장애자가 없다. 모두 다 금강신으로 태어난다. 신체의 고통으로 몸서리친 자들은 모두 다 극락세계에 태어나야 한다. 그러면 그때부터 불구로 인한 아픔의 신음소리는 영원히 끝나게 된다.

42. 現證等持願: 현증등지원. 願淸淨解脫

설사 제가 부처가 된다고 해도 타방불토에 있는 모든 보살들이 저의 이름을 듣고 모두 다 청정해탈삼매를 얻어야 합니다. 이 삼매에 안주하면 한 생각에 무량 불가사의한 모든 부처님께 공양을 올려도 그 선정을 잃지 않습니다. 만약 그렇지 않다면 저는 부처가 되지 않겠습니다.

앞에서 지관수행에 대해 공부를 했다. 참 어렵고 힘든 수행이다. 그것을 이 땅에서 기어이 하고자 하는 조사불교도의 눈물겨운 노력이 가상하다.

우리는 여기서 그렇게 하고자 하지 않는다. 시장터에서 공부하는 사람은 없다. 한다면 그 사람은 위선자다. 진짜 공부하는 사람은 학원이나 학교에서 한다.

우리도 그렇다. 시장 같은 이 사바세계를 떠나 극락세계에서 지관수행을 할 것이다. 거기에 가면 환경적으로 최적의 지관수행을 할 수 있고 또 모두가 다 그렇게 하기 때문에 나도 자연히 그 수행의 흐름을 탈 수가 있다.

이 땅에서는 겨우 선정에 드는가 싶으면 바로 방선죽비가 쳐지고 또 어떻게 어떻게 선정에 드는가 싶으면 공양시간이 되었다는 목탁이 울린다. 그러면 즉시에 선정이 부서진다. 그때 바로 관수행에 들어가야 하는데 근가 약한 자들은 그렇게 되지 않는다.

그러나 극락세계는 다르다. 지수행을 하다가 어느 곳 부처님이 설법을 하신다고 하면 즉시 그 부처님께 나아가 공양을 올리고 설법을 듣는다. 그렇게 끊임없이 관수행하고 또 지수행하고 또 관수행을 하면서 나날이 지관수행을 향상시킨다.

그러므로 지관수행을 여일하게 하고 싶으면 극락세계로 수행장소를 옮겨야 한다. 그곳만이 진실되고 참신한 수행자가 가야 할 곳이라서 그렇다.

43. 聞生豪貴願: 문생호귀원. 願聞名得福.

설사 제가 부처가 된다고 해도 저의 이름을 들은 타방불토의 보살들이 수명이 다한 후 존귀한 집안에 태어나지 않는다면 저는 부처가 되지 않겠습니다.

사람들은 걱정한다. 나름대로 열심히 극락세계에 태어나기 위해 염불도 하고 선행도 닦았는데 정작 거기에 못 태어나면 말짱 도루묵이 아닌가 한다. 그런 걱정은 하지 않아도 된다. 극락세계에 태어나기 위해 노력했다면 노력한 것만큼의 보상은 충분히 주어진다.

516

서울대 들어가기로 열심히 공부했는데 서울대 못 들어갔다고 공부한 것이 무산되는 것은 아니다. 그 공부한 성적으로 고대나 연대를 지원할 수 있다.

그처럼 극락세계에 못 들어가면 이 사바세계의 부호 집에 태어나게 된다. 졸부의 집이 아니다. 뼈대가 있고 명예가 있는 기품있는 집안에 태어난다. 태어날 때부터 천덕꾸러기가 아니라 자식을 고대하는 집안에 무수한 축복을 받으며 존귀하게 태어난다.

가문이 좋고 집안이 튼튼하고 잘 생기고 하면 인생 사는 것이 뭐 그리 어렵겠는가. 쥐뿔도 없는 집에 태어났을 때가 문제다. 그러면 아무리 힘들게 공부해도 인생이 그리 만만하게 풀리지 않는다.

여자를 만나도 괜찮은 여성은 나를 좋아하지 않고 나와 비슷한 여성은 바락바락 대들고 나를 좋다 하는 여성은 분에 차지 않는다. 그래서 결혼하는 것도 쉽지가 않다.

출세할 배경이 없으면 이상은 높고 현실은 벽에 부딪힌다. 남들보다 더 앞으로 치고 나가야 하는데 받쳐주는 뒷배가 없다보니 항상 제자리다. 부모 잘 만난 자들은 승승장구하는데 나는 맨날 맨땅에 헤딩이다. 이때 한스런 한마디가 나온다. 전생에 아미타불 안 부르고 도대체 뭐했는지 모르겠다고.

이것을 아는 사람은 지금부터라도 아미타불을 지성껏 불러야 한다. 그러면 적어도 내생에는 지금 같은 부모나 지금 같은 집안의 레벨은 확실히 피할 수 있다.

44. **具足善根願: 구족선근원. 願修行具德.**

설사 제가 부처가 된다고 해도 타방국토의 모든 보살들이 저의 이름을 듣고 뛸 듯이 기뻐하며 공덕을 갖추고자 보살행을 닦아야 합니다. 만약 그렇지 않다면 저는 부처가 되지 않겠습니다.

세상 살아가면서 복덕 짓기가 그리 쉬운 일인가. 스님들은 언제나 복덕을 지으라고 하지마는 내 식구 하나 건사하기도 힘든데 남까지 보살필 여력이 어디 있단 말인가.

연말에 이웃돕기 성금 조금 내고 도로에서 양보 운전하는 게 전부다. 그것도 어떨 때는 아까운 마음이 들고 기껏 양보해 준 자동차가 생 까버리고 가면 욕부터 튀어나온다.

극락세계를 모르면 그렇다. 극락세계에서 아미타불이 우리를 기다리고 계신다는 것을 알면 여유가 생기고 양보가 일어난다. 가야 할 곳은 결국 그곳밖에 없기 때문에 그곳으로 가는 사람은 어디서든 기쁘게 선근을 짓는다.

아미타불을 염불하는 사람은 반드시 복덕을 짓게 되어 있다. 무엇을 얻으려 하는 목적이 있는 사람은 어떻게든 돈을 모으듯이 목적지가 있는 사람은 거기 가는 복덕의 양식을 계속해서 모을 수밖에 없다.

저금하는 사람은 행복하다. 비록 현재는 어렵게 보여도 불행하다고는 하지 않는다. 극락세계로 방향을 잡은 사람은 행운아다. 비록 어렵게 복덕을 짓지마는 실현되는 꿈을 꾸기에 희망에 젖어 살 수가 있다.

그러므로 아미타불을 부르는 사람은 반드시 선근이 구족할 수밖에 없다. 선근이 갖추어지지 않는가. 그렇다면 아미타불 염불을 하시기 바란다. 기쁨 속에서 선근이 하루하루 쌓여갈 것이다. 그럴 때 바로 자기가 여기서 말하는 타방불토의 보살이 된다.

45. 供佛堅固願: 공불견고원. 願普等三昧.

설사 제가 부처가 된다고 해도 타방국토에 있는 모든 보살들이 저의 이름을 듣고는 모두 보등삼매를 얻어 부처가 될 때까지 항상 무량불가 사한 일체 여래를 볼 수 있어야 합니다. 만약 그렇지 않다면 저는 부처가 되지 않겠습니다.

커가는 자식들이 정도에서 빗나가면 부모들은 속이 끓는다. 아무리 달래고 얼러도 사춘기에 접어든 아이는 부모의 심정을 헤아리지 못하고 자기 멋대로 행동한다.

부모가 다 너를 위해서 산다고 해도 어깃장만 부린다. 도통 말을 들으려 하지 않는다. 중생들이 영원에서 벗어나 생사를 거듭할 때 부처의 속은 보릿단 타듯이 탄다. 아무리 달래고 얼러도 제 잘난 맛에 사는 중생들은 부처의 애끓는 자비를 받아들이지 않는다.

아이들이 커서 부모가 얼마나 힘들게 돈을 벌어 가족을 부양하는지를 직접 눈으로 보게 되면 그때서야 정신을 차린다. 그처럼 부처님이 얼마나 힘들게 중생을 제도하는지를 직접 보게 되면 중생들은 정신을 차린다.

부처가 어떤 행업을 하는지를 알려면 아미타불의 명호를 불러 보등삼매에 들어가야 한다. 보등삼매는 염불삼매에서 나오는 직관이다. 그것은 진여삼매에서 일행삼매가 나오는 것과 같다. 그 삼매 가운데서는 시방 부처의 모든 행업이 눈앞에 훤히 보인다.

그것을 보면 그 수행자는 부처가 될 때까지 부처를 공경하지 않을 수가 없다. 그래서 부처님께 끝없는 공양과 예배를 드리면서 하루빨리 자기도 부처가 되어 중생을 제도하고자 발원한다.

46. 欲聞自聞願: 욕문자문원. 願隨願聞法.

설사 제가 부처가 된다고 해도 제 나라의 보살들이 듣고자 하는 법문이 있으면 그 원하는 바를 따라 자연히 들리어져야 합니다. 만일 그렇지 않다면 저는 부처가 되지 않겠습니다.

듣고 싶은 사람의 목소리를 듣지 못하고 애만 태우는 사람들의 심정을 그 누가 알까. 불시에 자기를 떠나간 연인이거나 갑자기 세상과 이별한 가족의 목소리를 어떻게 다시 듣는단 말인가.

용한 무당에 의해 혼령이 된 목소리를 잠깐 들을 수는 있어도 그것은 어디까지나 돈을 주고 부탁한 한시적인 영매술에 의해서일 뿐이다. 진짜 한 번만이라도 그 목소리를 듣고 싶어 애간장을 태워도 다시는 들을 수가 없다.

석가모니부처님의 설법을 직접 라이브로 들을 수는 없을까. 그분의 음성은 우주 간에 분명 서려 있기 때문에 언젠가 과학기술이 무한 발전하면 그 설법을 무결하게 채록할 수가 있을 것이다.

그 전에 그분의 설법을 듣는 방법은 없는 것일까. 있다. 그것은 극락세계에 태어나면 된다. 거기만 태어나면 시방에 계셨던 모든 부처님의 설법을 직접 들을 수 있다.

석가모니부처님뿐만 아니라 **무량수경**의 세자재왕부처님, **법화경**의 대통지승여래 **범망경**의 노사나불 같은 분들의 육성도 지성으로 원하면 또렷하게 다시 들을 수 있다.

과거 부처님도 그렇지마는 현재 우주만방에서 설법하시는 부처님들의 설법도 마찬가지다. 언제든 지성심으로 원하기만 하면 천억 만 리 먼 거리의 설법도 바로 앞에서 설법하시는 것처럼 잡음없이 생생하게 들을 수 있다.

47. 菩提無退願: 보디무퇴원. 願聞名不退.

설사 제가 부처가 된다고 해도 타방불토의 모든 보살들이 저의 이름을 듣고 불퇴전의 지위에 이르지 못하면 저는 부처가 되지 않겠습니다.

중생들은 6도의 세계에 갇혀 있다. 그것은 큰 감옥이다. 감옥에 갇힌 죄수들은 언젠가 밖으로 나갈 수 있지마는 6도의 감옥에 갇힌 범부들은 절대로 밖으로 나갈 수 없다.

그것은 그 6도의 감옥에서 계속해서 죄를 짓기 때문이다. 가끔가다 영화나 방송에서 죄수가 그 감옥에서 또 다른 죄를 지어 형량이 가중되는 것을 보았을 것이다.

그와 같이 중생도 먹고 살기 위해 이 6도의 감옥에서 크고 작은 죄를 계속해서 지으므로 여기서 벗어날 기약이 없다. 큰 죄를 지으면 독방 같은 지옥을 맛보는 것이고 죄업이 가벼워지면 천상 같은 수감 생활을 하게 되는 것이다.

그러나 아미타불이 우리를 애타게 기다리고 있다는 확신을 갖게 되면 어떻게든 이 감옥에서 탈출하려고 한다. 그것은 반드시 그렇게 되어 있다. 아미타불은 거대한 자석과 같고 우리는 거기에 끌려가는 쇠붙이와 같기 때문이다.

감옥을 탈출하는 영화를 보았을 것이다. 대표적으로 빠삐용과 쇼생크탈출이 강하게 기억되어 있을 것이다. 우리는 스티브 맥퀸과 팀 로빈스가 되어야 한다.

물론 아미타불이 계시는 극락세계로 가려고 하면 교도소장 같은 무수한 마군들의 방해와 탈출하는 데 필요한 말할 수 없는 시련의 고난이 있을 것이다.

그러나 우리는 반드시 가야만 한다. 그곳으로 빠져나가지 않고서는 절대로 자유를 누릴 수 없고 편안한 안락도 없다. 목숨을 걸고라도 여기를 벗어나야 한다. 그렇지 않으면 창살없는 이 6도의 감옥을 끝없이 돌아다니고 있어야 하기 때문이다. 그런 탈옥의 집념이 바로 극락세계에 태어나는 불퇴전의 지위를 얻게 만드는 것이다.

48. 現獲忍地願: 현획인지원. 願得三法忍.

설사 제가 부처가 된다고 해도 타방불토의 모든 보살들이 저의 이름을 듣고 제1 제2 제3의 인지법에 이르지 않으면 안 됩니다. 그렇게 불퇴전하는 지위에 들어가지 못하면 저는 부처가 되지 않겠습니다.

忍地인지는 삼인이다. 3忍을 사람들은 제1음향인 제2유순인, 그리고 제3무생법인이라고 한다. 그러니까 아미타불의 이름을 듣는 이는 설법을 듣고 깨달음을 이루는 음향인과 진리에 수순하여 깨달음을 이루는 유순인과 나지도 죽지도 않는 도리를 깨닫는 무생법인을 얻는다고 한다.

대체로 이 대목을 그렇게 설명해 오고 있다. 하지만 그것은 잘못되었다. 음향인은 10주에 있고 유순인은 3현에 있으며 무생법인은 10지에 있다. 그러므로 유순인과 무생법인에 있는 보살은 구태여 아미타불의 위신력을 필요로 하지 않는다.

원문에 보면 3忍을 성취하지 못하여 모든 불법에서 불퇴전의 자리를 얻을 수 없다면 저는 부처가 되지 않겠습니다로 되어 있다. 유순인과 무생법인은 이미 불퇴전의 지위를 넘어서 있다. 그렇기에 그 三忍은 이 서원에 해당되지 않는다.

여기서 눈여겨보아야 할 것은 이 서원에서 타방불토라고 하신 점이다. 그러니까 극락세계에 보살들을 말하는 것이 아니다. 그러므로 **무량수경**에서 보석이 달린 보리수를 보고 깨달음을 이루는 음향인과 유순인 무생법인의 수행자가 아니라 타방불토에 있는 보살수행자들이 당신의 이름을 듣고 라는 뜻이다.

이것에 대해 당나라 현일대사는 無量壽經記에서 음향인은 聞慧者로 유순인은 思慧者로 무생법인자는 修慧자로 설명하기도 하였지마는 그것도 적합한 해설은 아니다.

이 三忍은 선도대사가 **관경서분의**에서 언급한 희인 오인 신인으로 봐야 한다. 즉 아미타불을 염불하면 반드시 구원된다는 말을 듣고 더없이 기뻐하는 마음을 喜忍이라고 하고, 그분의 본원을 깊이 이해하여 극락세계로 가겠다는 마음을 悟忍이라고 한다.

그리고 극락세계에 가면 아미타불이 반드시 대자대비로 구원해 주실 것이다는 확실한 믿음을 가지는 것이 信忍이다. 이 세 가지 마음은 다 10신의 지위에 있다.

10신은 불퇴의 지위가 아니다. 그러므로 언제든 신심이 퇴전될 수 있다. 그러므로 타방세계의 10신보살이 아미타불의 명호를 듣고 열심히 왕생발원을 한다면 결국 왕생이 되어 10주인 불퇴위에 오를 수 있다는 서원이다.

우리가 바로 그 길을 가고 있다. 48대원에 힘입어 3忍의 길을 따라가는 것이다. 生해도 生이 없고 滅해도 滅이 없는 生而無生 滅而無滅한 그 극락세계로 가고 있는 것이다.

화투는 48장으로 구성되어 있다. 48장 화투를 모르면 고도리 세계를 상상하지 못한다. 그러면 그 짜릿한 즐거움과는 거리가 멀다. 아무리 짜릿한 즐거움이 있다 하더라도 그것을 잘못 만지면 패가망신한다.

극락세계는 48대원으로 이루어져 있다. 그것을 모르면 염불의 환희심을 모른다. 그런데 그것을 잘못 알면 반풍수가 되어 자신은 물론 주위사람까지 망쳐 버린다.

화투는 순간적인 감정의 즐거움을 준다. 48대원은 마음에 영원한 즐거움을 준다. 48이라는 숫자는 같은데 하나는 지상에서의 즐거움을 주고 또 하나는 극락세계의 즐거움을 보장한다.

그렇기에 화투의 48장을 아는 자는 반드시 법장비구의 48대원을 알아야 한다. 그렇지 않으면 진짜 천하에 쓸모없는 화투만 아는 반쪽짜리 인간에 그치고 만다.

49재 때 빼먹지 않고 하는 염불이 왕생발원이다. 그런데 불교신자 영가가 아니면 극락세계에 대한 정보가 없다. 그러므로 그 영가에게 극락세계가 어떻게 구성되어 있는지를 반드시 먼저 알려줄 필요가 있다.

그러므로 다른 염불을 줄여서라도 그 영가에게 이 48대원을 조목조목 알려줘야 한다. 그렇지 않는 염불은 그저 의식적인 왕생발원일 뿐 진정한 효과는 기대할 수가 없다.

起信論 若觀彼佛眞如法身 常勤修習 畢竟得生住正定故

만약에 저 부처님의 진여법신을 보고 항상 부지런히 수습하면 필경에 왕생을 얻어 정정취에 안주한다.

극락세계에 태어나는 방법은 크게 두 가지다. 하나는 간절한 염불이고 또 하나는 법신을 관하는 관법이다.

진여법신을 본다는 것은 아미타불의 본체를 말한다. 그 본체는 진여고 법신이다. 그 법신은 삼현이라야 조금 보인다고 했다. 그러므로 범부는 볼 수가 없다. 볼 수 있는 유일한 방법은 삼매에 들어갔을 때다.

스승의 가르침에 의해 그 방법이 주어지겠지만 보통은 왕생에 염불을 시킨다. 그렇지만 특이한 스님은 어렵게도 이 관법을 권하기도 한다.

일단 극락세계에만 태어나면 정정취다. 그러니까 사바세계에서 자력으로 거쳐야 하는 1만겁 플러스 알파의 시간을 타력으로 훌쩍 뛰어넘어 버린다. 그래서 자꾸 혼자서 끙끙대며 용쓰지 말고 아미타불의 위신력을 입으라고 하는 것이다.

海東疏 第三示修行者不退方便 於中有二 先明初學者畏退墮
세 번째는 수행자가 불퇴하는 방편을 보인 것이다. 그중에 둘이 있다. 먼저는 초학자가 뒤로 떨어질까 두려워하는 것을 밝혔고

뒤로 떨어진다는 말은 신성취를 해서 3대겁 아승기야 동안 수행해 부처가 된다는 소리에 기가 막혀서 신심을 포기하는 경우다.
지금 절에 다니면서 짓는 복도 내생에 찾는다고 하면 시큰둥하다. 그 사람들에게는 지금 당장이 우선이다. 금생에 찾아 먹는다 해도 긴가민가 하는데 1만겁 뒤에 효과를 본다고 하면 가만히 있겠는가. 모두 이 말에 눌려서 다 돌아서 버린다.
넓고 넓은 세상에 서른두 평짜리 신축아파트 입주도 그리 쉬운 일이 아닌데 하물며 열반의 세계에 들어가는 일이겠는가. 그래서 복 없는 범부는 지레 겁을 먹고 포기해 버린다. 그런 사람들을 말하는 것이다..

海東疏 後示不退轉之方便
뒤에는 퇴전하지 않는 방편을 제시해 주고 있다.

그래서 부처님이 뒤로 퇴전하지 않는 방법을 제시하셨다. 그것은 아미타불을 염불하면 극락세계에 태어나 바로 십주에 올라갈 수 있

다는 것이다.

방편은 방법이라고 했다. 진정으로 신심을 수습해 10주에 오르려
는 마음을 낸 사람이라면 귀가 번쩍 뜨이는 대박 뉴스가 아닐 수 없다.

[海東疏] 此中有三 一者明佛有勝方便 二者別出修多羅說
그중에 셋이 있다. 첫째는 부처님께는 수승한 방편이 있음을 밝혔고
둘째는 따로 수다라의 말씀을 인용하였다.

석가모니부처님이 열반에 드셨다. 이제 사바세계에는 화신의 부
처가 안 계신다. 다음 부처는 미륵부처다. 장장 56억 7천만 년 뒤에
나 오신다고 한다. 그때까지 어떻게 기다린단 말인가.

병상에서 담당의사의 회진을 기다리는 수술환자의 시간은 일각이
여삼추다. 그런데 생사의 고통에 시달리는 중생이 다음 부처를 어떻
게 그렇게 오랫동안 기다릴 수 있단 말인가. 이 세계의 범부들에게
정말 너무 가혹한 기다림이 아닌가.

그것을 아신 석가모니부처님이 다른 길을 틔어주셨다. 그게 바로
극락세계로 가라는 것이다. 거기에는 사바세계처럼 부처가 오고 가
지를 않는다. 거기에는 상주하는 부처가 계신다. 아미타불이다. 그쪽
으로 가라. 그렇게 설하신 경전이 바로 수다라고 그 이름이 정토삼부
경이다.

[海東疏] 若觀以下 第三釋經所說意趣
약관 이하는 셋째로 경에서 설한 바 의취를 풀이하였다.

원문에 약관이 나온다. 그 밑으로는 관법에 의해 극락세계에 태어나는 방법을 설하였다. 그 관법은 사실 대단히 근기가 높은 수행자들이 행하는 방법이다. 그러므로 보통의 신자들은 염불을 하지 그 관법은 잘 하지 않는다고 했다.

염불은 샘물과 같다. 샘물은 퍼내지 않으면 마른다. 염불을 안 하면 마음에 법수가 마른다. 법수는 지정상과 부사의업상이다. 지정상은 지혜고 부사의업상은 자비다. 지정상이 무량광이고 부상의업상이 무량수다. 지정상과 부사의업상의 결합체가 아미타불이다.

염불은 자신 속에 숨어 있는 이 지정상과 부사의업상을 일으키는 작업이다. 죄업의 흙 속에 파묻혀 굳어 있는 이 둘을 염불로 두드려 활기를 일으키는 것이다. 그것이 작동되면 서방 아미타여래와 교감이 시작된다. 그것은 마치 고장난 무전기가 작동되어 그들을 찾는 수색대의 주파수와 연결되는 되는 것과 같다.

海東疏 若觀法身畢竟得生者 欲明十解以上菩薩 得少分見眞如法身
만약에 법신을 관하면 마지막에 왕생을 얻는다 한 것은 십해 이상의 보살은 소분이나마 진여법신을 볼 수 있다는 것을 밝히고자 한 것이다.

십해는 십주다. 십주는 신성취한 자리다. 신성취를 하면 드디어 법신부처님의 옷자락이 보이기 시작한다고 했다. 그것도 소분이라고 했다. 그만큼 십해에 올라가기도 힘들고 온전한 법신부처를 보기도 힘들다는 뜻이다.

그래서 쉬운 방법을 제시한 것이 극락왕생이다. 왕생만 하면 그 십해의 자리를 바로 성취한다. 그렇게 하려면 지성을 다해 염불해야 한다. 거기엔 저성염불과 고성염불이 있다.

저성염불은 속으로 하는 염불이다. 이것은 효과가 미미하다. 꼭 깜박거리는 호롱불 같은 불빛을 낸다. 하지만 고성염불은 그 공덕이 어마어마하다. 기름에 횃불을 댕기는 것처럼 순식간에 공덕의 불꽃을 일으킨다.

부처님이 수가장자에게 선악업보의 차별을 설한 경전이 **업보차별경**인데 동본이역으로 **분별선악보응경**과 **앵무경**이 있다. 거기에 보면 이 고성염불에 열 가지 공덕이 있다고 하셨다.

1. 잠을 멀리한다.
2. 천신과 **魔**를 떨게 한다.
3. 소리가 시방에 울린다.
4. 삼악도의 고통을 받지 않는다.
5. 밖의 잡스런 소리에 흔들리지 않는다.
6. 마음이 산란해지지 않는다.
7. 용맹정진으로 이어진다.
8. 모든 부처님이 좋아하신다.
9. 삼매가 눈앞에 나타난다.
10. 극락세계에 왕생할 수 있다.

이런 공덕이 있는데도 입 밖으로 염불소리가 나오지 않는다면 그런 사람은 태산 같은 죄장이 자신의 목청을 누르고 있다는 것을 알아야 한다. 그런 사람은 염불하기 전에 참회부터 해야 한다. 전생에 얼마나 많은 사람들이 자기로부터 피눈물을 흘렸는지를 생각하고 먼저 泣懺읍참부터 해야 한다.

海東疏 是故能得畢竟往生
그러므로 능히 마지막에 왕생할 수 있다고 하였다.

그러니까 십주에 올라선 범부나 아니면 16관법으로 법신부처를 본 범부는 그 공덕이 무량하기 때문에 왕생할 수 있는 인연이 되는 것이다고 하셨다.

중요한 것은 비록 진여법신을 적게라도 보았다 해도 그 복으로 충분히 왕생할 수도 있을 것인데 그 후에 다시 부지런히 수습해야만 극락세계에 왕생할 수 있다고 하였다. 그만큼 왕생은 어려운 것이다.

海東疏 如上信成就發心中言以得少分見法身故 此約相似見也
위에 신성취발심 가운데서 말하기를 소분이나마 법신을 볼 수 있다고 하였는데 이것은 법신의 모습을 비슷하게나마 본다는 뜻이다

위는 분별발취도상 대목이다. 신성취한 자리는 정말 힘들게 얻어진 지위다. 그 지위에 올라서야 극락세계에 들어갈 수 있는 인연이 만들어진다. 그처럼 극락세계는 사람들이 흔히 말하는 것만큼 그렇게 만만히 갈 수 있는 곳은 아니다.

위에도 말했지마는 적어도 관법으로 삼매를 얻거나 아니면 십주에 올라선 공덕이라야 극락세계에 왕생할 수 있다.

즉 삼현보살이 생각하기를, 어떻게 스스로 3대 아승기겁 동안 수행해 나갈 수 있겠는가. 차라리 늦게나마 아미타불의 위신력으로 극락세계에 가서 수행해야 되겠다는 발원이 서야 왕생이 가능하다는 것이다.

海東疏 又復初地已上菩薩 證見彼佛眞如法身 以之故言畢竟得生
또 다시 초지이상보살은 저 부처님의 진여법신을 증득해서 본다. 그렇기 때문에 필경에 왕생할 수 있다고 했다.

초지는 환희지다. 십지에 올라선 보살들은 부처님의 진여법신을 증득해 가면서 본다. 그러다가 10지를 넘어서면 법신과 하나가 되어 자신은 사라진다.

그런 그들도 마찬가지다. 그들은 아직도 2대겁 아승기야를 자력으로 수행해야 한다. 그래서 그들도 어떻게든 극락세계에 왕생하려고 한다.

그러면 2대겁이라는 막대한 시간을 연속해 수행하지 않아도 되는 어마무시한 혜택이 주어진다.

海東疏 如楞伽經歎龍樹菩薩云 證得歡喜地 往生安樂國故
그래서 능가경에서 용수보살을 찬탄해 이르시기를, 환희지를 증득해서 안락국에 왕생할 것이다고 하신 것이다.

일례로 성사는 **능가경**에 나오는 용수보살을 드셨다. 우리가 알고 있는 용수보살은 부처님 열반하신 지 600년이 지난 후에 태어났다. 그런데 부처님은 **대승입능가경**에서 용수보살을 언급하셨다. 그렇다면 이것은 분명 그가 태어날 것이라는 예언에서다. 사실 그렇다. 거기에 보면

대혜여. 마땅히 알라. 부처가 열반한 후
미래세에 반드시 내 법을 가진 자가 나타나게 될 것이다.
남인도 사람인데 명성을 지닌 대단한 대덕의 비구다.
그 이름은 나가주나이며 有無의 집착을 깨뜨린다.
그는 세상 속에 위없는 나의 대승법을 나타내고
초지인 환희지를 얻어서 안락국에 왕생할 것이다

라고 되어 있다. 부처님이 어느 한 사람을 거론하며 미래를 예언하는 것은 흔치 않은 일인데 **능가경**에 이런 예언이 들어 있다는 것이 놀랍다.

그분의 예언대로 후일 남인도 출신 용수보살이 나타나 그분의 무상법인 대승의 법을 천지에 휘날리며 有無의 종파를 空으로 부수었다. 중요한 포인트는 그분이 초지인 환희지를 증득하고 극락세계에 왕생하였다는 사실이다.

그러니까 아무나 극락세계에 태어나는 것이 아니라 적어도 그분 정도가 되어야 극락세계에 태어날 수 있다는 것이다. 진짜 왕생이 얼마나 어려운지 이 말씀을 들으면 다리가 후덜덜하게 떨린다.

此中論意約上輩人明畢竟生

이 가운데서 말하고자 하는 의도는 상배인을 잡아 필경에 왕생하는 것을 밝힌 것이지

한때 그런 적이 있었다. 선사와 선방이 한창 유행하던 시절이 있었다. 그때는 선방스님들의 주가가 상한가를 달렸고 선원이라는 이름의 사찰이 도배를 했었다.

법문만 했다 하면 선방스님이고 사찰 현판만 걸었다 하면 선원이었다. 그런데 그 인기가 급속하게 사그라졌다. 알고 보니 선방스님들도 별 볼일 없었고 참선수행도 별 가치가 없었다고 생각하였기 때문이다.

그런 참선하는 스님들이 예로부터 염불하는 사람들의 근기를 상당히 천시하는 경향이 있었다. 그 이유는 조사선의 영향을 크게 받아서였다. 그래서 선의 후예들이 염불도 모르면서 자가당착에만 빠져 있었다.

그런 후대의 인식을 원천적으로 없애주기 위해서 부처님과 성사는 상배인의 왕생을 말씀하셨다. 상배인은 10주에 올라간 삼현부터 10지에 올라간 성자까지 다 극락세계에 가서 깨달음을 이룬다는 실증을 든 것이다.

"염불은 아녀자들이나 하는 수행방법입니다."
"스님은 **능가경**을 보신 적이 있습니까?"

이렇기에 적어도 **능가경**을 본 참선자들은 염불하는 자들을 향해 시답잖은 하대나 근기 타령을 하지 않는다.

海東疏 非謂未見法身不得往生也
법신을 보지 못하면 왕생을 하지 못한다는 말은 아니다.

그렇다면 극락왕생은 근기가 수승한 자들만이 하는 것인가 하는 의아심이 들 것이다. 그 의문을 해결해 주시기 위해 성사는 일부러 이 글을 뒤에 붙이셨다.

그러고 보면 극락세계는 시방 허공계에 산재해 있는 모든 국토의 삼현보살들과 10지보살들이 하루빨리 부처가 되기 위해 빡세게 수행하러 들어가는 곳이라고 봐야 한다. 그런 분들은 자기들의 자력학교에서 성적이 월등하여 타력학교인 극락세계로 전학을 가는 분들이라 말할 수 있다.

그럼 우리는 어떻게 거기에 들어갈 수 있단 말인가. 심히 걱정스럽고 불안하기만 하다. 그것을 알고 성사는 다 통하는 길이 있다고 말씀하시는 것이다.

그것은 信願신원의 힘을 써라는 것이다. 왕생은 지극한 신원에 의해서 이루어지는 것이지 근기의 수승함이나 근기의 열등함에 좌우되는 것이 아니다는 것이다. 법신을 보지 못하는 일반 범부가 왕생이 가능한 방법은 이 신원밖에 없기 때문에 그렇다.

信願이 무엇인가. 완전히 믿고 지극히 발원한다는 뜻이다. 무엇을 믿고 어떻게 발원하여야 한단 말인가. 믿어야 하는 것은 아미타부처님의 본원이고 발원은 목숨을 걸고 기필코 왕생을 하겠다는 사무침이다.

정토삼부경은 말할 것도 없고 **화엄경 법화경 대보적경 능엄경 아함경 나선비구경 불장경 반주삼매경 칭찬정토불섭수경 지도론 섭대승론 십주비바사론 염불삼매보왕론 분별공덕론 관념법문 사유략요법 왕생론주 무량수경의소** 등 수많은 경론들이 다 염불로 정토왕생이 된다고 권고하신 것만 봐도 범부의 왕생은 이 신원으로 가능하고도 남는다는 것이다.

海東疏 住正定者 通論有三

정정에 안주한다는 것에 대해 두루 논하자면 거기에 셋이 있다.

정정은 정정취를 말한다. 정정취는 부처가 되는 궤도에 안전하게 올라선 무리를 말한다고 했다.

일단 정정취에 올라간 자들은 뒤로는 물러나지 않는다. 부산에서 방향을 서울로 잡은 열차는 서울로만 가게 되어 있지 중간에서 후진하거나 다른 곳으로는 가지 않는다.

다른 말로 하자면 정정취 중생은 바다로 들어가는 강물처럼 앞으로만 나아가지 뒤로는 퇴락하지 않는다는 것이다. 거기에 대해 세 가지 이론이 있다는 것이다.

海東疏 一者見道以上方名正定 約無漏道爲正定故

첫째는 견도 이상을 바야흐로 정정이라고 한다. 그것은 무루도를 정정이라 보기 때문이다.

첫째는 계위로 보는 정정이다. 正定位는 견도위 이상이다. 이 지위는 10지 중 초지다. 즉 환희지를 정정으로 보는 것이다. 환희지만 증득하면 정정취가 된다는 것이다.

환희지에서는 번뇌가 일어나지 않는다. 그래서 漏루가 없다고 무루라고 하였다. 루는 샌다는 뜻이다. 전립선이 약하면 자기도 모르게 소변이 새어나오듯이 마음을 다잡지 못하면 번뇌가 부지불식간에 새어나온다. 그것을 루라고 한다.

번뇌가 나오면 반드시 고뇌가 따른다. 하지만 10지부터는 번뇌를 일으키지 않는다. 그래서 고통이 없는 무루도라고 한다. 그 자리를 正定이라고 한다는 것이다.

海東疏 二者十解以上名爲正定 住不退位爲正定故

둘째는 십해 이상을 정정이라고 한다. 그것은 불퇴위에 안주함을 정정으로 보기 때문이다.

둘째는 수행으로 보는 正定이다. 이것은 행위로 본다. 십해 이상은 더 이상 행동으로 죄업을 짓지 않는다. 그러므로 악도에 떨어지는 일이 없다. 그러므로 그 자리가 평안하고 안온하다. 그래서 법신을 조금이라도 본다고 했다.

10해는 10주라고 했다. 10주는 초발심주라서 발심에 탄력을 붙여 나가므로 뒤로 퇴보할 일이 없다. 그래서 정정취는 부처가 되는 완전 안정권에 든 자리다. 그러므로 正定이라고 한다는 것이다.

海東疏 三者九品往生皆名正定

셋째는 구품으로 왕생하면 모두 정정이라고 한다.

　셋째는 왕생으로 보는 정정이다. 불 난 집에서 밖으로 뛰쳐나오면 밖이 안전처다. 맹수가 달려들 때 방안으로 들어가면 거기가 안정처다. 세찬 폭류를 피해 산으로 도망치면 거기가 평온처다.

　사바세계는 번뇌로 불타는 집이다. 그리고 흉악한 마들이 들끓는 곳이다. 또 생사의 폭류가 세차게 흐르는 곳이다. 이곳을 피해 극락세계로 들어가면 거기가 최고의 안온처가 된다. 그래서 왕생하면 正定이 된다고 한 것이다.

　그러니까 왕생하는 데 세 등급을 두었다. 초지와 십주, 그리고 9품왕생이다. 9품의 왕생은 염불로 이뤄진다. 그러면 바로 정정취가 된다. 그만큼 염불은 대단한 힘을 발휘한다.

　일본정토종 개조 법연대사는 **西方指南抄**서방지남초에서 염불의 힘은 대단하다. 그 염불로 사종왕생을 할 수 있다고 했다.

　1. 正念왕생. 염불을 평상적으로 하던 사람은 임종시에 정념을 갖고 왕생한다. 근거는 **아미타경**이다.

　2. 狂亂왕생. 지은 죄가 많아 임종에 다다르면 죄과의 두려움에 광란하게 된다. 그때 선지식의 인도로 왕생한다. 근거는 **관무량수경**이다.

3. 無記왕생. 심신이 쇠약하여 염불로 임종하지는 못하지만 과거에 염불한 공덕의 인연으로 왕생한다. 근거는 **군의론**이다.

4. 意念왕생. 임종 시에 비록 소리 내어 염불을 못하더라도 마음속으로 지성스레 아미타불을 염불하면 왕생한다. 근거는 **법고경**에 그렇게 되어 있다고 하였다.

海東疏 依勝緣力得不退故
그것은 수승한 반연의 힘에 의해 불퇴를 얻기 때문이다.

수승한 반연의 힘은 아미타불의 본원력이다. 반연은 인연을 끌어당기는 힘이다. 극락세계에 태어나는 인연을 지으면 아미타불이 그 인연을 당겨서 왕생시켜 주신다는 것이다.

이것은 마치 길을 잘못 들어 공포와 고통에 떨고 있는 아이의 울음을 듣고 어미가 달려가 그 아이를 구해 집으로 데려가는 것과 같다.

그처럼 아미타불은 사바세계의 고통을 벗어나고자 애끓게 울고 있는 信願者들을 극락세계로 옮겨주시는 것이다. 그것은 그분이 갖고 계시는 수승한 반연의 힘에 의해서다. 그래서 우리는 그분의 공덕을 끝없이 찬탄한다.

十方三世佛 시방삼세불
阿彌陀第一 아미타제일
九品度衆生 구품도중생
威德無窮極 위덕무궁극

시간과 공간을 초월해 계시는 세상의 모든 부처님들

그중에서 저에게는 아미타불이 제일이십니다.

그분은 구품으로 중생을 제도해 주십니다.

그분이 쓰시는 위덕은 우리로서는 상상할 수가 없습니다.

위덕이라 할 때 威는 중생들에게 해악을 끼치는 모든 마군들을 제압하시는 능력이고 德은 모든 중생들을 가리지 않고 다 껴안아 주시는 자비다. 이 둘을 모아 위덕이라고 한다.

그러니까 극락세계로 나아가는데 우리를 붙잡고 놓아주지 않는 사바세계의 모든 업장들과 마군들을 다 쫓아버리고 우리를 이끌고 안전처인 극락세계로 가시는 힘을 위덕이라고 하는 것이다.

海東疏 於中委悉 如無量壽料簡中說

이 중에 자세한 것은 무량수료간에 설해 놓았었다.

정정에 대한 성사의 견해를 더 자세하게 풀어놓은 것이 **무량수경료간**인데 그것은 아쉽게도 지금 전해 내려오지 않는다. 참고로 그분이 이 정토에 대해서 쓴 저서를 소개한다.

아미타경소 아미타경통찬소 무량수경종요 무량수경사기 무량수경료간 무량수경소 무량수경고적기 유심안락도 등이 있다.

이 중에서 **무량수경종요** 1권과 **유심안락도** 1권만이 남아 있고 나머지 저술은 다 실전된 상태다. 안타까운 일이다.

어떤 사람은 극락세계가 오래 전에 건립되었기 때문에 우주천지에서 몰려든 수행자들로 이미 포화상태일 거라고 생각한다. 그래서 나까지 어떻게 거기 들어갈 수 있겠느냐 하면서 주저한다.

무량수경에 보면 이 땅에서 극락세계에 이르는 수행자가 67억이나 된다고 하셨다. 이 땅은 위에서 석가모니부처님의 담당세계라고 이미 설하였다.

또 현재 원조부처님세계에서는 180억, 보장부처님세계에서는 90억, 무량음부처님세계에서는 220억, 감로미부처님세계에서는 250억, 용승부처님세계에서는 14억, 승력부처님세계에서는14000명이 왕생하고 있으며, 사자부처님세계에서는 500억, 이구광부처님세계에서는 80억, 덕수부처님세계에서는 60억, 묘덕산부처님세계에서는 60억, 인왕부처님세계에서는 10억, 무외불부처님세계에서는 790억, 그 외 무상화부처님세계에서 또한 셀 수 없을 정도의 한량없는 수행자들이 왕생하고 있다고 하셨다.

바다는 넘치지 않는다. 극락세계는 바다와 같다. 수많은 빗방울들이 바다에 들어가지마는 바닷물은 넘쳐나지 않는다. 들어가는 수량만큼 또 수증기로 날아가 버리기 때문이다. 그러므로 극락세계에 인원이 꽉 차 못 들어갈까 걱정할 필요는 없다.

육군사관학교는 적을 항복받도록 군인들을 배출하는 학교다. 그들은 장교로 임관되어 나라를 지킨다. 극락세계의 수행자들은 魔를 항복받는 부처의 후보들이다. 그들은 부처가 되어 마들로부터 중생을 지킨다.

육군사관학교가 신입생을 계속 모집하지마는 그렇다고 해서 학교가 포화상태가 되지 않는다. 장교로 임관이 되면 현지로 나가 버리기 때문이다.

그처럼 극락세계 역시 부처학교이기 때문에 부처가 되면 그곳에서 나가 버린다. 그러므로 조금도 비좁거나 포화상태는 되지 않는다. 그러니 자리 걱정은 아예 하지 마시기 바란다.

요한계시록에 보면 새 하늘 새 땅이 창조될 때 동서남북에서 추수되어 온 14만 4천 명이 천국에 앉는다고 되어 있다.

12지파에서 추수되어 온 그들은 하느님과 어린양에게 속한 자들이고 거짓말이 없는 자들이며 흠이 없는 자들이라고 하였다. 세상을 심판할 때 하느님으로부터 구원받는 숫자가 14만 정도로 제한되어져 있다.

극락세계는 상상도 할 수 없을 정도의 부처후보자들이 그곳에 입학하고 있다. 위에서 설한 14국가 말고도 우주의 많고도 많은 국가의 수행자들이 거기 가 태어나고 있다고 **무량수경**은 말씀하셨다. 덧붙여서 그것을 다 말하고자 하면 한량없는 세월 동안 다 설해도 다 하지 못한다고 하셨다.

"기독교의 천국이 큽니까? 극락세계가 큽니까?"
"바둑돌이 크나? 울산바위가 크나?"

비교할 걸 비교해야 한다. 스케일이 완전 다르다. 다시 요한계시록에 보면 천국의 넓이는 484만 제곱킬로미터(km^2)다. 한반도가 22만

제곱킬로미터니까 한반도의 22배 정도가 된다. 미국 땅으로 보면 절반 크기밖에 안 된다.

그런데 왜 극락세계가 그들의 천국에 밀리고 있는지 궁금할 것이다. 그 이유는 간단하다. 사람들의 의식그릇이 작기 때문이다.

TV를 보는 것과 영화를 보는 느낌은 질적으로 크게 다르다. 그런데도 사람들은 방안에서 TV를 본다. TV를 영화처럼 볼 수 있는 공간에 살고 있지 않기 때문이다.

하지만 대궐 같은 저택을 가진 사람은 집안에 TV화면이 영화스크린만큼이나 크다는 사실을 알아야 한다. 그들에게 TV화면을 본다는 것은 TV를 두고 핸드폰 화면을 보는 것처럼 답답하기만 하다.

그처럼 사람들의 의식그릇이 작다 보니 큰 것을 수용하지 못한다. 딱 자기들의 그릇만큼 이해하기에 그런 천국 크기가 안성맞춤이 된 것이다.

극락세계보다 기독교의 천국이 더 친밀하게 다가오는가. 그렇다면 당신의 마음 통을 넓혀야 한다. 유아들은 물통에서 수영을 하지마는 어른들은 바다에서 수영을 한다.

사람들은 제주도만 섬이라고 하지마는 사실은 지구덩어리가 우주의 방울 섬이라는 사실을 알게 되면 이 말이 무슨 뜻인지 이해가 될 것이다.

그럼 극락세계에 태어나는 수행과 조건은 무엇인가. 간단히 설명하면 아래와 같다.

첫째: 왕생의 씨앗.

542

1: 자세

　　① 열 가지 선업.

　　② 부모를 지성껏 봉양 효도.

　　③ 어른과 존장 공경.

　　④ 정법의 스승 시봉.

2: 귀의

　　① 불법승에 귀의.

　　② 계율수지.

3: 작복

　　① 깊이 인과를 믿음.

　　② 대승의 방등경전을 독경.

　　③ 사찰과 탑 불상을 건립.

　　④ 5행문을 닦음.

둘째: 왕생의 발판

　　1: 신심.

　　2: 지성심.

　　3: 48 본원력에 대한 깊은 믿음.

　　4: 회향심.

　　5: 爲他人說.

셋째: 왕생의 발원.

　　1. 사무치는 서원.

2. 의심없는 구원.

3. 끊임없는 관상염불 및 육자명호 염불.

이것이 여러 경전에 나오는 왕생 조건이다. 이렇게 설명하니 왕생 발원의 과정이 복잡하고 실천이 어렵게 느껴진다. 그래서 세친의 5 념문이 나왔다. 즉,

1. 예배.

2. 찬탄.

3. 작원.

4. 관찰.

5. 회향이다.

예배는 부처님께 예배를 드리는 것이다. **작불형상경**에서 불상을 만들어 예배를 드리면 죽어서 극락에 태어난다는 말씀이 있다. 예배 없는 신앙은 없다. 그러므로 부처님께 손발이 닳도록 끊임없는 예배 를 드린다.

찬탄은 부처님의 행적을 칭탄하는 것이다. 그분의 위대한 원력과 수행에 아낌없는 찬탄을 드린다. 이 찬탄이 없으면 신앙이 굳어지지 않기에 그렇다. 찬탄의 글귀는 **영락경**과 **능가경 무량수경**에 많이 들 어 있다.

작원은 극락세계에 태어나기 위한 발원을 실행하는 것이다. 그게 바로 염불이다. 염불은 止수행과도 같은 역할을 해 준다. 止수행은

544

입을 닫고 정지해서 하는 반면 염불은 자세에 구애없이 소리로써 하는 것이다. 그러므로 염불 수행자에게는 장애와 마들이 파고들 수가 없다.

관찰은 觀수행과도 같다. 관찰은 극락세계의 아름다움과 미묘함을 생각하는 것이다. 그 수승하고 수려한 극락세계의 장엄은 **아미타경**에 잘 나온다. 그것들을 언제나 생각하고 수념해야 한다는 것이다. 예를 들면 날이 추우면 춥지 않은 극락세계로 가야겠다고 생각하고 설움을 당하면 슬픔 없는 극락세계로 갈꺼야 하는 원을 굳히는 것이다.

회향은 그렇게 하기 위해 복덕을 쌓는 것이다. 돈을 모은 사람들은 죽을 때 자식들에게 물려주고 복을 모은 수행자는 죽을 때 중생들에게 돌려준다.

자식에게 재산을 물려준 사람들은 그들에게서 어떤 대우를 받을지 모른다. 복을 물려준 수행자들은 법성의 세계로부터 응당한 대접을 받는다. 그 대접의 회향으로 그분들은 극락세계에 갈 수 있는 힘을 얻는다.

정리하자면 몸으로 예배하고 입으로 찬탄하며 마음으로 발원한다. 그리고 생각으로 관찰하고 방편으로 회향해 왕생극락하는 것이다. 이와 비슷한 수행으로 선도대사가 쓴 **觀經疏**관경소의 5종정행이 있다. 각 항목마다 오로지 한마음으로가 전제된다.

1. 독송정행. 정토삼부경을 읽고 외운다.
2. 관찰정행. 극락세계를 관찰하며 잊지 않는다.

3. 예배정행. 아미타불께 예배를 드린다.

4. 칭명정행. 나무아미타불을 소리 내어 외운다.

5. 찬탄공양정행. 아미타불과 극락세계를 찬탄하고 다함없는 공양을 올린다.

범부가 자력으로 깨달음을 얻기 위해서는 五行門부터 시작해 마지막에 색구경천에서 성불한다. 그리고 노사나불로 섭입된다. 범부가 타력으로 깨달음을 얻기 위해서는 위 5념문이나 5종정행으로 수행해서 극락세계에 가 성불한다. 그리고 아미타불로 섭입된다. 이두 길 외에 생사로부터 완전히 벗어나는 길은 없다.

이것도 어렵고 복잡하다고 느낀다면 지금부터 내가 제시하는 간단한 방법을 따라야 한다. 시작하면서 내가 말했었다. 극락세계의 왕생은 간단한데 사람들이 너무 복잡하게 만들어 놓았다고 했다. 이제 그 간단한 방법을 확실하게 제시한다.

그러려면 무엇보다 먼저 이제까지 생각했던 모든 형이상학적 이론을 접고 떠벌리고자 하는 입을 야물게 다물어야 한다. 그래야 내 말이 가슴으로 깊이 파고든다. 그것은 3문수행이다. 즉 세 가지 어려운 문제에 세 가지 해결문이다.

1. 사는 것이 힘드는가?

2. 병드는 것이 무서운가?

3. 죄업의 죽음이 겁나는가?

이것들을 3문으로 해결한다.

1. 信. 믿어라.
2. 願. 발원하라.
3. 行. 실천하라.

진실한 믿음 간절한 발원 성실한 염불이다. 염불이 실천이다. 생사의 세계는 거대한 자물통으로 채워져 있다. 그 자물통은 그 누구도 열 수 없다. 부처님도 그것을 자의적으로 열 수 없다. 부처님이 열 수 있다면 중생 모두를 일시에 다 해방시켰을 것이다. 설사 연다고 해도 죄업이 있는 한 중생들은 무리를 지어 또 다른 생사의 세계를 만들어 다시 갇힐 것이다.

그래서 생사의 세계를 스스로 벗어나겠다고 작정하는 자들에게만 열쇠가 주어졌다. 바로 나무아미타불이라는 열쇠다. 이것이 사바의 감옥을 열고 나갈 수 있는 유일한 실천방법이다.

사실 사바세계를 탈출하는 것은 빠삐용이 악마의 섬에서 탈출하는 것보다 더 어렵고 더 힘들다. 기계로 된 감시카메라는 어떻게든 피할 수 있지마는 죄업으로 된 魔의 그물은 인력으로 피할 수 없다. 그러므로 반드시 아미타불이라는 염불의 위신력을 입어야 한다.

그게 우리에게 주어진 왕생의 특별한 열쇠다. 그 열쇠로 魔가 지키고 있는 철벽 같은 생사의 감옥을 연다. 첫째 門은 信으로 열고 둘째 문은 願으로 열며 셋째 문은 行으로 연다. 이 세 개의 문을 통과하면 25분의 보살과 함께 금대에서 우리를 애타게 기다리시는 아미타불이 보인다.

그 누가 다른 열쇠로 극락왕생을 열어보라고 해도 우리는 꿈쩍 않는다. 오로지 3문수행법으로 단단히 자세를 잡고 아미타불 염불로 이 사바의 문을 연다. 그 어떤 비번과 열쇠로 유혹해도 이제 우리는 동요하지 않는다.

"왕생하기 위해 당신들은 무슨 수행을 하십니까?"
"우리는 3문수행을 합니다."

삶의 무게로 인한 고생과 질병, 그리고 윤회에 대한 해결책은 이 信願行의 열쇠에 있다. 이 방법 외에는 없다. 이것도 힘들다고 하는 사람은 자기 얼굴도 안 씻을 사람이다. 그런 사람하고는 더 이상 말을 엮고 싶지 않다. 생각이 짐승수준이다 아주.

극락세계에 가고자 하는 사람들은 생사의 고통이 진절머리가 나도록 싫다는 전제하에 무슨 수를 써서라도 이 세계를 벗어나야겠다고 하는 자들이다.

감옥의 시설이 아무리 좋다 하더라도 그곳이 죽어도 싫다는 사람들은 어떻게든 감옥으로부터 벗어나려고 한다. 그처럼 이 사바세계가 아무리 좋다 한들 생로병사의 고삐에 묶여 있는 이상 여기로부터 탈출하고자 하기에 그렇다.

그러므로 그 고삐를 끊는데 비싼 칼이면 어떻고 싼 칼이면 어떻단 말인가. 날만 잘 서면 되는 것이다. 그 날선 칼이 3문수행이다. 또한 가난한 사람이 음식을 먹는데 맛있으면 어떻고 맛없으면 어떻단 말인가. 배만 부르면 되는 것이다.

많은 사람들이 우리처럼 극락세계로 나아가는 과정에 있다. 먼 길을 가다 보니 지치고 배가 고프다. 그래서 허기를 채울 식당을 찾았다. 무엇보다 지금 배고픔을 해결해야 하기에 그렇다.

비싼 식당은 주로 단품 음식만 판다. 대신 싼 분식집에 가면 참 많은 메뉴가 있다. 비싼 음식점은 음식을 골라먹는 사람들이 온다. 대신 분식집은 배고픈 사람들이 온다. 음식의 퀄리티보다는 배고픔을 해결하는 데 그 목적이 있기에 그렇다.

나는 평소에 좋아하던 김치김밥을 시켰다. 허겁지겁 먹고 있는데 옆에 사람이 치즈김밥을 먹고 있다. 그때 순간적인 갈등이 일어난다. 아! 나도 치즈김밥을 시켜 먹었으면 좋았을 걸 한다. 그때 그 사람이 치즈김밥 함 드셔 보세요. 맛있습니다 고 한다.

그때 또 다른 사람이 들어왔다. 그 사람은 계란말이를 시켰다. 계란말이를 보니 그것도 먹고 싶다. 이미 김치김밥을 먹고 배가 부른데 또 다른 사람이 맛있게 먹는 것을 보니 그것도 먹고 싶다는 거다.

이제 어떡할 것인가. 현명한 사람은 김치김밥으로 만족하고 길을 떠난다. 그러나 귀가 얇고 먹는 데 욕심이 많은 사람은 이것저것 다 시켜먹고 배가 불러서 떠날 수가 없다. 더군다나 갖고 있는 복의 돈도 거기서 다 써버린다. 결국 그는 중도에서 탈락한다.

"저기서는 저렇게, 거기서는 그렇게 말하던데요."
"여기 온 이상 귀를 막고 입을 닫아야 합니다."

그러므로 세친 담란 도작 선도 원효 우익 친란 철오 인순 인광 홍일 정공 원영 관정 같은 보살들이나 대사들의 다양한 말씀들은 완전히 다 접어야 한다.

이분들에 의해 왕생의 수행자로 태어났지만 그 탯줄을 끊지 못하면 결코 그들로부터 자유롭지 못하다. 그러므로 왕생에 이분들은 더 이상 필요가 없다. 오로지 3門수행만 있다.

이게 단연코 10신범부가 극락세계에 태어나는 확실한 방법이며 정확한 비문이다. 복잡한 말은 필요없다. 이것만 따라 행하면 된다. 모르는 사람들이 말이 많다. 좌고우면 하지 말고 이 방법을 따르면 왕생에 만사 일통한다.

대보적경 해심밀경 법화경 화엄경 대반야바라밀경 같은 경전들과 **왕생론**에 이어 **왕생예찬 왕생소초 아미타경종요 무량수경종요 유심안락도 아미타경요해** 뭐 뭐 또 그런 모든 정토 관련 경론들도 과감히 다 덮어야 한다.

우리는 오로지 3문수행으로 극락세계로 간다. 그 길에서 만난 그 어떤 사람의 말도 방법도 학설도 모두 이제 군더더기다. 강을 건넜으면 미련없이 뗏목은 버려야 하고 달을 보았으면 더 이상 손가락은 필요 없다. 오로지 3문수행법으로 나아간다.

원시불교니 근본교리니 四諦니 5念門이니 8正道니 나아가 38조도품이니 간화선이니 진언이니 간경이니 다 필요 없다. 복잡한 것들을 같이 수행하는 자들은 만 명 중에 한 명도 정토왕생할 수 없다는 **석정토군의론**의 충고가 있다. 전적으로 이 충고를 받아들인다.

그러므로 누가 뭐래도 우리는 아미타불의 본원력을 믿고 서쪽 벽만 뚫고 나간다. 그 외에 다른 방법은 찾지도 않고 준다고 해도 갖지도 않는다. 오로지 3門수행이다. 귀 얇은 사람은 도태되고 의지박약한 자는 떨어질 것이다.

"10善 같은 것은 안 닦아도 됩니까?"
"3門수행이면 충분하다."

사람들은 의아해 한다. 3門만 행하고 10선행은 하지 않는다는 데 대해 고개를 갸우뚱한다. 의아할 필요 없다. 염불하는 사람은 이미 십선을 행하고 있다. 잘 아셔야 한다. 십악을 행하는 자는 염불을 하지 않는다. 한다고 해도 원력으로 극락왕생을 바라지 않는다.

대보적경에 염불십종심이 있다. 즉 정토 왕생하고자 하는 자의 열 가지 마음이다. 그 마음에는 이미 열 가지 선심이 구비되어 행동하고 있다. 그 첫 번째가 무손해심이다. 왕생을 목적으로 염불하는 사람은 항상 대비심을 일으켜서 중생들에게 손해를 가하지 않는다 하는 그런 내용이다.

"이게 **기신론**의 핵심입니까?"
"**기신론**뿐만이 아니라 대승불교의 핵심과 요점이 이겁니다."

목적지로 날아가는 비행기가 바람이 있어서 뜨는 게 아니다. 있는 공기를 바람으로 만들어서 뜨는 것이다. 우리도 복이 넘쳐서 극락세계로 가고자 하는 것이 아니다. 없는 복을 있도록 만들어서 극락세계로 가고자 하는 것이다.

있도록 하는 복은 아미타불의 본원력을 믿고 3문수행을 하는 것이다. 말 많고 탈 많고 거기다가 의심 많고 게으른 말세의 박복한 중생들이 이 고통스런 사바세계를 확실하게 벗어날 수 있는 유일한 방법은 이 길밖에 없기 때문이다.

자력으로 하는 5문수행은 너무 힘들어서 못하겠다고 핑계를 대고 타력으로 하는 5념문행은 너무 버거워서 못하겠다고 엄살을 떤다. 그래서 마지막으로 딱 하나 주어진 유일한 방법이 바로 이 3문수행이다. 이것도 못하겠다면 내생에는 아무래도 자신이 축사에서 마른 사료를 씹어가며 살을 찌우는 육우의 모습을 봐야 할 것이다.

그러므로 누구든 **기신론**에서 이것을 잡지 못하면 불교 속에서 아무런 이익을 얻을 수 없다. 그냥 때맞추어 절에 다니고 불상만 쳐다보는 것으로 끝난다. 아니면 난해한 불교경전 몇 권 배웠다는 교만과 유명한 스님 몇 분 알고 있다는 자랑으로 그쳐 버린다.

그러니 건드리지 마라. 우리는 오직 3문수행으로 옹골차게 신행해서 반드시 극락세계에 태어날 것이다. 이것저것 다 버리고 같이 동참하고 싶은 자가 있다면 귀를 막고 입을 닫은 채로 의심없이 여기 붙어야 한다. 3門의 주변을 빙빙 돌지 마라. 보는 자가 어지럽다.

5) 권수이익분

海東疏 △第五勸修分中 在文有六

다섯 번째는 권수이익분이다. 이 문장에 여섯 단락이 있다.

기신론은 다섯 분과로 엮어져 있다고 했다. 인연분 입의분 해석분 수행신심분 권수이익분이다.

이제 권수이익분이다. 권수이익이라는 말은 닦으면 이익이 있으니 그렇게 하라고 권하는 대목이다. 그러니 이제 **기신론** 내용은 끝나고 마무리하는 단계에 온 것이다. 이것은 勸7寶가 되며 조론8유 가운데서 마지막이다.

起信論 已說修行信心分 次說勸修利益分 如是摩訶衍諸佛秘藏 我已總說

이미 수행신심분을 설했으니 다음으로 권수이익분을 설한다. 이와 같이 마하연은 제불의 비장이다. 그것을 내가 이미 모아서 설하였다.

서문은 **기신론**에 대한 개괄적인 내용이고 인연분과 입의분 해석분은 우리 마음에 대한 이론이며 수행신심분과 권수이익분은 몸과 마음으로 실천하는 수행대목이다.

그러니까 인연분에서부터 수행신심분까지는 대승불교의 핵심이다. 그래서 마명보살이 제불의 비장이라고 표현했다. 비장은 뭔가를 비밀스럽게 숨겨뒀다는 뜻이다.

그 이유는 근기가 낮은 중생이 함부로 수용하는 법이 아니라는 것이다. 자동차 열쇠는 어른들에게는 반드시 필요하지마는 아이들에게는 안전을 위해 숨겨둔 것과 같다.

그것을 전부 끄집어내어 대승이라는 이름으로 풀이했다. 그래서 **대승기신론**을 대승불교의 교과서라고 한 것이다. 더러는 **기신론**을 대승불교의 입문서라고 하는데 그렇지 않다. 이것이 대승불교의 전부다. 이것이 불교의 알파고 오메가다.

이것을 통해 또 다른 대승불교에 들어갈 것도 없고 이것으로 다르게 회향하는 것도 아니다. 이것이 시작이고 끝이다. 이 **기신론**이 삼장의 전부며 핵심이다.

[海東疏] 第一總結前說
첫 번째는 앞에 설한 것을 전체적으로 결론짓는 것이다.

그래서 원효성사가 서문에서 이 한 권이면 삼장의 요지를 파악할 수 있고 일심의 근원으로 돌아갈 수 있다고 하셨다. 즉 이 속에는 소승불교와 대승불교 禪과 敎가 오롯하게 다 들어 있고 자력신앙과 타력신앙이 완전히 그대로 녹아 있다.

그러므로 이것이 대승불교고 대승불교가 이것이다. 이것 외에는 따로 그 어떤 불교도 없고 있을 수도 없다.

[起信論] 若有衆生欲於如來甚深境界得生正信 遠離誹謗
만약에 어떤 중생이 여래의 깊고 깊은 경계에 대해 正信을 내고 싶다면 비방을 멀리 벗어나

경계는 불교의 범위다. 그러니까 누구든지 부처님을 올바로 믿고 싶다면 비방을 멈춰라. 그 비방의 대상은 **대승기신론**의 내용이다.

대승기신론을 정확히 배우지 않고 무조건 비방부터 하는 사람들은

진정으로 부처님의 세계에 대해 알려 하지 않는 자들이다. 그들은 명색만 불자지 결코 진실한 불자는 아니다.

불자에는 三佛子가 있다고 **화엄경소**는 말했다. 外子와 庶子서자, 그리고 眞子다. 외자는 범부다. 아직 불교 속으로 들어오지 않은 자들이다. 그리고 서자는 성문과 연각들이고 진자는 여래대법을 받아 수행하는 대승보살들이다.

대승기신론을 비방하는 자는 이 삼불자에 들어가지 못한다. 그는 외도이면서 훼방꾼이다. 마명보살은 분명히 말했다. 누구든지 부처님을 제대로 믿으려면 이 **기신론** 내용에 대한 비방을 벗어나야 한다고 했다.

대승기신론 없이는 대승불교가 없고 대승불교가 없으면 **대승기신론**이 없다. 그러므로 대승불교에 대한 믿음을 일으키려면 **대승기신론**에 의해 올바른 믿음을 일으켜야 한다. 그러려면 **기신론**의 내용을 정확히 이해하고 실천하되 절대로 비방하지 말아야 한다.

起信論 入大乘道
대승의 도에 들어가라.

대승의 道는 두 길이다. 하나는 자력의 길이고 또 하나는 타력의 길이다. 첫 번째는 자력의 10주다. 그 십주는 바로 부처가 되는 궤도다. 거기에 들어가면 正信을 가질 수 있다.

그러므로 어떻게든 죽기 전에 들어가야 한다. 못 들어가면 들어가는 방법을 찾아야 한다. 거기에 타력의 길이 있다. 그것은 두 번째로 극락세계로 나아가는 길이다.

거기만 가면 바로 10住에 올라간다. 10주만 되면 正信이다. 그렇게 믿는 것 또한 십신에서의 正信이다. 그게 대승의 올바른 믿음이다. 신성취발심에서 신성취는 십주와 십신을 같이 끼고 있다고 했는데 그 말이 바로 이 뜻이다.

起信論 當知此論 思量修習 究竟能至無上之道

마땅히 알라. 이 논을 사량하고 수습하면 마지막에 능히 무상의 도에 다다르게 된다.

마땅히 알아야 한다고 하면 그렇게 당연히 알아야 한다. 초등학교 교과서는 중학교에 들어가게 하고 중학교 교과서는 고등학교에 들어가도록 한다. 그처럼 이 **기신론**은 무상의 도에 들어가도록 한다. 단 사량하고 수습한다는 조건하에서다.

교과서가 진학을 시켜주는 것이 아니라 교과서를 보고 공부한 학생이 상급학교에 진학하는 것이다. 그러므로 **기신론**을 사량하고 수습할 때라야만이 무상의 도에 들어갈 수 있다는 것이다. **사십이장경** 말씀이다.

常當自勉
精進修之
無爲空死
後致憂悔

항상 부지런하라.

정진으로 자신을 닦아라.

헛되이 죽는 일이 없도록 하라.

뒤에 반드시 후회하게 될 것이다.

사량은 그 내용을 깊이 생각한다는 뜻이고 수습은 **기신론**이 시키는 대로 분수껏 수행하는 것을 말한다. 그러면 마침내 후회없는 무상의 도에 들어갈 수 있다. 무상의 道는 두 군데로의 10주라고 했다.

起信論 若人聞是法已 不生怯弱

만약 사람이 이러한 법을 듣고 겁약한 마음을 내지 않는다면

태양은 중생의 삶에 개입하지 않는다. 그렇지만 막대한 혜택을 준다. 불보살은 중생의 삶에 개입하지 않는다. 그렇지마는 무량한 자비를 쏟아 붓는다.

사람들은 부처가 중생의 삶을 보살피고 있다고 알고 있다. 천만에 말씀이다. 그렇게 부처가 중생을 보살피고 있으면 왜 중생이 이렇게 힘들고 어려운 삶을 살겠는가. 다 풍요롭고 안락한 삶을 살아야 하지 않겠는가.

부처는 진실로 부처가 되고자 하는 자 외에는 결코 나타나지 않는다. 아니 나타날 수가 없다. 태양이 쥐구멍을 못 비추듯이 부처는 막나가는 중생의 삶을 어떻게 하지 못한다. 그게 **기신론**에서 말하는 부처와 중생의 관계다.

보통 불자들은 이런 말씀을 들을 때 망치로 뒤통수를 맞는 것 같을 것이다. 불보살이 중생의 삶에 깊이 개입되어 있는 줄 알았는데 전혀 아니라니 어리둥절할 정도로 띄웅 할 것이다.

그러다 보니 도처에서 **기신론**을 설하고 **기신론**을 배워도 **기신론**의 내용을 있는 그대로 받아들이지 못하고 있다. 대승의 믿음을 일으키도록 도와주는 논서인데도 이것으로 믿음을 일으키는 자가 극히 소수에 그치고 있다는 것만 봐도 그렇다.

하기야 기도로 시작해서 제사로 끝나는 조사불교만을 믿다가 작복으로 시작해서 회향으로 끝나는 대승불교의 가르침인 **기신론**을 받아들이고자 하니 머리가 얼마나 얼얼하겠는가.

그렇다고 해서 이 법을 믿지 않을 수도 없다. 믿지 않으면 대승의 불교신자가 되지 못하기 때문이다. 그러므로 믿기지 않는다 해도 믿어야 한다. 믿도록 그렇게 노력해야 한다. 이 **기신론**에서 설한 이 법 외에 생사로부터 벗어나는 방법은 그 어디에도 없기 때문에 그렇다.

起信論 當知此人定紹佛種
마땅히 알라. 그 사람은 결정코 부처의 종맥을 이을 것이다.

범부들도 가문을 중히 여긴다. 그래서 옛날에는 종손을 귀히 여겼다. 가문의 맥을 이어가는 신분이어서 그렇다.

장인들도 맥을 잇는다. 그들의 혼과 기술을 대대로 전수해 주기 위해서다. 그래서 제자는 스승인 장인을 모시고 피눈물 나는 훈련을 받는다.

동식물들도 종자를 잇는다. 자연적으로 그 종자를 이어나가지 못하면 인간이 개입해서 그 종자가 오랫동안 이어가게끔 돕는다.

왕도 세자를 두어 왕위를 계승한다. 왕권이 흔들리면 도적이 일고 백성이 도탄에 빠지기 때문에 훌륭한 군주가 되도록 인고의 교육을 받는다.

起信論 必爲諸佛之所授記

그러기 위해 반드시 제불의 수기를 받을 것이다.

그렇다면 부처는? 부처도 계승자를 둔다. 그래야 중생세계에 희망이 있다. 부처 없는 중생세계는 흑암의 세계다. 술의를 기억하시는지 모르겠다. **기신론**을 쓰는 네 개의 의도 중에 마지막이 부처의 종맥을 잇도록 하기 위함이라고 했는데 그게 바로 이 뜻이다.

부처의 종맥은 수기로 시작한다. 부처는 혼자서 되는 것이 아니다. 반드시 수기를 받아야 한다. 그래야 魔가 건드리지 못한다. 왕이 제멋대로 왕위에 오르지 못하는 것처럼 부처도 제멋대로 부처가 되지 못한다. 아무나 왕이라 하면 군대에 의해 즉시 처형을 당한다. 아무나 부처라고 하면 호법신중들에 의해 즉시 제거된다.

"누가 부처행세를 하던데 왜 신중이 가만히 있는데요?"
"제거할 만한 가치가 없다는 거다."

가짜 부처는 요란하지만 빈 깡통이다. 그들은 魔의 작난에 놀아나고 있다. 그런데 자기가 마의 꼭두각시 노릇을 한다는 것을 모른다. 그런 자들은 호법신장이 건드리지 않는다. 성스런 장검에 더러운 피를 묻히지 않기 위해서다.

거울에 비친 불은 뜨겁지 않다. 진짜 불이라야 뜨겁다. 아무나 부처는 거울에 비친 불처럼 불꽃을 이어받지 않았기 때문에 중생의 번뇌를 태우지 못한다. 그러므로 대승불교 수행자가 부처의 수기를 받지 않고 부처가 된다면 마구니다. 또 수기 없이 부처가 될 수 있다고 한다면 그는 외도다.

海東疏 第二擧益勸修 文中有二 先正勸修 究竟以下 示其勝利

두 번째는 이익을 들어 닦기를 권하는 것이다. 문장 가운데 둘이 있다. 먼저는 올바로 닦기를 권하고 구경 이하는 그 수승한 이익을 내보이고 있다.

기신론 모르는 사람이 없다. 그런데 **기신론** 제대로 아는 사람은 드물다. **기신론** 안 가르친 스님이 없다. 그러나 **기신론** 제대로 배운 사람은 드물다. 그래서 한국불교가 점점 쇠퇴하고 있다.

조사불교 신자들은 기도의 영험을 믿는다. 그 믿음은 **기신론**의 내용과 상충한다. 조사불교는 대승불교와 신앙관도 다르고 수행관도 다르며 내세관도 엄연히 다르다. 제불의 가피관도 물론 다르다.

한국불교 스님이 대승불교의 교과서라 불리는 이 **기신론**을 설하면 이율배반적인 모순에 빠진다. 한국불교 신자가 이 **기신론**을 배우면 필요에 의한 이해충돌을 일으킨다.

그러다 보니 가르치는 사람도 이 **기신론**의 뜻을 정확히 모른 채 가르치고 있고 듣는 사람도 **기신론**의 핵심이 뭔지 모르면서 그냥 듣고만 있다.

그런 시각으로는 이 논서를 백 번 배워도 正信이 일어나지 않는다. 모든 신자들이 모두 다 이 처지에 있다. 그래서 입만 벌리면 **기신론** 타령이지만 **기신론**에서 가르치는 수행은 결코 하지 않고 있는 것이다.

[海東疏] 此中二句 初示所得果勝

그중에 두 구절이 있다. 처음은 얻게 되는 과보가 수승함을 보이고

깡패에게 배우면 싸움을 배운다. 사기꾼에게 배우면 속이는 법을 배운다. 중생에게 배우면 생사를 배운다. 이상한 스님에게 배우면 이상한 불교를 배운다. 진짜스님에게 배우면 正信으로 부처가 되는 법을 배운다.

이미 결과가 다 나와 있다. 누구에게 배우느냐에 따라 그 결과가 명백하게 나와 있다. 나쁜 믿음을 갖고 좋은 결과가 나오길 기대한다는 것은 그 심보 자체가 틀렸다. 이상한 스님에게 이상한 신앙을 배워 끊임없이 불보살에 매달려도 완전 개털이다.

대승불교는 생사의 고통을 벗어나는 방법을 가르친다. 불보살은 그렇게 하겠다는 마음을 가진 자를 보호하고 인도한다. 그렇지 않는 자는 불보살에게 빌지 말라. 빌어도 소용없다. 차라리 천지신명이나 몸주대신이나 천하대신 지하대신 호귀별상 넋대신에 비는 편이 낫다.

한번 생각해 보시라. 병원에 가서 죽겠다고 버티고 있으면 그 사람들이 뭐라고 하겠는가. 약국에 가서 마약 내놓으라고 죽치고 있으면 그 사람들이 뭐라고 하겠는가. 햇빛이 내리쬐는 곳에 앉아서 그늘을 달라고 떼쓰면 태양이 뭐라고 하겠는가.

그래서 불교는 正信을 가져야 한다는 것이다. 부처를 앞에다 두고 魔의 가피를 기대하고 있으니 이것 참 탄식이 안 나올 수가 없는 일인 것이다.

海東疏 後明能修人勝

뒤에는 수행하는 사람이 수승함을 밝히고 있다.

대승불교는 기복을 가르치지 않는다. 그것이 대승불교다. 대승불교에는 기도가 없다. 인과를 가르친다. 그러므로 인과를 믿지 않는 자는 대승불교 신자가 아니다. 절에 다니는 사람은 좀 똑똑해야 한다. 장독대에게 빌고 보름달에게 빌던 그런 수준의 신앙으로 불보살 앞에 엎드려서는 안 된다.

불교는 빛의 가르침이다. 그래서 불의 가르침이라고 한다. 불은 훤하게 밝음을 의미한다. 거기엔 사이드 거래도 없고 언더테이블 거래도 없다.

그러므로 비겁하게 불보살에게 기름칠하는 비손기도보다 중생을 위해 뭔가를 해보겠다는 헌신적 신심수행을 해야 한다.

그런 자들이 멋진 불교인이다. 인과를 믿고 복덕을 지어 正信으로 신심을 굳히는 자들이 진짜 신앙인이다. 그런 분들 정말 멋진 사람들이다. 공짜를 바라지 않고 지은 대로 받아먹고 행한 대로 받겠다는 그런 사람들이 진짜 진정한 대승의 불자들이다.

불교는 그런 사람들에게 설해졌다. 그러므로 근성이 천박하거나 무지한 사람들은 정통불교하고는 거리가 멀다. 그런 자들에게는 사이비불교가 딱 제격이다. 그래서 세상에 지금 사이비가 득세를 하고 있는지도 모른다.

起信論 假使有人能化三千大千世界滿中衆生令行十善

설령 어떤 사람이 삼천대천세계 가운데 가득한 중생들을 교화시켜 그들로 하여금 십선을 행하게 한다 하더라도

한 사람을 교화시켜도 그 공덕은 말할 수 없을 정도로 크다. 그 한 사람이 또 한 사람에게 영향을 주고 그 또 한 사람이 또 다른 사람에게 영향을 주기 때문에 그 공덕은 다함이 없다. 그런데 하물며 전 우주 중생계들을 다 교화시켜 그들 모두가 다 십선을 행한다면 자기에게 돌아오는 그 공덕은 얼마나 크겠는가. 이건 정말 범부의 머리로써는 가늠이 되지 않는다. 전자계산기가 태산만큼 큰 용량을 가졌다 해도 그것을 다 셈하여 답을 낼 수가 없다.

起信論 不如有人於 食頃正思此法 過前功德不可爲喩

어떤 사람이 일식경에 이 법을 바르게 사유한 것만 못하다. 그 공덕은 가히 비유도 못할 만큼 앞에 것을 뛰어넘는다.

일식경은 밥 한 끼 먹을 시간이다. 그리고 이 법은 대승의 법을 말한다. 일심의 법을 정확히 사유하면 반드시 수행에 임한다. 그렇게 되어 있다. 그러므로 **기신론**을 제대로 배우면 틀림없이 부처의 세계로 방향을 틀어야 되겠다는 의지의 신심이 일어난다.

그러면 그 결과가 결국 부처로 회향된다. 그렇게 부처가 되었을 때 시방천지의 일체중생이 십선행으로 얻게 되는 복덕보다도 훨씬 더 크다는 것이다.

보살행변화경에서 태양이 나타나면 반딧불이와 달 별들은 자취를 감춘다고 하셨다. 이것은 마치 전 우주공간에 살고 있는 반딧불이가 동시에 빛을 발한다 해도 한 개의 태양빛에 비하면 아무것도 아니라는 것과 같다는 말씀이다.

起信論 復次若人受持此論 觀察修行 若一日一夜
다시 또 만약에 어떤 사람이 하루 낮 하루 밤 사이에 이 논을 수지하고 관찰한다면

알렉산더 대왕은 32살로 죽었다. 그는 아리스토텔레스에게서 교육을 받았다. 아리스토텔레스의 스승이 플라톤이고 그의 스승이 소크라테스다.

그래서 그런지 그의 죽음이 상당히 철학적이다. 그가 땅에 묻힐 때 두 손을 밖으로 내놓으라고 했다. 세상의 반을 가졌지마는 죽을 때는 아무것도 가져가지 못한다는 것을 상징적으로 보여주기 위해서였다. 전해오는 일화지만 그 의미가 크다.

항우는 30살에 죽었다. 역발산의 힘과 무적의 기개로 천하재패를 꿈꾸었지만 불운의 장수로 끝났다. 주먹 잘 쓰던 이소룡은 32살에 죽었다. 쿵푸를 세상에 퍼뜨려 피 끓는 젊은이들의 근력우상이 되었다.

차중락과 배호는 20대에 요절하였고 김정호는 30대에 죽었다. 그들이 남긴 애잔한 노래와 슬픈 가락은 한국인의 가슴에 깊이 남아 있다.

예수는 33살에 죽었다. 자신을 하느님의 아들이라고 해 십자가에 못 박혀 죽었지만 그의 말이 맞다고 믿는 사람이 지구상에 21억이 넘는다.

고흐도 30대에 죽었다. 파스텔 살 돈이 없어 하루에 두 끼만 먹으면서 그림을 그렸다. 그렇지만 생전에는 단 한 편의 그림도 팔지 못했다. 그러나 지금은 그의 그림이 최고가의 경매를 달리고 있다.

삼계대권을 가졌다는 대순진리회 교주 강증산 역시 30대 후반에 죽었다. 자신을 옥황상제라고 하면서 천지공사를 행하였다. 그가 남긴 유훈은 증산교 태을교 대순진리회 등의 민족종교가 되어 한국사회에 큰 반향을 일으켰다.

진시황인 영정은 30대에 전 중국을 최초로 통일하였다. 그에 의해 황제라는 칭호가 처음으로 인류역사에 등장했다.

그런데 당신은 지금 몇 살이신가? 저 사람들은 약관에서 30대초거나 후반까지만 살았어도 저렇게 큰 업적을 남겼는데 당신은 지금 뭐하고 있는 중인가. 고작 똥 만드는 기계에 기름칠을 한다고 죽을 날만 기다리고 있는 것인가.

죽음이 당신을 데려가기 전에 죽음으로부터 벗어나는 뭔가를 해야 되지 않겠는가. 그렇다면 하루 동안만이라도 이 **기신론**을 잘 관찰하고 그 말씀을 깊게 되새겨 보시기 바란다. 그것이 당신의 남은 인생을 가장 값지고 매우 가치있게 만들어 줄 것이다.

그때가 되면 **아함경**에서 모든 수명 중에서 지혜의 수명이 제일이다고 하신 말씀이 진정으로 이해할 수가 있을 것이다.

起信論 所有功德 無量無邊 不可得說
그 얻게 되는 바 공덕은 무량하고 무변해서 가히 다 말할 수가 없다.

불교는 중생을 편들지 않는다. 중생을 깨뜨리고자 하는 것이지 중생을 위한 가르침이 아니다. 그러므로 불교를 배운다고 해서 인문학 공부처럼 중생의 삶에 도움이 되는 것은 아니다. 다들 생활불교를 말하지마는 생활불교는 없다.

불교는 오로지 죄업에 묶인 중생을 해탈시키는 데 그 목적이 있다. 그 불교의 핵심을 뽑아 모은 것이 **기신론**이다.

그러므로 이 논서를 하루밤낮으로 수지하고 그 내용을 깊이 관찰만 해도 그 공덕은 한량이 없다. 그 이유는 위에서 언급한 것처럼 지금 관찰한 그 인연으로 언젠가는 꼭 수행에 임하여 일체 죄업을 벗어나 부처가 될 것이기 때문이다.

起信論 假令十方一切諸佛 各於無量無邊阿僧祇劫 歎其功德亦不能盡

가령 시방 일체제불이 각각 무량 아승기겁 동안 그 공덕을 찬탄해도 능히 다하지 못한다.

　내면의 공덕은 부피와 셈수를 뛰어넘는다. 그것은 마음으로도 다 헤아릴 수 없고 언어로써도 다 표현할 수 없다.
　셈으로 세거나 언어로써 말할 수 있는 것은 물질적이다. 그러나 이 공덕은 비물질이기 때문에 언어와 문자를 벗어나 있다. 설령 부처가 그 공덕을 설한다 해도 그것은 끝이 없다. 그 공덕은 허공과 이어져 이미 일체에 변만하기 때문이다. **수심결** 글귀다.

今旣到寶所
不可空手而還

이미 보물이 있는 곳에 왔다면
빈손으로 돌아가지 말라.

기신론을 봤다면 신행에 옮겨야 한다. 그냥 보고 지나치기에는 너무나 아까운 가르침이다. 이번 기회에 이것을 놓치면 언제 다시 이런 기회를 만날 수 있으랴. 부디 빈손으로 돌아가지 마시기 바란다.

起信論 何以故 謂法性功德無有盡故 此人功德亦復如是無有邊際
왜냐하면 법성의 공덕은 다함이 없기 때문이다. 이 사람의 공덕 또한 다시 이와 같아서 끝이 없다.

위 문장 마지막에 무유변제가 있다. 이 또한 邊변은 공간이고 際제
는 삼세를 뜻한다. 그러니까 삼세와 시방이 끝나도록 다 설해도 그
공덕을 모두 설할 수가 없다는 것이다. 그것은 법성의 공덕이기 때문
이다.

가느다란 시냇물이라도 일단 흘러가는 강물과 연결되면 그 시냇물
은 전 바다와 하나가 된다. 그처럼 작은 공덕이지만 그 공덕은 전
법성과 하나가 된다. 그래서 그 공덕은 끝이 없다고 한 것이다.

海東疏 第三信受福勝 文中有二

세 번째는 믿고 받아들이면 그 복이 수승하다는 것이다. 문장 중에
둘이 있다.

몸은 밥으로 살고 마음은 복으로 산다. 옛날에는 복 감하는 행동을
하지 말라고 했다. 다리를 떤다든가, 입을 삐죽거린다든가, 비아냥거
리는 행동은 복이 나간다고 했다.

일상생활에서는 다듬돌을 베개 삼지 말라든가, 문지방을 밟지 말
라든가, 걸레를 머리 위에 두지 말라든가, 발 씻는 세숫대야에 얼굴
을 씻지 말라는 등이었다. 그만큼 그분들은 더 보태지는 못할망정
기본적으로 갖고 있는 복은 어떻게든 지켜야 한다고 생각했다.

돈을 차버리면 몸이 고생을 한다. 복을 차버리면 마음이 고생을
한다. 몸을 위해 돈을 모으듯이 마음을 위해 어떻게든 복을 모아야
한다. 그래야 몸과 마음이 무진고생을 하지 않는다.

先明一食之頃正思福勝

먼저는 한 번 밥 먹는 동안 올바로 생각해도 그 복이 수승하다는 것을 밝혔고

　자세히 살펴보면 못사는 사람은 못사는 이유가 있고 잘사는 사람은 다 잘사는 이유가 있다. 복 없는 사람은 복 없게 생겼을 뿐만 아니라 복 없게 움직이고 있다. 하는 말투부터 행동거지를 봤을 때 그러니 저렇게 밖에 못살겠구나 하는 답이 나온다.

　돈만 있으면 다 잘살 것 같지마는 그렇지도 않다. 로또를 맞아 돈다발을 안겨줘도 복 없는 사람은 얼마 지나지 않아 빈털터리가 된다. 그것도 주위의 많은 사람들과 원한을 맺은 상태로 끝이 난다.

　복 없는 사람은 **기신론**을 배워도 신행하지 않는다. 복이 있어야 신행을 한다. 그렇다고 복을 지을 수 있는 방법을 말해주면 따라 할 것 같은가. 아니다. 복이 없기 때문에 결코 따라 하지 않는다.

　복이 없으면 천날만날 마누라와 싸운다. 아무 소득도 없는 가족들과 다툼을 일으킨다. 가뜩이나 복이 없는데 거기다가 마음에 상처까지 입힌다. 복 없는 사람들이 하는 전형적인 삶의 행동이다.

後顯一日一夜修行　功德無邊

뒤에는 하루 낮 하루 밤 동안만 수행해도 그 공덕이 끝이 없다는 것을 나타내고 있다.

　생각이 표정을 바꾼다. 그 표정이 다른 사람과 緣起를 한다. 그

사람에게 전달된 표정은 또 다른 사람과 연기를 한다.

대민업무를 담당한 공무원이 진심으로 민원인을 대하면 그 민원인은 감동한다. 그 기분이 또 다른 국민에게 전달된다.

판매사원도 마찬가지다. 친절 담긴 물건을 팔면 그 여파로 고객은 물건과 함께 오랫동안 기분 좋음을 간직한다. 학교교사도 마찬가지고 병원간호사도 마찬가지다. 밝은 표정은 학생들에게 활력을 주고 어두운 표정은 환자들에게 삶의 의욕을 빼앗는다.

잠깐 동안에 일으킨 표정 하나 가지고도 사람들에게서 공덕을 짓고 공덕을 잃을 수도 있다. 그런데 하물며 하루 동안 이 **기신론**을 보고 그 내용을 관찰해 수행하는 마음을 가진다면 그 공덕이 얼마나 크겠는가. 실로 어마어마하다.

그 사람은 결국 수행자가 되어 3대겁 아승기야 동안 공덕을 닦을 것이고 또 극락왕생으로 부처가 되어 끝없이 중생을 제도할 것이다.

起信論 其有衆生於此論中毀謗不信 所獲罪報 經無量劫受大苦惱
그 어떤 중생이라도 이 논서의 내용을 훼방하여 믿지 않게 되면 그 얻게 되는 바 죄보는 무량겁을 지나도록 큰 고통과 괴로움을 받게 될 것이다.

사람들은 부처를 욕하는 자들과 사찰이나 불상을 파괴하는 자들, 그리고 불교의 교리를 왜곡하거나 훼방하는 자들이 있다면 부처가 벌준다고 생각한다.

중생이 허공에 삿대질해도 허공은 벌주지 않는다. 중생이 물에다 침을 뱉어도 물은 복수하지 않는다.

그처럼 부처는 중생을 벌주지 않는다. 어떤 경우라도 부처는 중생의 무지한 행동에 악심으로 대응하지 않는다.

"법당에 불상을 부숴도 부처는 안 나타납니까?"
"전 세계의 불상을 다 부숴도 부처는 안 나타납니다."

차라리 어른들에게 꾸중을 들으면 잘못한 마음이 더 가벼워진다. 무서운 것은 어른이 버려둘 때 그때가 겁난다는 것이다. 그러면 그 죄업이 나날이 포개어진다. 그것이 쌓이면 그 밑에서 죄업이 썩기 시작한다.

양심이 없어서 그런 죄의식을 느끼지 못하니 괜찮다고 생각하지 마라. 양심은 살아 있다. 단지 본인이 그것을 느끼지 못할 뿐이다. 그러므로 불교에 폭력적이고 불교에 손해를 입힌 자들은 자신에게 폭력을 쓰는 것이고 자신에게 손해를 입히는 것이다. 그런 사람은 세세생생 고통에 시달릴 수밖에 없다. 한번 읽어보시기 바란다.

佛信者活 불신자활
不信者死 불신자사

부처를 믿으면 살고 부처를 믿지 않으면 죽는다. 佛과 不은 같은 발음이지만 결과는 하늘과 땅 차이다. 한 사람은 극락에 가 있고 또 한 사람은 지옥에 가 있을 것이기 때문이다.

起信論 是故衆生但應仰信 不應誹謗

이런 까닭으로 중생은 다만 응당히 우러러 믿고 따라서 비방하지 말아야 한다.

교통법규는 지켜야 한다. 불만이 있더라도 따라야 자기도 살고 타인도 산다. 마찬가지로 이 **기신론**이 맘에 들지 않더라도 반드시 따라야 한다. 그래야 자기도 살고 타인도 살 수가 있다.

교통법규를 잘만 따르면 불만이 일어날 리 없다. 법을 지키지 못하고 위반하기 때문에 불만이 일어난다. 마찬가지로 **기신론**을 믿고 잘 따르면 비방할 이유가 없다.

기신론 내용은 모두 다 자신과 중생의 궁극적인 안위와 안락을 위해서 설해진 것이기 때문에 제정신을 가진 사람이라면 거기에 반항할 이유가 없다. 반항할 이유가 없으면 비방할 건더기가 없다.

起信論 以深自害 亦害他人 斷絕一切三寶之種

비방하면 깊이 자신을 해치고 또한 타인도 해쳐서 일체에 두루한 삼보의 종맥을 단절시키게 된다.

돈 들여서 학교교육을 왜 받는지 아시는가. 그것은 다른 사람들과 정상적인 교류를 하기 위해서다고 했다. 즉 인간끼리 정상적인 의사소통을 위해서 다 같은 교재로 교육을 받는 것이다.

의사소통이 되지 않아 자신을 고립시키면 자기도 죽고 가족도 피곤하게 만든다. 그 바람에 집안과 사회전체가 불우하게 된다.

기신론은 반드시 배워야 하는 인생의 교과목이다. 이것을 배우지 않고 인생을 사니 서로가 가야 할 방향을 잃고 좌충우돌한다. 그러다가는 마지막에 전멸할 수가 있다.

같이 전멸하지 않으려면 지금부터라도 옆에 사람에게 기신론을 배워보라고 권해야 한다. 그렇지 않으면 죄 많은 사람 옆에 있다가 무단히 큰 액난을 당할 수가 있다.

起信論 以一切如來皆依此法得涅槃故 一切菩薩因之修行入佛智故
일체의 여래는 모두 다 이 법에 의지하여 열반을 얻으셨고 일체보살은 이로 인해 수행하여 불지로 들어가고 있다.

기신론은 대승불교의 교과서라고 몇 번이나 이야기했다. 학생은 교과서에 의존해서 공부해야 하고 불자는 이 기신론에 의해 수행해야 한다. 선생은 사범대학 교과목에 의해 선생이 되고 범부는 이 기신론 한 권에 의해 수행자가 되기 때문이다.

기력이 떨어지면 보약을 먹는다. 보약 중에 제일가는 것이 천방고天方膏다. 천방고 하나만 먹으면 떨어진 체력이 금방 보강된다. 신심이 떨어지면 기신론을 봐야 한다. 신심을 일으키는 데 제일가는 것이 기신론이다. 기신론 하나만 하면 잃어버린 신심을 대번에 되찾을 수 있다.

논서 하나가 뭐 그리 대단한 거라고 자꾸 기신론을 들먹거리냐 라고 말하지 말라. 이 논서 하나에 일대장경과 1,700공안이 다 들어가 있다. 마치 천방고 하나에 산야에 산재한 효능 좋은 약재가 다 들어가 있는 것과 같다.

인생에 있어서 윤리과목 하나만 행하면 인간다움이 갖춰지듯이 불자에 있어서 이 **기신론** 한 권이면 수행자의 면모가 충분히 갖추어진다. 왜냐하면 **기신론**에는 중생이 반드시 배워야 하는 조론8유의 내용이 완벽하게 들어 있기 때문이다.

그 내용으로 일체의 모든 부처는 깨달음을 얻으셨고 일체의 보살은 열반의 세계로 들어가고 있다. 그러기에 이것 빼놓고 불교를 말한다는 것은 밑창 없는 신발을 말하는 것 같고 지퍼 없는 잠바를 흔드는 것과 같다.

`海東疏` 第四毁謗罪重 文中有四 先明毁謗罪重
네 번째는 훼방하면 중죄가 된다는 글에 넷이 있다. 먼저는 훼방하면 중죄가 된다는 것을 밝히고

훼방은 헐뜯어 비방함을 말한다. 인간은 본성이 원천적으로 남이 잘 되는 것을 원치 않는다. 그것은 중생들 모두가 다 경쟁자이기 때문이다. 그래서 사촌이 논을 사면 배 아프다는 말이 나왔다.

그런 심보로 **기신론**을 보고 폄훼하고 훼방한다. **기신론**은 인간이 가야 할 길을 제시한다. 그것은 도로표지판과도 같다. 도로표지판을 훼손하면 집에 가는 운전자들이 순식간에 뒤엉켜 우왕좌왕한다. 그러므로 도로표지판은 훼손하면 안 되듯이 **기신론**을 훼방하면 안 된다.

인간들은 누구나 할 것 없이 수로에 빠진 고라니 신세다. 결코 그 수로에서 빠져나갈 수 없다. 거기서 다 죽어야 한다. 그렇지만 **기신**

론을 배우면 거기서 빠져나오는 길이 보인다. 그것도 제대로 배울 때 그렇다는 것이다. **법구경** 말씀이다.

Those who when they know the law
follow the path of the law,
they shall reach the other shore
and go beyond the realm of death.

불법이 무엇인지 제대로 아는 사람은
불법이 가라는 길을 따라서 간다.
그러면 그들은 죽음을
벗어난 피안의 세계에 도달할 수 있다.

불법이 가라는 길은 정확히 **기신론**에 들어 있다. 죽음으로부터 벗어나는 비밀통로가 거기에 있다. 그러므로 **기신론**을 배우면 생사의 감옥으로부터 자유를 얻는다. 그게 바로 죽음을 벗어난 피안의 세계다.

海東疏 是故以下 第二試勸 以深以下 第三釋罪重意

시고 이하는 둘째로 간절히 권하는 것이며, 이심 이하는 셋째로 죄가 중죄가 되니 그렇게 하지 말라는 뜻이다.

사람은 생각하는 동물이다. 그런데 이상하게 생각하기에 이상한 곳으로 자신을 끌고 가 처박아 버린다. 먹이통을 두 방향에다 두고 욕심 많은 사자들을 풀어놓으면 한쪽으로만 뛰어간다. 그것은 다른 사자가 자기 것을 다 먹는 것 같아 같이 뛰어간다고 한다.

인간들도 마찬가지다. 분명 이 중생세계 말고 다른 세계가 있는데도 꼭 중생세계 쪽으로 으르렁거리면서 뛰어간다. 그렇게 뛰어간 자들 중에 산 사람은 하나도 없다. 그걸 본 현명한 자가 있다면 이제 그 반대편에 관심을 가져야 한다.

그쪽이 죽는 방향이라면 반대쪽은 사는 방향이 아니냐 하면서 그쪽으로 방향을 잡아야 한다. 단지 생각하는 사람이라면 그렇게 할 것이다는 거다.

원문 마지막 문구에 釋은 푼다는 뜻이 아니라 버리다는 뜻으로 해석해야 한다. 참고하시기 바란다.

海東疏 一切如來以下 第四轉釋斷三寶種之意
일체여래 이하는 넷째로 삼보의 종자가 끊어지니 더욱 그러지 마라는 뜻이다.

기후변화에 의해 북극곰만 힘들어지는 것이 아니다. 불교를 외면하는 민심변화로 **기신론**을 배우지 않으면 중생 자체가 도탄에 빠진다.

그러므로 누구든지 중생을 살리는 **기신론**을 트집잡아 비방하거나 음해해서는 안 된다. 이 **기신론**에 의해 수행자가 나타나면 혼탁한 공기를 정화해 주는 산소공급기와 같은 역할을 해주기 때문이다.

그러므로 **기신론** 공부를 훼방해서는 안 된다. 그러면 삼보의 종맥을 이어갈 수행자가 없어진다. 삼보가 없어지면 이 땅의 중생들은 지옥의 고통을 계속적으로 맛봐야 한다.

길은 흐름이다. 항차 물길이 가는 길도 막으면 안 되는데 수행자가 나아가는 길을 막아 버리면 어떻게 될까. 그럼 그때 누가 이 죄 많은 중생을 구제해 주겠는가. 정말 조심해야 하고 삼가해야 되지 않겠는가.

起信論 當知 過去菩薩已依此法得成淨信

마땅히 알라. 과거의 보살들은 이 법을 의거해 정신을 성취하였고

보살이 되려면 이 **기신론**에 의거해야 한다. **기신론**을 배운다고 해서 세속에서 돈을 잘 버는 것은 아니다. **기신론**을 배운다고 해서 세속의 즐거움을 얻는 것도 아니다.

기신론은 오로지 범부에게 깨끗한 믿음인 淨信정신이 일어나도록 도와준다. 淨信이 正信이다. 이 正信을 일으키면 보살이 되고 邪信사신을 따르면 귀신이 된다.

사람들이 제일 겁내고 혐오하는 말이 귀신이다. 자기도 곧 귀신이 될 거면서 귀신은 정말 싫어한다. 귀신 되지 말라고 그렇게 말해도 귀신이 되고자 혈안된 삶을 살면서 또 귀신은 무서워한다. 사고모순이다. 하기야 인간의 사고가 모순 아닌 게 뭐가 있던가.

그 귀신이 싫으면 이 歸信귀신에 붙어야 한다. 이 귀신은 당신을 살리고 저 귀신은 당신을 잡아간다. 이 귀신이 바로 歸信이다. 똑같은 발음이지만 뜻은 천지격차다.

이 歸信에게 가까이 가려면 正信이 있어야 한다. 그 正信이 삼보의 종맥을 잇는다. 그러므로 자기 기준에 맞지 않다고 이 **기신론**을

비방해서는 절대로 안 된다는 것이다.

起信論 現在菩薩今依此法得成淨信
현재의 보살들은 이 법에 의해 정신을 얻고 있고

현재 **기신론**을 배우고 있는 사람들과 이미 **기신론** 속에서 수행을 하고 있는 사람들은 다 여기서 正信을 얻고 있는 분들이다. 그렇지 않는 자들은 모두 허송세월만 보내고 있다.

다시 말하지만 이 **기신론**을 가볍게 생각하지 말라. 당찬 산삼 한 뿌리가 온 산의 초목 가격보다 더 비싸다. 한 권의 **기신론**이 전 경론보다 더 중생들에게 효과적이다.

그런 **기신론**의 내용은 깊고도 넓다. 경율론 삼장으로 一心 二門 三大의 세계를 풀어놓았다. 거기다가 조론8유로 **기신론**을 쓴 이유를 밝혔고 述意로 발원을 하였다. 또 실재와 현상, 범부와 성인에 이어 부처와 중생이 들어 있으며 현세와 내세가 들어 있다.

자리와 이타가 들어 있고 소승불교와 대승불교가 들어 있다. 또 자력수행과 타력수행이 구비되어 있고 12부경의 교리와 삼취정계에 이어 3천위의와 8만세행이 모조리 들어 있다.

그러므로 **기신론**에 없는 것은 불교에 없고 불교에 없는 것은 **기신론**에 없다. 그렇기에 대승의 올바른 믿음인 正信을 일으키는 데는 이 **기신론**만한 논서가 없다.

그러기에 **기신론** 한 권이면 충분하다고 원효대사가 서문에서 분명 말씀하셨던 것이다.

起信論 未來菩薩當依此法得成淨信

미래의 보살들은 마땅히 이 법에 의해 淨信을 얻게 될 것이다.

　기신론의 길을 막지 않아 종맥을 이어준다면 미래의 중생들 또한 이 기신론을 배울 것이다. 그들도 우리가 가는 길을 따라 올 것이다. 그들 또한 淨信인 正信을 얻기 위해 이것을 배우게 되기 때문이다.

　正信은 두 갈래가 있다는 것을 언제나 기억하고 있어야 한다. 하나는 자력이고 둘은 타력이다. 그 결과 正信은 10주에서 뿌리를 내린다.

　자력으로는 먼저 10선을 행해야 불성이 작동한다. 그러면 염생사고 구열반락하는 마음이 일어난다. 거기서 5문행을 오래오래 닦으면 근기가 수승한 범부가 된다. 거기서 1만겁 동안 3심개발을 하고 4종행을 닦으면 10주에 올라간다. 거기서 3대겁 아승기 동안 수행하면 색구경처에 태어나 부처가 된다.

　타력으로는 믿음이 먼저다. 10선이 없어도 선지식의 도움으로 아미타불의 위신력과 본원을 믿는다. 그리고 발원한다. 그 다음에 실천에 나선다. 이 信願行 3문수행으로 극락세계에 왕생한다. 그러면 즉시 10주에 올라선다. 아주 쉽고 간단하다. 어느 正信을 택하느냐는 것은 본인의 복덕과 공덕의 여하에 달려 있다.

海東疏 第五引證

다섯째는 인증이다.

　그러니까 대승의 수행자가 나아가는 길은 두 갈래다. 자력수행과

타력수행이 그것이다. 자력수행의 魔는 3法시험으로 극복하고 타력
수행의 벽은 3門수행으로 치고 나간다. 이 길 외에 깨달음의 길은
없다.

복덕과 인연에 의해 수행자가 어떤 길로 나아가든 간에 궁극적으
로 부처가 되면 열반인 법신불과 하나가 된다. 바다는 하나인데 편리
에 의해 나눠진 바다는 여럿이다. 태평양도 있고 대서양도 있고 인도
양도 있다. 지중해도 있고 동해도 있다.

자력수행으로 색구경처에서 부처가 되면 노사나불로 섭입된다.
타력수행으로 극락세계에서 부처가 되면 아미타불에 섭입된다.

아미타불이나 노사나불은 나눠진 바다와도 같다. 어느 부처에게
섭입되어도 결국 하나의 법신에 섭입된다. 그 법신이 바로 한 개의
바다와도 같은 열반의 세계다.

인증은 끌어와서 증명을 한다는 말이다. 누구를 끌어 왔느냐 하면
부처가 되고자 수행하는 보살들이다. 즉 대승의 수행자들이다.

起信論 是故衆生應勤修學
이런 까닭으로 중생은 응당히 부지런히 닦고 배워야 할 것이다.

군인이 되고자 하면 부지런히 전술전략을 배워야 하고 법조인이
되려면 끊임없이 6법 전서를 공부해야 한다.

마찬가지로 중생이 생사를 벗어나고 싶으면 반드시 이 **기신론**을
다함없이 공부해야 한다. 그렇지 않으면 결과는 독사자루에 대가리
를 처박는 삶을 사는 것이다. **아함경**에서 여래께서 설하신 말씀을

믿지 않는 자는 어리석은 자다. 영원히 괴로움을 받을 수밖에 없다고 하신 말씀을 상기해야 한다.

어리석은 자가 되고 싶지 않다면 부지런히 이 법을 배워 5행문이나 3문수행을 실천해야 한다. 인간으로 태어나 진정 가치있는 일을 하고 싶다면 이것을 행해야 한다. 현명한 자가 이 세상에서 자기를 위해 마땅히 해야 할 일은 사실 이것밖에 없기에 그렇다.

海東疏 第六結勸

여섯째는 권하는 것을 결론짓는 것이다.

권수이익분에 여섯 문단이 있었다. 그 여섯 문단이 각각 이 **기신론**을 읽고 수행하면 무량한 복덕을 짓는다 했다. 그 무량한 복덕이 대승의 正信을 일으키는 밑거름이 된다.

나라가 아무리 국민을 보살핀다 해도 자기 스스로 극단적인 선택을 하는 사람은 어떻게 할 수 없듯이 **기신론**이 아무리 중생을 죽음에서 구해 준다고 해도 본인이 싫다고 하면 어떻게 할 수가 없다.

복덕이 필요없다면 자신을 향상시키는 기회를 잃을 것이고 믿음을 일으키지 않는다면 이런 정통 불교교과서와는 인연이 없다고 봐야 한다. 그러면 그 사람은 영원히 영원히 삼계 속에서 고통이라는 고통은 다 당해야 하고 괴로움이란 괴로움을 다 겪어야 한다.

海東疏 一部之論有三分中 正辨論宗竟在於前

한 부의 논서 가운데 세 분단이 있었는데 올바로 논의 종지를 가린다는 뜻은 앞의 설명으로 마친 것이 된다.

기억이 나시는지 모르겠다. 한 권의 논서 가운데 크게 세 부분이 있었다. 첫 번째는 歸敬述意귀경술의였고 둘째는 正立論體였다. 그 정립론체를 이제까지 설하여 왔다.

정립론체는 정확히 **기신론**의 종지를 내세운다는 뜻이다. 그러니까 인연분 입의분 해석분 수행신심분 권수이익분 전체가 다 **기신론**에서 내세우고자 하는 논의 중요 뜻이라는 것이다.

그러니까 귀경술의 부분은 서문이고 위 다섯 가지 부문은 본론이며, 다음에 나오는 마지막 게송은 결론이 되는 것이다.

3. 결론

起信論 諸佛甚深廣大義

제불의 깊고 깊은 광대한 뜻을

기신론은 석가모니부처님의 45년 광장설법뿐만 아니라 삼세와 시방의 모든 부처님 말씀을 다 뽑아서 모은 특별한 논서다. 그러므로 **기신론** 한 권을 제대로 보면 제불의 광대한 뜻을 다 파악할 수 있다. 그 뜻은 깊고도 깊지만 이 한 권 속에 다 들어 있기에 그렇다.

이론만 있느냐 하면 그렇지 않다. 실천만 있느냐 하면 또 그렇지 않다. 이론과 실천이 다 들어 있다. 서문에서 해석분까지는 이론으로 우리 마음이 오염되었음을 밝혔고 수행신심분과 권수이익분은 실천으로 우리 마음을 다시 회복하도록 하였다.

그래서 동서고금의 현자들이 이 **기신론**은 삼세 모든 부처님의 가르침을 다 포용했고 시방 모든 부처님의 가르침을 전부 기록한 것이라고 극찬하였다. 그러므로 **기신론**을 대승불교의 특정 교과서라고 하는 것이다.

起信論 我今隨分總持說

제가 이제 분단을 따라 모아서 믿도록 설했습니다.

일심을 펼치면 **기신론**이 되고 **기신론**을 펼치면 팔만사천 법보가 된다. 역으로 팔만사천 법보를 줄이면 **기신론**이 되고 **기신론**을 줄이면 일심이 된다.

그 일심을 마명보살이 실상과 연기로 벌려 기가 막히게 세우고 부수고 펼치고 모아 설명하였다. 그래서 원효성사가 그것은 마명보살의 글재주라고 찬탄하셨다.

그만큼 **기신론**은 일심의 세계를 명확하게 파헤치고 군더더기 없이 정리하였다. 일심에서 뭐 하나 빠진 것 없으면서도 뭐 하나 넘치는 것 없이 매끄럽게 열고 남김없이 닫았으니 성사인들 어떻게 감탄해 마지 않으실 수 있었겠는가.

거기다 믿도록 설했다는 이 글이 참 의미심장하다. 지는 가질 持 자가 아니고 믿을 持로 봐야 한다. 그래야 부처님 말씀을 모아 믿도록 설했다는 뜻이 된다.

起信論 廻此功德如法性

그 공덕을 회향하오니 법성과 같아져서

경전 속에 들어 있는 한 구절의 게송이라 하더라도 타인을 위해 설한다면 그 공덕이 끝이 없다고 하는데 불교 역사상 최고의 역작인 **대승기신론**을 지어서 중생들에게 내어놓는 그 공덕은 무량하고도 무진하기만 하다.

그 공덕을 마명보살은 이제 중생들에게 베푸신다. 그 공덕이 법계의 성품처럼 모든 중생들에게 작용되기를 바라는 심정에서다.

起信論 普利一切衆生界

널리 일체중생을 이롭게 했으면 좋겠습니다.

 기신론의 내용을 여덟 가지로 내세운 조론8유에서 말세의 수행자들이 알아야 하고 수행해야 하는 부분을 하나도 빠짐없이 완벽하게 설하였다.

 그걸 설할 수밖에 없는 이유는 述意술의에 나타나 있다. 거기에 넷이 있었다.

 첫째는 一心 二門 三大에서 중생과 나의 관계가 어떻게 연결되어 있는지 그 의문을 풀어주었다.

 둘째는 대치사집과 지관수행 부분에서 삿된 집착을 깨뜨렸다. 셋째는 자신이성인 근본진여와 불법승, 그리고 왕생에 대해 올바른 믿음을 일으키도록 하였다.

 넷째는 이 땅에 부처의 종맥이 끊어지지 않고 영원히 이어가는 데는 반드시 이 **기신론**이 필요하다고 하였다. 그러함으로 해서 술의의 의도가 모두 충족되었다.

 정말 중생들에게 이익이 안 되고 싶어도 이익이 넘쳐날 일만 해주셨다. 그 자비와 노파심에 무한의 공경과 정례를 올린다.

 海東疏 末後一頌 第三總結 於中上半 結前五分 下之二句迴向六道
제일 뒤에 있는 이 게송은 세 번째로 총결이다. 그중에서 위의 반은 앞에 다섯 분과를 결론짓는 것이고 아래의 두 구절은 육도에 회향하는 것이다.

결론을 짓는 게송에 두 뜻이 들어 있다. 위 두 줄은 총결이고 아래 두 줄은 회향이다. 총결은 이제 모든 내용을 매듭짓는다는 뜻이다. 분과는 총결회향으로 되어 있는데 성사가 간단히 총결이라고만 하셨다.

회향은 마명보살의 염원이 담긴 구절로 이 **기신론**에 의해 모든 중생들이 대승의 믿음을 일으키는 큰 이익이 있었으면 좋겠다고 하였다.

기신론 저자의 소망대로 나도 이 **혈맥기**를 보는 분들이 다 이 **혈맥기**에 의해 극락세계에 왕생하는 큰 이익을 봤으면 정말 좋겠다 하고 마무리한다.

- 終 -

후기.

이게
다냐고 하면
더 있다고 할 것이고

아직도 더 있느냐고 하면
이게 다라고 할 것이다.

이 말 외에
어떤 특별한 말이
더 없기에 그렇다.

있다면 문자로 가르쳐 주시기 바란다.
010 8527 1944
나무아미타불!

죽반승
공파.

공파 스님 (국제승려)

현재 원효센터에서 『대승기신론해동소』 32번째 강의 중

cafe.daum.net/wonhyocenter

zero-pa@hanmail.net

대승기신론 해동소 혈맥기 7

초판 1쇄 인쇄 2024년 1월 2일 | 초판 1쇄 발행 2024년 1월 10일
공파 스님 역해 | 펴낸이 김시열
펴낸곳 도서출판 운주사

    (02832) 서울시 성북구 동소문로 67-1 성심빌딩 3층

    전화 (02) 926-8361 | 팩스 0505-115-8361

ISBN 978-89-5746-767-1 04220 값 30,000원

ISBN 978-89-5746-528-8 (세트)

http://cafe.daum.net/unjubooks 〈다음카페: 도서출판 운주사〉